晚明佛教考：
从僧俗互动的
视野展开

Study of Buddism during Late Ming Dynasty:
Starting with Monks and Laity Interaction

王启元 著

上海古籍出版社

2018年度国家社科基金后期资助项目（18FZJ003）

国家社科基金后期资助项目
出版说明

　　后期资助项目是国家社科基金设立的一类重要项目,旨在鼓励广大社科研究者潜心治学,支持基础研究多出优秀成果。它是经过严格评审,从接近完成的科研成果中遴选立项的。为扩大后期资助项目的影响,更好地推动学术发展,促进成果转化,全国哲学社会科学工作办公室按照"统一设计、统一标识、统一版式、形成系列"的总体要求,组织出版国家社科基金后期资助项目成果。

全国哲学社会科学工作办公室

序

陈广宏

佛教在晚明社会是怎样的一种存在？这样一个富含意味的话题，当然并非三言两语可以说得清楚。相比较明代中期的沉寂，"万历而后，禅风浸盛，士夫无不谈禅，僧亦无不欲与士夫结纳"，①并且涌现义学精湛的高僧大德以及士大夫居士群体，而"三教合一"思潮日益渗透民间，一切确有风生水起之色。这些现象背后，或即具有某种晚明佛教复兴的指向性；同时也让我们感到，这恐怕并非拘限于佛教史自身可作完全解答。王启元博士的新作《晚明佛教考——从僧俗互动的视野展开》，在我看来正是试图回答这一问题。

这部新作是启元在 2012 年完成的博士学位论文《晚明僧侣的政治生活、世俗交游及其文学表现》基础上大幅改订而成，曾列入 2018 年度国家社科基金后期资助项目。整个修改过程，前后经历十年的时光——那恰好是其学术上获得成长的关键阶段，也成为大陆佛教史相关研究视域及学风递变的一个见证。两种著作在结构上虽皆由三个块面构成，讨论的专题、关注的重心却已有所转移与充扩。

启元撰写博士论文的立足点，在于运用文学文化史的观念与方法，拓展近世文学研究的界域，探究晚明僧侣这一特殊社会群体如何参与这个时代的文学活动，并为文学创作的审美表现作出独特的贡献。就当时来说，如何落实中国古代文学专业的要求和旨趣，同时也正好补近世佛教文学之弱，是他不得不面对的问题。故其阐论重心显然落在晚明僧侣的文学表现一侧，要在借明代佛教史之研究成果，将僧侣在世俗社会之作为，置于整个晚明文化发展之大格局中，探索僧侣文学之重兴与政治社会及士大夫阶级交往等多重因素的关系，特别是于万历以来呈现高潮的诗僧创作，清理出如何由早期较为强烈的世道功用，转向后期诗禅交融的审美境界这一内在演进脉络，

---

① 陈垣：《明季滇黔佛教考》卷三《士大夫之禅悦及出家》，中华书局，1962 年，第 129 页。

而恰与该时期佛教中兴、法界昌盛的进程相印合。

启元毕业后,即入复旦大学哲学学院博士后流动站继续他的相关研究,联系导师为文化史、宗教学等领域的大家李天纲教授。在天纲教授的悉心指导下,完成出站工作报告《近世佛教源流下的晚明佛教复兴》。显然,此际的研究重心已转向近世佛教史,尤其是试图将佛教在近世社会的演进与万历以来佛教复兴的现象贯通起来解释,新作中的思路于此际已渐次形成,要处理的是相对阔大背景下更为复杂的生态及机制,也就是说,依据如许理和"三种佛教"理论、任继愈"佛教势力三个层次"所提供的分层阐说框架,考察政治、权力与信仰、学术、社会经济等相互摩荡的运行架构及态势。与此同时,他又在复旦大学中华文明国际研究中心兼职,在接待众多来访的优秀学者的工作中,获得他们有益的指点和帮助,也因此打开了海外汉学的视野,这使得他在研究方法的探索上有不少积累和训练,拓展了不少新关注的面向。

全面修订后的三编,上编集中讨论晚明佛教与其时宫廷政治的关系,通过聚焦慈圣李太后奉佛及礼事高僧、崇祯帝在本土释道与外来天主教之间的选择、憨山德清乙未之狱、紫柏真可"妖书案"等事件,在重新厘清各自原委、经过,并试图揭示更为隐秘的动机的同时,抉发隐伏在信仰生活背后与晚明党争密切相关的诸多政治、宗教势力较量的暗脉。中编围绕"方册藏"的刊刻事业,展示高僧与奉佛士大夫之间的互动,尤以密藏道开与冯梦祯两位重要助力者为例,呈现僧界与精英士大夫错综复杂的局面,究明世俗社会中政治、经济等多重因素在刻经事业中的作用,以及此一事件对后世造成的长远影响。下编则是探讨晚明佛教的多种成色及其表现:如士大夫居士身上体现的本土宗教对佛教信仰的影响,文学艺术与佛教的联系,藏传佛教对汉地的影响及其本土化吸收等,仍是以不同的个案,展示这个时代信仰生活的多元特征。

值得注意的是,在这部新作中,因为要选取有新的开掘空间或重释价值的例证,作者并不纠结于整个叙述构架是否有严密的统一性,毋宁说,它更像是一种散点透视,透过宫廷帝后、僧团、士大夫群体交织的人际网络,分别就各自的立场、视角及其互动,探寻触发、推展晚明佛教复兴的那只"看不见的手",尽可能还原整个过程中各结构性要素如何相互作用,它们在实际碰撞、交流中与目标之间形成怎样的张力。于是,各章节的叙写受问题的引导,总体上仍构成一有机的大事件。整个结构可以说是一种互文式的,事件与事件之间、人物与人物之间、材料与材料之间,各有其内在关联,依靠这种多棱镜似的相互观照,完成整个图景的复原。

启元在试图做好这一大事件叙述的同时，也尽可能地将其中的细部展示给读者。他不仅注重利用尚未被充分关注的僧侣及士大夫居士的尺牍、日记诸史料，乃至碑刻图像资料等，通过细致的排比、对读，去做一些解蔽的工作，甄辨不易发现的事实；而且尝试用心体会其中的曲笔，以一种特别的敏感，构建对该问题可能的阐释。当然，当史料并不能形成完整证据链时，他的探考也审慎地暂付阙如，留待今后再解。对于明清佛教研究而言，所存史料的浩若烟海，与所受关注的程度往往不相匹配，在这种情形下，一方面，全方位地搜辑并举证材料仍是征实还原现场的必要手段，如启元曾自述，他运用愈益琐细的尺牍、日记中相关记载，即旨在"尝试挑战或纠正之前研究中普遍根据僧人自述等单一史料所建立的佛教史话语权"。① 而在另一方面，面对那些被忽视、被误读的材料与语境，史学批判的重要性日显，更加让人感到在近世佛教史研究中解构或去蔽的紧迫性，也因而带来新的研究视角，新的叙事方式，启元同样将之视作是自己学术上精进的凭据。

关于"四高僧与佛教史建构"，是启元在全面修订中新设的一个话题，可看作是学术经典化的一个很好的案例，四大高僧谱系之成立、变迁，显示他们在晚明至清盛期被接受的动态过程，是僧侣与精英士大夫之间双向对话与形塑的结果。正因为此一谱系构建几乎就是晚明佛教史的缩影，牵动着这个时代纤细而多极的神经，故其复杂的程度自亦难以言状。我在读《陈眉公先生全集》时，曾看到这样一则材料：崇祯七年（1634）冬至后，华亭居士薛正平（字更生）携《庆历六道人像》入山访眉公。此所谓庆历，乃隆庆、万历之省称，据陈继儒所记，六道人分别为遍融、达观、云栖、憨山、雪浪、卓吾李和尚。② 其时六人皆已作古，而同被列像供奉，深感或许是认识崇祯间四高僧谱系是否成形及其以什么样的内在关联构成类群的重要线索之一。薛氏晚年以字行，从觉浪道盛学参禅。其卒，钱谦益为撰墓志，称"少为儒，长为侠，老归释氏"。③ 鉴于我掌握的其他材料相当有限，难以对此作出有效的解释，故特将所见奉呈于此，就教于启元，以求获致更为圆满的结论。

忝为启元博士学位论文的指导教师，承嘱略书数语。说来惭愧，我在启元所关注的领域并没有什么研究，无法提供更多有价值的商讨意见，但却很

---

① 《从五台山到径山：密藏道开与〈嘉兴藏〉初期经场成立论考》，《法鼓佛学学报》第20期。
② 《题薛更生卷》，《陈眉公先生全集》卷五十一，明崇祯间陈氏家刻本。
③ 《薛更生墓志铭》，《有学集》卷三十一，《四部丛刊》影清康熙三年刻本。

高兴看到他转益多师，不断挑战自我。近年来，启元在近世佛教史领域探研乐此不疲，积储日富，气象日新，有不少充满激情、追求高远的研究计划，期待他不懈努力，砥砺前行，弘而胜其重，毅而致其远，争取更大的成就。

壬寅夏于抱朴守拙斋

目　　录

序 …………………………………………………… 陈广宏

绪　论 ………………………………………………………… 1

上编　政教之间：晚明佛教与宫廷上层

第一章　女主、清流与佛教——晚明佛教复兴的锁钥 ………… 11
　　第一节　太后与信仰 ……………………………………… 12
　　第二节　禁宫中的法友 …………………………………… 21
　　第三节　图像中的忠勇与慈悲 …………………………… 27
　　第四节　余论：东亚视角下的女主崇佛 ………………… 40

第二章　显灵的"九莲菩萨"与崇祯帝 ……………………… 42
　　第一节　内宫中的天教与信徒 …………………………… 43
　　第二节　回归："九莲菩萨"显灵 ………………………… 47
　　第三节　纠结：徘徊于菩萨与耶稣之间 ………………… 52
　　第四节　余论：明清之际的信仰取舍 …………………… 58

第三章　复兴中的挫折 ……………………………………… 60
　　第一节　憨山德清与"乙未之狱" ………………………… 60
　　第二节　"寺产案"与"三太子" …………………………… 65
　　第三节　僧案真相 ………………………………………… 70
　　第四节　弘法的"动""静"之间 …………………………… 75

第四章　紫柏大师的晚节与法难 …………………………… 78
　　第一节　紫柏的晚年弘法 ………………………………… 78

第二节　沈一贯与"二大教主" ………………………………… 86
　　第三节　京师攻禅余论 ……………………………………………… 93

第五章　方外清流传统的延续 …………………………………………… 97
　　第一节　苍雪大师与前辈万历间进士 …………………………… 98
　　第二节　钱谦益的法友 …………………………………………… 106
　　第三节　与清流后进们的互动 …………………………………… 109
　　第四节　由清流入方外 …………………………………………… 118
　　第五节　僧中清流的血胤 ………………………………………… 121

中编　僧俗互动：万历间《方册藏》刊刻的展开

第一章　《方册藏》初期经场成立：从日记与尺牍的对读中展开 …… 125
　　第一节　缘起嘉兴楞严寺 ………………………………………… 126
　　第二节　刻经场的候选："卜吉四山" …………………………… 133
　　第三节　径山与五台山 …………………………………………… 141
　　第四节　作为方法的日记与尺牍对读 …………………………… 149

第二章　远望五台山：士大夫的视角 …………………………………… 151
　　第一节　日记的起点：万历十五年（1587） …………………… 151
　　第二节　徘徊南北：万历十六年、十七年（1588—1589） …… 159
　　第三节　五台山的烦恼：万历十八年、十九年（1590—1591） … 171
　　第四节　冯梦祯与径山 …………………………………………… 176

第三章　"龙子"与"舍利"：万历二十年紫柏真可的努力和局限 …… 185
　　第一节　"取经"故事及其明代书写 …………………………… 185
　　第二节　冥护为何："龙子"与《嘉兴藏》刊刻 ………………… 190
　　第三节　"玉带镇山门"：去职的陆光祖 ………………………… 194
　　第四节　潭柘寺到石经山：最后的努力 ………………………… 199
　　第五节　结语：从"龙子"到"舍利"的努力 ………………… 208

下编　多元信仰与晚明时代

第一章　"四高僧"与佛教史建构：从"晚明四高僧"叙述展开 …… 211
　　第一节　由一生二：高僧到高僧群体 …………………………… 212

第二节　憨山的"升格" …………………………………………… 217
　　第三节　蕅益大师出现 …………………………………………… 221
　　第四节　余论：智旭入列"四大师"的佛教史意义 ……………… 223

第二章　士大夫信仰中的宗教与国家 ………………………………… 226
　　第一节　冯梦祯及其"外道"生活 ………………………………… 226
　　第二节　神异与应验 ……………………………………………… 232
　　第三节　内外丹道 ………………………………………………… 239
　　第四节　小结：并存的信仰轨迹 …………………………………… 243

第三章　边疆与江南：《华严忏仪》的刊刻因缘 ……………………… 246
　　第一节　木增家族之见于汉、藏文献 ……………………………… 246
　　第二节　《华严忏仪》东来与徐霞客 ……………………………… 252
　　第三节　苍雪参与忏仪因缘 ……………………………………… 258
　　第四节　结语："汉藏佛教"的成立 ………………………………… 262

第四章　近世佛教源流中的汉藏佛教 ………………………………… 264
　　第一节　近世佛教的源与流 ……………………………………… 264
　　第二节　明代以降的汉藏佛教 …………………………………… 269
　　第三节　小说中的佛教史 ………………………………………… 277
　　第四节　结语：又一位"不在场的在场者" ………………………… 296

附录：晚明唯识学复兴的历史与价值
　　——书《近世东亚〈观所缘缘论〉珍稀注释选辑》后 ……………… 299

参考文献 ………………………………………………………………… 308

后　记 …………………………………………………………………… 321

绪　　论

在有关中国佛教史的现代学术研究中,晚明佛教复兴无疑是一大重点。晚明时期的佛教僧团中不仅涌现了被后人尊为"四大师"的高僧大德,也在历史上留下了许多著名的居士群体。而晚明宫廷对佛教的护持,同样值得在整个古代史中大书一笔。即便如前人所言,晚明佛教在诸宗义理方面的学术贡献并不卓著,但原有禅净思想融合佛道,以及唯识等相宗学说的中兴,在整个中国佛学史中,仍占有举足轻重的地位。由此对明代佛教的研究,将具备宗教史与文化史等多重的意义,这也是本书最想探讨的话题。而对于佛教史的讨论,除了僧史、教史的角度之外,本书还会在兼顾佛教内部文献的基础上,着重利用在家士大夫史部、别集的材料,论证晚明僧俗交流场域的形成,存在其时代的必然性。此种必然性推动精英士大夫与佛教高僧团体结合,进而影响佛教之复兴;而文学繁荣与佛教的复兴,又反作用于现实中的僧俗交流。所以本研究极力避免单方面以社会精英热爱佛教、高僧附庸风雅的概念化解释,来处理晚明僧俗交往的进程与场域,而是尝试还原高僧与居士士大夫关系中深刻的样貌,并揭出僧俗关系在宗教史、文化史中的地位。同时,本书写作也希望突出佛教不单是一种信仰形态,而且作为晚明文化结构中的"公共知识",影响着整个文化圈与居士士大夫们的生活方式。对这一点的论证与考察,使本书内容同时兼有社会文化史研究的属性。此一跨学科方法,在海外汉学的相关研究中已有广泛尝试并取得瞩目成果,但在国内学界还未受到应有的重视。

一、渊源与反省

前辈学者围绕晚明时期的"佛教复兴""四大高僧"等话题,展开过卓有成效的讨论,研究史甚至可上溯至陈垣先生的名著《明季滇黔佛教考》《清初僧诤记》,同时代陈寅恪先生的《柳如是别传》中对钱谦益居士佛教信仰的论述,也可视为晚明佛教研究的范畴之内。二十世纪八十年代后成熟的大陆明清佛教研究,形成了一套基于佛教教内文献而成立的解说体系,即以僧侣视角为主、注重晚明"四高僧"群体的行谊、佛学教义贡献及"三教合一"的哲学思辨等等方面的晚明佛教史叙述，如郭朋、周齐、任宜敏所著的佛教历史及其与政治关系的考察，成为本领域的代表成果。何孝荣关于明两京寺院的研究，曹刚华关于佛教方志的研究，以及陈永革、王红蕾等学者对明代著名"四高僧"群体的研究，也为国内学界所重。另有佛教与明代文学结合的研究，在学界讨论较早的有黄卓越《佛教与晚明文学思潮》，开始尝试将晚明复古诗学理论与佛教因素一起讨论。明僧人别集的研究，李舜臣有《20世纪以来僧诗文献研究综述》等多篇重要的成果。同时，李天纲《金泽：江南民间祭祀探源》，及其与王岗共同主编的《中国近世地方社会中的宗教与国家》，则开创了国内讨论明清精英士大夫信仰生活的研究范式。

　　海外关注明代佛教相关研究，以日本学者最早，如日本忽滑谷快天《中国禅学思想史》、荒木见悟《明末清初的思想与佛教》、長谷部幽蹊《明清佛教史研究序说》、野口善敬《譯註清初僧諍記：中國佛教の苦惱と士大夫たち》等都是此领域扛鼎之作。台湾学者中比较早的作品有江灿腾《晚明佛教改革史》，此后陈玉女《明代二十四衙门宦官与北京佛教》《明代佛门内外僧俗交涉的场域》及《明代的佛教与社会》对僧俗交互研究模式的构建，有开创性贡献；笔者于陈玉女老师"僧俗交涉的场域"一说借鉴尤多。相似的还有释圣严《明末佛教研究》。台湾"中研院"廖肇亨教授对明清佛教的研究亦颇有代表性，氏著《中边·诗禅·梦戏：明末清初佛教文化论述的呈现与开展》中，即曾使用多种晚明集部诗文文献，而《倒吹无孔笛——明清佛教文化研究论集》更是在此基础上对佛教史进行细致的研究，尤为本研究所重。

　　此外，北美对明代佛教文学的研究也值得关注。于君方的《晚明佛教复兴中的云栖袾宏》(*The Renewal of Buddhism in China: Chu-hung and the Late Ming Synthesism*, Columbia University Press, 1981) 及她的另一本名著《观音》(*Kuan-yin: The Chinese Transformation of Avalokiteśvara*, Columbia University Press, 2000) 是其中较早的代表作。同时卜正民的《为权力祈祷》(*Praying for Power: Buddhism and the Formation of Gentry Society in Late-Ming China*) 也是早期北美学界在此领域的名著。近期则有吴疆的《蹈海东瀛：隐元隆琦与前近代东亚社会的本真危机》(*Leaving for the Rising Sun: Chinese Zen Master Yinyuan and the Authenticity Crisis in Early Modern East Asia*, Oxford University Press, 2015)、马德伟 (Marcus Bingenheimer) 的《观音之岛：〈普陀山志〉与普陀山》(*Island of Guanyin: Mount Putuo and Its Gazetteers*, Oxford University Press, 2016)，以及艾静文 (Jennifer Eichman) 的《十六世纪晚期的中国佛教僧团》(*A Late Sixteenth-Century Chinese Buddhist Fellowship*, Brill,

2016)等成果,各有其特点与值得借鉴的方法。近年出版的张德伟教授的专著《兴盛于危机:中国佛教与政治动荡,1522—1620 年》(*Thriving in Crisis: Buddhism and Political Disruption in China, 1522—1620*, Columbia University Press, 2020)则是专门讨论晚明佛教史的作品,于本书选题最为相关。复旦大学俄罗斯籍学者白若思(Rostislav Berezkin)的《多面目连:中国帝国晚期的宝卷》(*Many Faces of Mulian: The Precious Scrolls of Late Imperial China*, University of Washington Press, 2017),是明清佛教中最被忽视的一种文本——宝卷研究的最新之作,拥有极为精微独特的文化史阐释视角。

二、角度的演进

可以看出,国内外学界近年的明代佛教研究,呈现出趋向局部而精微的趋势;相比而言,宏观视角下的高僧、复兴等方面话题,则已臻题无剩义之境。但是,基于明代佛教的特性(详下),若兼顾教内外传世文献,即从僧俗互动的视角出发,则能够更好还原晚明僧俗生活的生态,切近佛教史的实相。本书即是在充分利用既有关于晚明佛教史研究的基础上,着重考察僧俗互动状态下的晚明佛教复兴潮流;并在以下诸方面,体现出不同的研究视角与方法:

1. 文献之扩大。在原有教内文献、僧人著述的基础上,本研究将扩大文献使用的规模与范围,以适应对僧俗互动下佛教史叙述的需要。其中最为重要且至今犹未能充分利用的文献宝藏,就是晚明士大夫的别集撰述。晚明士大夫别集存世数千种,与佛教信仰生活相关的知名士大夫别集,存世亦逾千种,其中最有代表性的士大夫如冯梦祯、王世贞、屠隆、汤显祖、钱谦益等人,都留下颇为丰富的信仰生活记载。而氏著别集中涉及佛教信仰的文字,包括诗文、塔铭、僧传,乃至尺牍、日记等多种文体,作者群几乎囊括明清之际的重要禅林人物。其次,笔记小说、地方志书、碑刻文献中与佛教相关的书写与记录,包括《万历野获编》《帝京景物略》《吴都法乘》《太湖备考》等专志在内的志书材料里,蕴含极为重要的佛教史材料。同时,明清宗教场所的实地调查,也是佛教史研究重要的文献材料来源。尤其京畿、五台山等地依然保存着明代佛教史上最为重要的寺院、宝塔、碑刻材料,宛然明代历史的现场,这些材料也鲜有被综合运用到明代佛教史研究之中的。上述研究领域间的隔阂,包括明清集部之学、田野调查等研究方法,长期未能与佛教史、宗教史充分结合。本研究将利用自身跨学科的优势,将晚明佛教史研究文献的收集与整理,发挥到极致。

2. 考证之开辟。在以往注重佛教僧侣文献的叙述中,由于来源文献的单一，考证工作实际上只存在很小的意义。但是，一旦文献的总量与部类有所增加，传统的考订、编年、辨伪等历史、文献诸学的研究方法，就会在佛教史研究中大有可为。如今天的晚明佛教史叙述中，有不少观念的历史来源，都值得仔细考证。小到紫柏真可、憨山德清、钱谦益等人自述或转述的高僧懿行，大到"晚明四高僧""晚明佛教复兴"等概念的形成，若通过仔细比对和考证，这些被视为"史实"或"成说"的既有结论，都存在被建构的过程。进一步梳理僧侣与士大夫文献，还可以发现，明清士大夫对晚明佛教史的叙述中，确实存在着对佛门"理想化""清流化"的趋向，如"四高僧"系统的被建构，目的是为了尽可能突出江南高僧的风范，而最为典型的是憨山德清为圆寂的紫柏真可添上的"三大负"的叙述，实际上并不完全出自紫柏本意，反而更像是憨山的意志。而晚明时对佛教发展影响甚大的内宫懿旨，却随着时间的推移，被后来的叙述者、研究者淡化乃至掩盖。这些佛教史现象，都需要通过详实的教内外史料比对，运用多种考证方法，才能尽可能得到全面解释。

3. 整体之关照。基于文献梳理及历史考订的工作基础，本研究将从佛教史、思想史、社会学史等不同视角，重新审视晚明佛教史的价值与意义。在佛教史视野下，晚明高僧与世俗信徒在政治、文化、信仰生活等方面的互动，构成了晚明佛教复兴最重要的呈现方法。而以精英士大夫为代表的居士团体，与晚明佛教高僧团体结合，有其内在的必然性。这其中的推动力，就来自晚明僧俗交流场域的不断扩大：互动范围已由局限的信仰空间，延伸到了世俗乃至政治生活领域。在思想史领域，晚明佛教不仅为佛学界贡献了复兴的唯识学种子，同时佛教作为一种代表本土自省的思想潮流，与西来的天主教传教士，从道德、伦理、科学等多方面，在明清之际展开了长达数十年的争论。同时，在社会学史层面，晚明时代的出家僧众，与自上层精英至下层平民的全社会产生互动，并使佛教文化影响到晚明社会的方方面面，这些或许应该成为晚明佛教史叙述的主流。中国佛教史长河中，单就佛学义理上的贡献而言，晚明佛教并不能算突出；而僧俗得以充分良性地互动，才是后世所总结的晚明佛教复兴的核心关键。

三、方法与创新

本书无疑偏向文献与历史的实证方法，争取将晚明佛教史的原貌，与构建晚明佛教叙述的过程，通过详实的史料梳理出来。书中将会广泛征引包括《明实录》《明史》及地方志书在内的官修文献，明人文集尤其是僧人别集，以及高僧语录及寺志山志等方外文献，采用一种史部、子部、集部互补的、先实证后理论思辨的研究模式,尝试在历史、文献、宗教三者之间,寻找一个解释的平衡点。如在解构既有晚明佛教史叙述中"佛教复兴""四高僧"等关键词的同时,还将解释晚明以来因何、如何得以被建构。无论是对明中叶佛教衰落、晚明佛教复兴,还是万历"三高僧"、晚明"四高僧"的叙述,背后都存在晚明精英士大夫对当时佛教史的想象与构建,而这些由精英士大夫参与的晚明佛教史建构,虽未必是历史的原貌,却清晰地体现出了高僧在清流党争、上层法难及与世俗交往中的政治文化取向。这类叙事内容,若再结合更为丰富的晚明史料,便可还原出晚明时代佛教史的全貌。

本书考证之部,立足传统文史实证方法在目录学、史源学上的诸多优势,又采用西方新史学的一些史料甄别和处理技巧,尝试对一些常见的史料文献作新的解读和阐释。如对慈圣皇太后崇佛佞僧的举动,需要兼顾时代政治的外部因素,如明实录、起居注中王子们——光宗、福王的诞生,神宗及慈圣本人的生日等等,对高僧诸多举动的影响;同时这些考证的结果,又都能得到西方佛教王权观念研究的证实,而为本书所吸纳。同时,京师、五台山、江南等晚明佛教僧俗交往的旧址,多有今日尚存者。考察现存寺院建筑、碑刻、地理空间乃至河川物候变迁,相关田野调查的内容,也将在本研究中有所体现。在上述基础上,本研究将尽力摆脱现有宗教史思维模式的束缚,还原明代僧俗精英文学的"现场"和"过程"。

书中对僧俗精英结合方式的探讨,希望能对晚明清初文化史研究提供"范式转移"(paradigm shift)的思考。精英引导下的僧俗交流场域的展开,是晚明时代以来独有的一种社会阶层交流方式,此中含有文化精英对佛学的爱好、普通民众对信仰的需求等维度。本研究在对僧俗场域进行详细讨论时,也尝试关照了如下内容:(1)晚明官方佛教管理的制度性特点;(2)上层对佛教亲近的必然性;(3)以精英士大夫与高僧交游为中心,探讨由二者融合而成的晚明佛教文化圈的氛围与内容。对这一文化史现象的考察,在目前有关明代佛教的讨论中,依然还做得不够。若要精确还原晚明高僧与士大夫群体的互动,需要一定的跨学科知识。单独对宗教学、佛学的熟悉,不足以支持本研究的继续展开,还需要对历史、文学、文献学等学科方法,晚明特有政治局势、职官制度,及包括多种本土宗教在内的晚近宗教史,皆有相当的认识。尤其就晚明士大夫精英而言,其信仰生活本身,与科考进仕、文学唱和一样,同为他们的处世安身之本,但现有文学、历史的研究成果,无法彻底还原晚明居士信仰生活的本质。由此,本书中的多个部分,可以视作交叉学科研究方式的重要尝试,希望能打通文史哲多学科,讨论晚明精英文学与佛教的联系，还原晚明文化圈的学术、思想的面貌。

本书中多处讨论都尝试了些新东西，比如在研究晚明佛教史时的学术视角转换。既有晚明佛教史的研究，多注意于单一研究主体——出家僧众，而本研究将聚焦于一对互动的主体——晚明高僧与居士。这种两个主体的论述方式，不仅考虑到研究文献的扩大，也与中国本土宗教的特征有关。以基督宗教为代表的西方宗教，在世俗与神圣之间存在森严的壁垒，导致世俗生活几乎很难影响到信仰生活，而晚明以佛教为代表的中国宗教，并不存在这一"神圣—世俗"间坚硬的隔膜，所以世俗视角下的反映佛教活动的记载，是需要重新进入考量的。

其次，则是学术史研究与学术研究的结合。本研究通过考察晚明佛教既有观念的形成史，尝试将学术史研究与学术研究有机地结合起来。"四高僧"建构、晚明唯识学复兴等话题的讨论，本身虽在佛教学术史范畴之内，但因为这些问题的厘清直接有助于重新审视佛教史本身，而成为本书的重点考察对象。研究者本人并不专门从事学术史研究，但通过研究晚明佛教史观念的建构过程，发现学术史的研究，需要对研究对象本身有相当的了解；而就本研究中的晚明佛教史而言，厘清历史上对其层累的研究观点，梳理出晚明佛教的"建构史"，同样有助于还原晚明佛教进程中的内在理路。

本书写作的最终理想——虽未必能实现——是尝试将近世佛教史叙述与中古佛教史研究的相关话题进行对话。在近世佛教流变中，晚明时期具有枢轴地位。本研究想在立足近世时代的基础上，再与中古佛教研究开展些许互动。由于历史面貌、文献状况等不同，晚明佛教与中古佛教的研究理路差异较大，但在较为宏观的层面上，二者之间不乏共同之处，如中古佛教研究中运用较为成熟的佛教王权观念、神圣空间等理论，及中西文献互证等方法，对本研究皆具启发之效。而本研究对于宗教场域的强调，对僧俗互动的关注，相信对于中古佛教之研究，亦当有启发。中古与近世虽相差极大，但中国佛教史的发展乃一连续过程，故而实现晚明佛教史与中古佛教史的对话，必能进一步整体上激活中国佛教史的研究。

四、对象的择取

笔者求学以来，最为服膺当代史学"二陈"；本书《边疆与江南》一章讨论《华严忏仪》于东南付刻的因缘，即是由研究生时读陈援庵先生《明季滇黔佛教考》一书后所成的札记逐渐敷衍而来。而笔者于陈寅恪先生的眼光与见解，尤为倾心。陈寅恪先生曾于《冯友兰〈中国哲学史〉上册审查报告》

说过:"其言论愈有条理统系,则去古人学说之真相愈远。"①今日人文学术研究古典历史文学、典章制度及哲学宗教,无不在力图还原古典时期研究对象的原貌,经常会有条理系统的著述面世;而笔者自愧不能撰著面面俱到之作,所以常默念陈先生名言聊以慰藉。由此,本书虽名为"晚明佛教考",但并无心也无力涵盖整个时代的佛教事迹,仅能就笔者最为关注的"僧俗互动"的相关史实、材料,作为全书的线索。而书中最主要的研究对象,高僧如紫柏、憨山,护法如冯梦祯、陆光祖,乃至作为宫中偶像的慈圣皇太后,其实都只是晚明佛教的组成之一,甚至也未必各个皆为最有代表性的人物。但由这些僧俗精英组成的互动场域,却是晚明时代最有代表性的。这里面包括了上层与高僧、精英的士大夫与高僧等不同维度。围绕这其中交错的互动场域,本书开始了上编与中编最核心的写作,希望还原晚明佛教在僧俗互动领域所取得的成果,及其内在稳定的动因。这其中,发现清流党议与佛教复兴,在万历初年拥有其相当内在的必然性,是笔者着墨较多的一点。相比而言,传统晚明佛教关注颇多的云栖、蕅益大师,临济、曹洞禅宗谱系乃至天台高僧群体,因其僧俗交互的程度与代表性不及上述群体,遂未成为本书研究的重心。

其次,就是在下编中讨论的多元宗教乃至多元文化视角下的佛教史研究,会有怎样的新话题。比如佛教大居士而有复杂的信仰生活,佛教与文学甚至是艺术,在同一时间段得到复兴,以及晚明佛教中的汉藏元素等等议题,无论在研究材料的收集,还是研究立场的选取,都已超出传统佛教史研究的范畴。但这些并不是佛教史研究重心的转移,反而可以视为佛教史视野的扩大。把晚明佛教复兴放诸十六世纪以来近世近代化的潮流之中,才能更清晰地看到晚明佛教复兴的价值与局限,以及近世佛教与近代佛教在发展中的衔接与断裂,这也是本书在下编写作中作出的新尝试。附录所收书评,本为向台湾明清佛教研究界致敬的文字,但因合乎上文所及"学术史研究与学术研究的结合"的思路,同时也因文中关涉晚明、江户至晚清的唯识僧与士大夫唯识学者的互动,与本书主旨相合,遂一并收入全稿之中。

---

① 陈寅恪:《金明馆丛稿二编》,生活·读书·新知三联书店,2011年,第280页。

上 编

政教之间：
晚明佛教与宫廷上层

晚明佛教复兴之于万历朝宫廷上层的介入，有很深的机缘；然政教之间的关系远不止个别人兴趣使然。本编有三个关键词："女主""国本"与"清流"，将贯穿以下五章的叙述之中；尤其后两个关键词，甚至也将在全书的叙述中频繁提及。本书所关注的晚明佛教复兴运动，其本质为精英阶层全面参与到佛教空间拓展与佛教知识传播之上，而将士大夫与佛教复兴运动牢牢绑定的因缘，始自晚明以来的清流党争，而上溯则为晚明"争国本"以来特殊的高层政治生态，其中的关键人物即为明神宗生母慈圣皇太后。作为清流群体与信仰群体的共同领袖，慈圣太后其在掌权后的十余年间，便造就了晚明佛教事业的一次辉煌，并在相当长久的时间段中保持其余威不减。由是言之，晚明佛教复兴运动并非每个时代都能发生，而由其特殊的时代与内外之间的政教机缘促发而就。

第一章 女主、清流与佛教
——晚明佛教复兴的锁钥

晚明时代的佛教复兴运动，在整个明清近世佛教史中有其特殊的地位，除了其时代中辈出的高僧与方外著述之外，晚明时期特殊的政治环境，也影响着整个僧俗圈的信仰生活方式。以往围绕晚明"四高僧"而展开的明清佛教史叙述中，往往容易忽略这层政教之间的关系对晚明佛教复兴真正的影响。若改以僧俗互动的视角则会发现，晚明佛教中有一重要的世俗因缘成为这一时期佛教复兴的动力。晚明佛教纷繁的信仰生活中，曾活跃着不少重要的俗家人物，扮演过不同的时代角色，他们或饰帝释身，或饰宰官身，或饰长者、居士身，或饰大将军、毗沙门；在这个晚明朝野僧俗的场域之中，这里的每一位方内"角色"，都曾承担过各自重要的"戏份"。所以，在今天研究考察这些"角色"个性特点的时候，不能割裂每位扮演者各自不同的立场与身份，而作孤立的解说。参与到晚明佛教复兴的人物一定拥有各自在政治、信仰与世俗生活中，迥异而合理的诉求，晚明佛教活动得以蓬勃活跃，与这些僧俗参与者的努力并最终实现自己诉求的尝试是分不开的。

晚明佛教复兴时的护法檀越中，紫禁城内宫中的明神宗生母、生前尊号全称"慈圣宣文明肃贞寿端献恭熹皇太后"的孝定李太后，在世俗层面无疑是最为重要的一位。李太后佞佛世所习知，其于神宗朱翊钧即位后即大兴佛教寺院、礼遇高僧，极尽信徒供养之所能，记载见诸官私文献，比比皆是。由此，李太后也成为当日高僧频繁结交的对象，与太后结方外交的高僧不在少数，晚明四高僧中的三位——紫柏、憨山、云栖，皆与李太后和内官有过往来。而作为当日教界最大的护法，慈圣太后还曾自封为"观音菩萨""九莲菩萨"下生；神宗在其逝世后为之造伪经《佛说大慈至圣九莲菩萨化身度世尊经》《太上老君说自在天仙九莲至圣应化度世真经》，成为其生前菩萨化生的凭证。同时，信仰生活中兼檀越与偶像于一身的慈圣太后，在世俗生活中同时又是一位母亲与祖母，她对迎立皇长孙的执念更是开启了万历朝党争的序幕。因为她所支持的皇储人选，遵循了"立长"的古训，朝中清流士大夫于"国本争"时不得不站队"后党",用以对抗主立福王的"妃党"。

在慈圣李太后政治与信仰双重的影响力之下,被同列入一大阵营的晚明清流士大夫与高僧大德,天然地存在某种亲近感,所以内宫外廷忙于求储、争国本时,佛教僧侣亦曾参与其中,为亲佛之政治势力奔走呐喊。万历朝两次重要僧案,即与"国本争"有密切关系;即如僧俗开雕方册大藏经之类宗教图书工程,亦与"国本"之争密切相关。而晚明士大夫中多有好尚佛教信仰者,频频结纳僧侣,不仅源自当时佛教信仰的普及与繁荣,也与政治生活中的秩序与站队,有相当大的联系。这种政教之间的默契,亦为晚明至清初时代独有的信仰生活风景线。

第一节　太后与信仰

关于晚明,佛教复兴之外,晚明清流党争是另一个引人注目的话题;自清人而迄今,各家撰述可谓汗牛充栋,析其中关键,或可视为后党与妃党及其余绪间之拉锯争讼。党争肇始于万历前期"国本"之争,至弘光朝,则转变为拥立福王与拥立潞王之争,伴随着小朝廷的迅速覆灭而渐至消散。党争策源之一的隆庆帝贵妃,即后世赫赫有名的孝定李太后,以神宗生母之地位,借穆、神皇位更替之权利转移,佐以首辅张居正、内臣冯保之力,成功博得万历初之秉政大权;即便日后张冯二人倒台、太后母子不睦,其地位丝毫未见撼动,实非寻常。昔太后位高权重之日,其个人意旨偏好,往往成为一朝趋从或抵制的焦点,朋党之争或由于此——其中,太后奉佛,既是其个人兴趣加诸政治领域的体现,同时又开启晚明佛教事业复杂之新局面,为明代政治变迁而影响文化生态之典型一例。

慈圣李太后,张廷玉《明史·后妃传》有传:

> 孝定李太后,神宗生母也,漷县人。侍穆宗于裕邸。隆庆元年三月封贵妃。生神宗。即位,上尊号曰慈圣皇太后。旧制,天子立,尊皇后为皇太后,若有生母称太后者,则加徽号以别之。是时,太监冯保欲媚贵妃,因以并尊风大学士张居正下廷臣议,尊皇后曰仁圣皇太后,贵妃曰慈圣皇太后,始无别矣。仁圣居慈庆宫,慈圣居慈宁宫。居正请太后视帝起居,乃徙居乾清宫。①

---

① 张廷玉等:《明史》卷一一四,中华书局,1974年,第3534—3535页。

慈圣不仅是神宗生母；入万历朝时，虽隆庆正宫皇后尚在，还能博得两宫并封，得"慈圣"徽号，此为其获摄政权柄之关键。

查万历初年权力格局，分属后宫之李太后、内珰冯保、内阁张居正。然后人于万历初专权的抨击，似乎多集中于冯、张；李太后之擅政，似未见有吕后或武曌之比附。① 事实上，慈圣太后作为隆万间权力更替的主要参与者，除了立朱翊钧为帝外，还组织了有利于辅翼朝政的全新人事班底，去除了前朝勋旧潜在的干扰。如此女主临朝之例，向为国史中一有趣话题，杨联陞先生《国史上的女主》尝谓：

> 太后摄政（1）是一个已建立的制度，虽然（2）偶而被禁止并受到批评，但（3）却常作为紧急措施及权宜之计。②

杨先生遍征两汉、唐宋至清慈禧太后诸例，讨论历朝太后摄政的机缘、制度上的保证，以及太后临朝的某些合理性等问题，富有启示性；不过，该文未曾述及此万历初摄政之李太后。今检索晚明典籍，李太后于晚明政治、宗教之转向，皆多有可论者。研究界关注晚明佛教中兴的话题时，也开始注意到老太后与当时佛教转型的关系，但似乎尚有未尽之处，请试论之。③

佛教之于政权，有如扁舟之入怒涛，沉浮不能自持，佛教徒遂时时寄希望于一中兴教法之宗主出现；具中兴野心之英主，亦觊觎此一庞大之宗教势力，摄政之女主亦然。国史中最显著之女主借佛教力量巩固自身地位之例，无出武曌之右，王国维、陈寅恪诸先生，皆有论及。④ 陈氏以武曌身当朝代变革之际，用国家信仰的改宗，到达自证政权合法的目的；而佛教势力也适时地反馈给武曌宫廷，"当日佛教处此新朝不利环境之中，惟有利用政局之

---

① 正统知识分子批评慈圣太后临朝处事甚少见，可能与其为政清静温和的表现有关系，不过市井小说界似乎能寻找到反例。刊刻于崇祯年间冯梦龙辑补的四十回本《平妖传》，扩充了万历间已流传的二十回本《三遂平妖传》，其中一个主要的变化，是将小说人物王则附会成武则天转世，而支持他的一系人物都是似佛非佛的旁门左道人物。不知此类改动所体现的价值取向，是否正是崇祯朝反佛潮流下所催生的对慈圣太后崇佛及擅政的影射，俟详考。
② 杨联陞：《国史探微》，辽宁教育出版社，1998 年，第 71 页。
③ 前人研究中，对九莲经与慈圣皇太后崇佛的研究，以台湾陈玉女《明万历时期慈圣皇太后的崇佛》（收入《明代的佛教与社会》，北京大学出版社，2011 年）以及氏著《明万历朝九莲菩萨建构之多重意义》（收入《明代北京佛教学术研讨会论文集》，2013 年）最为详尽，另有较早于君方、周绍良等对九莲经考证，及近人杜常顺、聂福荣、褚若千诸君学位论文，近则有张德伟英文专著 Thriving in Crisis: Buddhism and Political Disruption in China, 1522—1620，皆对慈圣崇佛有过一定研究。
④ 王国维：《大云经疏跋》，收入《观堂集林》二十一；陈寅恪：《武曌与佛教》，收入《金明馆丛稿二编》。另可参孙英刚《庆山还是祇阇崛山：重释〈宝雨经〉与武周政权之关系》，《神文时代：谶纬、术数与中古政治研究》，上海古籍出版社，2015 年。

变迁,以恢复其丧失之地位。而不意竟于袭亡国遗风之旧朝别系中,觅得一中兴教法之宗主",①才有了"转轮王则天皇帝"佞佛的景象。武曌欲承袭杨隋佞佛之国体,而变李唐现有之制,是为中古学界的一大话题;而晚明慈圣皇太后阴袭武周遗风,于大明穆、神易朝时,一变明代汉传佛教之压抑境地,亦为近世政治史上的创举。同时,慈圣此种"武曌模式",与嘉靖初藩王入继时之政权更替,亦颇具异曲同工之妙。② 万历初年汉传佛教势力的复兴振作,与慈圣皇太后的政治需要与兴趣偏好有密切关系。京师寺院大兴、礼敬高僧等恢复大法的举措,发生时间皆在笃信佛教的李太后手握实权之始。所以,晚明汉传佛教自神宗朝的复兴,首先确与万历时政治风气的变革有密切关系;正是出于内宫的力挺,加上高僧在政治生活中恰当的作为,才有了后世僧俗所认可的复兴景象。

比如,慈圣在初临朝时,欲改变旧时政治格局,培植亲信势力,故扶持亲近佛教之士大夫如张居正辈,扳倒隆庆遗诏的顾命大臣高拱。又如内宫利用朝野党议,聚拢后称东林之清流士大夫,逐渐挑起党争,皆为垂帘之准女主为巩固自己与小皇帝的地位,不得不为的政治手腕,并可谓一举而多得;待到张居正过世、神宗成人后,母子之间才因立储事生出抵牾。神宗宠幸郑贵妃,恩及外戚党羽。李太后及其亲近佛教一派势力,亦即后党集团,便转而与之抗衡,为阻止郑氏子入继大统,而力保皇长子朱常洛。此时不独清流一脉士大夫,连经历嘉、隆二朝不利环境而亲近皇太后之佛教势力,也积极利用政局的变换,企图提升其原有地位。

这里涉及晚明党争与清流政治,本多将外廷士大夫群体作为主要讨论对象,然而其肇始同样与内宫的慈圣皇太后有直接联系。陈寅恪先生于《柳如是别传》中曾考万历、泰昌、天启直至南明之党争关键时云:

> 光宗生母王太后,乃其祖母,即神宗生母李太后之宫人。李太后亦是宫人出身。光宗生母与福王常洵生母,虽俱非正嫡,但常洵之生母,其出身远胜于光宗之生母。光宗所以得立为太子,纯由其祖母李太后之压力使然。李太后享年颇长,故光宗遂能维持其太子之地位,而不为福王所替代。潞王翊镠亦李太后所生,与光宗血亲最近。由是言之,东林者,李太后之党也。嗣潞王常淓之亲祖母即李太后。此

---

① 陈寅恪:《武曌与佛教》,《金明馆丛稿二编》,第156页。
② 研究者注意到,嘉靖"大议礼"期间发生的"皇姑寺事件",暴露出在新旧权力机构更替时抑制打压佛教政策的矛盾。因为嘉靖初期肃清正德朝佛教诸端,不单是宗教取向的转变,还会涉及当时教界利益集团的冲突;万历初佛教势力反正亦然。可参陈玉女:《明嘉靖初期议礼派政权与佛教肃清》,《明代的佛教与社会》,第60页。

东林所以必需拥戴之以与福王由崧相抵抗。斯历史背景,恩怨系统,必致之情事也。①

陈先生此段所论晚明清浊政治的分野与流变,及"后党"与"帝党"各自因缘终始,实独辟蹊径之说,发人深省。今天讨论甚多的晚明清流们争讼不休的历史,其实并非出自多么道德高尚的初衷。朱维铮先生亦曾指出,党争不过是中世纪常见的宫廷政争的外化。② 晚清如此,晚明亦如此。晚明党争的缘起与最重要的内因,可归结于万历朝后、妃二党对立,围绕继承权而起的"国本"之争。其中,慈圣当然为"后党"之不二领袖,内阁成员及朝野之大部分清流、支持皇长子继位者,多为后党附和,如阁臣申时行、王锡爵、张位、将入未入之陆光祖,部院之曾同亨及兄弟乾亨、瞿汝稷,七卿之高攀龙、邹元标、黄辉、于玉立、樊玉衡等。同时,太后又是尊崇佛法的当代第一护法居士、宗教领袖;其所礼遇之高僧若憨山德清、紫柏真可辈,同时又多结交后党之东林一党清流士大夫,则僧众无论信仰趋近抑或政治站队,皆为近李太后一党者。历数遍融真圆、憨山德清、紫柏真可、密藏道开,至国变前后如苍雪读彻、继起弘储等晚明三代僧众,极尽可能参与朝野党议,至于求储五台、倡议开藏之为,不独欲恢弘大法而必须付出之心血,亦可视作附和宫廷李太后个人之宗教寄托,其至于最终殒身放逐,亦如弦上之箭,不得不发。

慈圣李太后动用皇家旨意,供养佛法的起点,可溯至神宗登基的万历初年施铸皇姑寺大钟时。皇姑寺为嘉靖朝排佛中,佛教势力与大内保佛一派极力护持的极少数寺宇之一,于晚明佛教界有特殊意义,并早在英宗、景帝时期便显示其灵验之处。③ 则李太后方涉足政坛,即向宗教界作出这一表态,于李太后日后之宗教威望襄助良多。但真正使佛教信仰加入政治色彩,还要待到日后内宫建冥祇于慈寿、求储五台山,以及皇长子出生,皇太后与僧侣互动才日渐频繁。万历十年(1582)秋神宗皇长子生,但四年后的万历十四年皇三子出生后"国本争"起,佛教之于内宫与慈圣太后本人,有了更现实的意义。那时的李太后,显然不满足于作为护法檀越的身份,而希望更多地参与到政治事务中,尤其事关皇储地位身份的时候。

时万历十四年正月,神宗皇三子出生,④此子即郑贵妃所生、后来的福王;由于日后参与了皇储的争夺,是为后党不二之眼中钉。郑贵妃《明史》有

---

① 陈寅恪:《柳如是别传》,生活·读书·新知三联书店,2011年,第858页。
② 参朱维铮:《晚清的维新梦与"自改革"》,朱维铮、龙应台主编:《维新旧梦录:戊戌前百年中国的"自改革"运动》,生活·读书·新知三联书店,2000年,第35页。
③ "皇姑寺"见前揭陈玉女书中"明嘉靖初期议礼派政权与佛教肃清"一章。
④ 可参《神宗实录》正月辛丑"以皇第三子生,告奉先殿"。

传载：

> 恭恪贵妃郑氏，大兴人。万历初入宫，封贵妃，生皇三子，进皇贵妃。帝宠之。外廷疑妃有立己子谋。群臣争言立储事，章奏累数千百，皆指斥宫闱，攻击执政。帝概置不问。由是门户之祸大起。①

此时在政治上极力抵触郑贵妃一党的慈圣太后，开始了反击。首先出现的是内宫的"祥瑞"事件：太后所居之内宫，秋日出现"瑞莲"。此事神宗实录具载之：

> 七月庚子，上以慈宁宫所产瑞莲花，宣示四辅臣，命各题咏以进。
>
> 壬寅，以恭题《瑞莲图》，赐辅臣银币有差；是日复颁示辅臣瑞莲一支。

"现瑞莲"事在万历十四年秋天，可注意者，紫柏、道开师徒赴京倡议开刻方册大藏，即是此时。② 至是年慈圣生日前夕之冬日十一月壬寅，实录又云：

> 是日，大学士申时行等以发下《瑞莲图》六轴，命各撰赋二首。钦尊撰完，进呈御览。③

实录此条"祥瑞"，似因未见诸《明史》记载，之前尚未被研究界重视。实录所载"瑞莲"事虽言之凿凿，但未交待此祥瑞背后的宗教意义，至清初毛奇龄有《胜朝彤史拾遗记》记载，④可补正实录之说。"瑞莲"登场，指向观音菩萨信仰要以一种特殊的政教结合的方式示现朝野。毛著《拾遗记》载慈圣太后事迹已点明其中关键：

> （上）尝侍后慈宁宫看花。时已秋节，有铜盎生红莲，莲心抽蕊九，而攒簇四向，如台莲然。上令文书官宋绅传外廷观看，看毕仍送慈宁。上亲率后妃称贺，且赋诗以为太后慈寿之瑞。尝于太后千秋节，为太后祈福，敕取内库所藏吴道子画观音像临摹之，易以慈容，使梵刹瞻仰，勒石刷千页，以布天下，天下梵刹皆供之。又谕内阁："朕面奉圣母慈谕，

---

① 张廷玉等：《明史》卷一一四，第3537—3538页。
② 详《密藏开禅师遗稿》卷上刻藏愿文及冯梦祯《快雪堂日记》，下文亦将论及。
③ 《明实录》第55册《神宗实录》3063、3236、3238、3359、同3359。台湾"中研院"历史语言研究所，1963年校。另本书所引《明实录》皆检索自"中研院"等所编《明实录、朝鲜王朝实录、清实录资料库》，http://hanchi.ihp.sinica.edu.tw/mql/login.html。
④ 《胜朝彤史拾遗记》所记为明一代后妃列传，后因为预修《明史》而得以扩充。但四库馆臣谓此书"皆明一代后妃列传，自称初得其父所藏《宫阙纪闻》一卷，载事不确，文不雅驯"（四库全书研究所整理：《钦定四库全书总目》（整理本），中华书局，1997年，第877页）。

谓浙之南海有补陀山，大士现身处也。其刹毁于火，而基址尚存。欲发愿修复，不费官钱，自捐帑银，盖造仍旧，已完功矣。卿等当撰文制碑颂圣母功德。"其孝如此。①

现瑞莲前后经过，所涉颇广，亦多见于后世文人笔记之中，但偏偏《明史》未采，尤鏊观音像"易以慈容"以及恢复普陀山等事，皆至为重要。据毛奇龄所记瑞莲现于入秋时节，则与实录七月之载相合。至于参与人物、事件缘起，甚至瑞莲为红色等亦颇可注意。此皆能证明毛氏所言并非"载事不确"。几位大学士的瑞莲赋，不仅收入各自别集中，还被刻在慈寿寺永安万寿塔东侧的石碑上，至今犹存。其正面雕刻有一幅《九莲菩萨像》。②"瑞莲"实际是在为慈圣的菩萨信仰造势。"现瑞莲"后的太后生日"千秋节"，即每年农历十一月十九，万历十四年当天，内宫据前人名画造菩萨圣像，敕天下寺院供奉；而这幅菩萨画像的面容，是照慈圣而作。严格来说，慈圣太后此时已被视作观音菩萨的化身，并很快昭告天下。

慈圣皇太后早期与僧俗互动的身份，多以其观音菩萨形象待人，比如憨山德清在其四十岁生日时为其说戒并拜授法名，亦名其以"大士"观音（详下章）。但慈圣最为后人所熟知的菩萨名号，则为"九莲菩萨"，或"九莲观音"。关于"九莲"名号的渊源及相关文本文献的流传，民间宝卷科仪的学者有深入研究。③"九莲"一词出自嘉靖年间的黄天道信仰，其最终因与慈圣皇太后结合，成为正统佛教与民间信仰共同供奉的神祇。如今山东五峰山"九莲圣母殿"前，有一通明碑"敕修九莲圣母神像碑记"，晚明宗教史界从未有关注者。此碑字迹多清晰可辨，但落款不易判断，只知其中一人为进士出身，行人司行人，另一位是当时道录司左正一。碑文中关乎太后而为"九莲菩萨"者云：

> 恭惟九莲圣母，乃□（当为"神"字）宗皇帝圣母慈圣皇太后也。德

---

① 毛奇龄：《胜朝彤史拾遗记》，收入《四库全书存目·史部》第122册，第391—392页。另法式善《重装慈寿寺明孝定李太后像记》言："千秋节，神宗出库藏吴道子所画观音，仿而为之。像赞所云'加大士像'是也。其云九莲菩萨，则梦中授后经者，慈宁新宫铜盎产莲，命阁臣申时行、许国、王锡爵作赋纪瑞，后遂相沿以九莲属太后，谓印菩萨后身云。"（法式善：《存素堂文集》卷四，《清代诗文集汇编》第435册，上海古籍出版社，2010年，第385页）王亨彦辑《普陀洛迦新志》中龙德孚序文亦载此日期（收入《中国佛寺史志汇刊·第一辑》第10册《普陀洛迦新志》卷一二《叙录》），胡敬《胡氏书画考三种·南熏殿图像考》卷下亦引此说（《续修四库全书》第1082册，上海古籍出版社，2002年，第24页）。
② 笔者壬寅夏于京师访古时见之，并可参汪艺朋、汪建民：《北京慈寿寺及永安万寿塔（Ⅳ）》，《首都师范大学学报（自然科学版）》2012年第5期。
③ 可参孙欣怡：《〈九莲经〉研究》，上海师范大学2019硕士论文。下文将详论。

齐元母,懿并宣仁。自万历三十五年,所居慈宁宫,瑞莲一茎九苞,于斗母之孕九皇,□(似"金"字)莲一茎九苞,以孕九圣,其瑞相符。四十二年二月,圣母□(似为"升")遐,神庙哀慕终天,一痛欲尽,伏圣灵前。忽有异见,帝命锡九莲圣母之号,祀享泰山天仙圣母,敕赐庭殿,设像于泰岳等名山,五峰山奉旨以修建。①

据后文,此碑立于天启四年,其中提到:慈圣万历三十五年(1607),曾现瑞莲的慈宁宫又有异象"一茎九苞",这才有了"九莲菩萨"的名号。②

此碑比较晚出,且似出自全真道士之手,碑文署名为当时"道录司左正一";而五峰山九莲圣母殿之上的三官堂,就是全真道重要道场。可见慈圣太后形象神圣化并不是佛教一家而为,而彼时"九莲"的诠释权已经向所有本土信仰开放了,比如在这里,九莲圣母便"祀享泰山天仙圣母",成为道教信仰中的一员神祇。

不过这其中佛教因素似乎仍然占据主流,这也与毛奇龄所说内宫以"慈容"配观音像分颁天下名刹当有很大关系。杭州灵隐寺就曾藏有这幅慈圣的菩萨画像,康乾时尚存;《续修云林寺志》卷六"诗咏"引厉鹗词《西湖月·明李太后写九莲观音在借秋阁》可知此绘像即当为神宗十四年所制。厉词下有清人小字注:"九莲观音,又称瑞莲圣像……印其文曰:慈圣宣文明肃皇太后之宝。徐枅识。"③清初时已经将九莲、观音、慈圣甚至是瑞莲,混为一谈。但这种刻意模糊菩萨与太后身份的用意,未尝不是慈圣皇太后与其身边佛教势力的初衷。因现瑞莲而牵扯到绘像观音,加上之后赐藏普陀的行为,则是此次造神运动中的必由之路。

既然世人模糊地认为,当日皇太后即是观音菩萨化身,南海普陀山则必然成为慈圣太后不得不尊崇备至之处。福王降生而"现瑞莲"后不久,慈圣以内宫之力造《永乐北藏》的《续入藏经》,并与北藏一起颁天下名山,首先是十五名山;十五之中,又以"四山"为之首。此事,憨山自定年谱及弟子福征所注甚夥,下文亦将详论。④"四山"之中,包括无遮大会主僧憨山德清所住之青岛崂山、妙峰所住之晋北芦芽山,加上西蜀峨眉,以及传说为观音道

---

① 山东五峰山九莲圣母殿前《九莲圣母神像碑记》文,甲午年初冬,复旦朱君明川访碑存照于彼,特致谢忱。
② 此碑记五峰山其余石碑,皆可补文献所载之不足。非关本节主旨,拟另撰文讨论。
③ 沈鏴彪:《续修云林寺志》,收入《杭州佛教文献丛刊·第一辑》第5册,杭州出版社,2006年,第159页。
④ 释德清撰,福善记录,福征述疏:《憨山老人年谱疏注》"万历十四年丙戌"条,《大藏经补编》第14册。

场的普陀。慈圣此次修藏、赐藏的目的和影响是多重的，除了增补旧藏，赐藏结纳天下高僧外，还有助憨山在山东建海印寺，而最终又成其下狱口舌。另赐大藏于嘉兴楞严寺，给紫柏、道开师徒开雕方册藏提供底本。① 当然，其中非常重要的目的之一，就是突出慈圣与观音、普陀山间的联系。

位于今天舟山群岛中的普陀山，相传为观音道场。慈圣太后此时礼之愈隆重，则愈能证其与观音的联系。但是，晚明时的普陀山实际早已落寞不堪，如同前引毛奇龄所说"其刹毁于火，而基址尚存"，实际已无宗教活动。清初明史馆《明史》总裁之一、金山人王鸿绪曾有《潮音和尚中兴普济寺记》一文载：

> 自永乐至今，三百五六十年间，宗风阒寂无闻。时则中原济上知识，亦多韬光弗耀，不独所称海滨孤绝处也。即万历中，神宗慈圣太后，为九莲下生，崇信三宝，龙宫法藏，内府朱提之赐，使命络绎，法门之兴，当在此际。而未闻有大乘导师，悟彻单提直指者，以应帝释之求，而副轮王之命，竹林璎珞，震旦雷音，不得不谓之中微挂漏也。②

王鸿绪以为，晚明时高僧都没有切中佛教、政治间最佳的契合点，而"以应帝释之求""副轮王之命"。无论是下生之"帝释"与"轮王"等佛教王权代表神灵，佛教界都没有让之与神宗或者慈圣皇太后本人发生太多联系；③即使慈圣"九莲菩萨"之设与礼敬普陀，可能也是象征意义大于政治意义。从历史上来看，王鸿绪此说是不错的，但他同时也提到，普陀山自大明开国一直寺院不振，香火未能大盛，直至李太后"内府朱提之赐，使命络绎"，观音信仰才一改大观，这点颇为重要。尽管普陀山观音信仰早就在民间流行，但普陀山得以确立今天如此地位，应该就是肇始于晚明年间这次质变：慈圣太后之自封观音，继而演变为九莲菩萨化身。而在那之前的普陀观音信仰，几乎乏善可陈，但万历朝后则南海香火，络绎不绝。④ 甚至，笔者深疑，观音于中土之女性化过程，慈圣九莲之设也有推波助澜之功。因非关此节主旨，附论于此。

---

① 建海印寺事，详本编第三章方册藏本事，可参《密藏开禅师遗稿·密藏禅师定制校讹书法》言："北、南、旧三藏校对之时，一章、一句、一字、一画及提头、行款，但有差殊，无论彼此是非，一概标出北藏之上，并注草本。"（《嘉兴藏》第 23 册，第 7 页上）则可见北藏为其所依之底本。
② 许琰：《普陀山志》卷一五，《续修四库全书》第 723 册，第 364 页。
③ 转轮王与佛教王权观研究，可参孙英刚：《转轮王与皇帝：佛教对中古君主概念的影响》，《社会科学战线》2013 年第 11 期。
④ 观音信仰研究，可参于君方：《观音——菩萨中国化的演变》，陈怀宇、姚崇新、林佩莹译，商务印书馆，2012 年。

因现实中的造神目的,普陀山顺理成章成为万历十四年慈圣首赐北藏的四山之一,据《普陀山志》卷四"颁赐"下载:

> 明万历十四年,赐皇太后刊印《续入藏经》四十一函,并旧刻藏经六百三十七函,裹经绣袱六百七十八件、观音金像一尊、善财龙女各一尊、金紫袈裟衣一袭。

所附"命使"条言:

> 明张本,内官监太监,万历十四年奉旨赍送藏经;孟廷安,御用监太监,与张本同差。①

此藏经即前述憨山自叙年谱万历十四年之载"(慈圣)首以四部(大藏)置四边境(四大刹)"②之明版宫廷北藏。寺志载张、孟二珰,皆为李太后亲信。张本后来甚至因憨山案而下狱,为与僧人极密切者。

查太后自宫中现瑞莲,到传示阁臣,确立菩萨崇拜,再到以大藏颁布名山,礼拜南海普陀,这一连串"信仰制造",皆出于一时造神之旨。今观其现实用意,则为内宫争储而生。自此之后慈圣佞佛花费巨大,并频繁与僧人接触。这不仅惹得神宗母子不快,还使外廷陷入长久的党争纷乱。不过在旧式文人眼中,慈圣"九莲"的形象始终还是正面居多,明中叶著名历史题材传奇《芝龛记》里,便以慈圣太后九莲实现为背景,敷衍了晚明奇女子秦良玉沈云英的传奇故事。③

传世太后九莲观音的神话中,似乎没留下太多当时保佑其皇长孙顺利登基的灵感与应验。不过由于明光宗最终顺利登基,则日后的慈圣太后神话之中,肯定被时人阑入了某些保佑后生的功效,比如日后崇祯朝宫廷里,便曾发生过九莲菩萨显灵之事,也同样发生在皇储事件的背景之下。《明史》诸王传及钱士馨《甲申传信录》、孙承泽《思陵典礼记》中皆载,明思宗所钟爱之幼子永王慈焕死前,忽自言为九莲菩萨转世,敬告思宗。崇祯时九莲菩萨重现,有阻止天主教进入内廷及财政等多重目的因素交织,下章当详论这一传说。从其与内宫皇子联系中来看,万历朝时之"九莲菩萨",应该曾经存在过某种保佑皇长子的成功经验,只可惜相关记载如今似乎还没有发现。

---

① 许琰:《普陀山志》卷四,《续修四库全书》第 723 册,第 276 页。
② 《憨山老人年谱疏注》,《大藏经补编》第 14 册,第 503 页。
③ 《芝龛记》可参复旦大学古籍部藏清乾隆十六年版《芝龛记》,研究则有台湾王瑷玲:《虽名传奇,却实是一段有声有色明史:论董榕〈芝龛记〉传奇中之演变、评史与诠史》,《戏剧研究》2014 年第 1 期。

第二节　禁宫中的法友

　　自封菩萨之皇太后,当然需与世俗宗教界有相当互动,才能自证其宗教界身份之合理性;一味祥瑞呈现,未必能达到影响世俗的目的。晚明当日高僧,也有充分之理由,与这位内宫之主产生多层次的联系。当然,僧人与皇家结缘之风险,也是同样存在的。名僧因游走宦门而被逮下狱者,万历前之隆庆朝始已有遍融真圆之例。遍融和尚,汰如明河《补续高僧传》卷五"义解篇"有遍融传,为当时京中二大德之一,其出狱后得宫廷之力重兴法门丛林,开万历朝宫廷佞佛之先河;后辈之"万历三高僧"紫柏、憨山、云栖皆曾于北京参其门下。台湾陈玉女氏有《明华严派遍融和尚入狱考》,从传世不多的相关史料中,钩沉其宗派、思想、交游、入狱诸端事实而加以考证,可谓筚路蓝缕。陈文中谓遍融以蜀僧而多交蜀籍士大夫,如赵贞吉、陈以勤。赵贞吉于隆庆间与高拱相争而被罢官,遍融或以此人事波及,而遭牢狱之灾。而遍融出狱,或即出于万历初"宫中二国母"即仁圣陈皇太后、慈圣李皇太后之意,而由时首辅张居正奏其无罪。① 根据晚明大檀越冯梦祯的《快雪堂日记》,曾有一段遍融的记闻颇有趣,可见万历十七年十二月十七(1590 年 1 月 22 日)条:

> 　　早到禅堂,老僧天际为堂主,建六时功课,徒众常数十人。际曾亲近遍容②老人,为言:"容,川人,俗姓鲜氏,曾为诸生,三十出家,平生看《华严》得力。尝为一贵人罗织,下司寇狱,对主者不屈,曰'好个禅堂',铁绳自断,易之复断。狱吏伏地求忏,容曰:'汝等卖法,在狱百日。'赵大洲先生请而出之。"余癸未(1583)春,与同馆诸君子相见于千佛寺,率二子拜之。盖菩萨人也。容以甲申年(1584)迁化。③

　　遍融在狱中施法力,颇合乎信众心理。这位虎丘天际堂主所言,遍融出狱得力于赵大洲,或为当时一传说,抑或本于赵大洲崇佛之故。然二位太后重开法门,尊遍融、建千佛寺之举,一如燕昭王尊郭隗。自此,万历一朝佛教势力一转嘉靖间道教之主导,渐开新局面。观当日禅林尊宿,遍融真圆与笑岩德宝,实为晚明佛教中兴之不二先驱。遍融因故而下狱,笑岩则韬光养晦,不事权贵。这种风格上的差异,又移植给了万历时两位求法后学——云栖袾宏与

---

① 陈玉女:《明华严派遍融和尚入狱考》,收入《明代的佛教与社会》,第 147—192 页。
② 当作"融",下同。引者注。
③ 冯梦祯著,王启元校注:《快雪堂日记校注》,上海人民出版社,2019 年,第 88 页。

紫柏真可；而遍融下狱的经历，也原原本本发生在了紫柏、憨山他们身上。

前论紫柏与云栖曾被称为当时东南最著名的"两大宗主"，而闻名法界。沈德符点出此"二老行径迥异"时云：

> 竺乾一时尊凤，尽在东南，最著则为莲池、达观两大宗主。然二老行径迥异：莲专以《西方直指》化诱后学，达则聪明超悟，欲以机锋言下醒人；莲枯守三条，椽下跬步不出，达则折芦飞锡，所在皈依。①

沈德符此条，历来研究者多引之以证明紫柏等僧与韬晦之云栖间迥异的气质差别。紫柏、憨山等多秉承遍融之修为，积极投身到权力利益的漩涡中，寻求佛教发展的庇护与支持；莲池袾宏则选择低调对待俗世。憨山、紫柏的弟子虞淳熙，也曾有类似观点，谓："紫柏猛士，莲池慈姥，憨山大侠。"②如此比方亦三高僧之写照。"慈姥"嗣法笑岩德宝，行韬光养晦之法，而"猛士""大侠"，则选择另一条弘法之路。此二位高僧因之成佛教势力之领袖，进而为亲佛势力后党中重要棋子。二高僧相继被斗争中失势的后党所牺牲，憨山远放南粤，紫柏殒身狱中，虽为中兴佛教势力一大损失，亦为其参与党争必须付出之代价。高僧反馈慈圣奉佛举动虽然不少，但少有"单提直指"的"大乘导师"（前引王鸿绪语），能为皇家权威及佛教界正名。曾经有一项事业十分接近这个目的，但最终也没有成功，至少没在万历朝实现，那就是紫柏、道开师徒开雕方册大藏。

研究者多以为开雕大藏本身仅为一浩大而单纯的宗教文献工程，与取悦内宫慈圣及晚明党争关系不涉，本书中编将详论党争、清流与大藏经之详细因缘，此处谨举紫柏大师私刻大藏经之起因，便可知其与争储及慈圣有密切关系。大明嘉靖、隆庆朝之际，通常被视为汉传佛教道法凌迟、宗纲坠地之季。所以到了万历时，才会有高僧紫柏与其弟子及诸檀越，以恢弘大法为己任，积极投入佛教复兴的工作。除了游走权贵、广开禅林、提高佛门声誉外，亦希望在学术上改变释家洪武、永乐以降卑弱的话语权，重新开雕大藏，并借此流通法宝，绝对是一相当可观的想法。凭借藏经传播的影响既能达到提升整个佛教界的社会、政治地位的目的同时又能兼顾到当日高僧著述的刊刻流传，可谓一举多得。

此次紫柏倡议的私刻藏经，一改之前皇家印经梵夹装的装帧方式，变为更为通行的方册线装书版式，所以这次私刻的大藏被称为《方册藏》；又因正

---

① 沈德符：《万历野获编》卷二七，中华书局，1959年，第693页。
② 虞淳熙：《东游集序》，《虞德园先生集》卷五，《四库禁毁书丛刊·集部》第43册，北京出版社，1997年，第216页。

式开始于嘉兴府秀水县的楞严寺，又称《嘉兴藏》。这次大胆的改革藏经事业，实际倡议于万历十四年（1586），因是年初郑妃之子福王生，初秋宫中即现瑞莲，前文已论及。同是秋天之时，紫柏师徒及京中大员如陆光祖、瞿汝稷、曾同亨等共同倡议，则《嘉兴藏》因缘亦可视作保厘国本的举动、"国本争"之同流，而为佛教团体祝祷慈圣及朱常洛而举事者。然紫柏却于所举大藏事业虎头蛇尾，虽集其个人与众僧俗弟子之力，犹未能完成其事，个中缘由，除大藏经本身卷帙浩繁外，或与紫柏自身性格及党争形势残酷复杂有关。下章将细论大藏初选经场为何定在五台，后又因何南迁，经场实际总裁密藏道开因何故隐去、所在何年，经场开雕近二十年之紫柏行踪等诸端。本节则仅举紫柏自述经场之机缘与慈圣关系。

紫柏自发愿刻藏经起，至大藏经场被迫自五台山南迁，为其一生最光辉一段，尤其此间游历之远、交友之广，后辈高僧亦难有比肩者。此间投赠僧俗之法语、经论、书函、题诗等各类材料极其丰富，同时大部分亦能于别家著述中得以印证，则此间"现在时"之交游行迹，多可考知，整理尚不难。然紫柏作为一高僧，对其所需念想之曾经"过去时"之经历，则一如其天竺祖师龙象般，历史观、时间观至为模糊；虽不致随口皆如"不知几千万亿"语，但前后颠倒错乱，颇乱人眼目。其中错误，或为一时疏忽，或需再三征索；因为那些错谬托误之中，或多有言不由衷之处，请试论之。紫柏发愿刻方册大藏经之《刻藏缘起》一文，为研究《嘉兴藏》者必引用之文献，文章开始有言：

> 万历七年，予来自嵩少，挂锡清风泾上，去大云寺不甚远。寺有云谷老宿，乃空门白眉也。时本谷为云谷侍者，予访云谷于大云，复值本公在焉。既而及刻藏之举，以为非三万金未能完此。①

之前《嘉兴藏》研究者多以"万历七年"为紫柏发愿刻藏之时。今按，此说大有疑点。查清风泾、大云寺实有此地，且皆在嘉兴附近（清风泾即今上海枫泾，明清时此镇属嘉兴府），而住锡之云谷老宿，亦绝非无名辈，实嘉、隆间重要高僧云谷法会；憨山德清曾拜门下。文中"白眉"为三国马季长之喻，以此比喻云谷亦贴切。然紫柏此处所记时间则不确。憨山有《云谷先大师传》：

> 师讳法会，别号云谷，嘉善胥山怀氏子。生于弘治庚申（1500），幼志出世，投邑大云寺某公为师……师生于弘治庚申。世寿七十有五，僧腊五十。②

---

① 《紫柏尊者全集》卷一三《刻藏缘起》，《卍新续藏》第73册，第253页上。
② 《憨山老人梦游集》卷三〇《云谷先大师传》，《卍新续藏》第73册，第673页中—674页中。

憨山所记云谷法会生平尚有差池,因《补续高僧传·云谷会传》载其"师已寂然而逝矣,时万历乙亥正月也,世寿七十五,僧腊五十余",①则云谷若真生于弘治庚申,则其世寿当为七十六,因存疑。

又密藏道开《示寂先师楞严寺住持了然和尚行状》:

> 及云谷和尚晚年归锡武塘大云寺,先师居首座寮,身心劳悴,病益进,由是始决策终老泉石间矣。②

则云谷法会生卒年当为1500—1575,晚年亦的确归之乡邑寺庙驻锡,然其卒于万历三年乙亥,绝不待紫柏七年之访,则若紫柏真曾遇云谷,并交流刻藏大业,必不在是年,而甚有可能于万历三年。憨山作紫柏塔铭载:

> (神宗)御极之三年,大千润公开堂于少林,师(紫柏)结友巢林、介如辈往参叩。及至,见上堂讲公案,以口耳为心印,以帕子为真传,师耻之,叹曰:"西来意固如是邪?"遂不入众。寻即南还,至嘉禾,见太宰陆五台翁(光祖),心大相契。③

此憨山所记时间可供参考,或可证紫柏只可能于万历三年正月云谷圆寂之前,才访得嘉兴大云寺云谷大师,再迟则法师已坐化。

紫柏又云:"时本谷为云谷侍者,予访云谷于大云,复值本公在焉。既而及刻藏之举。""本谷"疑作"本公",为云谷与紫柏的弟子幻余法本和尚。紫柏所述当时不存在之云谷大师,未必就妨碍他这位徒弟在当日出现。幻余事迹,据万历间名僧月川镇澄所修、康熙间增补的《清凉山志》卷三"高僧懿行"条载:

> 幻余,名法本,不详氏族。曾亲近云谷、紫柏二师。④

又参袁黄《刻藏发愿文》亦言:

> 万历癸酉(1573),余偕幻余禅师习静于武塘塔院,时髦胜友,昕夕扣门,注往束缚于世儒之说。⑤

"武塘塔院"即嘉善县东的大圣讲寺,寺中有泗洲塔。大圣寺于倭乱中

---

① 明河:《补续高僧传》卷一六,《卍新续藏》第77册,第489页下。
② 道开:《示寂先师楞严寺住持了然和尚行状》,《密藏开禅师遗稿》卷下,《嘉兴藏》第23册,第33页上。
③ 德清:《径山达观可禅师塔铭》,《憨山老人梦游集》卷二七,《卍新续藏》第73册,第653页上。
④ 释镇澄:《清凉山志》,江苏广陵古籍刻印社,1997年,第153页。
⑤ 袁黄:《刻藏发愿文》,道开:《密藏开禅师遗稿》卷上,《嘉兴藏》第23册,第5页下。

被毁,万历四年正是由幻余法本所恢复。① 袁黄与法本在此相与许久,关系甚密。

紫柏万历七年左右嘉善遇见幻余时,绝无云谷大师;观其所作《刻藏缘起》中虽未纪年,然查当日缁素缘起文所记之日,大多在十四、十五年间,紫柏之缘起文当于此前后不久。为何相隔不甚远仍存误记? 查其所犯之误,或故意而为之。万历七年(1579)为慈圣崇佛举措重要的一年,今查福征所注《憨山年谱疏》"万历七年"条:

> 是年秋,京都建大慈寿寺完。初,圣母为荐先帝、保圣躬,欲于五台修塔院寺、舍利宝塔。谕执政,以为台山去京窵远,遂卜附京吉地,建大慈寿寺。工完,覆奏,圣母以为未了台山之愿,谕皇上,仍遣内官,带夫匠三千人,来山修造。②

万历七年时,慈圣营造京西慈寿寺,并重修五台山塔院寺。高僧如憨山、妙峰辈,已频繁接触宫廷中之慈圣太后。但记载崇建寺塔的真实目的时,则闪烁其词。这座皇家敕修的塔院寺,憨山年谱中只言及荐福穆宗的原因,显然有所遮掩。《清凉山志》卷五"帝王崇建"条《神宗建宝塔记》载:

> 神宗万历七年,敕建大宝塔。……(1582,万历十年)正月,上为祈国储,遣太监尤用、张本,诣大塔院寺,修无遮斋七日。十二年,遣太监高勋、王忠,诣山饭僧。十三年,敕造《大藏经》,布诸天下名山,用充化宝,各有敕旨护持。五台有二藏焉。③

及同书卷二"五峰灵迹"条下有"大宝塔":

> 灵鹫之前,五峰之中,汉摩腾天眼,见此有阿育王所置佛舍利塔,历代帝王不废修饰,明万历间圣母李太后重建。厥高入云,神灯夜烛,清凉第一胜境也。④

及同卷"伽蓝胜概"下"大宝塔院寺":

> 显通之南,五峰之中,有育王所置佛舍利塔及文殊发塔,因为名。永乐五年,上敕太监杨升重修大塔,始建寺。万历戊寅(1578)圣母敕中相范江、李友重建。恢巍壮丽,冠于清凉。命比丘圆广主其焚修。⑤

---

① 《(光绪)重修嘉善县志》卷六,清光绪十八年刊本。
② 《憨山老人年谱疏注》,《大藏经补编》第14册,第495页。
③ 《清凉山志》,第21页。
④ 《清凉山志》,第57页。
⑤ 《清凉山志》,第68页。

憨山为一僧人，其自撰年谱中，记叙早年行实过于简略自不待辨，其晚年弟子福征为尊者讳，未注出详情。今综合参考《清凉山志》《憨山年谱疏》可知，万历六年戊寅，五台山重修"第一胜境"之大宝塔；七年时又重建大宝塔院寺，憨山年谱所载之"塔院寺"是也，寺中正殿名"大慈延寿宝殿"，今日犹存。此名与万历七年京城所修"大慈寿寺"相似，其建造缘起与之亦如出一辙，除为亡夫穆宗荐福的目的外，还有慈圣本人三十五岁庆生所建！① 当然，此"恢巍壮丽，冠于清凉"的塔院大寺，显然还不仅仅用于慎终追远或庆生求福之途，而别有一现实功用，非同小可。

据山志，"是年(1582, 万历十年)正月，上为祈国储，遣太监尤用、张本，诣大塔院寺，修无遮斋七日"，即五台山无遮会祈皇储之仪。② 此事成为日后后妃二党相争之帷幕，演变成朝野党争及僧案之直接导火索。前引憨山年谱七年条，论建大宝塔院寺而毫不言求储，却将现实矛盾，统统集中到宦官，所谓"内官初遣于外，恐不能卒业，有伤法门"，其阴助求储，而欲盖弥彰的用意，观者可以自知了，下文亦会详论。

如今查万历十四年左右的紫柏大师，将刻藏之缘，首溯之万历七年，其用意欲暗合与慈圣大寿及求储、建寺五台之举已无疑义。刻藏因缘与祈祷皇子人为的时间吻合，则对已过中年之皇太后心理暗示不可谓不大，慈圣对刻藏的关注度自然亦能提升。与之手法相同者，可参道开《刻大藏愿文》："万历壬午，从补怛(普陀)、天台诣武林(云云)。"③ 无遮大会后的万历十年壬午八月，皇长子朱常洛生，此年遂在慈圣心中分量亦不轻。同时，普陀山

---

① 慈圣皇太后生于1545年，据万斯同《明史》卷三九九《外戚传》："嘉靖二十四年……冬十一月慈圣皇太后生里中。"(《续修四库全书》第331册，第324页) 太后生日与晚明佛教复兴运动节点，下节详论。
② 据憨山年谱所载当在九年，山志误。憨山求储无遮大会考证，可参梁绍杰：《三则与晚明"国本之争"有关的传闻考辨》，《第十一届明史国际学术讨论会论文集》，天津古籍出版社，2007年。
③ 文中载："于绍兴道中，忽见古寺残碑，载胜国时会稽郡大藏板凡七副，因感泣思：惟板刻之在一郡者且尔，其卷轴流通在天下者当何如哉？乃我明仅南北两板，法道陵夷，莫此为甚。遂愿毕此生身命，募刻方册板，广作流通。寻入楞李，得侍达观老师，兼晤冯开之居士辈。则老师暨诸居士业已先发是愿，即共订盟从事。违逾三载，莫得其绪。"(道开：《刻大藏愿文》，《密藏开禅师遗稿》卷一，《嘉兴藏》第23册，第3页上) 今推"胜国时会稽郡大藏板"为何版本大藏经。明时胜国自为蒙元，查吕澂先生《历朝藏经略考》中元代修藏情况，仅私刻的大藏经《元刻普宁寺版藏经》，因刻版地点在杭州路余杭县南山大普宁寺，因而一般通称《普宁藏》。《普宁藏》与同郡之前所刻大藏思溪、碛砂两版的关系思密，开雕形制为一脉相承而来，而为浙西路上佛法昌盛之例。"会稽郡"为秦汉古制，应为代余杭之称。如今《普宁藏》传本不少，但经板似不闻各见，道开此言若不伪，则可证《普宁藏》版片保存不妥，至晚明已散乱民间。

也已与九莲、慈圣相联系,则道开述当年之所见"胜国时会稽郡大藏板",其暗示的意义,实如同乃师紫柏七年"会"云谷。

紫柏辈高僧参与宫廷及党争事迹不止此,今谨举其发愿开藏事,意在证明,万历初僧人为佛法中兴于世,给予后党崇佛之举以必要之回馈,其中僧众即便亲身参与党争游走权贵而因之遇祸者,亦可谓身之所托,义不容辞耳。而慈圣以太后之地位,变前朝信仰与政治格局,开万历朝之新气象。此不独晚明政治史中别样一笔,亦久为佛教史叙述所忽略,今特标出一二,或可还原明末党争一隅。

第三节 图像中的忠勇与慈悲

关于晚明慈圣皇太后崇佛的事迹与形象,不仅保存在后人浩瀚的传世文献之中,存世的实物文献亦有相当的保留;尤其明清易代之际慈圣的信仰形象一定程度上被满清统治者吸收,其女身神祇的特质虽在流传中产生了些许偏差,但仍得到相当程度的保留。

明清北京城阜成门外八里庄的地方,曾经矗立过一座明代最大的皇家寺院。四百多年过去了,今天那里孤零零就只剩下一座古塔,还见证着曾经的辉煌。这里就是前论京西著名的慈寿寺与慈寿塔。前文已引憨山德清自述文献载,这座塔院建成于明万历七年(1579),其供养大檀越即为慈圣皇太后;而寺里于万历二十二年冬发生的"庆生""说戒"诸事,皆可看作晚明内宫生活影响外廷政治的典型案例(详见下章论憨山德清"乙未之狱")。太后起初建造这座塔院的目的,除了冠冕堂皇地为亡夫穆宗皇帝荐福以外,还有为她本人庆祝三十五岁生日,以及为儿子神宗大婚及求嗣等诸多原因在。但围绕"求嗣"问题最终上升到政治层面的"国本争",最后惹得内廷神宗与外廷群臣们水火不容,纷争不断,皆可详以下诸章。

回到争端发生地之一的慈寿寺遗址,据清初掌故文献《帝京景物略》里记载,这座慈寿塔院曾经气势恢弘一时:

> 寺坯圬丹漆,与梵色界诸天,与龙鬼神诸部,争幻丽。特许中外臣庶,畏爱仰瞻。有永安寿塔,塔十三级,崔巍云中。四壁金刚,振臂奉臀,瞽瞅据踏,如有气呇呇,如叱叱有声。天宁寺隋塔摹也。中延寿殿,后宁安阁。阁扁慈圣手书。后殿奉九莲菩萨,七宝冠帔,坐一金凤,九首。太后梦中,菩萨数现,授太后经,曰《九莲经》,觉而记忆,无所遗忘,

乃入经大藏,乃审厥象,范金祀之。寺有僧自言,梦或告曰:太后,菩萨后身也。①

"崔巍云中"的慈寿塔,今日观之的确名不虚传;但皇家气派的寺院大殿,则早已灰飞烟灭,那些宝塔后的"延寿殿""宁安阁"之属,也已无处找寻。而"太后梦中,菩萨数现,授太后经,曰《九莲经》,觉而记忆,无所遗忘,乃入经大藏"的事情,仅见此处记载,似乎与前章所论自封观音过程不符。且《九莲经》是何经典,及其是否曾入藏,则详下节。

慈圣太后本人享年颇久,生前对包括佛道二教在内的传统宗教信仰,都礼敬有加,为晚明时代第一等的大檀越。等到太后宾天,失去大护法的慈寿寺开始不复往日辉煌,不出百年,堂堂大明的皇家寺院便荒废被毁,仅剩一座永安万寿塔孤独地伫立在八里庄(图1)。

图1:今天北京玲珑公园内的慈寿塔

正因整个晚明佛教圈都与慈圣太后的个人信仰有非常密切的关系,京师慈寿寺之"延寿殿"虽泯然于世,却不妨碍另一个体制规模差不多的"延寿殿"依然存之宇内。皇太后极为信任的憨山德清就曾遵太后懿旨,在五台山重修山上的"大宝塔禅院"塔院寺。这座五台山上最具代表性的寺院,其正殿也叫"大慈延寿殿",今日牌匾尚存,当是胜明故物(图2)。

---

① 刘侗、于奕正:《帝京景物略》卷五,北京古籍出版社,1980年,第216页。

万历朝重修五台山塔院寺时间，正是京城慈寿寺修成之际。据憨山德清的自订年谱里记载：

> （万历）七年己卯（1579），予三十四岁。是年秋，京都建大慈寿寺完。初，圣母为荐先帝、保圣躬，欲于五台修塔院寺、舍利宝塔。谕执政，以为台山去京窎远，遂卜附京吉地，建大慈寿寺。工完，覆奏，圣母以为未了台山之愿，谕皇上，仍遣内官，带夫匠三千人，来山修造（塔院寺）。①

憨山此处记载了一段纠结的修造过程。五台山大塔院寺原本就是慈圣最早的修造意向，但在"执政"——未必是神宗本人，因为那时他还尚少——而很可能是内阁及财政的压力下，暂时搁置五台山修造计划，转而在"附京"寻找"吉地"，成就了城西建完慈寿塔院。但建成后慈圣太后竟意犹未尽，而以"未了台山之愿"的理由"谕皇上"，让小皇帝下旨继续五台山的原计划。那个"未了"的"台山之愿"，大约也不出"庆生""求储"之外。甚至，慈圣太后在离京师颇远的五台山，又为自己建起了个名字相仿的殿宇——"延寿殿"。"延寿"之名，自然是为慈圣皇太后大生日之为。当然，太后生日最想了的愿，还是为神宗求储，今天我们只要从整个晚明政坛清浊流之间的党争记载中，就能约略看出端倪来。为了儿子神宗能够生一位嫡子，从母后圣躬到朝野内外，都替神宗操碎了心，最后弄得母子不睦甚至如仇。以今度之，虽贵为神宗母子之间，大略也无不同吧。

慈圣皇太后（1545—1614）出生那天，是世宗嘉靖二十四年农历十一月十九，即公元 1545 年 12 月 22 日。这个典型的摩羯座老太太，的确拥有一切摩羯座该有的气质：冷静、世故，可以无视所有权威，最终还让自己变成权威。此处标出慈圣太后生日，则为晚明佛教政教关系的一条被忽略的线索。从现存众多晚明佛教事件，诸如营建寺院、开雕大藏、祥瑞示现以及法难僧案，似乎都绕不开慈圣太后生日年甚至是月份的节点；高僧入京，希望与

图 2：五台山塔院寺大慈延寿殿匾额

---

① 《憨山大师年谱疏注》，《大藏经补编》第 14 册，第 495 页。

慈圣太后互动的时间，皆在秋冬之际。甚至，这类节点也会与神宗生日扯上关系。这无疑打开了一种生动而直观的视角，让人可以透过文献记载，进入数百年前僧俗互动的现场。慈圣三十五岁那年秋天所建京师慈寿寺塔院，很难不与其生日联系起来，这年开工的五台山大慈延寿殿自然出于相似的目的，而前论紫柏真可数年后以这一年作为方册藏倡议的年份，同样意识到了这一年在晚明佛教复兴运动上的意义。至于此后方册藏正式开始的万历十七年（慈圣四十五岁），憨山德清二十二年说戒慈寿寺（慈圣四十岁），紫柏真可进京与续妖书案（慈圣四十九岁，似有"过九不过十"），甚至房山石经山现舍利这一系列祥瑞，也与慈圣之子神宗三十岁生日密切相关，此皆当详下论。

今天，孤独伫立京西八里庄的慈寿寺永安万寿塔之外，塔周还留下了些许明代寺院遗迹。古塔北侧留有两块明代石碑，碑上内容都与当日慈圣皇太后有密切关系。一块正面刻"九莲菩萨像"，背面是万历初内阁大学士王锡爵等所赋《瑞莲赋》，就是《帝京景物略》里"命阁臣申时行、许国、王锡爵赋之碑，勒寺左"这件事。另一块碑正面则刻《鱼篮观音像》，背后则刻有一幅《关公像》。此二碑侍立塔侧，因为慈圣的关系，其树立时间下限定不出万历朝。"观音—关公"一碑上，看似两个汉地最为人熟知的神祇，本来未必能有多少交集，但大约在晚明时候，他俩似乎走近了许多。

观音形象从男身转变为女身的过程，学界已经有过相当多的探讨。① 他或者"她"大约在宋元时代，就开始在汉地渐渐转换性别；到了明清以后，提到观音是女性神祇，已经变得理所应当了。这其间，民间甚为流传的《香山宝卷》及"妙善公主"故事，对夯实观音女性形象，及在民间救苦救难、大慈大悲的认识基础，助力良多。② 至于或长篇或话本的旧小说中，那个神通广大又性格鲜明的女性观音菩萨，更是民间极为熟悉的。前引毛奇龄《胜朝彤史拾遗记》谓慈圣皇太后曾印观音大士像分赐天下名山，并把观音面容印成自己的模样，便是晚明观音彻底女性化的实例。同时，当日女性神祇的崇拜，其实也普遍存在于各个本土信仰之中，这其中自然包括太后日后更有名的"九莲菩萨"化身的头衔。如此，则对于晚明时代的信众来说，宫中的慈圣皇太后，即是佛教界观音菩萨的化身，又可以称作"九莲菩萨""九莲观音"，本土化色彩更为浓烈。

万寿塔下那块画有"九莲菩萨"像的石碑，及背后的《瑞莲赋》，描述的自然就是慈圣的化身无疑（图3）。

---

① 可参朱光磊：《观音形象在汉地女身化的途径与原由》，《世界宗教文化》2016年第6期。
② 可参白若思（Rostislav Berezkin）《多面目连：中国帝国晚期的宝卷》（*Many Faces of Mulian: The Precious Scrolls of Late Imperial China*, University of Washington Press, 2017）书中相关章节。

图3：慈寿寺《九莲观音图》　　　　图4：慈寿寺《鱼篮观音图》
（中国国家数字图书馆·碑帖菁华）　（中国国家数字图书馆·碑帖菁华）

而另一块碑上，一侧的"鱼篮观音"本是观音三十二身之一，此观音亦即慈圣太后化身无疑。但那块碑背后刻一关公图像，则颇有些让人费解，但于慈圣却未必没有关系（图4、图5）。

关公，也就是三国时候的关云长，则是一位从历史人物而慢慢演变为信仰偶像的神祇。关云长殒后一千余年里，便因为自己忠勇的生平，一直得到历朝帝王的嘉奖。不过，那些历代累积的褒扬，都比不过入关的满清一家对他崇拜的分量。来自关外马背上的满洲统治者，对忠勇如关公的神灵，似乎有种别样浓烈的崇拜。清代官方曾为关帝修过《关圣帝君圣迹图志全集》，搜罗关帝从平凡到神圣之间各类细节，尤其"灵感""圣签"诸条的记载，显示出作为神祇的关公所拥有的无上法力。这种强烈的膜拜感，还不仅仅是由于清人把满文译本《三国演义》小说当作政治教科书所致。据各种关公显灵的记载，努尔哈赤向明政府请关公神像出关供奉后，关二爷竟然多次显灵保佑后金，自然不由得草原骠骑民族对他五体投地。①

观音与关公一同出现，这在晚明之前宗教图像绘制当中，似未出现过；直到明季入清后，二者合祀的场景才渐渐风靡。至于今天我们在佛寺道观中看到的观音、关公像并立的场景，则未必出自这种不算古老的传统，而多是当代关公财神化的结果。

观音和关公二位的处境，还在一点上有些相似。元明以前的观音形象与影响，其实尚未从一众大菩萨中脱颖而出。前论传说观音道场的普陀山，直到慈圣皇太后崇佛、自比观音后才真正迎来法门中兴，得以建造寺院，颁赐大藏。今日依然存世的普陀山最具代表性的石刻"磐陀石"与"海天佛国"，都是万历朝年间的总兵侯继高的手笔。从观音道场的勃兴，代表着晚明时观音与普陀山开始兼有了国家崇拜与地方信仰的成分；尤其国家崇拜方面，与慈圣皇太后的一系列举动自然是密不可分的。

图5：慈寿寺《关公图》
（中国国家数字图书馆·碑帖菁华）

而我们再熟悉不过的关公，竟然也是迟至晚明时期，才升格到"帝王"级别的。在对其崇拜至极的清人入关之前，晚明时的关公，也刚刚成为神祇中的帝君不久。清人成为关公热衷的拥趸，可能就是延续晚明时已有的信仰习惯。细究关公成圣的时间，却颇值得注目。乾嘉时史学大家赵翼在他的《陔余丛考》"关壮缪"条中，梳理了历史上祭祀关公规格的演变：

> 文宗天历元年，加封显灵威勇武安英济王（自注：《元史》：世祖尊崇佛教，用汉关壮缪为监坛。）明洪武中复侯原封。万历二十二年，因道士张通元之请，进爵为帝，庙曰英烈。四十二年，又敕封三界伏魔大帝

---

① 朱维铮：《在中世纪晚期的〈三国演义〉》，《走出中世纪（增订本）》，复旦大学出版社，2007年。

神威远镇天尊关圣帝君。①

其中涉及的明代加封关公为帝君的年代，都是在慈圣太后整寿之年：一次万历二十二年（1594）是慈圣五十大寿；一次是七十，且是年春慈圣皇太后崩。虽然现在只有一些无甚关系的旁证指示明代关公崇拜与慈圣皇太后存在某种联系，但起自万历朝的关公升格，可以看作未来百余年间关帝热的一个重要发端。可以这么说，也就是这位皇太后在位期间，观音与关公这两大信仰神祇，到达信仰神明界的最顶端。汉地重要的武将祠神与佛教界最重要的偶像，共同立在纪念慈圣皇太后的碑板两侧，其中或许有表彰或纪念慈圣的成分，俟日后考。

观音与关公，这两种汉化极深的信仰偶像，似乎在晚明时候就已被大明周边的少数民族所接受，比如日后入关取代明朝的女真人后裔，他们在东北时就表现出对观音—关公偶像崇拜的极大热诚。直到晚清时候的满族学者金梁，依然还能记起两百余年前的满清开国时，在"堂子"里祭祀的景象，尽管他已经不太能讲得清楚这种国家崇拜的原始初衷。金梁在《光宣小记》"堂子"条记载云：

> 堂子在玉河桥东，顺治元年建，中为祭神殿，前有拜天圜殿，制与盛京略同。凡元旦、月朔，国有大事皆诣堂子行礼，出征凯旋则列纛而告，典至重也。太祖建国，即有谒堂子礼。乾隆年告祭堂子，谕曰："堂子之祭，乃我朝先代循用通礼，所祭之神即天神也。"盖堂子祭天，兼祀多神，祝辞颇繁，听者遂多传误，如祝辞有"佛哩佛多俄漠喜吗吗"，义曰"福幼之神"，则误为"万历妈妈"矣。其实神为福幼，迎以杨枝，意即汉俗之送子观音耳。祝辞又有"喀腾怒延"，本蒙古神，以先世有功而祀者，则又误为"邓将军"，皆无稽之说也。至出征告天，即古之禷祃，更不待言矣。②

《光宣小记》另一条"歪李妈妈"条也解释说：

> 《本纪》：古勒城主阿太为明总兵李成梁所攻，阿太，王杲之子，景祖长子礼敦之女夫也。景祖挈子若孙往视，有尼堪外兰者诱阿太开城，明兵人歼之，景、显二祖皆及于难；太祖及弟舒尔哈齐没于兵间，成梁妻奇其貌，阴纵之归，始得脱。众称成梁妻曰"歪李妈妈"，误为"万历妈妈"。又以堂子岁祀"佛哩佛多鄂漠喜玛玛"之神，遂讹传为祀万历妈妈矣。③

---

① 赵翼：《陔余丛考》卷三〇，上海古籍出版社，2011年，第209页。
② 金梁：《光宣小记》，上海书店出版社，1998年，第70页。
③ 金梁：《光宣小记》，第71页。

金梁的质疑有些是很准确的。作为满洲的后裔,他对在汉文化界流传的"万历妈妈"的传说,做出了分析,所提出的解释也算是非常内行的说法。"佛哩佛多鄂漠喜玛玛"的确是一个满洲早期的神祇,但也肯定不是那位辽东大将李成梁的妻子;然而,满清人信仰的"她",却未必没有受到过汉地信仰的影响。那里面提到的祝词里的"喀腾怒延""邓将军"崇拜,经孟森作《满清堂子所祀邓将军考》一文后,更是民国时候大学者们一齐关注的重要议题。在今天关注到域外尤其是朝鲜燕行录后,学者们更是看到流传在朝鲜人想象中的"邓将军",在晚清时代已变成了另一种模样。①

清代堂子祀中究竟供奉着哪些神祇,他们的由来又是哪里,即便满人学者本身亦未必清楚,遑论当时的汉人。据说《清稗类钞》里记载,当日有"三不问",头一个不问的就是"莫问堂子祭何神"。② 我们现在可以知晓,满族的堂子祀,可能源自更为古老的萨满教信仰,大约在努尔哈赤起兵反明时,形成了满清人自己的特色。其中,区别早期萨满与之后的堂子祀最大的不同点,就在于清人祭祀对象的变化。今天的学界基本有了一个明确的定论,清代堂子祀、坤宁宫祭祀,及原来满洲部族的祭祀活动,在祭祀原来部族时代所供奉的"宇宙神"如"阿布卡赫赫"及"祖先神"爱新觉罗氏先祖之类的主神,同样还融入了许多汉文化里重要的"客神",以关帝、观世音、释迦牟尼为代表。③ 算上佛祖释迦牟尼,尤以关帝—观音为代表的"客神"祭祀,在清人尚未入关前已经非常兴盛,入关后更是成为坤宁宫及堂子祀里最礼敬的上宾。

堂子祀里那些掌管具体事务的神明,有一位痘神,叫作"佛多妈妈"。研究者以为她本是氏族笃祭祛瘟女神,是为子孙求福驱邪"保婴而祀"的。这与上面提到的让金梁记忆深刻的神祇"佛哩佛多俄漠喜吗吗",即是同一位神明。这位读音讹成"万历妈妈"的女神,被金梁描述成"神为福幼"的同时,还是"迎以杨枝,意即汉俗之送子观音耳",这个说法殊可引人注意。"佛多妈妈"之音所讹成的"万历妈妈",此说并非不可解。"万历妈妈"最直接之解释就是明神宗生母慈圣皇太后,而满洲堂子祀中供奉之手持杨枝的送子观音,亦即可视为观音甚至是九莲菩萨转世的太后本人。

更有一旁证,这位痘神"佛多妈妈",实际上具有保佑儿孙的功能,这其实与"九莲菩萨"在大明朝的作为密切相关,除了慈圣力主保皇长孙成为太

---

① 可参葛兆光:《堂子乃祀邓将军?》,《书城》2009 年第 1 期。
② 徐珂:《清稗类钞》第 1 册,中华书局,2010 年,第 19 页。
③ 白洪希:《清宫堂子祭祀研究》,《民族研究》1996 年第 4 期。

子外,崇祯朝九莲菩萨宫中"显灵"事则体现"佛多妈妈"痘神的作为。崇祯朝初期思宗曾撤宫中佛道圣像,礼敬天主教。然其幼子慈焕夭亡后,宫中曾发生菩萨附慈焕身"显灵",斥责崇祯帝"薄外家,诸皇子尽当殀",最后惹得崇祯帝重新礼待武清侯,并礼敬佛道教。① 从这个晚明宫廷的秘闻来看,包括慈焕在内的崇祯多位王子幼年早夭,很可能为当日肆虐东亚的痘症所致。若推测不误,则这段慈圣显灵的故事理路,亦可视为一痘神佑护灵验母题的变化。那么,"万历妈妈"九莲菩萨,极有可能在汉地已经与某种"保婴而祀"的愿望联系在一起,并传至关外,也未可知。关公与观音,这对慈寿塔下的碑中的神明,又同时来到满洲人的堂子祀里,这或许不是巧合,至少可以视作明与清、地方与国家间,信仰生活的无缝衔接。

康熙初年,也就是在郑成功"江上之变"后的几年,一位日后的宫廷工艺美术设计大师,此时流寓苏州,做着江南一方大员的幕僚;那位驻跸苏州的江苏布政使,是汉军旗佟佳氏的族人,叫作佟彭年。这时候离郑成功客死台湾已经好几年,清初著名的"奏销""哭庙""通海"三案的紧张气氛也渐渐缓和,在这位南下的辽东勋旧的管理下,江南似乎渐渐恢复了旧时的风雅。这位佟方伯幕下宾客的名字叫刘源,其实也是个北来的汉军镶红旗人;但他却能像江南人一样雅好文艺,且颇有成就,书画篆刻之外,对制墨、制瓷都有极深的研究。因为他在工艺美术上的不凡造诣,刘源后来在康熙朝任内廷供奉,是位不甚出世的大能人。

刘源字伴阮,河南祥符人;后徙辽阳,隶汉军旗籍。康熙间供奉内廷,官至刑部主事,《清史稿》有传。据记载,刘源对各种传统工艺都非常精通。比如他就擅长微雕,曾刻《滕王阁序》《心经》于笏版之上,又能设计瓷样,康熙官窑瓷器多出其手。至于其余御用的木器、漆器等,亦多出自刘源的监作。在他的手艺中排第一的是制墨,康熙御墨也都由刘源亲笔书画设计制成。但刘源流传于世最有影响力的作品,还是他在苏州做幕僚时所绘制的代表清初人物版画高峰的《凌烟阁功臣图》。

绘像凌烟阁的事迹,本是唐太宗贞观年间,李世民为怀念当初一同打天下的功臣,命人在宫中的一座小楼凌烟阁内,描绘了二十四位功臣的图像,皆真人大小。到了中晚唐的宣宗后,又陆续补入了马周、褚遂良、娄师德、张九龄等三十七位名臣宿将,前后在凌烟阁得以绘像纪念的功臣总计达六十一人,大略都是大唐建国及平定安史之乱的功臣。但那些盛唐凌烟阁内功臣图像,经历时代变迁,早已不存世间,只留下"绘像凌烟阁"的意象,供后代

---

① 见下文第三章所论及所引《明史·薛国观传》。

凭吊。

时间来到清初康熙元年(1662),客居苏州的刘源在见到著名画家陈洪绶所绘《水浒三十六人图》之后,深为欣赏。但因为陈氏所绘表彰的仅仅是绿林好汉,而"不以表著忠良"(刘源《自序》),所以他受之启发,在六年后将最先所画的二十四位功臣画像,刻出《凌烟阁功臣图》,大力表彰仁义气节。大约是给佟彭年方伯的面子,当时身在江南的多位艺苑文坛的大佬如吴伟业、王时敏、徐元文、宋实颖、尤侗等,纷纷为这位还不甚出名的刘源和他的新书,作序捧场。其中如吴伟业《题刘子伴阮画凌烟阁图有序》中说道:"恨尚未识面,间取是图,以想象其为人,意必欹崎历落,有凌云御风之气。"①吴伟业其实还未曾见过刘源本人,就写了这篇古风长诗,对之大加赞赏。梅村这首诗最后说道"他年供奉北门诏,大官赐食千金裘"这句,本来更像是句恭维的话,结果一语成谶,刘源果然借他吉言供奉内廷去了。

说到这卷为表彰忠义而作的《凌烟阁功臣图》,在画罢二十四位功臣之后,刘源又附上了关公与观音像各三幅(图6、图7)。

图6:复旦大学图书馆古籍部藏善本刘源《凌烟阁功臣图》观音一

图7:复旦大学图书馆古籍部藏善本刘源《凌烟阁功臣图》关公像一

① 《凌烟阁功臣图·序言》,复旦大学藏善本古籍。

据他自序里说：

> 以大士之慈悲，帝君之忠烈，冠于简端，聊以纪风云之盛，立仁义之极。①

刘源的本意，是要借关公、观音二位当日最为人信服与灵验的神祇，表彰世间所需要的慈悲与忠烈的精神线索。这一举动忠实地透露出，关公与观音在当时信仰界的影响力，遍及民众与精英阶层。从慈寿塔下的明代碑刻，到满清堂子祀，再到民间的画册作品之中，神明关公—观音的组合无不体现着他俩在当时信仰界的权威。这对看似有些格格不入的搭配，却展示出明清时代，从国家到民间的信仰的某种特点，正追求一种兼有忠勇与慈悲的崇拜。

论及慈圣太后与其九莲菩萨名号，自然也不能忽略九莲菩萨相关的传世经文。根据《九莲经》的研究，基本可以确定"九莲"在慈圣太后崇佛之前便已出现，源自稍早的民间黄天道经典，在其与当朝信仰偶像结合后，"九莲"原来民间本土的色彩依然保有相当的活力，比如周绍良藏道教伪经中的一些道教表述。② 除黄天道文献中的九莲宝卷系列文本外，还有两部后出的、由明神宗授意、顺应亡母李太后菩萨尊号所造的：《佛说大慈至圣九莲菩萨化身度世尊经》与《太上老君说自在天仙九莲至圣应化度世真经》，已久为学界关注。③ 此种经典伪造的现实意图似乎不甚明显；此二经问世，已是慈圣逝世两年之后的事了。但无论如何，此二伪经仍对后世九莲菩萨形象的神圣化影响甚大，亦与历史上频繁出现伪经的女主崇佛经历，多少有些相似。

比如历史上的宗教伪经，某些时候确有其政治必要性，而欲证明皇权之合法性与神圣性存在。如陈寅恪先生著名的《武曌与佛教》一文所云：

> 武曌以女身而为帝王，开中国政治上未有之创局。如欲证明其特殊地位之合理，决不能于儒家经典求之。此武曌革唐为周，所以不得不

---

① 《凌烟阁功臣图·序言》，复旦大学藏善本古籍。
② 有学者指出，慈圣相关的九莲经，有时被视为道教经典而收在道教文献之中。研究者据《九莲》二经文本大义，认为九莲经与民间秘密宗教关系甚密；而《太上老君说自在天仙九莲至圣应化度世真经》一经中"梦吞北斗，降诞圣真"解释为隐喻神宗，以显示神宗母子皆为圣者下凡，方式亦与秘密宗教者相似，可备一说。最典型的例子是清人修《秘殿珠林》，将上述两部九莲经及《太上说九莲应化忏》收入，可参前引陈玉女《万历朝九莲菩萨建构之多重意义》。
③ 今有于君方《"伪经"与观音信仰》（《中华佛学学报》1995年第8期）、周绍良《明万历年间为九莲菩萨编造的两部经》（《故宫博物院刊》1985年第2期）二文论九莲伪经及其政治意义颇详，可以参看。

假托佛教符谶之故也。考佛陀原始教义,本亦轻贱女身。如《大爱道比丘尼经》下列举女人之"八十四态",即是其例。后来演变,渐易初旨。末流至于大乘急进派之经典,其中乃有以女身受记为转轮圣王成佛之教义。此诚所谓非常异义可怪之论也。武曌颁行天下以为受命符谶之《大云经》,即属于此大乘急进派之经典。其原本实出自天竺,非支那所伪造也。①

武曌之颁行《大云经疏》,就因其强烈的政治作用,而招致士人对经书真伪的怀疑,如王国维、罗振玉氏皆为之考辨再三;然大云之经或不伪,惟非关主旨,不赘述。同时研究者也注意到当时新译之《宝雨经》,与《大云经疏》一道成为武周政权上符佛命的理论基础,②显示出宗教经典对于现实政治,或有积极的作用。慈圣李太后临朝,也有仿效武曌之"假托佛教符谶",以"欲证明其特殊地位之合理"的举动。顾炎武《菰中随笔》曾调侃道:

> 隋文帝皇后独孤氏崩,著作郎王劭上言:大行皇后福善祯符,备诸秘记,皆云是"妙善菩萨",史家载之以为讥。后万历中,尊孝定太后为"九莲菩萨"。③

李太后被奉为九莲菩萨,虽不至于如武曌之"净光天女"而"以女身当王国土"(陈文引《大云经》文)般前无古人,却也为国史中显著一例。顾炎武讥之荒谬如隋皇后之"妙善菩萨",实乃深明"九莲菩萨"政治用意者。

除了这两部半官方色彩的伪经之外,孙欣怡的《〈九莲经〉研究》中还列举多种版本的科仪宝卷,且都属于民间教派经卷。这些《九莲经》系列文本,都没有正式收入过佛教大藏经,但似乎因其中与慈圣或内宫施造的关系,曾以不同因缘混入经藏文献之中,比如清代大清客陈文述,所作《开元寺重修落成功甫招同礼佛观日本国僧百城寄方丈诗作》中"九莲经卷问何如"句下注:

> 寺有藏经砖阁,为明万历年造。所藏皆经厂本,当是李太后奉佛所致。经卷多中涓所造厕入者。④

这里的"开元寺",据同卷下一首《书日本国僧百城寄开元寺方丈诗后》诗序谓"道光丙戌吴郡修复开元寺",知为苏州盘门附近的古刹开元寺,以砖

---

① 陈寅恪:《金明馆丛稿二编》,第165页。
② 参前揭孙英刚《庆山还是祇阇崛山:重释〈宝雨经〉与武周政权之关系》一文。
③ 顾炎武:《菰中随笔菽庐札记》,商务印书馆,1936年,第49页。
④ 陈文述:《颐道堂诗选》卷二二,《清代诗文集汇编》第504—505册,第405页。

券结构殿阁闻名。这里开元寺藏经阁也是"砖阁"即砖券结构,其中便藏有《九莲》经本。原因是这里所藏佛经多出自慈圣皇太后崇佛时期,所收经本又多出自内宫所辖的汉经场的版本。而明代管理番、汉经场的执事为内宫太监,太监群体本身就奉佛甚夥,施刻佛经甚至是民间经本再平常不过,所以开元寺的经楼里混入经场本伪经,亦为寻常之事。如此可见《九莲经》在明末清初仍是颇有些影响的。

又清人王廷绍所编俗曲总集《霓裳续谱》,记录多为当日极其流俗之曲,其中有一段:

> 俺双亲看经念佛,把阴功作。每日里,佛堂中,烧钵火。生下奴,疾病多。命里犯孤魔,把奴舍入空门,削发为尼学念佛。荐亡灵,敲动铙钹。众生法号,不住手击磬摇铃,擂鼓吹螺。平白的,与地府阴曹把功果作。《多心经》也曾念过,《孔雀经》文(小字:叠)好教我参不破。

> 惟有《九莲经》卷最难学,俺师傅精心用意也曾教过。念一声:"南无佛哆哩哆唆娑波诃般若波罗",念的我无其奈何。①

"南无佛哆哩哆唆"等多与《九莲经》中原文相近,而与出自民间的科仪讲唱文本为同一系统,并可能有相当互相抄缀糅合的可能。据刘震教授提醒,此种晚出之伪经,还有可能是抄缀大藏中现成经典而成,比如周绍良藏本《九莲经》第一句"净口业真言"咒:

> 修唎修唎,摩诃修唎,修修唎婆诃。②

显然是抄《佛说大阿弥陀经》卷首"礼祝仪式"里的"诵净口业真言":

> 唵!修利修利,摩诃修利,修修利娑婆诃。

上引此种语文翻译习惯,似不见于元明以后译经常规,而与中古时代所译习惯用语相类似,则此种现象,只能解释成后人粗制生造的产物。③ 不仅咒语,《九莲经》中经文叙述,与当日经忏中甚为流行之《金刚》《圆觉》等经亦颇雷同,则传世《九莲经》文本除科仪,直接或间接来自中古时代所译佛教经典。

---

① 王廷绍:《霓裳续谱》卷二,清乾隆集贤堂刻本。
② 《佛说大慈至圣九莲菩萨化身度世尊经》,王见川、林万传主编:《明清民间宗教经卷文献》第12册,台湾新文丰出版公司,1999年,第6页。此处感谢UBC东亚系柳雨清同学帮助提供资料的复印件。
③ 佛经翻译、语文研究之于晚出科仪文本,得到复旦大学文史研究院刘震教授很大启发,谨致谢忱。

第四节　余论：东亚视角下的女主崇佛

"九莲菩萨",作为近世中国少有的女主宗教偶像,某种程度上带有一些近世中原王朝"政教一体"的色彩;但其对于实际政治的影响,已经远不及中古时代那么明显。不过,此种女主临朝而好佛,于十六世纪之东亚,似未为孤例。沈德符《万历野获编》中记载了同时代蒙古贵族中的一位女主,也有相似的举措:

> 而三娘子者,系俺答嫡外孙女。自俺答晚年,即为房中"哈屯"。"哈屯"者,即"阏氏可敦"之转语,实正配也。其子其孙,相继烝之,世为"哈屯"。其帐自别,有精骑数万,虏部畏服,胜于顺义王。虏酋代立,未与结伉俪,则支部皆不归命。以故牝晨者四十余年。且有权谋,能以恩威制部落。奉佛极精严,每以入犯内地为戒。予见其画像,面圆满秀媚,身亦纤长,不类虏妇。颈间挂数珠,手中复有一串,作数佛号状,亦毡裘中异人也。盖自庚午、辛未(1570、1571)迄今,佛法更盛行于沙漠,因之边陲晏然,其默祐圣朝不浅矣。①

据沈德符言,这位"三娘子"能使俺答汗之后的东蒙土默特部拜服,"以恩威制部落",实需更多蒙藏文献佐证,不敢轻信沈景倩"野获"之笔。② 且晚明时蒙古部族,尤其俺答汗之土默特部,早已与日后风靡中原之格鲁派第三世达赖喇嘛索南嘉措,于青海有过接触,藏传佛教开始在蒙古地区传播,则沈德符所言"三娘子"崇佛甚笃,亦并非其所言,是出于隆庆帝与俺答互市时赐以金像、遣之高僧这么简单。③ 但作为土默特部军政领袖的"三娘子",的确将其崇佛融入于她的政治生活之中,比如远在江南的沈德符也曾见其奉佛画像便是一例,则当日女主冀佛法而为统治手段,亦远不止中原之慈圣皇太后一例。④

---

① 《万历野获编》卷二七,第680页。
② 近人治明清之际蒙古史之学者,有复旦大学齐光《大清帝国时期蒙古的政治与社会:以阿拉善和硕特部研究为中心》(复旦大学出版社,2013年)及《16—18世纪喀尔喀蒙古政治社会体制研究》(复旦大学出版社,2020年)两部专著可以参看。
③ 《万历野获编》卷二七,第679页。
④ 《万历野获编》另有所及此"三娘子"事,如卷一七"蔡见庵宪使"、卷二二"列营举炮"。其中除了游牧民族妻其后母的习俗,即上引之"其子其孙,相继烝之"的情形外,还记载"三娘子"与明朝边将蔡可贤"荐寝"数日,及边将涂宗浚于其婚时进春药作为礼物,皆是站在儒生角度,贬斥蛮夷宣淫不轨。立场虽不足征,但沈德符所举诸事,似可推测,三娘子及蒙古部族,于万历时久已浸染藏传佛教,遂不免流露出中原士大夫所不齿之淫邪细节。此仅为《万历野获编》所载之推测,附记于此。

神宗生母慈圣皇太后，以穆、神交替之际，重兴佛法，礼遇高僧，除了有其兴趣归属的充分性之外，尚有应付当日时政的必要性在。垂帘之慈圣太后，非亲近佛教势力不能巩固冲龄之神宗地位；又不得不自封菩萨偶像，而保皇长孙入继大统。凡此种种，皆有其不得不发之感。在之前晚明佛教之研究中，慈圣这种崇佛的必要性从未被强调，但此为晚明佛教史发展中最重要的杠杆，一切日后高僧懿行、檀越护法的功德，皆由此时代转折应运而生。所谓"一时代有一时代之文学"，一时代之宗教信仰亦然，任何信仰形态必在当日社会政治影响作用下，而能有所发挥流布，并与之前各朝代有所差异。神宗朝复兴之佛教，自然也与两宋、盛唐时昌明隆遇之佛教，有着不同的现实与优势。如此方能别开生面，自成一家。慈圣崇佛进而开启晚明佛教复兴运动，最大的意义或即在此。

第二章 显灵的"九莲菩萨"与崇祯帝

慈圣太后于万历末宾天，但她在宗教界的影响依然持续了非常久。虽然从万历三十一年"续妖书案"之后，晚明佛教进入了相当长的寂静期，但是一旦政教活动与"九莲菩萨"沾上了联系，那迸发出来的潜力依然相当可观。

大概从万历晚期经过泰昌、天启朝（1620—1627），明帝国君主与上层的信仰倾向，似乎很少在文献里有所反映。不过根据推论，除终明一代始终受到宫廷重视的道教势力与国家宫观体系外，①万历以来的晚明佛教复兴，使得释氏势力在朝野仍有不小的话语权。就释氏而言，天启三年（1623），"万历三高僧"中的最后一位——憨山德清，坐化于庐山；而被后人追奉为"晚明四大师"中最年轻的蕅益智旭（1599—1655），那时刚刚二十出头。他本想拜在晚年的憨山大师门下，最后却成为憨山的再传弟子。② 那时，南方的禅宗临济、曹洞诸宗，已呈明显强势；华严、唯识诸学在雪浪洪恩及其弟子发展下，立足东南；而复兴的律宗也在孕育龙象。③ 不过正因为光宗、熹宗在位时间及本人对宗教的兴趣，记载有限，即便历数那些在野的宗教家们，某种程度上也未必能代表国家意志。

雄心勃勃的还有天主教。西方传教士与中国的教徒士大夫们，也积极地希望他们心中的天主能够进入国家信仰行列。大概也是出于其来源地的政教传统，传教士同样明白"不依国主，法事难立"的道理。早在万历二十八年（1600），历尽千辛万苦初来京城的利玛窦一行，很敏锐地发现：当朝的神宗对佛教及高僧有所不满。果然不出几年，传教士们就目睹了残酷的京师攻禅之案，思想界"二大教主"——李贽、高僧紫柏，双双瘐死锦衣卫。此时的利玛窦，决定通过"攻禅辟佛"的手段，与佛教划清界限；又努力将天主教

---

① 道教势力在明代绝大部分时期，都受到统治者的极力维护与利用。可参张广保：《明代的国家宫观与国家祭典》，赵卫东主编：《全真道研究》第二辑，齐鲁书社，2011年。
② 罗铮：《智旭年谱》，复旦大学2003年硕士学位论文，第6页。
③ 临济宗有幻有正传、密云圆悟、汉月法藏一系；曹洞宗有湛然圆成、无名慧经、觉浪道盛一系；唯识学讲僧有雪浪洪恩、一雨通润、苍雪读彻一系；律宗有下文将提到的三昧寂光。

学说攀附儒家的学说,借以亲近士大夫,传教自保,其中就有阁部官员沈一贯、冯琦,及在湖广驱逐李贽的冯应京等士大夫。同时,利玛窦还通过修订撰写《天主实义》《畸人十篇》等书,在宣扬天主教义外,力辨与佛教不同而与儒学的相通之理,从而寻求上层庇护,并收到了一定的效果。① 不过天主教也很快遭到反击,万历四十三年(1615),南京发生教案,教产洪武岗教堂与孝陵卫花园拆毁充公。就连垂垂老矣的高僧云栖袾宏,也被托名撰写(也可能是亲自而为)驳天主教的《天说》三则与《天说余》,声讨教理教士。② 教案持续了五六年,其中有过些许缓和,直到那位挑起教案的文渊阁大学士沈㴶去职病故,才彻底作罢。不想经历教案的天主教势力,忽然否极泰来,伴随着一位大信徒的高升入阁,而走到了帝国政治与信仰的最前沿。

第一节 内宫中的天教与信徒

明代君主的个人信仰生活,因循旧制多出入儒道之间,其中大部分也亲近佛教;早期多位君主对藏传佛教的兴趣甚至大过汉传。但崇祯帝不仅熟稔本土宗教,还曾对天主教也产生过不小的兴趣;且崇祯朝内宫中已广有太监、嫔妃受洗成为真正意义上的教徒,这在整个国史之中是绝无仅有的。甚至,关于崇祯帝本人是否入教的话题,也曾是明清宗教史与政治史界都颇为关心的。已有的研究已经可以证明,虽然本人没有受洗,但崇祯帝曾在一段不算短暂的时期内尝试接近天主教信仰,因之冷落了传统的佛道信仰。最早有清末民初耶稣会会士萧若瑟著《天主教传行中国考》书中暗示崇祯曾亲近天主教。方豪《中国天主教史人物传》"汤若望"条中也对之进行过考证。③ 而方氏最为倚重的依据,来自他的好友牟润孙所作《崇祯帝之撒像及其信仰》(作于1939年)一文。二十世纪九十年代之后,大陆学界明清中西交流史的话题走俏的同时,似乎对崇祯帝本人失去了兴趣。除了几篇介于学术与普及之间的文章提曾及崇祯帝的信仰之外,只能从研究崇祯朝本土信仰的文

---

① 利玛窦入北京及与攻禅事件相关研究已经不少,可参戴继诚:《利玛窦与晚明佛教三大师》,《世界宗教文化》2008年第2期;李圣华:《利玛窦与京师攻禅事件——兼及〈天主实义〉的修订补充问题》,《中国文化研究》2009年第1期;李圣华:《京都攻禅事件与公安派的衰变》,《西北师大学报(社会科学版)》2001年第1期。
② 此文究竟是否是云栖亲笔所作还是托名,仍未可知。可参看吴莉苇:《晚明杭州佛教界与天主教的互动》,《中华文史论丛》2014年第1期。
③ 萧若瑟:《天主教传行中国考》,收入《民国丛书·第一编:哲学·宗教类》第11册,上海书店出版社,1989年;方豪:《中国天主教史人物传》(中),中华书局,1988年,第4页。

章中找到相关研究的延续。① 与此同时，海外汉学家却对此一直抱有热情，尤其近年天主教汉文基础文献的整理与研究为本领域研究提供了不少全新的材料。② 其中，比利时鲁汶大学的钟鸣旦教授（Nicolas Standaert）的专著《〈进呈书像〉：崇祯帝所见耶稣生平传记》[An Illustrated Life of Christ Presented to the Chinese Emperor: the History of Jincheng shuxiang(1640)]一书虽非正面解答崇祯信仰问题，但提供了全新的考察视野，为本研究所重。③

今日开展崇祯天主教信仰研究之前，有必要介绍一下牟润孙先生在1939年时的成果，其中引证论断，今天看来依然不过时。方豪《中国天主教史人物传》"汤若望"条载："吾友牟润孙先生曾撰《崇祯帝之撤像及其信仰》，初揭于《辅仁学志》八卷一期，四十八年收入《注史斋丛稿》，论断甚精，可供研读。"④方氏所撰汤若望传文涉及其信仰一段，即参考牟文。今查牟文自述，此崇祯帝信仰之文始自编撰徐光启年谱因缘，因涉及徐氏是否诱导崇祯帝信仰天主教之公案，敷衍成文，并得到著名神父学者德礼贤（Pasquale d'Elia, 1890—1963）的帮助。文中除了引用中文文献之外，也关注到当时新译德国人魏特（Alfons Väth S.J.）所撰《汤若望传》（Johann Adam Schall von Bell SJ: Missionar in China, kaiserlicher Astronom und Ratgeber am Hofe von Peking 1592—1666: ein Lebens- und Zeitbild‐1933），时方由杨丙辰翻译过来不久。此种中西文献比较研究的自觉，出自二十世纪前半叶旧学出身的牟润孙之手，是颇为难能可贵的。⑤ 牟氏论崇祯曾撤像而未毁像，年在崇祯五

---

① 如张德信、谭天星《崇祯皇帝大传》第六章"朱由检的家庭生活和信仰"（辽宁教育出版社，1993年，第395—424页）、商传《崇祯皇帝与天主教》（《紫禁城》2004年第1期）、卢忠帅《崇祯皇帝改信过天主教吗》（《兰台世界》2012年第13期）、晁中辰《崇祯帝改奉天主教考论》（2014年第10期）等等。崇祯帝之于本土宗教与天主教信仰间的考察，同样不能离开本土信仰研究的开展，尤其对于晚明以来"九莲菩萨"信仰及相关女神崇拜的研究也值得关注，最有代表性的研究是车锡伦《泰山"九莲菩萨"和"智上菩萨"考》（《泰安教育学院学报岱宗学刊》1999年第2期）讨论崇祯帝加封生母菩萨名号的依据与渊源。不过让人略有些失望的是，牟润孙之前的研究成果完全没有被大家提及。

② 这其中有魏特（Alfons Väth S.J.）的《汤若望传》（Johann Adam Schall von Bell SJ: Missionar in China, kaiserlicher Astronom und Ratgeber am Hofe von Peking 1592—1666: ein Lebens- und Zeitbild‐1933），及陈纶绪神父（Fr. Albert Chan, S.J.）《明季欧洲书简》[A European Document on the Fall of the Ming Dynasty(1644—1649)]等。

③ 钟鸣旦（Nicolas Standaert），An Illustrated Life of Christ Presented to the Chinese Emperor: the History of Jincheng shuxiang(1640)，Sankt Augustin: Institut Monumenta Serica, 2007.

④ 方豪：《中国天主教史人物传》（中），第6页。

⑤ 牟润孙师出柯劭忞与陈垣，其考证中西交流问题时，颇有乃师援庵先生之风。牟氏全文见氏著：《注史斋丛稿》，中华书局，1987年，第117—126页。全文分七段，分别为撤像相关的"一、撤像与毁佛；二、徐文定劝教之说；三、撤像之年；四、撤像之地"与还像相关的"五、皇子之死；六、诸像迁回"，及最后的余论。

年或六年时,但究竟是否为徐光启所导,"固极有可能,而据今日所见之史料,犹不能指实";而"还像"事因皇子之死,余论中还有多条崇祯亲近天主教的旁证,颇有价值。① 当然,限于时代与材料的刊布,牟氏论文之中亦有多处可补益商榷之说,且崇祯朝时代的本土、外来宗教交互的实际内容与时代意义,亦值得继续讨论。本节即在前人的基础上,进一步发掘中西文献中的相关记载,揭示并分析崇祯帝信仰变迁及其在中西文献中被构建的意义,尽力还原崇祯帝宫廷信仰的历史形象。同时,也想通过此一实例,讨论中西文献各自存在的预设与局限,兼论从中西文献矛盾叙述中分析史实的重要性。

一、撤像:"崇耶"的开端

自民国萧若瑟、牟润孙、方豪至今日的研究者们,一致认为崇祯帝因亲近传教士,而于宫中"撤像":将禁宫中的佛道造像撤出紫禁城。过往研究者也极力想通过《烈皇小识》《崇祯宫词》等笔记记载,将徐光启与"撤像"及崇祯帝的信仰生活改变联系起来,西人《汤若望传》也持此说。今天虽然没有发现更为权威的证据坐实徐光启主导崇祯信仰转变,②但宫中"撤像"的实际开展,仍多有可论者。③

中西史籍对待崇祯"撤像"一事态度截然对立,④前人已关注到。明清之际文秉所著《烈皇小识》记此事"将宫内俱养诸铜佛像尽行毁碎"。⑤ 王誉昌《崇祯宫词》吴理的注里说,乾清宫屋檐上的佛像,竟然预料到撤像事件的

---

① 前引《注史斋丛稿》,第125—126页。牟氏此一研究功力见解皆为上乘,当代学者提及此一话题无出牟氏论述之外;其遭学界淡忘实在殊为可惜。
② 牟文举王世德《崇祯遗录》撤像于"崇祯六年说"及《酌中志》"崇祯五年说",认为"二书虽有一年之差,而以撤像由于文定(徐光启)之说推之,文定卒于崇祯六年十月,二书所记皆在其卒之前,自皆可通"(《注史斋丛稿》,第120页)。崇祯帝"撤像"之举与徐光启入阁二者于时间上关联极其紧密,此一点牟文已论及,兹不赘述。
③ 也有研究者对崇祯五年前后的朝廷与天主教亲密关系,持不同意见的观点,最重要的研究见黄一农《吴桥兵变:明清鼎革的一条重要导火线》(台湾《清华学报》2012年第1期)一文第五节"兵变对在华天主教的影响"中指出,崇祯四年开始的吴桥兵变,天主教徒孙元化、张焘因故被斩,之后的王徵免官、徐光启病逝,"天主教在朝中的影响力也急剧淡出"。此说有其相当合理性,但可能忽略了崇祯帝身边人如汤若望等对其信仰的影响。因论及崇祯五年撤像事,附及于此。
④ 许多学者在讨论这一时期人物、事件时曾有过相似的评价。如董少新教授在考证庞天寿事迹时遇到的中西双方材料中各自刻意突出或夸大一个方面;而在大多数情况下"综合使用中外文多方面的史料,更能使我们接近事实真相"。见氏著:《明末奉教太监庞天寿考》,《复旦学报(社会科学版)》2010年第1期。
⑤ 文秉:《烈皇小识》卷六,清钞明季野史汇编前编本。作者为崇祯阁臣、苏州人文震孟之子。

发生，提前在一天夜里做出反应："殿中忽闻乐声锵鸣，自内而出，望西而去。"①此两种记载真实程度不论，实际反映了儒生们内心对天主教的抵触。而《汤若望传》里则据传教士西文文献，反复强调"皇帝曾多次令人们由殿中把偶像去掉"，是"汤若望努力的效果"，②以显示崇祯帝在徐光启外，同时受到汤若望的影响。

但是通过传世文献，徐光启在世时的那次禁宫"撤像"，既不如上述材料中荒诞夸张，也未必有汤若望在场，而是崇祯帝主导的一次较理性的举动。曾于万历时入宫为阉的刘若愚在所著的《酌中志》一书中，留下许多明朝禁宫内的实录；其中关于崇祯疏远佛道、亲近天主的记载，殊为可贵。书中卷一七载："崇祯五年（1632）九月内，将（隆德殿）诸像，移送朝天等宫安藏。六年四月十五日，更名中正殿。"同卷又载："崇祯五年秋，隆德殿、英华殿诸像，俱送至朝天等宫、大隆善等寺安藏，惟此殿（钦安殿）圣像不动也。"③"隆德殿"条之"崇祯五年九月内"及"钦安殿"条中的"崇祯五年秋"，作为撤像时间殊可注意。④

前人也关注到刘若愚记载中关于佛道造像的去处，但皆未点出此段记载的合理性。道教造像的归宿"朝天宫"，位于北京阜成门内，为宣德年间仿南京朝天宫所建，是明代北京礼部道录司的所在，为政府管理道教事务的机构。相似的佛像所撤入之"大隆善寺"，即为大隆善护国寺；除了作为明代京师最重要的番教寺院外，也是北京僧录司的所在地。⑤ 宫中撤出的佛道教

---

① 朱权等：《明宫词》，北京古籍出版社，1987年，第81页。
② 魏特：《汤若望传》，杨丙辰译，商务印书馆，1949年，第177、186页。因民国时杨译《汤若望传》将书中原注删去未译，下文引及书中注释，皆出自德文原本 Johann Adam Schall von Bell SJ: Missionar in China, kaiserlicher Astronom und Ratgeber am Hofe von Peking 1592—1666: ein Lebens- und Zeitbild‐1933, Steyler Verlag Nettetal, 1991.
③ 刘若愚：《酌中志》卷一七，北京古籍出版社，1994年，第146—147页。此两条材料，前引牟润孙、车锡伦等文中亦曾引，但未加深论。有趣的是，这两座大殿皆叫过同一个名字："玄极宝殿"（清代避圣祖讳，"玄"字都作"元"；但《酌中志》记隆德殿"旧名立极宝殿"，误)，供奉的都是道教相关的神祇，而且还都与近世时代最著名的奉道皇帝、明世宗朱厚熜，热衷斋醮及崇祯自己生父明睿宗有关系。直到世宗晏驾后，穆宗才在报复世宗宗教政策的大臣操纵下，将这两座大殿分别改成了别的名字。详可参王子林《玄极宝殿考》（收入《中国紫禁城学会论文集第八辑（上）2012》）。
④ 七十一岁的徐光启于此两月以礼部尚书兼东阁大学士。从传世文献上看，历经教案打压、势头有所减弱的天主教势力，得到思宗垂青的时机，最有可能的，是在崇祯四年后，思宗意欲修订历法，而徐光启与他的传教士同事们，为君主推算月食日期。在这之后，徐光启在思宗心中地位陡然上升。徐光启为此还邀请了多位年轻的西洋传教士如邓玉函、汤若望等，来京供职钦天监，协助自己的工作。甚至，传教士本人与崇祯帝应该也有所交流。参见梁家勉原编，李天纲增补：《增补徐光启年谱》，上海古籍出版社，2011年，第328—340页。
⑤ 沈榜：《宛署杂记》，北京古籍出版社，1982年，第231—223页。

造像，由礼部管理宗教事务的机构接管，既不存在现场捣毁，也不至于无端消失，这无疑是"撤像"风波下最理性的解决方式，甚至还有为佛道信仰保留余地的嫌疑，可见刘若愚"撤像"记载并非向壁虚造。同时，撤走佛像的宫殿是英华殿，据《酌中志》载：

> 宫中英华殿所供西番佛像，皆（番经厂）陈设近侍司其香火。……万历时，每遇八月中旬神庙万寿圣节，番经厂虽在英华殿，然地方狭隘，须于隆德殿大门之内跳步叱。……英华殿前有菩提树二株，结子可作念珠，词臣张士范作偈，谨附载之。其序曰：大内西北之隅，建有英华殿一处，殿前菩提树二株，闻系"九莲菩萨"慈圣皇祖母所植。①

《酌中志》中记载，内庭英华殿里的供奉太监，都是番经场里派来的，穿着都是藏传喇嘛的风格。历明清两代，这里都是内宫皇太后及太妃、太嫔们的礼佛之地。② 英华殿外有两株菩提树，皆为神宗生母慈圣太后所栽，至今犹存；甚至，今日故宫英华殿偏殿内，仍供奉着慈圣太后的圣像。③ 就是这座"英华殿"与其曾经的主人，不仅经历崇祯帝"撤像"之变，更与日后其改弦易张、重归释氏，有不小的联系。借《酌中志》的记载及各种笔记，可知崇祯帝于崇祯五年（1632）秋日，陆续将宫中佛道造像搬离，收置于当时的宗教管理场所的举动，当为崇祯帝亲近天主教的起点。然而，也是由于英华殿及其佛教传统，隐隐埋下了日后收回成命的线索。

第二节　回归："九莲菩萨"显灵

崇祯帝对于天主教的兴趣没有贯穿始终，多年之后又重回传统信仰的怀抱。其中原因是多方面的，最主要的导火索，是三次相距不远的内宫事端："助饷""丧子"和"显灵"。其中，最先发生的是在阁臣怂恿下的向戚畹

---

① 前引《酌中志》卷一六，第118—119页。卷一七又有言："曰英华殿，即降禧殿，供安西番佛像。殿前有菩提树二株，婆娑可爱，结子堪作念珠。"（第146页）
② 察明代时禁宫英华殿内供奉太监，与佛教活动如前引"跳步叱"，应当与藏教有相当关系。这里涉及"九莲菩萨"信仰的来源问题，非本文主旨，但崇祯"撤像"时牵连到的那些佛像，甚可能为番教神祇，为当日京师佛教之主流。明代的番经场位置，在景山以东沙滩北，为当时刊刻藏文佛经的场所。嘉靖朝一度没落，直至神宗时慈圣太后之力，才恢复旧观。入清后更是成为大活佛嘉喜呼图克图在北京的居所。考订可参陈楠：《法渊寺与明代番经厂杂考》，《中国藏学》2006年第2期。
③ 可参单颖文：《故宫还有多少秘密——解读故宫开放的几个数字》，《文汇学人》2015年9月26日。

"助饷",随后是崇祯帝与田贵妃所生幼子慈焕病重时禁宫出现的"显灵"事件,而皇子最终夭折。此后,被撤走的佛道造像被陆续迎回宫中。① 诸事于官修明史诸书及笔记小说之中记载颇丰,略引于下。首先发生的是"助饷"一事。

一、"助饷"

明季连年用兵导致国库空虚,至崇祯一朝尤甚。崇祯帝曾多次"谕廷臣助饷",然收效甚微。时任内阁大学士的薛国观(？—1641)向崇祯帝建议,可逼武清侯家助饷,崇祯帝遂"借饷"于嗣侯李国瑞,事载《明史纪事本末》:

> 上常忧用匮,国观对以"外则乡绅,臣等任之;内则戚畹,非出自独断不可",因以李武清为言。遂密旨借四十万金。李氏尽鬻其所有,追比未已,戚畹人人自危。因皇子病,倡为"九莲菩萨"之言,云上薄待外戚,行夭折且尽。上大惧。②

"借饷"事出薛国观的提议。薛,《明史》有传,谓之"险忮",评价极低。后薛国观被崇祯帝借故赐死,此"助饷"之议也是一条罪证。薛氏提议借饷的"武清侯"李家,为"九莲菩萨"孝定李太后的族人,《明史·外戚恩泽侯表》载:"武清侯李伟,明神宗慈圣皇太后父,神宗即位,封武清伯,寻进侯。万历十一年卒,赠安国公。"③爵位共五代,"助饷"事出第四代国瑞。《明史》载李国瑞庶兄国臣,与其弟争家产。国臣庶出,虽居长而无权,因诡称其父所遗资货四十万,愿助军饷。崇祯帝遂听薛国观的建议,向李国瑞借这"四十万","勒期严迫"。然而李国瑞拆毁居第,于大街倒卖家什,以示无有,惹得龙颜盛怒,爵位被夺,本人吓死。④ 正史"助饷"事尚未见准确纪年,但从官私记载中,仍可以推导一二。前引《明史·外戚恩泽侯表》载第三代武清侯李铭诚,于"崇祯十一年(戊寅,1638)正月卒"。第四代国瑞,"崇祯

---

① 牟润孙已注意到有此三事影响崇祯帝转变,但仅引用《玉堂荟记》《思陵典礼记》《烈皇小识》等笔记材料,正史材料未有提及,且未考察其间的联系。其余研究亦未对"还像"做出深入研究。

② 谷应泰:《明史纪事本末》第 3 册,中华书局,2015 年,第 1202 页。此条材料同时见于《明史》《明季北略》等多种史书之中。

③ 张廷玉等:《明史》卷一〇八,第 3296 页。

④ 事见《明史·列传第一百八十八·外戚》:"天启末,(李)铭诚颂魏忠贤功德,建祠名鸿勋。庄烈帝定逆案,铭诚幸获免。久之,大学士薛国观,请勒勋戚助军饷。时铭诚已卒,子国瑞当嗣爵。其庶兄国臣与争产,言父遗赀四十万,愿输以佐军兴。帝初不允,至是诏借饷如国臣言。国瑞不能应,帝怒,夺国瑞爵,遂悸死,有司复系其家人。国瑞女,字嘉定伯周奎孙。奎请于庄烈后,后曰但迎女,秋毫无所取可也。诸戚畹人人自危。"(张廷玉等:《明史》卷三〇〇,第 7680 页)

中袭，寻以借饷悸死"。第五代存善，"崇祯末袭"。《明史·外戚传》"李伟"条载："大学士薛国观请勒勋戚助军饷。时铭诚已卒，子国瑞当嗣爵，其庶兄国臣与争产。"①"助饷"事即是发生在爵位传袭之时。《日下旧闻考》里也记载：

> （崇祯）戊寅（十一年，1638），诏武清侯助军饷百万。侯时家产已落，以甲第及海淀别业售于人，不足，扇珥佩帨之属，悉鬻诸市。②

《日下旧闻考》言明助饷时间在崇祯十一年，第三、第四代武清侯衔接之时，此说同时可得多种笔记史料的佐证，也与薛氏当权时间相合。③ 如此可以推断，正是由于新嗣武清侯立足未稳，族中内乱，才是"助饷"发生的内因，作为阁臣的薛国观其实只是推手之一。

二、"殇子"

李国瑞被夺武清侯爵，引起外戚集团对于君主的强烈不满，但过了很久才等来反击的机会。直到皇子慈焕夭折之时，戚畹们终于借"九莲菩萨"显灵，逼崇祯帝恢复优待（详下）。正史与笔记之中，都提到了这位幼年早殇的皇子，但他生病时间今已不可知；其夭折的时间也仅有杨士聪《玉堂荟记》、孙承泽《思陵典礼记》及佚名《烬宫遗录》等少数笔记有记载，时在崇祯十三年庚辰（1640）七月初五。④ 此外，还可以找到另一有力旁证，方以智《物理小识》记载：

> 崇祯庚辰，石斋先生与老父占益，三日必赦，而我不与。果因悼灵

---

① 张廷玉等：《明史》卷三〇〇，第 7680 页。
② 于敏中：《日下旧闻考》卷九〇，北京古籍出版社，1985 年，第 1530 页。引文以下有"及悼灵王病笃，帝临视之，王指九莲菩萨，示现空中，数帝之罪，言讫而薨。帝大悔，命建佛寺于草桥之北，额曰'九莲慈荫寺'，时崇祯十五年也"之语。《日下旧闻考》载其出处为《寄园寄所寄录》，不过此条似不出现于今本《寄园寄所寄》，待日后核查。
③ 明清之际佚名所编《三朝野纪》一书所记与《日下旧闻考》同，其记事按年月排序"助饷/显灵"一事系于是年七月间。见李逊之：《三朝野纪》卷六，收入《续修四库全书》第 438 册。按：薛国观于崇祯十年（1637）以礼部左侍郎兼东阁大学士入阁；十三年（1640）六月去职，九月削籍；十四年（1641）八月赐死。
④ 孙承泽：《思陵典礼记》，《丛书集成初编》第 3972 册，中华书局，1985 年，第 17 页。同卷还有"崇祯庚辰，上因皇五子临段之言，遂长斋"的记载。《烬宫遗录》卷下"十三年"条："上以乏饷，故谕戚臣输助。首及慈宁之侄，命所司下狱严追。"（佚名《烬宫遗录》，收入《丛书集成续编》第 24 册，上海书店出版社，1994 年）其余如《明史·薛国观传》、文秉《烈皇小识》、李逊之《三朝野纪》、钱士馨《甲申传信录》等皆提及此事，但未有准确纪年，兹不赘述。牟润孙《崇祯帝之撤像及其信仰》一文中亦已发现此条。

王大赦,而黄公先移北司矣。卜年如周,其厄如夏,谨识于此。①

方以智记载中的"石斋先生"与"黄公",就是晚明大儒黄道周(1585—1646)。黄氏因斥杨嗣昌等私下议和而与崇祯帝冲突,被逮下狱,时间就在崇祯十三年。方以智载,黄氏与乃父方孔炤,预测自己是否会有提前赦免的机会,最终果然遇上悼灵王殇后的大赦,则崇祯殇子必在崇祯十三年无疑。

尽管正史、笔记中的记载,让人感觉武清侯被夺爵与皇子夭折是两个时间相近的事件,②其实二者间相隔并不短,这是传世文献书写误导人的地方。考虑到之后戚畹贵族导演的"九莲菩萨"显灵紧随慈焕之殇,那国戚们为了反击崇祯帝,已经久等了约两年时间。

三、"显灵"

面对爱子重病将殇的崇祯帝,很快遇到新的打击:"九莲菩萨"显灵。这一"显灵"不仅迫使崇祯帝重封武清侯后人李存善,另一件连带的举动,便是迎回宫中造像。不过据记载,"显灵"时,皇子慈焕尚在病中,所以严格来说"显灵"事在"殇子"之前。

"九莲菩萨"不仅为明神宗的生母,也是第一代武清侯李伟的女儿。前文已论其于晚明宫廷、信仰界之地位;太后在世时,便与万历朝清流士大夫们力挺神宗长子朱常洛,顺利击败深得父皇喜爱的异母弟常洵,成为明光宗。数十年后,已经往生的"九莲菩萨"再次显灵,还是为一位皇家幼子而来。明清之际吴伟业的名篇《永和宫词》诗中云"岂有神君语帐中,漫云王母降离宫",③所咏即为此事。"王母"典出西王母,这里指的就是九莲菩萨;"降离宫"之事就是那次"显灵"。崇祯见爱子愈加病重,宫中开始流传皇子高祖母"九莲菩萨"显灵,谓慈焕病重时曾见"九莲菩萨"降临,指责父亲待曾祖母的武清侯一家不善,自己才会罹祸早夭。此言一出,崇祯帝痛悔前事,向朝廷内外颁谕恢复武清侯爵位。④ 然而,所谓"九莲菩萨"显灵即使在鬼神信仰丰富的近世中国,也会受到理性声音的质疑,清初明史馆臣就倾向于是内宫宦官宫女作怪,可参前引《明史·薛国观传》载:

---

① 方以智:《物理小识》卷二,商务印书馆,1937年,第62页。
② 如《明史·薛国观传》言:"大学士薛国观请勒戚助军饷……诸戚畹人人自危。**会皇五子疾亟**,李太后凭而言。帝惧,悉还李氏产,复武清爵,而皇五子竟殇。"即是一例,其余记载亦皆大同小异。
③ 吴伟业:《吴梅村全集》,李学颖集评标校,上海古籍出版社,1990年,第53页。
④ 事详前引张廷玉等《明史》卷二五三《薛国观传》所记。

戚畹皆自危。因皇五子病，交通宦官宫妾，倡言孝定太后已为九莲菩萨，空中责帝薄外家，诸皇子尽当殀，降神于皇五子。俄皇子卒。①

乾嘉时期陈鹤所作《明纪》也持此说。② 所以，这一出鬼神演义合理的解释，应当是皇家的贵族勋戚的利益团体陆续受到侵犯后，伺机利用崇祯帝情绪与性格的弱点，串通内宫执事逼其收回成命，礼待国戚后人。

"九莲菩萨"显灵的另一个成果，便是内宫撤走的佛道造像被陆续搬回，崇祯帝本人也重回本土宗教信仰。这其中首先离不开武清侯、"九莲菩萨"之间天然的联系，③其于晚明政教之间的影响，时至明季依然不容忽视。戚畹导演"显灵"的初衷是自身利益受到挑战，但逼迫崇祯帝转变亲近天主教的态度，应该也是事先有所计划的，毕竟崇祯朝两位国丈不仅不甚喜欢西教，自己都是来自佛教氛围浓厚的省份，身兼佛教檀越护法之位（下详）。

顺便提一句"助饷"的主角、大学士薛国观的晚境。正是"显灵"的崇祯十三年的六月，薛国观被免去内阁首辅之职，两月后更遭削籍的惩罚。如果《玉堂荟记》等笔记所载慈焕夭于七月初无误的话，那么薛实际在皇子重病时已被君主罢免了职务，殇后两月更遭削籍。除了《明史》传记中所列"结怨中官"等理由外，薛国观之败及其迅速遭到削籍，从时间及因缘上来看，与"九莲菩萨"显灵和皇子夭折，应该也存在一定联系，毕竟他穷治的武清侯，正是"九莲菩萨"家人。若此说成立，可以进一步推知"显灵"的时间，很可能就在薛国观免职之前的六月间。

有趣的是，《汤若望传》中载，崇祯帝因为认可汤若望制炮的功绩，曾把一位因用鄙视言词攻击汤氏的内阁大学士革职拿办。④ 尽管因缘描述存在差别，但从时间及人物职位来看，这位西文文献中因亵渎传教士被贬的大官，很有可能就是薛国观。这么看，薛在中西文献中的形象倒是出人意料的一致。

四、迁像

牟润孙已关注到中西记载中关于迁回造像的时间上存在差异，《酌中

---

① 张廷玉等：《明史》卷二五三，第 6540 页。
② 陈鹤：《明纪》卷五五，世界书局，1935 年。
③ 笔记记载崇祯帝曾说过"但愿佛天祖宗知，不愿人知"等语。明清之际胡介祉《茨村咏史新乐府》卷上、李逊之《三朝野纪》卷六、文秉《烈皇小识》卷六都有相似记载。
④ 《汤若望传》，第 169 页。按德文原文此处使用"Geheimrat"（枢密顾问）一词，此处当指内阁。

志》载:"(崇祯)十三年(1640)秋,殿复供安圣像如前。盖体祖宗以来神道设教之意也。"①而《汤若望传》则记为1641年。② 今按,中西记载迁回佛道造像的时间相去一年,或许有其合理性:诸多大殿圣像搬迁,需要相当时间,前后相距可能逾年。更重要的一点是,从慈焕殇的初秋,到是年底崇祯帝本人还在中西信仰的选择之中左右彷徨(详下)。而魏特《汤若望传》中将崇祯帝迎回圣像的原因,解释为宫廷里反对天主教人士的暗中诋毁,以及因为拆卸装配望远镜的失误,导致的观测不准确,使得汤若望受到了冷遇。③ 从今天的材料来看,汤若望纠结的望远镜与诋毁事,相比内宫上层的角力来说,则完全微不足道。

若为崇祯帝亲近天主教的时间做一个划定,下限应该就是崇祯十四年辛巳。从崇祯五年秋亲近天主而"撤像"至此,崇祯宫廷内不算短暂的信仰风波,才算是告一段落。他们之间的亲近期,自崇祯十一年开始遇到挑战。挑战一开始并没有直接面对天主教而来,而仅为阁臣与戚畹间的对峙。看似阁臣在第一时间获得胜利,但两年之后的意外殇子,使得时为首辅的薛国观遭到削籍赐死的打击。与戚畹密切相关的"九莲菩萨"信仰,不仅挽救了武清侯的爵位,也重新为紫禁城迎回了撤走的佛道造像,崇祯帝也不得不因之疏远天主教与传教士。看似偶然的内宫争斗,背后仍蕴含着某种必然性:十七世纪时本土信仰依然存有其相当的活力与神秘感,这也使得崇祯帝在殇子、显灵的极端心情下,不得不对其有所反省与回应,即便是在他对于天主教产生浓厚兴趣的岁月。

第三节 纠结:徘徊于菩萨与耶稣之间

有点遗憾的是,在崇祯帝将近九年(1632—1641)的生活中,关于其亲近天主教的记录其实并不算丰富;除了传教士所载的他对天文望远镜的把玩外,仅有二事可书。一件事,是传教士罗雅谷(Jacques Rho,1593—1638)在京逝世后,崇祯帝对之极尽哀荣。另一件,就是汤若望卓越的传教作为,向崇祯献上《进呈书像》。中文文献对之记载殊为缺乏,而西文文献正好相反,

---

① 《酌中志》卷一七,第146页。
② 《注史斋丛稿》,第124—125页。《汤若望传》记载此次迁回圣像的原因是宫内安放传教士所赠天文望远镜的地方,因为佛道造像的回归而发生改变。牟氏考证汤传所载进望远镜时间回忆有误。
③ 《汤若望传》,第158页。

颇能见得崇祯帝曾经确对天主教有过实际的尊奉举动。

意大利传教士罗雅谷,是金尼阁、利玛窦们的后辈,明末第二代由果阿—澳门进入中土的传教士。他与汤若望一起入华、赴京,同在历局工作,然于崇祯十一年春不幸早逝。彼时颇为近亲天主教的崇祯帝,不仅专门为之拨了两千两抚恤,以充教会购置田产之资,并为在世的汤若望补发了俸禄,还在农历当年冬(1639年1月6日)为天主堂送去了御笔匾额"钦保天学"。① 可见罗雅谷的去世,反而曾引领崇祯帝与上层更好地接近天主教团体。

另一次,是传教士尝试向崇祯帝呈送书籍、图像,传播天主教福音;汤若望的记载中显示这一番举动曾使得崇祯帝颇为心动,其实可能并没那么简单。时崇祯十三年(1640),在紫禁城库房里偶然发现了一架欧洲早期的钢琴。② 这架钢琴是利玛窦(Matteo Ricci,1552—1610)献给乃祖神宗皇帝的,一向无人问津。崇祯帝忽然心血来潮,想听下欧洲音乐,所以专门命汤若望修理乐器。在顺利完成调音师任务的同时,汤若望借此难得接近君主的机会,为崇祯献上了两件宗教礼物。礼物大有其渊源,早在1616年赴东方前,第一代传教士金尼阁(Nicolas Trigault,1577—1628)曾在欧洲大陆募集带去东方的礼物时,于慕尼黑得到了当时巴伐利亚公国公爵马克西米利安一世(Maximilian I,1573—1651)所赠的精美的短橱,橱里放置两件重要艺术品:一个是寻访初生基督的东方三博士(Magi)朝拜耶稣婴孩圣像,另一个就是关于耶稣一生事迹的圣图。这两件礼物,因故长期停留澳门,无法呈送中原君主;直到这次,汤若望借送还钢琴的机缘,送达崇祯皇帝御前,时间就在公元1640年9月8日(据陈垣《二十史朔闰表》推算庚辰七月二十三)。③ 尽管此时正在崇祯丧子至痛之时,但据西文文献记载,皇帝对橱里这两件艺术品兴趣很大,尤其是那本关于耶稣一生事迹的圣图。魏特与钟鸣旦等研究者据汤若望自述 *Historica narratio*,及《中华帝国概览及1649年之前在华耶稣会与基督教会通讯》(*Suma del Estado del Imperio de la China, y Chrisiandad dèl*

---

① 同时据记载,礼部送来"功堪羲和"匾一块,另有一位"阁臣"个人身份亦赠匾(《汤若望传》,第173页)。这座深受荣恩的教堂,应该就是北京明代著名的南堂:宣武门天主堂。南堂研究,可参郭丽玲:《北京四大天主教堂建筑研究初探》,北京建筑大学2013年硕士论文。据载,1639年当年,六部的六位尚书,曾前所未有地联袂光临这里;至于是不是真的如传教士们记载的向圣像叩首礼拜,那就不得而知了(参前引《汤若望传》,第178页)。
② 译者注,原文 Klavizymbel,意近代钢琴(前引《汤若望传》,第187页)。钟鸣旦在书中称之为 clavichord,意为"翼琴",见 *An Illustrated Life of Christ Presented to the Chinese Emperor: the History of Jincheng shuxiang (1640)*,第44页。
③ 《汤若望传》,第47、188页。

por las noticas que dàn los padres de la Compañia de jesus que residen en aquel Reyno, hasta el año de 1649），钩沉出这段本事；陈纶绪神父（Fr. Albert Chan, S.J.）曾据之节译为《明季欧洲书简》[*A European Document on the Fall of the Ming Dynasty*（*1644—1649*）]，其中都提到：崇祯帝对婴儿耶稣表现出无限崇敬，认为他比中国的佛还要伟大；而且还指着东方三博士（Magi）中的一位说，他比三皇五帝中的"尧"还要伟大。①

此书被汤若望以《进呈书像》的名称，于中国刊刻出版，法国国家图书馆有藏（编号：CHINOIS 6757）明崇祯十三年（1640）本，另有国图藏清顺治十八年（1661）武林昭事堂刊本。② 法图本卷首有汤若望崇祯十三年十月朔后一日的序，其中介绍此书机缘乃由修琴而及传教："幸荷圣明，并行鉴纳，是主教旨趣，业已洞彻宸衷，百世不惑矣。"③

汤若望作序时间"十月朔后一日"颇可论。"十月朔"于宋元后多有祭祀追荐逝者之意，④汤氏必定深谙此说，序中以此"十月朔"而后一日的用意便很微妙，他不仅提醒了崇祯帝年中殇子之痛，似乎也在回应崇祯帝搬回禁宫的佛道教造像及信仰。此序下复有《天主正道解略》等诸篇解释性文字，当专为崇祯帝所作者。全书内容，即中世纪欧洲所作耶稣圣迹的《圣经》故事，存48幅木刻耶稣版画，汤若望为每幅画配有说明。即便如此，对于十七世纪时代的朱由检来说，似乎仍不太能很快"洞彻宸衷"，理解天主的奥义。这使得曾仰慕天主教的东方君主非常痛苦，据陈纶绪神父节译之《明季欧洲书简》载：

> 这部《进呈书像》依旨在几天后被供奉到宫中的弘德殿，接受崇祯帝、后妃及整个禁宫的礼敬；因为之前崇祯帝觉得，单纯翻阅这本圣像集似乎还不够。供奉的盛况持续了三天，崇祯帝发现弘德殿依然还不够庄重宏伟，所以又把圣像集移到了另一间秘密的大殿，供他一人朝拜。有段时间，崇祯帝常常拿着汤若望神父作的简要说明（译者注：当为汤若望所作《书相解略》）研读《进呈书像》，但那两本书都太过言简意赅，而崇祯帝也不甚有慧根（英译作"blind"），无法体会书中妙处。

---

① *An Illustrated Life of Christ Presented to the Chinese Emperor: the History of Jincheng shuxiang*（*1640*），第47页。
② 另可参肖清和：《诠释与歧变：耶稣形象在明清社会里的传播及其反应》，《广东社会科学》2011年第4期。
③ 《进呈书像》卷首汤若望序，见 *An Illustrated Life of Christ Presented to the Chinese Emperor: the History of Jincheng shuxiang*（*1640*），第101页。
④ 张晓红：《简论十月朔节的发展与演变》，《盐城师范学院学报（人文社会科学版）》2010年第5期。

他曾无奈地喊道：天主之道虽有理，但我实在不能明白。这让北京教区的神父与汤若望知道这以后怎么也高兴不起来。他们尝试再写一些帮助君主理解天主教义的解释，但还没来得及写完，明帝国就遭到了毁灭性打击（译者注：此处记载明亡时间似有误，钟鸣旦在书中已有指出）。①

尽管崇祯帝最后并非是因为时间不够，才无法彻底理解甚至皈依天主教，但他在1640年冬阅读《进呈书像》亦即《圣经》故事时的表现，依然可以看作近世中原君主最为亲近天主教的表现。

若依据中西传世记载还原1640年下半年的崇祯帝这一整年复杂的经历与心境，是数百年后的研究者难以想象的，从爱子病重夭折、祖母显灵，于惩罚内阁首辅大臣的同时，又收到传教士相赠的西洋乐器，而在鉴赏西洋音乐的同时，又得睹图说天主圣迹的入门《圣经》；交织在其间的，还有一丝沉重的顾虑，最终从护国寺与朝天宫迎回传教士反对的传统造像。如果将西文文献中崇祯帝无法理解天主之义的记载，理解成最终是他心中深层的本土宗教的敬畏占据了上风，而非君主真的"未秉慧根（blind）"，那恐怕与历史事实相差得不算太远。

在痛苦地阅读《进呈书像》的同时，崇祯帝的信仰已开始转变。据《国榷》载，崇祯十三年冬，崇祯帝把钟爱的殇子与自己的亡母，都追荐为释道尊神，就可以见其回归释道的姿态。他为爱子慈焕追赠了一个道教色彩浓烈的封号："孺孝悼灵王玄机慈应真君"，②还将已故的生母刘氏封为"智上菩萨"。③ 二人封号或祠庙之中，都嵌有"九莲"一词，无疑受了"九莲菩萨"的影响。乾嘉年间的戴璐（1739—1806）曾记载，乃父戴文灯与好友于乾隆壬

---

① *An Illustrated Life of Christ Presented to the Chinese Emperor: the History of Jincheng shuxiang*（1640），第52页。为笔者自译。
② 封号最终被礼部驳回，事见《思陵典礼记》卷二："庚辰（十三年，1640）十一月十二日，上谕：皇五子悼灵王追赠为孺孝悼灵王通玄慈应真君。礼部疏奏：历稽职掌所在，册封典礼皆有王号，而无道号。盖王号以世法垂仪，道号以神道设教。……臣等礼官也，礼所行者，自当恪遵。若未经行，亦不敢轻启诡随。"礼科给事中李倡指出："诸后妃祀奉先殿，不可崇邪教以乱徽称。"（沈云龙选辑：《明清史料汇编初集》第5册，文海出版社，1967年）另据《日下旧闻考》所载，崇祯帝于京师右安门外三里、草桥之北建"九莲慈阴寺"奉亡子朱慈焕。"九莲慈阴寺"正殿右庑有"悼灵王像"。（前揭《日下旧闻考》，第1530页）
③ 可参谈迁《枣林杂俎·和集》"追封母后菩萨"："崇祯十三年，追封孝元贞皇后曰：智上菩萨孝纯皇太后刘氏曰显仁九莲菩萨。"（谈迁：《枣林杂俎》，中华书局，2006年，第622页）"智上菩萨"像还出现在泰山碧霞元君祠中，研究可参前引车锡伦《泰山"九莲菩萨"和"智上菩萨"考》一文。

午(1762)游览明代皇家大刹长椿寺,见寺里面有幅菩萨画像已经残破,其中一幅是"九莲菩萨"慈圣皇太后的尊容,另一幅"具天人姿,戴毗卢帽,衣红锦袈裟"的是"智上菩萨"像。① 此二尊菩萨并列,一定也是崇祯年间才确立的。

重回本土信仰的崇祯帝,还命国戚们礼敬高僧、参访名山。其中一位国丈被派朝拜与观音信仰密切相关的佛教圣地普陀山。据钱谦益《天童密云禅师悟公塔铭》载:

> 崇祯十四(1641)年辛巳,上以天步未夷,物多疵厉,命国戚田弘遇,捧御香,祈福补陀大士还,赍紫衣赐天童悟和尚。弘遇斋被将事,请悟和尚升座说法,祝延圣寿。还朝具奏。上大嘉悦。②

广陵人田弘遇,是崇祯宠妃田贵妃的父亲,同时也是一位崇佛的大施主。③ 他曾礼鄞县天童寺密云禅师,并代表皇家赴普陀山祈福,时间就在崇祯帝放弃天主、迎回造像之后的崇祯十四年。田国丈以皇家身份南来普陀,无疑是官方对佛教势力的一种表态,④甚至还提出希望身在宁波天童寺的密云禅师移住南京大报恩寺,但未成行。⑤ 相似的还有另一位国戚苏州周奎,⑥于崇祯末期重新延请律宗高僧三昧寂光(1580—1645)至京师长椿、大佛二名刹,开坛说法。此二寺皆为当日九莲菩萨李太后所恢复,意义亦不言而喻。与密云禅师不同,寂光律师晚年奉崇祯帝旨,移住南京报恩寺;明清鼎革之后,身在南京的寂光奉新主弘光帝成命,为先皇追荐超度,可以看作

---

① 到了乾隆晚期,作者亲见时,寺中就只剩"智上菩萨"像,九莲菩萨像已经不见。王士禛将"智上菩萨"的画像错认作崇祯宠爱的田贵妃,还说"田像有怨容"。如此看来,"智上菩萨"的影响力实在远不如她的前贤,连大文豪如王士禛者,也对其无甚印象。(戴璐:《藤阴杂记》卷八,施绍文点校,上海古籍出版社,第87—89页)
② 钱谦益:《牧斋有学集》卷三六"塔铭",上海古籍出版社,2009年,第1256页。
③ 田不仅是佛教功德主,对本土道教也有一定供养。道教学者关注到田氏夫妇曾在崇祯十年在家乡的道观造黄箓146轴,颁自内府。(参见王岗:《明代藩王与道教:王朝精英的制度化护教》,上海古籍出版社,2019年,第80页)
④ 普陀山与慈圣皇太后关系甚密。九莲菩萨信仰,在传播过程成逐渐与观音信仰合一,礼敬观音于当时人看来,便是恭奉九莲。(可参前揭陈玉女《明万历朝九莲菩萨建构之多重意义》一文)陈寅恪先生《柳如是别传》考证那次戚畹田弘遇礼拜普陀,一为当日身有贵恙的女儿田贵妃祈平安,二为下江南采办民女进献。从密云大师塔铭来看,钱谦益为深知关键者;日后著名的陈圆圆,应当就是这前后被田弘遇带到京师的。(可参陈寅恪:《柳如是别传》,第923页)
⑤ 可参《天童密云禅师年谱》"崇祯十四年辛巳"载:"八月,辞南都报恩之命。"(《密云禅师语录》卷一二,《嘉兴藏》第10册,第86页中)。
⑥ 周氏籍贯为苏州府娄塘县,今属上海嘉定区。(可参《(乾隆)嘉定县志》卷一〇,《上海府县旧志丛书》,上海古籍出版社,2012年,第1288页)

崇祯帝改宗佛法的一个了结。①

在后世士大夫心中，崇祯帝这种"浪子回头"式的改宗行为，仍值得欣喜。比如钱谦益在给密云弟子木陈道忞（1596—1647）的信中曾经说过，"先帝偶惑左道，旋皈正法"，②认为那是君主从旁门左道中幡然醒悟的表现，未来可以重开佛日，法灯再耀。这些话自然是站在本土宗教立场上的，正因为此，启发崇祯帝化解信仰危机的关键人物"九莲菩萨"，尤其得到传统士大夫的交口称赞。③

鼎革之际的中西文献中，依然能看到崇祯帝信仰截然相对的记载。一边是汤若望回忆：若明王朝不亡、崇祯帝未自缢煤山，则度化其领洗入教，绝对是旦夕之事；另一边，则是传统士大夫、佛教护法、高僧们，对崇祯帝归复本土信仰皆抱以庆幸欣慰之感。在此中西文献比较之下，更见崇祯帝信仰生活的矛盾与复杂，为其曲折一生的缩影。兹列崇祯信仰改易时间表如下：

信仰举动	农历年	农历月	公元年	公元月	备注
崇祯登基	天启七年	八月	1627	9	
徐光启入阁	崇祯五年	六月	1632	8	
大理寺推官陈天工，尊圣意改名良谟	约崇祯五年后				牟润孙推测
紫禁城撤像	崇祯五年	九月	1632		
崇祯中正殿跪祷	崇祯八年		1635		牟润孙载
薛国观入阁	崇祯十年	八月	1637		
薛国观提助饷	崇祯十一年	正月	1638		

---

① 张有誉《三昧大律师塔铭》："师（寂光）往来江汉间几二十载，凡荆榛瓦砾之场，一经过化，俄顷变为金碧，远迩望风请法恐为后。荆藩亲执弟子礼，受满分戒；楚、惠各藩咸赍香致敬焉。怀宗壬申（崇祯五年，1632），晋藩奉建龙华大会于清源山，迎师主法，道场殊胜，感文殊放光现青狮像，声动京师。丙子，周戚畹明，偕众护请开戒于长椿、大佛二寺，三宫后妃咸遣中使，奉紫伽黎绘像入宫瞻礼。适师五十初度。"（收入《宝华山志》卷，杜洁祥主编：《中国佛寺史志汇刊·第一辑》第41册，台湾明文书局，1980年，第279—280页）
② 钱谦益著，钱曾笺注，钱仲联标校：《牧斋杂著》，上海古籍出版社，2009年，第348页。
③ 比如康熙朝时的胡介祉，就在诗中说"九莲见，戚畹生。帝初不佞佛，及此翻皈诚"，把崇祯改宗的功劳，都归到见"九莲"一事上。（参胡介祉：《茨村咏史新乐府》卷上，诸暨郭云学种花庄刻本）有些诗人更是极尽想象，将九莲菩萨描绘成皇儿、侯爵的保护神。比如戴璐特意收入乃父戴文灯的诗作："风烟台榭小侯家，转眼银铛缇骑遮。闻道九莲亲示现，请看千佛绣袈裟"，似为当日咏"九莲"显灵压卷之作了。

(续　表)

信仰举动	农历年	农历月	公元年	公元月	备　注
九莲菩萨显灵	崇祯十三年	约六月	1640		
薛国观去职	崇祯十三年	六月	1640		
皇五子慈焕殇	崇祯十三年	七月	1640	8	
崇祯帝开始迎回禁宫圣像	崇祯十三年	约七月	1640		
汤若望修复钢琴、送圣像、圣迹图	崇祯十三年	七月	1640	9	9月8日
薛国观削籍	崇祯十三年	九月	1640		
汤若望刻成《进呈书像》，崇祯于禁宫弘德殿阅读	崇祯十三年	十月	1640	12	
崇祯予亡母及殇子封号	崇祯十三年	十一月	1640	12	
田弘遇奉旨赴普陀山进香	崇祯十四年	五月	1641		
薛国观赐死	崇祯十四年	八月	1641		

第四节　余论：明清之际的信仰取舍

如果接下去把南明多个小朝廷看作明政权的延续，那么，在崇祯十四年，思宗由亲近天主教改回佛教的三年后，弘光帝又把政权上层的信仰改了回去。继之登基的隆武帝朱聿键，更是完全依赖天主教势力的武装政权。至于南明中坚持最长的桂王永历帝，则是明朝诸帝中天主教色彩最浓的一位。

单就宗教改易的维度看待明清之际的时代的历史，会有一个有趣的现象。

如果把视野放宽自万历二十八年（1600），利玛窦一行进入北京，京师上层对天主教开始试探接近；三年内，李贽、紫柏"二大教主"因攻禅之风而瘐死锦衣卫后，北京的佛教势力第一次在以利玛窦为代表的天主教势力面前处于下风。利玛窦的去世（1610）后，南京发生教案以及云栖祩宏反驳利玛窦（1615），两教间又一次产生正面的摩擦；高僧与佛教势力也稍稍在混沌的天启朝来临前，挽回了些许颜面。直到徐光启在崇祯初的入阁，与杨廷筠、李之藻的成名，促使天主教这一新晋的信仰成为中国帝国信仰板块中与佛教势力势均力敌的一股力量,并在崇祯朝以及南明诸朝的政治生活与军事行动中,发挥着不少积极的作用。

而积极参与近世中国政治的天主教,在与佛教势力的对比下,二者究竟是什么样的比例与规模,其实也可以比较直观地看出来。亲近天主近十载的崇祯帝,又过了三载的改宗佛教的生活后,终在1644年被农民军逼死在煤山。几个月后,皈依藏传佛教的满清政权入主北京,建立大清国。而南方亲近天主教的朱氏政权,开始陆续出现;朱氏之外,还包括了有着非常深厚的天主教色彩、最后孤悬海外而不忘匡扶明室的"国姓爷"郑成功家族。从乙酉年(1645)弘光朝建立,到清顺治十八年、永历十五年(1661),顺治帝与郑成功相继病逝及次年一月的永历帝朱由榔被绞杀于昆明,这段十几年的南北混战,几乎可以看作旧有佛教势力与外来天主教势力的一次对决。虽然佛教势力有惊无险地保佑满清打赢了那场易代之战,也无形中避免了中华帝国成为一个天主教国家,但从中仍可以看出,十七世纪中期的天主教在中国政治社会中的影响力。

而且,身在北京的天主教的传教士们,竟没有因为南方的同事支持过南明,而被清政府拒之门外,汤若望、南怀仁等仕清就是很好的实例。甚至进入清朝,天主教仍有撼动政权上层的可能。梁启超有个段子,他说雍正夺取政权以后,一改晚年康熙及夺位对手胤禩、胤禟亲近西方传教士的做法,开始重新礼敬西藏法王:

> 假令允禟等得志,诸西洋传教士等向用,天主教固得早盛,而以智识新锐,或易与西洋文化接近,在初期未必奄有蒙藏之武功,其终也,或早肇海通知事势,甚或可使全国早成现代化。①

梁启超论学,时有想当然之断语,兹非本章所欲辩;但此处关于康熙末年中原王朝对佛教与天主教的又一次取舍及影响的论调,未尝没有其道理。晚近新晋的西方天主教信仰,与近世风靡中原的藏传佛教一道,确实成为执政者所重视的有生力量,长期处在互相制衡的状态。而崇祯朝的两次改宗,可以看作近世中国徘徊于佛陀与耶稣间的先声。

---

① 黄濬:《花随人圣庵摭忆》,中华书局,2013年,第287页。

第三章　复兴中的挫折

　　交织在晚明党争中的佛教复兴，本身也会遇到朝野政治活动的龃龉和误伤，但是，国史中如万历朝这样短短数年间多次大僧案爆发，却依然不甚多见。这其中不仅有高僧活动太过接近权力中坚的因素，也与此一时代复杂多变的内外社会局势有直接关系。僧案的爆发固然源于某次特定的政治事端，关涉特定的僧俗当事人，本不难厘清其经过。然而传世僧案的记载又被加入了当事人与后人的解读与重构，真相往往会被进一步遮蔽，尤其是其中的重要部分。甚至对僧案法难叙述的再创造，会继续成为塑造当事人（高僧）的重要素材；"法难"的结局未必成为僧团或个人的悲剧，反而可能会成就一次夺得话语权的狂欢，而真正的历史与因缘，恐怕会遭到刻意埋没或改写，甚至影响到今天学界对许多问题的研究推进。

　　比如万历朝两位高僧——憨山德清与紫柏真可遭遇的僧案，在当日清流、居士圈中影响甚大，但因为后世叙述中掺杂了太多刻意的建构，使得今天需要对其做全面的考察，才能还原其中的本来面目，将这两次偶发的僧案放回整个晚明佛教史潮流之中，并且发现在这僧俗交互之中法难高僧们扮演的角色。

　　两次相隔八年的万历朝僧案，在原本的研究之中关联度并不算大，憨山德清下狱流放是出于山东全真道的诉讼，而紫柏真可则是受续妖书案牵连。但深挖此两案的记载与关联，尤其新出续妖书案相关文献的佐证，紫柏入狱虽处于清流用事，但完全是一时的误伤；而误伤之外，还有的理由竟仍是为憨山下狱之事的辩白。那么这两次僧案未必没有相当联系，其中关键则出在憨山下狱原因的再审视了。

第一节　憨山德清与"乙未之狱"

　　释德清（1546—1623），字澄印，号憨山，万历三高僧之一，世称憨山大师,是明清近世汉传佛教界最重要的高僧之一。憨山早年出自南京报恩寺僧学,后游方北京、五台等地。万历二十三年(1595)因祸入狱,流放岭南将近二十年。后憨山传法两江,声势尤为浩大,成就一代大师之德。其生平所著,由门徒编辑而成《憨山老人梦游集》,入藏得以流传后世。憨山一生行迹及其佛学贡献,研究者已广有所及;①本章欲以憨山一生中之关键转折点"乙未之狱"为视角,窥其早年传法的方式,或可补前人考订之疏忽。憨山五十岁时因故入狱,僧案牵扯朝廷内外及地方上的佛道之争,佛教史与道教史学界已经积累不少研究材料与成果,并对这场"乙未之狱"的原因做出过各种解读。有研究以为是憨山参与了晚明议储时的党争,才遭到神宗惩罚而入狱;抑或是卷入了寺产之争,因经济问题而入狱。但仔细比对分析传世与田野的文献,现有研究中得出的入狱原因,或多或少都有不足之处。那次"乙未"僧案最直接的原因,其实就保留在他晚年自定的年谱之中,却长期被研究者忽略。然而,憨山流放后一改原来的弘法之道,使南国乾竺之风为之一变,却是那次僧案引发的一个意外之得,可视作整个晚明佛教史的一次转折。

  高僧因故入狱,历朝皆有其例。唐以前名僧入狱尚不多见,两宋之后,名僧里就有惠洪觉范(1071—1128)和大慧宗杲(1089—1163)曾陷囹圄。入大明朝,僧案更加频繁。憨山德清之前,明代多位重要僧人或出于政治斗争,或触怒圣意,均遭下狱,有些甚至招来杀身之祸。明初朱元璋便在胡蓝大案中,牵连到数十位僧人。钱谦益《列朝诗集小传》里面记载道:"太祖御颁《清教录》,僧徒坐胡党条,列招词者六十四人,咸服上刑。"②数十僧众之中只有高僧季潭宗泐一人活了下来;而罹难僧人中,包括有著名诗僧来复见心。③ 明中叶僧案中有因经济问题引发的,比如景泰年的僧录司右善世释南浦,英宗朝的右阐教释道坚。④ 也有因君主个人对某位僧人的厌恶而引

---

① 现有憨山德清研究相关专著有王红蕾《憨山德清与晚明士林》(中国社会科学出版社,2010年)、夏清瑕《憨山大师佛学思想研究》(学林出版社,2007年)、蔡金昌《憨山大师的三教会通思想》(台湾文津出版社,2006年)、王玲月《憨山大师的生死观》(台湾文津出版社,2005年)、江灿腾《晚明佛教丛林改革与佛学诤辩之研究——以憨山德清的改革生涯为中心》(台湾新文丰出版公司,1990年)等,单篇论文更多,兹不赘述。何孝荣教授《明代南京寺院研究》曾提及憨山下狱与拜授法名的关系,然皆未有全面对憨山"乙未之狱"予以关照者。
② 钱谦益:《列朝诗集小传》,上海古籍出版社,2008年,第667页。
③ 可参何孝荣:《元末明初名僧来复事迹考》,《历史教学(下半月刊)》2012年第12期。
④ 僧人因经济问题下狱,可参释延明《晚明佛教戒律环境与政治文化的关系》载;同时,明代实录检阅也发现僧官因贪污贿赂而被弹劾之事。《明英宗实录》记载景泰五年七月辛亥:"治僧录司右善世南浦等纳贿度僧之罪。"天顺元年二月己亥:"僧录司右阐教道坚,尝因故太监陈祥奏请建大隆福寺,且假祈禳入内殿诵经,费府库财,上命斩之,已而刑科覆奏命宥死发充铁岭卫军。"收入《大专学生佛学论文集》,台北华严莲社,2012年,第193—208页。

发的，比如孝宗继位而诛僧继晓，世宗继位后驱左善世释文明，①都是继任者欲改变前朝君主的宗教政策而为。嘉、万间高僧遍融真圆，亦曾因度牒事入狱，而为张居正所救。② 至于憨山老友紫柏大师，则在憨山入狱八年后，被"妖书案"牵连致瘐死锦衣卫。

憨山早年曾游于京城、五台诸地传法，结交权贵，声动一时。万历九年（1581），三十六岁的憨山，与高僧法友一起，参与了五台山举办的无遮大会，皇家内廷借之而为皇家求储。次年春，正宫皇后诞下皇女；而八月间，另一位宫中侍女则诞下皇长子、日后的明光宗朱常洛，终成为内宫最受关注的焦点。万历十一年（1583）初，憨山避走东海，只身开法山东劳山。至二十三年（1595），五十岁之憨山以私创寺院罪入狱，流徙广州。然憨山未因此沉沦，而是隐忍韬晦，待赦免北还，重新布法禅林。晚年东游江浙而还的憨山，更是效法东晋高僧慧远，结莲社于庐山，是为晚明佛教史最不凡的一笔。虞山钱谦益（1582—1664）自诩"海印"弟子，为私淑憨山中之最得意者；尤其述憨山晚年学行，确有高过时人的见解。憨山入灭迎葬庐山后，牧斋作《庚午二月憨山大师全身入五乳塔院属其徒以瓣香致吊奉述长句》四首七律，极力为乃师憨山标榜功绩，其中第三首颔联有：

支遁何妨通义学，远公原是老经师。（自注：周续之与雷次宗同受远法师《诗》义，见《诗经疏义》）③

钱遵王注上句为《世说新语·文学篇》支遁解《逍遥游》事典故，下句为《资治通鉴》里"经师易遇，人师难遭"的典故。再下句慧远之通五经，未必需要牵扯"人师"事，当为慧远学通儒释之解，当与上句支遁"义学"相对应④。另第四首颔联：

草堂未践青山约，莲社空余白首期。

钱遵王注上句"草堂"为白居易所修庐山草堂；下句"莲社"为旧诗中常见典故，即为慧远在庐山所建之白莲华社，此社除慧远修行弥陀净土外，复从雷次宗、宗炳等相与酬唱之地，不独开晋唐净土先河，亦为六朝文学之

---

① 继晓事见张廷玉等《明史》卷三〇七《列传第一百九十五》，释文明事见《世宗实录》正德十五年七月丁未条。
② 陈玉女：《明华严派遍融和尚入狱考》，收入《明代的佛教与社会》。
③ 钱谦益著，钱曾笺注，卿朝晖辑校：《牧斋初学集诗注汇校》，上海古籍出版社，2012 年，第 433 页。
④ 此"义学"含义，可参陈寅恪先生《逍遥游向郭义及支遁义探源》文中解支道林依佛经解庄之"格义"之法。

源流。

钱谦益此首为咏憨山晚年结庐匡山事,则慧远之比,深合憨山所自许。从这两首诗中所咏看出,憨山中年出狱以后,效法先贤慧远庐山传法之行,一变早年高蹈之风。而憨山早年的僧案本事,并及求储、刻藏、党争诸事,因时代尚近,晚辈钱谦益等不能尽言之;如今学界亦未能给出满意结果。本文就从憨山早年行迹开始,综合现有佛教史、道教史研究之成果,着重讨论憨山五十岁时那场涉及宫廷内外、释道二教的"乙未之狱"爆发的原因,并尝试剥去后世叙述中层累出的那些政治、党派的建构,还原本案的真相与背后的时代困境。

佛教史研究界很早就关注到憨山的牢狱之灾,如郭朋《明清佛教》里就在憨山"行履"一节中花了大量篇幅,讲述"乙未之狱"。[①] 此后凡是涉及晚明佛教或憨山德清的研究者,都绕不过这次僧案的话题。因为佛教史研究界使用的文献,大多集中于憨山自述的自定年谱与《憨山老人梦游集》,所以得出的结论,也多大同小异。兹据憨山年谱中自述部分,略述乙未憨山下狱经过。

憨山一生行止最直接之材料,为其晚年自撰的《憨山老人自叙年谱》上下卷,收入《憨山老人梦游集》卷三九、四〇,入藏流传。憨山弟子福征,俗名谭贞默,曾将年谱注释一遍,作《憨山老人年谱自叙实录》,单独入藏流传。笔者所见最早版本,为故宫藏本《嘉兴藏·续藏》中憨山弟子福征注疏本,福征序在顺治八年(1651),收入《续藏经》第266函第5、6册。此后,则有见谭新嘉(1874—1939)于民国元年(1912)所刻《嘉禾谭氏遗书》中,收入此书,更名为《憨山老人年谱自叙实录疏》。如今坊间的通行本,为印光大师(1861—1940)民国时所订、上海弘化社民国二十三年(1934)印本,题为《憨山大师年谱疏》。略查民国时所刻两种文字,正文间几无差异,却与最早所出《嘉兴藏》本于关键叙述中有些出入,可见其中已遭到改动。今先据《嘉兴藏》本文字,略论于下。

查憨山自述,其在五台山无遮会后避迹崂山,于一道宫旧址经营十余年,得以落成崂山海印寺,并得钦赐藏经。万历二十二年(1594)冬,憨山自山东入北京;次年刚一还山,便被取回京师下狱。憨山师徒在自叙实录中,将这次入狱解释成出于晚明党争之故,最明确的记载是在福征"万历二十三年"的注文里,略引于下:

  憨祖初以台山祈嗣得嗣因缘,有闻于内,已成祸胎。因避名,越半

---

① 郭朋:《明清佛教》,福建人民出版社,1982年,第222—226页。

岁,即隐去而免。兹以报恩储积因缘,不忘京师,往来低回几三载,而建储之大关目、大是非,波累及之。且当日请圣母日减膳馐百两,三年储积之说,大不便于内官,隙既易生。况祖制,母后不得干与朝政,宜一时中外之藉端排构也。昔二祖顺受非法,识真者谓之偿债,此其为偿债也,不慕大乎?狱辞"只奉上意以损纲常,殊非臣子爱君之心"一语,重于九鼎。"纲常"二字,岂徒为施资而发哉?海印寺命名,请自圣母令旨,未请皇上圣旨,故致坐以私创之罪。①

憨山弟子辈钱谦益所作憨山塔铭,吴应宾、释观衡等所作之传,皆从此说,则当日谈及憨山下狱是出于"建储"——神宗皇帝立储君之事,已经有定论。今日研究者遂多据此文字,认为憨山入狱是党争的牺牲品,渐为一常识。其中,以台湾陈玉女教授所言最为明晰,其余所论亦无出其范围,参见氏著《明万历时期慈圣皇太后的崇佛》一文所论憨山下狱与万历朝"国本争"关系的文字,及据《自叙实录》中谱文与福征疏文所列《憨山自叙入狱原因归纳表》及《福征叙述憨山入狱原因归纳表》二表,颇为完备。②

就此二表所整理缘由而言,憨山师徒二人叙述之间的差别,本身也不是很大,总结下来大致为:憨山受佛道之争倾轧,牵扯出建海印寺时的经济问题;又因为不愿牵连宫中太后,憨山独自顶下"私创寺院"的罪名。他遭遇的这一切,其实是因其本人在参与朝野的国本争中,支持立皇长子为太子,而遭到敌对势力嫉恨。憨山在立储一事中的最大事迹,就是早年五台山无遮会所谓"求储"之事。那次求储成功,以及由之而起的党争,成为历来解说憨山"乙未之狱"的最终根源。憨山因之谪戍南粤。万历三十三年(1605)冬,当日他支持的皇长子诞下皇长孙,即日后的熹宗,憨山才于次年八月得到赦免,恢复了自由。

这一看似定案的结论,却是经不起仔细推敲的。梁绍杰教授根据《神宗实录》与《万历起居注》的记载梳理指出:憨山自述中反复强调的五台山无遮大会与求储党争的联系,实际上是不存在的。万历九年,所谓高僧妙峰福登与憨山所举行的五台山无遮大会,实际上是在配合皇家为当时正宫王皇后求储,而法会的结果就是次年春皇后诞下长女。同时,五台山与武当山两家代表佛道二教为皇家求子的举动,都是出于皇家的旨意,没有所谓的党派之分,更与一年后朱常洛的出生没有任何关系。

---

① 《憨山老人年谱疏注》,《大藏经补编》第14册,第517页。除CBETA外,本章节所引,还参考收入《嘉兴藏·续藏》第266函,第5册,民族出版社,2008年,第61页。
② 陈玉女:《明万历时期慈圣皇太后的崇佛》,收入《明代的佛教与社会》,第133、136页。

憨山晚年自述，将两件相去不远但毫无关联的事情联系在一起，并刻意塑造一种佛道对立的气氛，如神宗"举朝为和尚，我偏为道士"语，①无非是想突出自己在参与"议储"之争的功绩；尤其在万历中后期的"争国本"事中，凸显僧人集团支持立皇长子的政治态度，和慈圣后党清流是一致的。比如福征在《自叙实录》里记载道，"况祖制：母后不得干与朝政，宜一时中外之藉端排构"，暗示慈圣私引和尚参与求储事，引起了好事者惹是生非的判断。此类争端在万历九、十年间，神宗无子之时，是绝对不可能发生的。憨山师徒留下的这些文字，只为迎合日后的慈圣皇太后及东林党士大夫一贯的立场。梁教授此一考证精严，是为信史。②

如此一来，则《自叙实录》中强调的"乙未之狱"是出于五台山无遮会"议储"的说法，已无意义。尽管宏观地看，"乙未狱事"未必与议储、党争不无关系——其实，差不多每次晚明政治波动，或多或少都与"争国本"有联系，但绝对不是那次憨山案的直接原因。

上述陈玉女教授二表所列下狱理由，仅剩一系列经济问题。但无论布施过当或私创寺院，虽有其根源，但非佛教史研究者所能尽言。因为无论憨山所留之《梦游集》，还是居士弟子辈所撰塔铭、笔记等佛教史相关文献，皆未有憨山与崂山海印寺的详细记载，需求助明代道教史研究所发之覆。

第二节 "寺产案"与"三太子"

近世明清研究中的佛教史与道教史之间的交集，似乎并不太多见；明朝初期僧道制度建立与太祖、成祖礼遇高僧高道，算是两者少有的契合点。而如今的"乙未之狱"则可以看作两大研究界间另一次不小的交汇点，尤其由于此事关乎两家不同的政治立场，就更有价值了。且因为各自掌握的不同系统的文献数据，二者曾得出过相反的结果。直到近年，道教学者张琰（《泰山全真道与社会研究》，2011年）与秦国帅（《山东全真教与社会各阶层互动研究，1368—1949》，2012年）的博士论文中，终于得到了平衡的解释。兹略举道教文献中记载的憨山入狱的解释。

---

① 前引《憨山老人年谱自叙实录》"九年辛巳"条疏文，收入前揭《嘉兴藏》第266函，第5册，第42页。前引陈玉女教授《福征叙述憨山入狱原因归纳表》据之归纳。
② 前引梁绍杰先生有《三则与晚明"国本之争"有关的传闻考辨》，已于无遮大会之目的、郑贵妃失宠、神宗拖延册立三条旧说考辨透彻。

最常见的正面提到憨山"乙未之狱"的道教文献，是收于《崂山志》的耿义兰道士的《控憨山疏》及疏文后的神宗批复。研究者凭此疏文，证明憨山下狱，是出于在崂山建海印寺事。同情道教的研究者，以为耿义兰控憨山之举，是维护道教宫观的正义之举，且耿连诉十年，屡遭驳回和毒打，其情可嘉。近些年佛教史研究者也关注到此疏，因同情憨山，则以为是道士无理取闹，最后上达天听，让憨山罹难。而两家研究者倒是一致认为，这一切与内宫意志、皇储之争，是有联系的。①

那憨山私创寺院的罪名，究竟是否成立，就成了解读"乙未之案"的一个标杆。如果憨山创寺过程中果有不当，则罪罚难免；如若不然，则此案恐怕另有玄机。

据秦国帅博士论文第二章中，梳理《神宗实录》涉及本案记载及耿义兰与憨山各自的解释，总结崂山佛道之争与憨山"乙未之狱"，其实主要就围绕着两个问题展开：其一，太清宫的归属权；其二，海印寺的敕额权。首先一个问题是，秦氏据天启时黄宗昌《崂山志》记载解读，太清宫原为道院属实，但因道士经营不善，太清宫基业几近荒芜，后因生活窘迫而卖与憨山。复逢慈圣太后赐藏经于崂山，憨山于是出资将太清宫改建为海印寺，直至道士耿义兰欲重新夺回太清宫，惹上官司。这么看憨山买地建寺，合情合法，道士先将太清宫卖与憨山，后耿义兰控憨山强夺，显然是诬告。

第二个问题是关于海印寺的敕额权。耿义兰强调憨山是假称敕旨，前来占山建寺；憨山则暗示此举与慈圣太后有某种关联，但并未明说。神宗皇帝也极力撇清此事与慈圣太后的关系，却将私填海印寺名之事归罪于太监张本身上了事，最终又以"诈旨"之名发配憨山。但从情理上推断，年近五十且名满京师的高僧憨山，在当时完全没必要"诈旨"建寺，但是无论"裁判"的神宗还是被诬的憨山，同时都默许了崂山之争与慈圣太后间毫无瓜葛，替内宫背锅。秦国帅解释，这是因为神宗本人对和尚求储的不满，以及对郑贵妃的溺爱，便在情感上偏向道士一方，借支持一个远道而来、无权无势且理法俱亏的崂山道士，打击僧人集团的势力，并向母后示威。②

前论神宗激烈反对母后与朝野士大夫议论议储之事，尤其不喜偏激的言官攻击他宠幸的郑贵妃与福王，所以他本能地对包括慈圣在内的所有议

---

① 相关佛教研究成果有戴继诚《憨山大师与海印寺》(《五台山研究》2004年第4期)。道教研究如：白如祥《明清崂山全真教述略》(《齐鲁文化研究》总第三辑，山东文艺出版社，2004年)、梁树清《崂山僧道之争刍议》(山东大学2008年硕士学位论文)。
② 前引秦国帅博士论文《山东全真教与社会各阶层互动研究，1368—1949》，第104—109。但该文也将憨山自述参与党争的求储事，作为憨山得罪的证据。前引已辩其非，附记于此。

储持排斥态度,这是极自然的反应。憨山在崂山建海印寺,并赐藏经,都得自慈圣之力。此时有道士欲攻憨山,则正和神宗心意,所以即便理由未必充分,亦能达到目的。

山东崂山地方史志文献外,另有新发现本地石刻文献,为"乙未之狱"与晚明党争,提供新的材料。如果说神宗借耿义兰道士只是为攻击憨山,连带暗示与太后有关,那泰山的道士之于求储之争,显然更为张扬。

神宗偏爱福王,欲立其为储君的传闻,在"争国本"时不绝如缕,道教研究者都关注到文秉《先拨志始》"郑贵妃身负盛宠"条记载的一个故事:神宗携郑贵妃到大高玄殿行香,设密誓立常洵为太子,密封盛于盒中,保存在贵妃处。后神宗被迫立光宗,从郑贵妃处取来密誓,封条完好,而密誓"蚀尽"。① 紫禁城神武门外西北方向的大高玄殿,建于嘉靖二十一年(1542),为明代重要的国家宫观,道教祭祀场所。梁绍杰教授考订大高玄殿密誓传闻的文献源流时,遍引明清之际文秉、李逊之、张晋、黄宗羲、姜宸英、谈迁、黄景昉、夏允彝等人记载,认为各家传述大高玄殿密誓传说,都有东林党及清流后进添油加醋的成分,有些明显不合情理或不符史实。尽管梁教授也没有轻易地否定传说存在的可能性,不过他还是凭借清流记载不可信的潜意识,认为神宗虽不喜庶出的皇长子,也未必偏心晚出的皇三子。神宗迟迟不肯立储位,是在等待皇后的嫡子出生。②

这种独辟蹊径的见解,在传世文献有限的情况下,可谓高论。但自王国维先生的"二重证据法"研究意识风靡以后,越来越多的地上、地下新材料,成为证明或翻案传闻旧说的有力证据。梁先生推测神宗未必有立福王之意的假设,在新发现的碑刻材料后可能会遇到一定的挑战。

那是在泰山西麓的三阳观遗址内发现的三块明代石碑,最早由周郢先生刊布并研究。③ 石碑的内容是:内宫遣宦官来三阳观进香纳福,观中道士遥祝内宫万寿无疆之语。三通碑文中,第一通里只有"皇子"的称谓;到了第二和第三通碑文里,竟出现"太子纳千祥之吉庆"的话语。这三通碑分别立于万历十七年(1589)十月、二十二年(1594)正月及二十四年(1596)九月,时间跨度为八年,落款都是三阳观住持、全真道士昝复明。观中还有一块《太上老君常清静经》的碑石,碑后题刻有:"万历乙未八月吉旦,大明皇三

---

① 可参文秉:《先拨志始》卷上,收入《续修四库全书》第437册,第588页。
② 前引梁绍杰《三则与晚明"国本之争"有关的传闻考辨》。
③ 周郢:《明代万历"国本案"的新史证》,泰安市泰山区档案馆编:《周郢文史论文集》,山东文艺出版社,1997年,第200—204页。三阳观相关研究,承秦国帅博士提醒指出,谨致谢忱。

太子发心刊板永远舍施。""皇三太子"的说法,引起了研究者的注意。

即便晚至万历二十四年秋,神宗仍没有定下储位;这里的"太子"显然不是二十九年被立为储君的朱常洛,为世所共知。研究者解读三阳观的"太子"之称,是郑贵妃为所生皇三子朱常洵,祈求保佑登上王位,恐为实情。兹略引憨山下狱前一年甲午孟春所立的"皇醮碑记":

> 钦差干清宫近侍,御马、尚膳监太监曹奉、李奉,今承明旨,遥叩泰山圣母娘娘,进香遍礼诸神,仍命三阳观住持、全真道士笞复明于玄阁修醮,进香三次,礼醮三坛,伏望诸天默佑,圣母垂慈,上祝皇帝万岁,享圣寿于无疆;贵妃遐龄,衍天年于不替。四海澄清,太子纳千祥之吉庆;边夷靖服,黎民受五谷之丰登。皇图巩固,国脉延绵。领教奉行,顿首谨意。时万历岁次甲午孟春吉旦,本观住持、全真道士笞复明立石,浙江江阴山人钱伸书。①

三阳观碑发现后,对碑文与郑贵妃外戚集团崇道的研究,便逐渐展开。② 几个重要的结论是:郑贵妃派宦官来泰山祈福,并将福王僭称"太子",是得到神宗皇帝默许的。另一点,郑贵妃选择泰山作为立碑地点的原因,首先是泰山与"太子"的关系。按五行学说,泰山在东方,主生,属震位;而太子之宫称"东宫",且应对"帝出乎震"的说法,所以泰山是主东宫太子之位的。③ 但为何是三阳观而不是其他宫观,除了三阳观地方偏僻之外,还有"三阳"之名,可对应"皇三太子"。这些解读,都有其道理。

对照三阳观新发现的石碑上的太子称谓,是可以坐实神宗曾有立郑氏子的举动的;神宗密誓一事流传之广,恐怕也不是空穴来风。赵卫东教授就推测,神宗承诺郑贵妃以常洵为太子的时间点,应当就在上引第一通碑万历十七年(1589)十月与第二通"甲午(1594)孟春"之间。④ 郑贵妃一党因为泰山与东宫、三阳观与"三太子"等多重应验的关系,倾心当时的道教势力,并可能与神宗一道,礼敬过大高玄殿,恐是实情。同时,那位执意立长的母后却佞佛至深,也直接加深了神宗对慈圣亲近的僧人集团的反感,更倒向道

---

① 周郢《明代万历"国本案"的新史证》一文首先刊布,收入泰安市泰山区楼案馆编:《周郢文史论文集》,第200—204页。后赵卫东教授、田承军、张琰、秦国帅诸文皆曾录其全文。
② 对于三阳观与明万历宫廷的关系问题,有赵卫东《泰山三阳观及其与明万历宫廷之关系》(《道家文化研究》第23辑),尚有下列文章作过阐述:前引周郢《明代万历"国本案"的新史证》,王传明、周郢《明代宫廷斗争与泰山之关系》(戴могли奎、张杰主编:《泰山研究论丛》第五辑,青岛海洋大学出版社,1992年,第52—69页)、田承军《明国本案与泰山三阳观新考》(《历史档案》2005年第4期)。以上文章可以与本节相互参照。
③ 前引田承军:《明国本案与泰山三阳观新考》。
④ 前引赵卫东:《泰山三阳观及其与明万历宫廷之关系》。

教一边,听信道士之言。憨山"乙未之狱"就是在这样的背景下发生的。加入道教史材料的对比,可以非常直观地看清这场僧案外围的背景。这场佛道之争,出自各方势力背后的利益需要。

前引耿义兰《控憨山疏》以考订海印寺地产归属与敕额权,疏中仍有一些信息为佛教文献中的憨山传记所没有,兹略引其文:

> 祸出妖僧蔡澄申,先年探拜冯保为义父,递运银两上五台山,构称无遮大会。后保犯事抄设,妖僧将银隐匿。万历十一年间,逃入山东,冒称皇帝出家,改名德清,一号憨山,一号明朝,一号玄高,一号洪润,结党白莲教等教头张鸣、桂举,僧人自然、大义、大伦等,钻贿汉经厂内相张本,于万历十三年二月内假称敕旨赍奉,前来占山,势逐住宫道士刘真湖等,拆毁太清宫圣像三百余尊,打死道士张德容。碑像、人尸投入海内,改宫为敕建海印禅寺,改山为那罗延山。……且恶现今造海船,盖营房,骆驼运粮草,况劳山居东海之内,与外国倭夷相邻,以逆党隐冯保家财,积草屯粮,出没异常,祸机将来莫测。①

关于疏中一开始憨山原名"蔡澄申"一条,据憨山《自叙实录》载,十九岁那年,老师云谷法会帮他取字"澄印"。不知"澄申"为憨山俗名,还是"澄印"之误。

细查此疏,耿义兰反复强调憨山与内阁冯保、张本的关系,其实际用意或为暗示当朝憨山与慈圣皇太后间的密切关系。冯保为慈圣太后亲信自不当说;张本作为汉经场太监,与慈圣皇太后关系亦极亲密,慈圣赐藏的举动,多次都是由张本实施的。据憨山记载,崂山为首先得到赐藏的四山之一,即为张本押运。前论"四山"中另一名山——普陀山的万历藏,也是张本所送,可见张内相在慈圣心目中的地位。同时,深宫内珰里通外人之事,本来就为君主所厌恶。耿义兰揭贴反复强调这层意思,也有此意。

还有一点,耿义兰指出,憨山从五台山卷走并带来山东的资金,是出自冯保的家私,冯保败后被憨山侵吞;说憨山造船通倭时,还扣上"以逆党隐冯保家财"的帽子。耿义兰此说估计有添油加醋之嫌;但憨山与冯保关系密切,是为憨山晚年自述所不及。耿义兰疏中谓憨山"万历十一年间,逃入山东",即是憨山自述的:

> 以台山虚声,谓大名之下,难以久居,遂蹈东海之上,始易号憨山,

---

① 青岛市史志办公室编:《青岛市志·崂山志》,新华出版社,1999年,第684页。

时则不复知有澄印矣。①

憨山此避迹东海之说,显然有点突兀,似乎就有遮掩的嫌疑,如参考其与冯保的关系,便可推测其中隐情。万历十年夏张居正暴亡,半年后便身败名裂,第一个受牵连的便是冯保。万历十年冬,当朝就勒令谪冯保于留都;次年春,冯即死。憨山于是年初亦远离京师,则与耿义兰"拜冯保为义父"的说法可以互证。陈玉女教授曾研究明代宦官与佛教势力交织甚密。② 憨山晚年自定《梦游集》与年谱,对早年行事讳改极多,此处憨山与冯保一例,即久为淹没。但不承想保留于道教文献之中,为后人留下一丝痕迹。

第三节 僧案真相

细绎现有憨山下狱研究,佛道二教,尤其是道教史的研究者,已经提供了不少观点与材料,所示材料的解读空间也已相当有限。由此可以归纳憨山下狱的理由:

Ⅰ. 僧案是在皇储之争的时代背景之下发生。

Ⅱ. 憨山与内宫中的太后与内相们,过往太过密切。

Ⅲ. 又正逢神宗宠幸郑贵妃,欲用泰山的道教势力助郑氏子入继大统。

Ⅳ. 山东崂山发生寺产之争,耿义兰的无理取闹,也正好在此时发酵。

似乎正是这几重机缘凑在一起,才诱发这次钦案。但冷静思考,所有这些案发的原因中,几乎没有憨山个人的主观因素,除了之前一条——憨山请慈圣皇太后"日减膳馐百两",筹措大报恩寺的重修经费,③显然也是一条无足轻重的借口。很难想象,一场在"立储"事风口浪尖发生的、惊动君主内宫的僧案,是一个偶发事件;而当事人憨山德清,对事态进程几乎没有任何的主导权,都是被动地承受和应付。想必即便憨山本人,也不乐于被后人留下一个"躺着也中枪"的印象——因为此案的真相,也绝非如此。正是憨山当日的一招作为,才为他引来了牢狱之灾。甚至,此案余波在八年后继续祸及他的教中法友——高僧紫柏,致其瘐死锦衣卫。

今按,考证旧说时,需对现有材料兼具辨伪及演绎之心,方能探知当日

---

① 《嘉兴藏》第266函,第5册,第44页。
② 可参陈玉女:《明代二十四衙门宦官与北京佛教》,台湾如闻出版社,2001年。
③ 前引《憨山老人年谱自叙实录》"万历十七年己丑"条,《嘉兴藏》第266函,第5册,第52页。

之实情。关于"乙未之狱",虽然憨山师徒的《自叙实录》记事多有可推敲之处,又往往闪烁其词,但仍是需重点关注的第一手数据。福征自为儒生,憨山本人能通内外典,师徒于儒门"春秋"之学,就颇有心得;憨山还曾有《春秋左氏心法》。观其《自叙实录》字里行间,并非是简单的遮掩,而是大有"春秋笔法"。笔者细绎《自叙实录》,发现憨山不得不下狱,另有隐情,遂不揣陋,请试论之。

憨山"乙未之狱"尽管存在诸多背景因素,但最直接的原因是他在前一年万历二十二年甲午(1594)年冬的出格举动,惹恼神宗。观是年谱文载:日本犯朝鲜,开启万历三大征之"朝鲜战役";憨山曾向皇太后祈金修复南京报恩寺,这事也就不了了之了。不过,慈圣皇太后仍对憨山礼遇有加,年谱里记载:

> 冬十月,入贺圣节,至京留过岁,请说戒于慈寿寺。①

福征的注文,则大有可观:

> 征按:入贺圣节者,冬至节贺圣母,非贺皇上,后特以上字别之。圣母请说戒慈寿寺,了前己卯京都建大慈寿寺,完一案。修报恩本寺因缘,圣母储已厚,事几成而缘寝不就,了从前北游本心,兴复本寺一案。《春秋》,先经起义,后经终事,笔法也。非为修寺,不入贺留京,非三年往来留京,不涉议犯恚也。②

弟子福征所注其师年谱,此段最值得玩味,而能体会乃师"春秋"之旨。憨山所谓的"入贺圣节",福征注出,那是为慈圣而非神宗。实际上,就是为慈圣大寿而来。慈圣生辰为农历十一月十九,此日在其去世前之万历朝大部分时间,皆为一重要节日,略翻《神宗实录》《万历起居注》等文献即知。今按,万历二十二年为公元1594,慈圣五十整寿,③憨山的"说戒于慈寿寺",应该也是慈圣庆生的活动之一。九年后,憨山老友紫柏大师,亦冬日入京为慈圣庆生而陷于京师,被逮于京西潭柘寺,旋即坐化。晚明僧人结缘宫廷之代价与归宿竟如此相似。

福征同年又注云:

> 圣母请说戒时,礼赐綦隆。慈寿寺,亦称上方兜率院,方丈布地,无

---

① 《嘉兴藏》第266函,第5册,第56页。
② 《嘉兴藏》第266函,第5册,第57页。
③ 慈圣皇太后生辰前文已及,在1545年,参万斯同《明史》卷三九九《外戚传》:"嘉靖二十四年……冬十一月慈圣皇太后生里中。"(《续修四库全书》第331册,第324页)

非毡锦。供佛果馔，悉四方珍物。方丈所需服食器具，遣大司礼官，晨夕络绎于途，观者每如堵墙。勋戚内监，供献不可胜算。儿童随喜，无不沾溉。所赐内库钱粮，分毫不受，仅以五十三参禅人行钵。一日钵皆空还，而金钱布粟，已填筥溢廪。日绕数千众，无不餍饫香积。是年腊八日，圣母特命近侍陈儒，赐毗卢帽、织锦紫伽黎、志公鞋及内衣，上下悉大绒。憨祖悉谢不受，三赐乃受，受仍不服。①

观此次庆生法会，慈圣花费甚重，自不必言。腊八当日，慈圣又赐其衣帽，礼遇之隆，大明高僧中亦不多见，当日仅有紫柏大师等极少数高僧曾有此殊遇。观慈圣此处奢靡，并非简单的庆生檀施，而更有其深意。据福征注末段云：

> 赐衣之日，圣母命内侍传旨，欲延入宫，面请法名。师知非上意，力谢，以祖宗制，僧不入宫，乃遣内侍绘像命名以进。圣母悬像内殿，**令上侍立，拜受法名**。上事圣母至孝，此日未免色动。圣母法讳在谱后，法派"德大福深广"四十字中，用第二"大"字，其讳字。当命名进宫时，侍者绝不得闻。但从此避忌"大"字一辈，法属悉从"福"字辈始。②

陈寅恪先生曾在《南岳大师立誓愿文跋》一文中，就南北朝并立时，举各交错重复之君主年号及州郡名称，非慧思亲身经历而不能明辨，以证此《立誓愿文》中颇有真实材料。而此段憨山师徒描述慈圣大寿及佛事之盛况，亦有他人所不能窥知的实录成分。窃以为，此段正透露憨山得罪之关键。慈圣面对憨山画像"拜受法名"，即意味着憨山度化慈圣皇太后，而为俗家弟子；彼时竟还让神宗在一边"侍立"，此事触动神宗之底线。若君主对佛教颇有好感，则结果尚可；若本无甚好感，则必然龙颜大怒，福征所言"上事圣母至孝，此日未免色动"，即是此意。③

大明倒不是没有国师先例，明初印度高僧具生吉祥，及高足智光大师，

---

① 《嘉兴藏》第266函，第5册，第57页。但同年疏文里记载的："时达观大师住石经山，启石室，佛座下，得函，贮佛舍利无数。圣母闻之，亦命近侍，致斋供，赐紫伽黎，大供舍利三日，重藏石窟。达师有辞赐让憨公表，偈云：'三十年来江海游，寻尝片衲度春秋。自惭贫骨难披紫，转施高人福更优。'（紫柏全诗参氏著全集之《辞赐紫以让憨公》题）盖因憨祖时尚在京不服故，达师亦不受，欲并归憨祖令服，故云'福更优'也。"紫柏之事不在当年二十二年，而在万历二十年，详中编第三章所论及引紫柏全集中《房山县天开骨香庵记》文。
② 《嘉兴藏》第266函，第5册，第58页。
③ 南怀瑾《圆觉经略说》（复旦大学出版社，2007年）"缘起"中亦提及此事，言"他（憨山）后来当了国师，连明朝的皇太后都皈依他"云云。南老口吐莲花随处说法，见解亦多高出常人，所据不过常见材料，仍能慧眼识之。若此处皇太后请法名，便能一语点出憨山"国师"之相，笔者深服此论，附注于此。

皆曾为大国师；明成祖、宣宗所封西番大宝、大乘、大慈三大法王，也是国师之列。这些法王国师的册封，不仅有大明君主出于"多封众建，因俗以治"的边疆政策考虑，同时也包含了统治者信仰需求的成分。比如其中的大乘法王昆泽思巴，为永乐皇帝授其深吉祥喜金刚中围灌顶，以及大黑天护法之加持，证明永乐皇帝修藏传密法的经历，不仅只有政治目的，而确实有实际的宗教意义。① 但汉传佛教高僧而相当于国师的地位，在明朝几乎没有出现过，尤其神宗本人毫不待见慈圣所礼之高僧，则若太后真的成为憨山弟子，将置神宗于何地。至于佛道之争、寺产之讼，甚至漫长的"国本争"，在此时都不如制止憨山"度太后"来得迫切。"乙未之狱"因此难免。

年长明神宗十余岁的憨山德清，还比神庙多活了近三年。在晚明清初的佛教史叙述里，经历"乙未法难"的憨山大师，的确被后人视为大明的国师，更加证明憨山欲度太后之事甚有可能发生过。嘉兴藏本《憨山老人年谱自叙实录》前弟子福征所著《憨山本师法像赞》载：

> 维我憨山肉祖本师大和尚，在燕则为慈寿国师，在粤则为曹溪嗣祖。②

年谱"万历四十五年"下福征疏文载：

> 时以圣母国师，弘法罹难。③

此二处"国师"，通行印光本径改为"宗师"及"恩师"，谭氏刻本则卷首被删去，而正文从《嘉兴藏》作"国师"。或为印光大师以为此处作"国师"不甚合憨山一代宗师之身份，殊不知当日憨山德清颇以之为然，而其弟子亦小心翼翼保留于行文之中。

另私淑憨山德清之颛愚观衡（1579—1646），为明末南国禅林颇有清望之高僧。颛愚大师在其著作中亦有相关记载可为左证。参《颛愚和尚语录》卷一一《本师憨山国师像》一题云云，④而同卷所列元明以来大师如碧峰、紫柏、云栖、空印等，皆称"大师"，唯憨山一人而称"国师"，则其笔下之意可以了然。憨山曾具备"国师"之资格，可以定论。

又，此"乙未法难"九年后的慈圣生日圣节，晚明四大师中另一位紫柏真可，进京为太后祝寿，详下章。当时癸巳"妖书案"正紧，因清流士大夫郭正域被罢免、下狱，牵连出紫柏弟子沈令誉，并搜得沈、紫师徒的通信。那封信的内

---

① 可参沈卫荣、安海燕：《明代汉译藏传密教文献和西域僧团——兼谈汉藏佛教史研究的语文学方法》，《清华大学学报（哲学社会科学版）》2011年第2期。
② 《嘉兴藏》第266函，第5册，第3页。
③ 《嘉兴藏》第266函，第6册，第47页。
④ 《嘉兴藏》第295函，第3册，第12页。

容有"营救清公(憨山),谓劳山海印之复,为圣母保护圣躬香火。今毁寺戍清,是伤圣母之慈,妨皇上之孝"①之语。《万历野获编·紫柏祸本》亦载:

> 紫柏书中又云:"慈圣太后欲建招提,见处而主上靳不与,安得云孝?"上始大怒。②

紫柏因之下狱,十余日即坐化狱中。紫柏大师的"癸巳之狱",本有几分偶然性,其下狱的大背景,是朝中清浊两党之争而兴大狱,致多位清流士子无端身陷囹圄,牵连而至紫柏。但刺激神宗下旨逮紫柏的原因,其实就是他书信中关涉憨山狱事,及神宗母子和睦的言语。紫柏此信今日全集、别集中皆不存,据陆符与沈德符所记,仅仅提到了憨山私创寺院与神宗母子不和,大约是后人已经不查当日憨山欲"度太后"的作为。但作为亲历者的神宗,显然不会忘记憨山所为;紫柏既为之鸣冤,还责神宗不孝,则亦当遭到老友同样的下场。这可以看作是憨山"乙未之狱"的余音。

还有一个颇有趣的问题,是有关慈圣皇太后"法名"的。

尽管从今日所存明清文献,似乎已经很难确认万历生母慈圣宣文明肃皇太后到底有没有接受憨山所赐法名,或成为憨山的弟子,但福征注文里一句"圣母法讳在谱后",已经非常清楚地指出,法名曾经存在过。这个法名也是憨山、福征师徒极希望后世能窥见,而又不敢大肆声张的。福征注憨山门下法派,有"德大福深广"四十字中,憨山为第一个"德"字,慈圣法名用第二个"大"字。《憨山老人年谱自叙实录》后附《曹溪中兴憨山肉祖后事因缘》有云:

> 大师法派四十字,偈云:"德大福深广,慈仁量普同。修持超法界,契悟妙心融。寂静觉常乐,圆明体性通。慧光恒朗照,道化久昌隆。"
> (小字注:德字,憨祖法讳。大字,慈圣李皇太后法讳。命弟子名,自福字辈始。)③

但憨山主要弟子出于"福"字辈不假,④但"大"字辈并非只有慈圣一人。前引耿义兰控憨山之疏中,就提到憨山两位"大"字辈弟子"大义""大伦"。其中"大义"是憨山第一得力弟子,《憨山老人梦游集》中有多封与大义的书信,还在给紫柏的信中称之为"僧中程婴"。⑤ 紫柏殒后草葬京师西门外慈

---

① 释真可:《紫柏尊者别集》附录《传》,《嘉兴藏》第266函,第1册,第4页。
② 《万历野获编》卷二七,第690页。引用时标点有改动。
③ 《嘉兴藏》第266函,第6册,第3页。
④ 考憨山收弟子福善之年,据其自撰年谱为万历十五年丁亥:"秋八月,胡中丞请告归田,乃携其亲之子,送出家为侍者,命名福善。"
⑤ 《憨山老人梦游集》卷六《与达观禅师》一通,《嘉兴藏》第266函,第4册,第7页。

慧寺,也得大义之力。所以慈圣皇太后,并非唯一"大"字辈法子,尚有其"师兄"存世;福征亦未必不知,只是讳言而已。

依照福征注文里"圣母法讳在谱后"的线索,通检《自叙实录》,"大"字人名,仅出现过"大义"一人。那么,慈圣法名的问题,又进入了死穴。张德伟教授曾指出:《自叙实录》集结刊布相隔时间过久,可能存在逸散的情况,原意"在谱后"之文,或已散失,今日已不可见。① 观福征注《自叙实录》在明末清初,入藏流传,散佚之说未必能成立;且仔细品读实录全文,似有一气呵成之味,甚可能即为当日全璧。兹大胆推测,"在谱后"一语恐为障眼,慈圣法名当即存在此《自叙实录》文字之中,并与慈圣生前身份甚为吻合。

以憨山文字狡黠,若略放大"在谱后"这唯一线索的范围,来搜索慈圣法名,最有可能的应该就是"大士"。"大士"一词在憨山《自叙实录》中屡次出现;晚明时代"大士"之含义,虽然是观音菩萨无疑,但大部分时候也可以指代慈圣皇太后本尊,前文已屡屡提及。慈圣皇太后即是观音,在万历十四年慈宁宫现瑞莲之后,遥遥出现于憨山在万历二十二年为太后祝寿而赐法名之前;如此一来,则憨山彼时赐之法名"大士",正可以呼应慈圣菩萨身份,同时亦不破坏自己法脉传承,未尝不是锦上添花的妙手,颇可见得憨山文字般若之功。然此毕竟为猜测,俟他日有新材料作证。

陈援庵先生早年根据杭州圆照寺原刻本《茆溪语录》有"人人道你大清国里度天子"之语,考证茆溪行森曾为顺治剃度,而被茆溪之师大国师玉林通琇制止的史实;龙藏本里的《茆溪语录》因之被删改。② 憨山虽然还没有如茆溪般出格,但欲度当朝太后,亦绝对会被禁止。所以终万历一朝,皆不能知其详;仅至启、祯朝后,其弟子注其年谱才稍稍透露,仍不敢大书其事,即可见一斑。憨山"度太后"一事,惟此处方外私撰著作中稍稍透露消息,可知僧史或可补国史之阙。

第四节 弘法的"动""静"之间

万历二十二年冬,憨山德清既然胆大妄为至欲度慈圣皇太后为弟子,此则不独欲成信仰上一大偶像,政治上亦为一有威胁之势力,尤其在此国本、

---

① 2013年北京佛学院举办"明代北京佛教学术研讨会"后,张德伟兄与笔者就此问题磋商许久。笔者原以为"大义"为慈圣法名,张博士举憨山致紫柏书信以证其非。然张之散佚说,笔者亦不敢以之为是。因论及,附注于此。

② 陈垣:《顺治皇帝出家》,《陈垣学术论文集》第一集,中华书局,1980年,第534页。

党争最为敏感之时。神宗必须除之而后快,亦在情理之中。憨山入狱流放后,被迫削去僧籍,令蓄发还俗。万历二十五年憨山年谱福征注:

> 闻当日在行伍,名蔡德清,蓄发,留长髯,便中戴东坡巾。自五十岁(二十三年下狱,1595)遣戍日始,至六十九岁(万历四十二年,1614),始对圣母灵主披剃,去髯发,返僧服。①

憨山德清,年近古稀才返僧服。神宗罪及憨山,终需要顾及宫闱外廷之别,总不至于立一"度太后"之罪名,否则皇家颜面何存!甚至连"佛事请用太烦"(《自叙实录》文)等涉及内宫的罪名,神宗也极力避免。所以,远来京师的耿义兰一纸诉状,便成就了憨山"私创寺院"的罪名。明代律典规定,禁止僧道私创庵院、私度僧道,所以憨山遭到削籍流放,倒是有法可依的。查《大明律·户律·户役》"私创庵院及私度僧道"条规定:"凡寺观庵院,除现在处所外,不许私自创建增置。违者,杖一百,还俗。僧道发边远充军。"②治憨山者正合此条,已属不轻。勒令还俗、充军近二十年,对此一欲赐太后法名而为朝之"国师"者,未尝不是莫大侮辱。憨山大师遥奉中古时鸠摩罗什,及武曌时义净、法藏,近效元明番僧"大国师"或嘉靖朝"三公"真人,而成万历朝"度太后"之国师公,此举虽为中古、近世时代恢弘大法的终南快捷方式,并在大明朝的大部分时候都能大行其道,但终非神宗宫闱所能坐视容忍,落得入狱流放的下场,是不可避免的。

但从后人眼光看,憨山因入狱流放这一大劫,改变了本人结缘禁宫上层的弘法方式,从而在晚年修正传法方式,选择亲近知识精英,与之经讲往还,终于融入了晚明汉传佛教复兴的主流。陈寅恪先生论及宋代佛教僧俗交往时曾说:

> 如天台宗者,佛教宗派中道教意义最富之一宗也。其宗徒梁敬之与李习之之关系,实启新儒家开创之动机。北宋之智圆提倡《中庸》,甚至以僧徒而号中庸子,并自为传以述其义。其年代犹在司马君实作《中庸广义》之前,似亦于宋代新儒家为先觉。③

此种知识界与僧伽相结合的传播方式,被证明是最适合佛教义理中国化与发展信徒的手段。这在晚明汉传佛教复兴的时候,也被几代高僧的努力所证实。憨山同时代的紫柏真可、云栖袾宏等高僧,早已经在江南有所实

---

① 《嘉兴藏》第266函,第6册,第4页。
② 转引自任晓兰:《论明代的僧人群体及其法律规制》,《西南大学学报(社会科学版)》2008年第6期。
③ 陈寅恪:《冯友兰〈中国哲学史〉下册审查报告》,《金明馆丛稿二编》,第284页。

践；早年高蹈行事的憨山德清，在赦免后东游江南及庐山，也成为他们中的一员。王雷泉教授总结过，历史上高僧成功传法，不出三种模式。首先是佛图澄以"神通"得到统治者的信任；其次是道安主张的"动"的传法方式，即"不依国主，法事难立"；最后一种是慧远"静"的方式，即"三十年不出虎溪"，对统治者采取若即若离、不卑不亢的态度。道安—慧远一系，作为中国汉地佛学的主流，一直延续到今天。① 这一佛教传统延续到明朝时候，成祖、宪宗、武宗等君主礼遇番、汉密教法王，可以被近似看作佛教通过"神通"弘法；而到了晚明云栖大师及清初的蕅益智旭大师们，则是通过"静"的方法，皆使佛教得以传播。然而憨山德清传法的一生，则可以视作"动""静"结合，以"动"归"静"的方式。厘清"乙未之狱"这一佛教史细节之后，对憨山大师中兴佛法的书写与论述，或可有新的视角。作为一代大德，其前后传法途径与经历迥异，需要研究者重新审视。对憨山的研究中一味赞颂其三教圆融、并重禅净之法，而不对其早晚间思想变化作出讨论，未免不合大师一生参禅证道之原貌。

---

① 王雷泉：《中国佛教之重建——以太虚大师〈中国佛学〉为中心》，汲喆、田水晶、王启元编：《二十世纪中国佛教的两次复兴》，复旦大学出版社，2016年，第234—236。

第四章　紫柏大师的晚节与法难

厘清憨山德清所历僧案本末之后，本章尝试结合传世文献及新出材料，详论紫柏大师晚年弘法始末，一窥晚明佛教与世俗、政治的真实样貌。

关于紫柏大师晚节的叙述，以憨山所作之塔铭流传最广；然其中关于"三大负"与死节等紫柏晚年书写，本多有移花接木、避重就轻之嫌，难还墓主生平原貌。笔者以史实发生时间排比，证明紫柏生前或没有刻意发愿具体的"三大负"事。而其下狱的"续忧危竑议"案纯属误伤，但与之前李贽的自尽、黄辉被逐等"攻禅"诸事相关，皆出于首辅沈一贯之意。沈一贯于议罢矿税关键时刻倒戈，以此得到神宗信任，遂酿党争之祸，两年之内，连兴大狱，尽逐政敌，遂有京中"攻禅"之风。京中之"攻禅"，既由偶然的政治风波引起，也伴有士大夫对当日狂禅惑世的反感，还掺杂初来传道的天主教士的推波助澜。一系列的事件本身，则与晚明一代的党争关系密切。这些都使得紫柏之殒命，有别于明朝其他的僧案，成为近世佛教史、思想史上一个重要坐标。

第一节　紫柏的晚年弘法

紫柏大师（1543—1603）与憨山德清为著名的万历"三高僧"之一，名真可，号达观，晚号紫柏，吴江沈氏子。一生行事高蹈，徒众无计，盛得士林美誉，也最终瘐死于锦衣卫狱中。世人论紫柏死节，以其为"续忧危竑议"案牵连所致；叙述多以僧侣的角度，肯定紫柏弘法之行，而鄙斥整肃异己的沈一贯、康丕扬一流。这种出于美誉高僧的书写，早在紫柏殒后的塔铭及传文中就体现无余。但铭文的作者群与紫柏大师间，关系非比寻常；其晚节的描述存在某种刻意的建构。如今细检晚明各部文献，会发现事实并非如此，有不少待发之覆。因此，厘清紫柏晚节，不仅有益于其生平书写，亦能窥知当日政治、思想风气的转变与晚明佛教生态的一角。

紫柏一生著述，在其逝后汇集为《紫柏尊者全集》与《别集》入藏，两集各收一篇综括紫柏生平的长文,为研究紫柏生平的第一手资料。前者之卷首,即为上文提到的晚明四大师之一、紫柏生前老友的憨山德清所作《径山达观可禅师塔铭》;后者之附录为私淑紫柏的宁波人陆符所作传文。陆为晚辈,并自述所作曾参考过憨山塔铭,已非第一手材料。即便憨山所撰塔铭,也已有颠倒错乱、移花接木之笔,需先缜密辩证,方可为紫柏信史。今观憨山《径山达观可禅师塔铭》中关于紫柏晚年的记述:

> (紫柏)每叹曰:法门无人矣。若坐视法幢之摧,则绍隆三宝者,当于何处用心耶?老憨不归,则我出世一大负;矿税不止,则我救世一大负;传灯未续,则我慧命一大负。若释此三负,当不复走王舍城矣。癸卯秋,予(憨山)在曹溪,飞书属门人计偕者。招师入山中,报书直云:"舍此一具贫骨。"居无何,忽妖书发,震动中外。忌者乘闲劾师,师竟以是罹难。先是,圣上以轮主乘愿力,敬重大法,手书《金刚般若》,偶汗下渍纸,疑当更易。遣近侍曹公质于师,师以偈进曰:"御汗一滴,万世津梁。无穷法藏,从此放光。"上览之大悦,由是注意。适见章奏,意甚怜之,在法不能免,因逮。及旨下云,著审而已。金吾讯鞫,但以三负事对,绝无他辞,送司寇。时执政欲死师,师闻之曰:世法如此,久住何为?乃索浴罢。①

晚明陆符传、钱谦益《列朝诗集小传》等记载中,皆沿袭此说,今人研究亦然。② 憨山所述此段紫柏生平,强调紫柏晚年有两大事迹:一是发"三大负",一是因妖书案而死节。然此二说皆有不妥之处。晚明高僧憨山之撰述,一贯有其曲笔讳言、欲盖弥彰之处;前论憨山时便有及。且紫柏案本身,

---

① 《憨山老人梦游集》卷二七,《卍新续藏》第 73 册,第 654 页中。另见蓝吉富主编:《禅宗全书》第 50 册,台湾文殊文化出版社,1989 年,第 161 页上。
② 紫柏生平,国内外已广有研究,如台湾范佳玲博士用力甚勤,然其《紫柏大师生平及其思想研究》(台湾法鼓文化,2001 年)一书对紫柏思想讨论甚精,生平却多有可商榷之处。例如全书《附录一:紫柏真可年表》中"万历十四年"条载"西游峨眉",误。《紫柏别集·送龙子归潭柘文》所言:"岁在丁亥(1587,十五年),我将礼普贤大士于峨眉。……己丑(1589,十七年),我始东还,结夏曲阿于观察别墅。"紫柏游峨眉在万历十七年;十四年仍结冬在潭柘寺,参《紫柏全集·烧爆竹(有序)》载"(魏光中)于万历十四年冬,参予于潭柘山嘉福寺。明年仲春,仍送别于此",可知。范著"万历十六年"条载"十六至十七年时,馆于楞严",亦误。十六年紫柏结夏济南五峰山灵岩寺,参《紫柏别集·祭了然关主文》:"万历戊子八月,余挂锡五峰山中。"十七年则如前引《送龙子归潭柘文》知紫柏游峨眉回,留在金坛于玉立别墅,未曾到嘉兴楞严寺。至于"万历十八年"条中"度法铠""访云居寺""慈圣皇赠紫袈裟""得佛舍利"等事,皆误将万历二十年事移植于此,因篇幅原因不一一修订。紫柏研究,还可参台湾释果祥《紫柏大师研究》(台湾东初出版社,1987 年)。大陆学者中,戴继诚曾编《紫柏大师简谱》(《法源》2008 年第 26 期)亦有筚路蓝缕之功。相似主题研究还有高峰博士《论紫柏大师之死》(《佳木斯大学学报》2005 年第 6 期)一文可以参看。

关涉神宗朝大动荡，皆非此塔铭所能尽言。兹分别从"三大负"与"妖书案"两点入手，以窥塔铭所疏漏的紫柏晚节。

憨山强调紫柏晚年存"三大负"的信念，入狱后仍始终不渝；即便在遇祸前夕，也只愿意"舍此一具贫骨"，终坐化囹圄。其中还插入紫柏进偈神宗的桥段，显示神宗与高僧曾有交往。这种暧昧笼统的文字，在万历朝后期，当然是需要的。本节试围绕塔铭中这段"三大负"的叙述，讨论神宗与高僧之关系，紫柏所发究竟何愿，及其晚年的实际境况。

一、神宗与高僧

神宗朝君主与佛教的关系，关乎当日佛教中兴。研究界早已指出，包括紫柏真可、憨山德清在内的几代高僧，广结善缘，上至禁宫，下及文人知识界，共同造就了此时盛况，并把此种复兴的来由归为帝王禁宫的关注。但是为何上层会在晚明时有大力佞佛举动，而士大夫亦在佛学义理、文学唱和之外，与高僧保持密切接触，似今日研究界交代仍不甚明确；而神宗帝与其生母慈圣皇太后，对待高僧态度上的差异，是难以解释的。[①] 而前文已考察高僧参与晚明党争的关系，自万历初首辅张居正之后，朝中再无权相出现；清流士大夫开始活跃，结社讲学，品评人物，进一步到左右舆论、对抗内珰、起废官员，迄明室终。历来党争不过是中世纪常见的宫廷政争的外化，对于亲近内宫的僧人而言，不仅内附慈圣为理所当然之事，亲近清流士大夫亦为不得不为的姿态。晚明僧侣与清流士大夫，客观上成为一利益相近的团体：清流而为禅悦士大夫，僧人响应朝野的党争，则为气类相投之必要。尤其前论高僧结缘上层时，必须明确地显示自己的政治向背，前论憨山德清论五台山无遮大会、"乙未之狱"本末等皆是其例。宗教信仰与政治现实的契合，使晚明诸多高僧皆与慈圣、后党保持亲近的姿态。

神宗皇帝显然非后党一边。因立光宗还是福王时的游移不定，神宗陷入一场波及内宫、外廷的漫长纷争，并与慈圣及其后党清流士大夫闹得不可开交。此时后党辅翼之僧侣，是绝不受朱翊钧待见的，[②] 无论神宗少年时如

[①] 如今研究界对晚明佛教复兴的佛学内部动力讨论颇多，如陈永革《经世佛教与出世解脱：论晚明佛学复兴的困境及其反思》(《佛学研究·2002》)、夏清瑕《心学的展开和晚明佛教的复兴》(《宗教学研究》2002年第1期)着重讨论经世思想与心学等因素，影响佛教复兴。而对佛教复兴的外部作用的讨论，尤以前引陈玉女教授慈圣崇佛方面的讨论为重要，但也仅注意到内宫人主对佛教的偏好的讨论，属于"佛教复兴"充分性的揭示，但对为什么复兴会选择在万历朝才出现的必要性讨论，还有未尽之意。

[②] 前引福征所注《憨山大师年谱疏注》云："皇言有云：'举朝为和尚，**我偏为道士**。'遥结武当、五台一案也。"即为一例。(《大藏经补编》第14册，第498页)

何受其母后影响亲近过佛教。①

紫柏、憨山等,为亲近慈圣之长辈高僧,其座下弟子亦与皇太后有过往还,②必然引起神宗的不满。憨山于万历二十三年下狱,即为神宗对高僧的某种警告;八年后之三十一年癸卯,楚王、妖书案牵连紫柏,更体现那时神宗对僧人的反感。所以紫柏塔铭中那段神宗"览之大悦"的紫柏偈,与神宗"意甚怜之,在法不能免"的说法,未必是实情,难以掩盖君主对高僧的不满。憨山作塔铭,时在万历末年,自然不敢对神庙非议,遂阑入含糊了事。

二、紫柏与"三大负"的关系

"三大负"说,自塔铭而始,为天下熟知。研究者多以紫柏秉此种理想,可为僧中义士,一如憨山所谓"程婴、公孙杵臼之心"。③ 然此言本为表彰先贤、谀墓溢美之词,于文学修辞虽有裨益,然落实到历史原貌,则难圆其说。紫柏究竟有没有"三大负"之说? 如果没有,这"三大负"是如何与紫柏联系起来的,皆颇有可论之处。

观紫柏撰述全集、别集之中,似无任何有将"三大负"所关之营救憨山、矿税及僧传并列讨论的内容。如今则拆分此三条,逐一辨别。

憨山下狱后,紫柏确曾设法营救,这在书问之中多有体现,略举几例,全集有《复敬郎》一通:

> 比劳盛亦遭诬陷,吾曹有不知大体者,亦随脚跟乘风鼓谤。④

"劳盛"即憨山建寺之东海崂山,此处当然代指憨山。又《紫柏尊者别集》则有与冯梦祯一封云:

---

① 神宗于佛教关系,本来因生母慈圣的关系而非常密切,万历初京城、五台多座大刹皆以冲龄小皇帝名义而建。即便如西来之利玛窦也知道,"皇帝本人也是佛教徒,据说他曾亲手抄写过佛经"云云(利玛窦:《耶稣会与天主教进入中国史》,文铮译,商务印书馆,2014年,第310页)。

② 紫柏与慈圣交往,可参憨山所作紫柏塔铭,言其于万历二十年献舍利,"圣母闻之,赐紫伽黎,出帑金重藏"(《憨山大师年谱疏注》卷下,《大藏经补编》第14册,第534页)。其弟子密藏道开有《上慈圣皇太后》信:"新刻藏经《起信论疏》一部一册、《笔削记》一部五册、《续原教论》一部一册,谨进上慈览。傥有一言半偈,开般若之门,植菩提之种,则不惟山僧藉以报三宝之恩,而刻经檀信,亦功不唐捐矣。"(道开:《密藏开禅师遗稿》,《嘉兴藏》第23册,第7页中)

③ 前引憨山著紫柏塔铭,《紫柏尊者全集》卷首,《卍新续藏》第73册,第141页上。对紫柏"三大负"的研究颇多,然多站在解释"三大负"内容角度认可此说,如戴继诚《紫柏大师的"平生三大负"与憨山大师的"为学有三要"》(《法音》2004年第12期)。

④ 《紫柏尊者全集》卷二三,《卍新续藏》第73册,第342页上。

道人抱病浔阳百余日，病稍愈，即劳盛狱起，带病冒暑北行，上诸公书。①

这些皆是紫柏曾奔走营救过憨山之证。前论憨山下狱之本出于其"度太后"之举，则紫柏营救憨山的潜台词依然与太后崇佛有直接关系。

别集所附《东厂缉访妖书底簿》所录"救拔德清"细节颇有趣：

(紫柏与令誉)朝夕相往计议，救拔德清、张本，及纠结月清、戒山等，谋进佛牙云云。②

张本为慈圣皇太后内侍，曾代慈圣赐藏崂山、普陀等地，极受恩宠，因憨山狱事下狱论死得免。则紫柏不独救憨山，一并为内珰鸣冤，意不仅在于法门。至于谋进佛牙，对紫柏也并不陌生，可参看其献舍利及拜砖先例。③当然，此时进京之紫柏，营救憨山未必非常迫切，否则也不会待八年之后才姗姗来迟。

紫柏修"续传灯录"事，亦见前引《东厂缉访妖书底簿》载：

(王)之祯又问：你为僧只合居山谷修行，是你本等，你来京，所干何事？达观回说：贫僧因化藏经，并修《高僧传》《续传灯录》，因此来京暂住。④

此为紫柏文献中仅有的关于其"传灯未续"的记载，研究界也有将之解释为开雕方册大藏。⑤鉴于紫柏本人确有过修撰宗教图书文献的理想与行动，但最终不了了之，则把紫柏此一"大负"解释成编撰宗教文献，或勉强可以成立。

最后则论矿税"一负"。遍翻紫柏撰述及同时代人记载，几无发现紫柏之于矿税有过任何态度，独此憨山作塔铭识之。以今日所存文献推之，紫柏未必不关心矿税事；但憨山作塔铭时强调紫柏此一态度，则大有深意。

传世文献与不少研究，多谴责万历贪嗔误国，以征矿税，而议罢矿税者

---

① 《紫柏尊者别集》卷三，《卍新续藏》第73册，第418页下。
② 《紫柏尊者别集·附录》，《卍新续藏》第73册，第431页下。
③ 紫柏曾向内宫进献佛宝，献舍利事载全集《房山县天开骨香庵记》，可参下文中编第三章。
④ 《紫柏尊者别集》卷四，《卍新续藏》第73册，第431页下。
⑤ 台湾蓝吉富曾辩"三大负"之"传灯未续"中不包含刻藏。蓝氏以为紫柏心目中，"编修一部大藏经的迫切性，并不如写一部《续传灯录》"，进而推知紫柏对《续传灯录》"有其个人的特殊感受"。此说似可商榷。大藏、僧传、灯录皆紫柏所并重，难分伯仲。而此佛教文献编辑大业，紫柏终虎头蛇尾，蓝氏文中亦有详论，然此非能证明紫柏轻大藏而重灯录之证据。参蓝吉富：《〈嘉兴藏〉研究》，收入《中国佛教泛论》，台湾新文丰出版公司，1993年，第138页。

被视为正义者；如今从经济学角度重新审视矿税事件，则未必尽然。神宗朝所征之矿税，内容不仅有"山泽之利"，还包括了商业税与多种杂税系统的赋课。明政府对收取商业税的制度设计，本身存在缺陷；①商税税率很低，几乎不作为国家税收的主要来源，但在晚明时，这个数额已经非常大。② 这些丰盛的"矿税"财富，因得不到合理征收，不能为户部掌控，必然引得神宗及明政府的不满。神宗所派矿税监，征收各样税目的做法，与其说是宦官暴戾恣睢，不如说就是代皇帝行使"官僚权力"，越过了现有国家机器罢了。③

矿税大兴，固然有着自身不可克服的诸多弊病，但是从理性的角度看，确实是君主对前期商业税收制度之不足的匡正；④神宗之于矿税，绝不仅是一时私欲。但外廷对于矿税多有反对，加深了朱翊钧本人的执着，变得只相信内宫的宦官，不愿再循体制征敛税收。⑤ 君主锐意开启的经济改革在遭到反对后，仍执意推行，遂演变成万历朝的一场政治风波。

如此，则征收矿税引发的一系列社会问题，已绝非片面的道德评价所能概括；反对矿税者，也并非代表道德的制高点。从万历二十四年七月始派矿税监，反对矿税就成了清议之东林党人的一项重要议程，其中淮抚李三才因此名扬史册，《明史·神宗本纪》《陈增传》《李三才传》等皆详其事。有研究者指出，东林党中反对矿税监的人数众多，仅就《明神宗实录》《明史》《东林列传》统计，就有数十人。⑥ 这些最重要的反对者，本身却多与江南大户贵族关系密切。⑦

---

① 林枫：《万历矿监税使原因再探》，《中国社会经济史研究》2002 年第 1 期。
② 参牟复礼、崔瑞德编：《剑桥中国明代史》，中国社会科学出版社，1992 年，第 574 页。另参黄仁宇：《十六世纪明代中国之财政与税收》第六章"商税"条下，九州出版社，2007 年。
③ 田口宏二朗：《畿辅矿税初探——帝室财政、户部财政、州县财政》，《中国社会经济史研究》2002 年第 1 期。
④ 前引林枫《万历矿监税使原因再探》文中指出，万历二十七年开始，各省普遍加税，且幅度甚大，除浙江外，都以数倍、数十倍计，从而逐渐向与商业水平相符的应征税额靠近。值此之际，各省区商业水平的差异基本上得到反映，除福建、浙江外，其他省区的营业税额与商业水平大致在同一等级内，各省区商业水平与营业税额不协调的状况有所改观。徐进、赵鼎新《政府能力和万历年间的民变发展》（《社会学研究》2007 年第 1 期）对 1601 年的矿税至苏州民变做出了详细的考察与理论分析。
⑤ 唐立宗：《万历朝矿税事件研究回顾与起因补论》，朱诚如、王天有主编：《明清论丛》（第十二辑），故宫出版社，2012 年。
⑥ 王天有：《晚明东林党议》，上海古籍出版社，1991 年，第 48 页。
⑦ 东林与江南富户的关系，已有不少研究。如顾宪成、高攀龙祖上皆商人，顾、高后之复社两张、钱谦益等人亦江南望族；东林—复社一脉士人，皆可归于晚明经济界中与低商业税的获利者及大量民间资本的拥有者同一利益集团者。可参阅学军《东林党人的作为：政治与经济的背离》（《江汉论坛》1988 年第 11 期）一文。文中虽站在东林党一边批评矿税，但提出顾宪成、高攀龙辈之"官民两利"的思想实际上是希望封建国家不要把国家利益与富户个人利益对立起来，这便可使富户免受抑富济国的痛苦，是具有一定积极意义的。

东林议罢矿税,既有附和清流的参与者,也有商业集团利益的代言人,则不待繁琐证明便可推知。如此,东林不论从清流立场到经济利益,都有必要的理由抵制矿税。

这时,宗教与政治理想皆与之相近的僧人集团,也需要有所表态。观矿税事件中,支持或反对的态度,当然是政治站队的依据,此为晚明党争幼稚之处;这或许是憨山迫不及待想在紫柏塔铭中,表达其罢矿税决心的初衷。① 同时,地方上寺僧的最大护持,并非中央、地方财政的支持;本地大乡绅、官宦,及其庞大的亲属群体,才是檀施的主要来源。晚明蓬勃发展的工商业,已经让各地乡绅成为地方私有经济最积极的参与者之一;征敛矿税的直接受害者中,就有这个庞大并握有话语权的集团。作为与其利益息息相关的僧人集团,也必须有相应的回馈,憨山辈声援矿税则成理所应当之事;其述紫柏之语,仅可视作其主观遐想,不能轻易归属紫柏。

纵观此"三大负":营救憨山,实则有之,紫柏最终下狱,也与之有关。但编撰图书与议罢矿税,则或多或少,为憨山拼凑提炼,未必全是紫柏晚年本念,则可以推知。而憨山作铭,强加紫柏"三负"概念,则意为标榜紫柏为僧中清流,乃其晚年党争思维影响所致;今人论紫柏以"三负",则恐去紫柏本人益远矣。

三、紫柏晚年境况

叙述紫柏晚年之前,需对紫柏一生追求有所交代,在此种理想之下,方可廓清紫柏晚年行实事迹。紫柏作为晚明高僧领袖,代表晚明以来积极改革,推进各阶层僧俗交流的一派方外人士。此一僧人群体,学术上虽与阳明后学互有交错,容易被视为"狂禅"之伍,参禅学佛,有外道化与流俗化倾向。② 其实,这时期的僧人,也已开始推崇相宗义学,尚文字般若,兼采儒、道经典;并大力游走上层公卿之间,甚至禁宫内苑,尤其与当日第一流的知识分子相与结合,注疏经典,唱和诗歌,共引晚明佛教大盛。③ 憨山德清、雪

---

① 憨山亦参与罢矿税事,参其年谱"万历二十九年"条,及钱谦益《列朝诗集小传》"憨山大师清公"条:"矿税之使所至如毒龙乳虎,师以佛法摄受,莫不心折首俯,作礼而去。"(第700页)
② 狂禅论述,如蕅益智旭直接骂道:"法师是乌龟,善知识是忘八。"(智旭:《灵峰宗论》卷四,《嘉兴藏》第36册,第319页中)并可参嵇文甫《晚明思想史论》(东方出版社,1996年,第50页)"所谓狂禅派"章节下。同时陈玉女《晚明佛教致用思想的逐步落实》一文,从释宗本《归元直指集》考察晚明禅风陷入困顿,做出了精彩的论述(《明代佛门内外僧俗交涉的场域》,台湾稻乡出版社,2010年,第99—106页)。
③ 晚明僧俗重新注重义学,可参陈玉女《明代佛门内外僧俗交涉的场域》第一章《绪论》及第二章《明中叶以前禅教学佛模式之得失》(第5—87页),并可参释圣严《明末的唯识学者及其思想》(《中华佛学学报》1987年第1期)。

浪洪恩及早期之云栖袾宏等,为紫柏义学改革僧侣同仁。明乎此,则紫柏一生,可由其此理想追求的实现程度来划分。

观紫柏一生中最光辉之时,为其盛年时奔走京城、五台,开雕方册大藏,所历时间,自万历十四年(1586)春至万历二十年(1592)夏。当是时,以紫柏、道开师徒为代表的刻经僧团,宗教威望已达一高峰,徒众遍布南北。其所主之五台山经场,亦刻印多部校勘精良之经籍,闻于禁宫。然而,万历二十年秋五台经场被迫停顿;即便很快经场南迁径山,也难回当日盛况。

万历二十年,五十岁的紫柏南归,后在庐山居停经年。万历二十二年(1594),憨山德清入京,为慈圣皇太后五十岁做寿,说戒于慈寿寺,因崂山道士告发等多重事端,于次年春下狱。① 时紫柏尚在庐山养病,闻憨山南遣,遂奔走南北,与之会于南京江面而别。此后数年,憨山贬在南粤,紫柏游于庐山,京中佛教逐渐有式微之感。到京畿起征矿税(1596),朝中现"忧危竑议"案(1598),高僧们皆远其事端。直至南康吴宝秀案,紫柏才匆匆北抵京师,其实,这已是神宗征矿税第三年的事了。

紫柏为何从庐山北上,仅在其与弟子冯梦祯信中略略吐露:

> 古人出家,志在作佛祖,今者惟为利欲耳;贫道迟回长安,念头颇不同。然旧识皆劝我早离北,虽是好心为我,实未知我。大都为我者,率以利害规我;若利害,我照之久矣,实非我志也。我志在利害中,横冲直撞一两番,果幸熟肉不臭,徐再撑立奚晚?②

紫柏自言来京不为利,但又要"横冲直撞"一番;综合所言旧相识劝其早日离开,可能紫柏所参与的,确为议罢矿税之类的政治事件。

憨山塔铭中,以紫柏北上,为吴宝秀案奔走及狱中说法,为其晚年一大事迹:

> 庚子,上以三殿工榷矿税。中使者驻湖口,南康太守吴宝秀劾奏被逮,其夫人哀愤以缳死。师在匡山闻之曰:"时事至此,其如世道何?"遂策杖赴都门。吴入狱,师多方调护,授以毗舍浮佛半偈,嘱诵满十万,当出狱,吴持至八万,蒙上意解,得末减。③

憨山记载此事,大有突出紫柏罢矿税之魄力,不过此纪年之"庚子"有误。若是指神宗初开矿税,当在万历二十四年丙申,若是指吴宝秀案,则当

---

① 憨山入狱事研究,可参上一章论"乙未之狱"。
② 《紫柏尊者别集》卷三,《卍新续藏》第73册,第419页上。
③ 《憨山老人梦游集》卷二七,《卍新续藏》第73册,第654页上一中。

在二十七年己亥(1599),与"庚子"无关。吴案参《神宗实录》二十七年二月戊辰条载:

> 逮南康知府吴宝秀、星子县知县吴一元,巡检程资赴京究问。时税监李道于湖口激变,参宝秀等明谋阻挠,上命逮之。①

吴宝秀字汝珍,《明史》有传。② 南康府与星子县在今九江庐山一带,紫柏在此地驻锡许久,所以才会有"多方调护"的机会。吴案最终由于内宫过问,而不了了之。憨山塔铭里所谓紫柏"多方调护"吴宝秀,与所授之半偈"毗舍浮佛",显然是彰显其附和清流的立场,或有夸大之嫌。③

值得注意的是,东林清流日后之政敌、时任首辅沈一贯,亦曾上疏营救吴宝秀。氏著《敬事草》卷五有《救吴宝秀揭帖》,卷六有营救同样反对矿税下狱官员的《救华钰等揭帖》,④则首辅率群臣,为抗税官员求情,矿税狱事方才得解,为一合理解释;而沈一贯因政治态度陡变而被清流攻击,并直接置思想界"二大教主"于死地,则与其早期行事形成强烈反差。

第二节 沈一贯与"二大教主"

晚明争国本起(1586),至光宗储君位置底定(1601),万历朝野已纷乱了十五载。但仅又过去两年,竟然再次爆发"续忧危竑议"的争斗大案,牵连更广。此案导火索,为同年稍早的楚藩案。二案虽发作于万历三十一年,但一年多前便已暗流涌动。李贽与紫柏这对"二大教主",便是卷入这场风波而殒身锦衣卫的。今观"妖书案"中,表现抢眼、此后遭清流一致攻击之对象首辅沈一贯,却曾为"国本"争储、议罢矿税时的清流功臣,此点久为研究者忽略。

---

① 叶向高等编:《明神宗实录》,台湾"中研院"历史语言研究所校勘本,1962 年,第 6126 页。
② 《明史·吴宝秀传》载:"(慈圣)皇太后亦闻(吴妻)陈氏之死,从容为帝言,至九月,与一元等并释为民。"(张廷玉等:《明史》卷二三七,第 6178—6179 页)
③ 还有种说法,紫柏北上京师是被迫而为,出自郭正域之驱,见文秉《先拨志始》所载(上海书店影印中国历史研究社本,1982 年)。但文氏所记职官、地点皆难以符合,或脱胎于郭正域曾驱高僧雪浪洪恩的传说,而将紫柏与之相混淆。雪浪事可参钱谦益《列朝诗集小传》闰集卷三"雪浪法师恩公"条及"石头如愚"条。文秉为复社后进,其著《先拨志始》为抬高紫柏等清流一党中人物,遂高自标持耳。
④ 沈一贯:《敬事草》卷五《救吴宝秀揭帖》,收入《续修四库全书》第 479 册,第 251 页。《救华钰等揭帖》则云:"查得四月间,南康知府吴宝秀等,逮系到京,蒙皇上至仁大德,竟从宽宥。臣等无不欣幸,天下无不传诵。今臣等不揆愚陋,敢乞将华钰等二臣,再敷天恩,一例曲贷。"(《敬事草》卷六,《续修四库全书》第 479 册,第 298 页)

沈一贯何以以清流之身,变为后党政敌,这与神宗之矿税制度有极大关系。正因为沈一贯在关键时候变节,一改清流大臣作风,倒向支持强征矿税之经济变革,遂得神宗信任,而能借机攻击所忌之沈鲤、郭正域师徒,并黄辉、陶望龄等清流奉佛士大夫。沈一贯前后态度转变,致政治地位之升降,为晚明党争中,临阵易帜之典型一例。由此可进而明悉,神宗朝后、妃二党内部,皆非铁板一块,常有互相游移之变;二党拮抗,犹如化学动态平衡方程两边的反应物与生成物,相互间会发生可逆反应一样。请试论沈一贯得宠前后变化,及与二大教主殒命的影响。

沈一贯,字肩吾,浙江鄞县人,万历二十三年入阁。沈一贯虽不致紧随神宗旨意,亦步亦趋,然其于此时的进退仍显暧昧。初入内阁时,他积极上疏争取立光宗储、出阁讲学、早日婚配;对矿税也是极力反对,并营救因之下狱的官吏如前论,俨然清流领袖。然经历神宗三十年内宫"托孤"事件后,政治取向陡然一变;则此"托孤"案本非同小可,却久为研究者忽略,谨述于下。

冯梦祯在《快雪堂日记》万历三十年(1602)闰二月初六载:

> 闻皇上示豫,罢矿税,起言官,被斥者欢声雷动。而复有后旨停,矿税俟三殿成,事不无可疑耳。①

万历帝于1602年春突然病危,帝国所实行的政策也欲一返清流,诸如罢矿税及罢江南织造、江西陶器、建言得罪诸臣咸复其官等。这个突如其来的喜讯,使远在南方的清流冯梦祯为之一振。但神宗又迅速变卦,即冯记中"事不无可疑"。此事来龙去脉,《神宗实录》记载颇详,略引于下。

《神宗实录》万历三十年二月十三丙子,"皇太子亲迎婚成",后神宗突然不适,隔一日后的二月十五,便宣布罢矿税,并单独召见首辅沈一贯。②据实录二月十六日载:

> 巳时,上急召辅臣及部院等官至任德门,独召辅臣一贯入启祥宫后殿西暖阁。时中宫、翊坤宫皆养疴不侍侧。圣母南向立稍北,上具冠服席地坐,稍东偏西南向。皇太子、诸王罗跪于前。一贯叩首起居毕,上曰:"沈先生来,朕恙甚虚烦,享国亦永,何憾?佳儿佳妇今付与先生,先生辅佐他做个好皇帝。有事还谏正他讲学勤政。矿税事,朕因三殿两宫未完,权宜采取,今宜传谕及各处织造、烧造俱停止,镇抚司及刑部前项罪人,都着释放还职。建言的得罪诸臣,俱复原职,行取科道俱准补

---

① 《快雪堂日记校注》,第263页。
② 据《神宗实录》(二月)戊寅(十五)载:"大学士沈一贯以上召太医院进宫诊脉,具揭问起居。"己卯(十六):"上有疾,召谕辅臣罢矿税、释逮系,补用科道,复建言诸臣职。"(第6881页)

用。朕先见先生这一面,舍先生去也。"一贯呼"万岁"。①

此二日内,羸弱之神宗一反征矿税之令,与后党坐镇中宫有极大的关系。观皇帝病危,身边无皇后相伴,更无妃党符号之郑贵妃在列,"中宫、翊坤宫皆养疴不侍侧",殊可注意。此时现身"暖阁"的,仅慈圣太后、后党扶持之太子,与内阁首辅,甚可视作皇帝本人已遭到某种胁迫,作此决定为情非得已。此时之沈一贯,因曾上书立光宗为储、策划光宗太子册立之大典,而被内宫默认为清流后党一派,遂此托孤之举中"独召辅臣一贯",恐是中宫后党之刻意安排,争取首辅支持,而预备政权交接;一如穆、神时之交接,密定张居正以易高拱,终成万历初之大业。②

然孰料一天后之二月十七庚辰,神宗稍愈,迅疾反悔;沈一贯曾拒上意而未果。痊愈之神宗,除了赦免建言得罪诸臣等再行商量外,诸如两党间最大争议之矿税征敛更是恢复如前。③ 四天后之二十一日甲申,连沈一贯的态度,也来了个一百八十度转弯:

> 乾清、坤宁宫兴工,辅臣沈一贯恭视,赐茶,每月为常。④

乾清、坤宁两宫重修工程,本为昭示天下征矿税的借口,而使之具有某种合理性;沈一贯以首辅身份视察乾清、坤宁宫工程,寓意不言而喻。果然,一周以后之二月二十八日辛卯,沈正式以内阁口径,昭示天下重开矿税,而"如有抗阻者,一体治罪",⑤则二月之内,神宗与沈氏已达成某种一致,沈一贯背离后党而将与清流一脉为政敌矣。

"托孤"事后不出一月,闰二月二十二李贽自尽于狱,即出自沈一贯手。⑥ 素来行为乖张之李贽,自万历庚子龙湖兰佛院被毁、背"惑世""宣淫"

---

① 前引《神宗实录》,第6881—6882页。并可参《明史》卷二一八《沈一贯传》、沈德符《万历野获编》卷二"壬寅岁厄"条。
② 中宫取张居正代高拱事,见张廷玉著:《明史》"高拱传""张居正传",第5642、5644页。朱东润先生《张居正大传》论张居正为首辅事颇详细,可参朱氏:《张居正大传》,开明书店,1945年,第128—130页。
③ 参《神宗实录》:"癸未,谕内阁:朕前眩晕召卿面谕之事。且矿税等项目因两宫三殿未完,帑藏空虚宜采用,见今国用不敷,难以停止,还着照旧行,待三殿落成,该部题请停止,其余乡再酌,量当行者拟旨来。"(第6885页)
④ 《神宗实录》,第6886页。
⑤ 辛卯:"重谕内阁,朝廷开矿税等项目因两宫三殿未建,帑藏空虚,权宜采用。昨已有谕,但传闻未定,向可传示该部院即行文与各处钦差内官并抚按等官都照旧遵行,待三殿落成,题请停止,如有抗阻者,一体治罪。"(《神宗实录》,第6891页)
⑥ 李贽被逮自尽,最官方的材料出于《神宗实录》万历三十年闰二月二十二乙卯:"礼科都给事中张问达疏劾李贽,壮岁为官,晚年削发……近闻贽且移至通州,通州距下仅四十里,倘一入都门,招致蛊惑,又为麻城之续……已而贽逮至,惧罪不食死。"(《神宗实录》,第6917页)

恶名以来，便流离失所，浪迹南国，终为老友马经纶收留于京东通州，然大祸即随之而来。《万历野获编》"二大教主"条曾言：

> 忽蜚语传京师，云卓吾著书丑诋四明相公(沈一贯)。四明恨甚，踪迹无所得，礼垣都谏张诚宇明远(问达)遂特疏劾之，逮下法司，亦未必欲遽置之死。李愤极自裁。①

李贽作书"丑诋"沈一贯，研究者指出当为丁应泰劾沈一贯隐瞒辽事时。② 东林党耿定向师徒，素与李贽不睦；张问达疏劾李贽，便与东林士子教唆有关，终借沈一贯之刀，而置之于死地。③ 李贽与东林之若即若离、最终势同水火，非本节所关注；兹可注意，沈一贯变节效忠神宗之后，与之有私忿之李贽，便因之而瘐死诏狱，实为沈一贯整肃政敌之序曲。果然一年后，沈一贯又如法炮制，借楚王案及"续忧危竑议"案，兴株连之狱，而酿党争之大祸。据沈一贯前后表现推知，其所能兴大狱陷沈鲤、郭正域一党，以济私仇，实乃君主所默许授其大权，而为神宗能于宫廷胁迫后，顺利恢复矿税征集之理想的政治回报。④

尽管李贽自尽当年，紫柏仍无碍，然厂卫已盯上其行踪。张问达疏李贽后之次月初，三月乙丑日即祸及紫柏：

> 御史康丕扬，疏劾达观，狡黠善变，工于笼术，动作大气魄，以动士大夫。如广平太守蒋以忠拜参，公然坐受，先吏部尚书陆光祖访于五台山，盘桓十余日，地方官无不俟候。抚臣欲行提问，彼惧而随光祖归。后至真定，从讲益多，甚有妻女出拜，崇奉茹斋，跪进饮食。指以五台刻经，借取重利，复令吴中极无赖之谬慕台者鼓舞人心，捐财种福，一时收受数盈三万。⑤

张问达之科道同事康丕扬，即对另一位在京之宗教领袖紫柏下手。康疏所出之时机，正借李贽正法之余风，助其弹劾紫柏之分量；康疏中"昨逮问

---

① 《万历野获编》卷二七，第691页。
② 参见林海权：《李贽年谱考略》，福建人民出版社，2005年，第449—450页。
③ 参见李珺平：《李贽之死与东林党人——兼谈〈明史〉的倾向性》，《中国古代知识人思想个案剖判》，中国社会出版社，2011年；王晓纯、吴晚云主编：《大学生GE阅读》(第3辑)，中国传媒大学出版社，2009年。
④ 神宗朝对"矿税"的敏感，主要是其中商业税巨大的财富利润。前揭林枫《万历矿监税使原因再探》一文粗略统计了万历初商业税总额不超过340万两，至矿税起后之万历二十七年，岁入约480万两，较万历前期增长近40%。考虑到那几年万历朝西北用兵频繁，百余万两的合理财政收入，是神宗迫切需要的，而沈一贯便是朝中少有的关键时刻支持神宗的高官，则于神宗心目之中，已大为不同。
⑤ 《神宗实录》，第6926页。

李贽,往在留都,曾与此奴并时倡议,而今一经被逮,一在漏网,恐亦勿以服贽心者,望并置于法"之语,疏劾紫柏,即由李贽而来。紫柏之威望于清流士大夫中犹胜李贽;对其个人之攻击,可株连甚众。如康疏中所点到"广平太守蒋以忠""先吏部尚书陆光祖",万历三十年时或早致仕,或成故人,然仍有"近有一大臣,雅负时望"等语投石问路,似暗指黄辉、郭正域辈。①

李贽殒后一年,楚藩变故,宗人朱华趆等,讦楚王华奎非恭王子。此事本与阁部几无关系,但楚王寻求首辅沈一贯庇护事发后,朝中清流郭正域议令"勘楚",支持华趆,而与沈一贯针锋相对。世传楚恭王"不男",华奎为藩府效吕不韦所诞,恐有其来历。② 楚王案纷扬之际,京中又发生"续忧危竑议"案,触怒神宗。沈一贯遂兴大狱,株连甚广,郭正域亦遭革职,紫柏等入锦衣卫狱。沈一贯因藩王家事主"存楚",本无大过;而郭正域主"勘楚",出于初任礼部,欲博清名,遂不顾事态影响,以显其清流面目,而与浊流之沈一贯抗衡。如此则必须将藩宗家丑播扬天下而后快,是为郭之清流用事幼稚之处。观沈一贯对李贽、紫柏及郭正域、黄辉下手,最终还是为了次辅沈鲤。沈鲤出自东宫侍讲,论与神宗亲疏,胜于沈一贯以外廷入阁的身份,所以一贯虽为首辅,但对待沈鲤犹如芒刺。其变节以求示好神宗,与兴清流之狱的原因,即在于此。③

很快发生的"续忧危竑议"案,为"忧危竑议"案(1598)五年之后,又一次出现的妖书案。纵观两次妖书内容及发生时间,无不因国本、立储而起。④ 事件经过为,次辅朱赓家门口发现《国本攸关续忧危竑议》一册,述福王将为太子事;而书中所及内阁,唯沈鲤姓名不具,实为陷害沈鲤者。神宗

---

① 可参周祖譔《李贽下狱事探微》(《苏州大学学报》1982年第S1期)一文推测。
② 沈德符《万历野获编》卷四"楚府行勘"条载:"一日,(恭王)忽出春申君、吕阳翟二传示之。沈(樟亭,沈德符族祖)知其旨,以死谢,不敢当。王意遂移,置不复道,而他有所属矣。"(第127页)
③ 沈一贯与沈鲤之关系,可参《明史·沈一贯传》中载:"一贯素忌(沈)鲤,鲤亦自以讲筵受主眷,非由一贯进,不为下,二人渐不相能。礼部侍郎郭正域以文章气节著,鲤甚重之。都御史温纯、吏部侍郎杨时乔皆以清严自持标相,置一贯不善也。"(第5758页)沈一贯研究国内尚不够深入,可参王克婴:《明末浙党领袖沈一贯简论》,《南开学报》1999年第3期;孙立辉:《沈一贯与浙党研究》,吉林大学2005年硕士学位论文。
④ "续忧危竑议"与之前"忧危竑议"之"妖书案",可参前引陈玉女《明万历时期慈圣皇太后的崇佛》文中"妖书案与紫柏达观之死"一节,及佐藤炼太郎《李卓吾と紫柏达观の死をめぐって》[明代史研究会编:《山根幸夫教授退休记念明代史论丛》(下),东京:汲古书院,1990年,第1193—1206页。转引自陈玉女《明万历时期慈圣皇太后的崇佛》一文]。国内研究成果,见于明代政治史研究,如何孝荣:《万历年间的"国本"之争》,《山东大学学报(哲学社会科学版)》1997年第4期。"妖书案"与高僧关系,另可见前引范佳玲博士《紫柏大师生平及其思想研究》一书相关章节。高峰《紫柏大师与万历社会研究》(吉林大学2006年博士学位论文)及前引《沈一贯与浙党研究》相关章节有涉及。

大怒，敕沈一贯缉拿肇事，一贯借机攻清流一党，姜应麟、郭正域相继被黜，而欲瓜连蔓引倾陷沈鲤，一网打尽。穷治之下，沈鲤虽受攻讦，而赖万历帝保全。

郭正域事发牵连至沈令誉，并搜得沈与紫柏通信，紫柏因之下狱。① 陆符《紫柏传》言：那封信的内容是"营救清公（憨山），谓劳山海印之复，为圣母保护圣躬香火，今毁寺戍清，是伤圣母之慈，妨皇上之孝"，②前文曾引《万历野获编·紫柏祸本》条：

> 紫柏书中又云："慈圣太后欲建招提见沮，而主上靳不与，安得云孝？"上始大怒。③

紫柏书信所言，关涉憨山狱事且为神宗母子和睦之关键。僧人而多论皇家私事，自然惹怒龙颜，"狱事遂不可解"，则在情理之中。紫柏下狱过程，不仅有紫柏《别集》、沈德符《野获编》等笔记记载，还有天主教传教士的记载《利玛窦中国札记》可以参看，④不同立场的描述往往可以丰富五百年后研究者的视角。同样的别种材料还出现在境外与域外新见材料，如日本发现了孤本萧大亨《刑部奏议》一书，提供了更多对紫柏审判的细节。⑤ 另笔者承台湾"中研院"邱怡瑄博士帮助，得睹"中研院"傅斯年图书馆所藏海内孤本——金忠士所撰《西台建白疏存》一卷附《金星耀奏疏》，内有作者会同兵马司查缉与紫柏真可有交往之僧人，并牵连出兵马司陈文达等人借机此事讹诈索贿僧人案之细节。⑥ 这些重新丰富起来的细节，虽然不至于替紫

---

① 沈令誉字讱卿，嘉靖时南工部主事沈启之孙，其因行医的关系与士大夫中清流者若郭正域辈多有往来，尤鉴于紫柏弟子的身份，亦即亲近同党一脉之人。紫柏下狱原因，据陆符《紫柏传》言："居无何，妖书事发，上震怒，方大索。先是，江夏郭公正域为少宗伯，以楚藩事与政府抵牾。金坛于玉立比部故与郭交好，而吴沈令誉与于皆师弟子，以医游公卿间，尤往来江夏，称最善。政府私人，欲先得沈，以及于与郭，而并及师，乘妖书罗织捕沈，拷掠楚毒备至。"（《紫柏尊者别集·附录》，《卍新续藏》第73册，第430页上）传中于玉立为十一年进士，《明史》有传，为东林清流士大夫。沈令誉，冯桂芬《(同治)苏州府志》卷一〇五有传，并可参《万历野获编》卷二七"紫柏祸本"条。刘若愚《酌中志》言，康丕扬因无人可诬告而急于在神宗面前邀功，遂由郭、沈信中线索，参紫柏入狱。此事因有内珰贾忠参与，而由同为内珰的刘若愚所录，可能性很大（《酌中志》卷二，第13—14页）。
② 《紫柏尊者别集·附录》，《卍新续藏》第73册，第430页中。
③ 《万历野获编》卷二七，第690页。
④ 参见利玛窦、金尼阁：《利玛窦中文札记》第十六章《偶像崇拜者自己遭到失败》，何高济等译，中华书局，1983年。
⑤ 可参杨向艳：《沈一贯执政与万历党争》，商务印书馆，2018年。
⑥ 参见邱怡瑄：《西台建白疏存一卷附金星耀奏疏》提要，收入《"中央"研究院历史语言研究所傅斯年图书馆藏未刊稿钞本·史部》第29册，"中研院"历史语言研究所，2015年。感谢怡瑄博士吝惠赐文献，并致意"中研院"廖肇亨教授的帮助。

柏下狱重新翻案或者作出新解，但对我们认识此次僧案的经过与因缘，有了更多直观全面的视角，即紫柏下狱虽有盯梢京中游僧的先例，但其遭到重点审查、最终瘐死锦衣卫绝对是一次意外，是沈一贯等借"续妖书案"打击清流暂时无果时，偶然触发的僧案与舆情。而紫柏真可本人与此次大案仅有的联系之一，其实就是其私信中涉及为憨山辩护的情节，最终被无限放大所致。

观紫柏下狱日期，颇有可论者。前引《紫柏尊者别集》末所附《东厂缉访妖书底簿》载紫柏被逮详细经过言：

> 万历三十一年(1603)十一月二十日申时，东厂番役李泰等报到，僧人达观由崇文门内观音寺起身，骑坐黑驴一头，带徒僧二人，俗人一名，到于北安门外观音庵住歇。五鼓出阜城门去讫。①

很快，就在潭柘寺被西司房办事逮捕入锦衣卫。前文屡及神宗生母慈圣皇太后生日为十一月十九；万历三十一年之生日，为慈圣虚五十九岁寿辰。若据旧时"过九不过十"之说，则此年或可作六十大寿观。紫柏此来，疑为慈圣庆生，以结上缘。然即慈圣生日过后一天之二十日，东厂即盯上紫柏。紫柏身在城内寺庵驻足一日，不顾"妖书案"正紧，即西出阜成门欲赴潭柘寺，终究罹祸，成为晚明僧界威望最高的殉道者。

紫柏殒后，草葬于西城外慈慧寺。此寺为慈圣与内珰所建，有相当的禁宫背景；住持愚庵真贵，与黄辉等交好。则收葬犯僧紫柏，多少也有些慈圣怜悯的意味。② 紫柏殒后次年，其众弟子奉龛归余杭径山，供于寂照庵中，此即刊刻《嘉兴藏》的所在地。万历四十二年，日后的首辅、奉佛士大夫朱国祯礼紫柏塔，知塔中有水。紫柏弟子法铠等，遂将紫柏龛移至径山鹏抟峰阳之"文殊台"，此地为紫柏弟子冯梦祯于万历二十三年偶然觅得风水绝佳之地。前文论及冯氏对之流连颇久，然不意多年后乃师紫柏迁葬于此，③实因缘际会，莫名其妙矣。万历四十四年十一月十九日，憨山自南粤赦免东游，

---

① 《紫柏尊者别集·附录》，《卍新续藏》第73册，第431页中。
② 慈慧寺简介，可参明李长春所撰《敕赐慈慧禅寺十方常住碑记》(佟洵主编：《北京佛教石刻》，宗教文化出版社，2012年，第273—274页)。另参黄夏年《明代〈敕赐慈慧禅寺十方常住碑记〉所载俗信群体研究》(《2013年明代北京佛教学术研讨会论文集》，第52页)、《清代北京慈慧寺的衰落》(《2014年清代北京佛教学术研讨会论文集》，第113页)。
③ 参前揭冯梦祯《快雪堂日记》万历二十三年(1595)三月初十日，冯梦祯登径山访藏经期场日记载："自殿左觅径登鹏抟峰。峰凌霄而来，下生小峰，所结即夕照元叟端公(径山行端元叟禅师，大慧宗杲四世孙——引者注)塔院，业新属刻经场，盖从程惟馨反复研审而后确……至文殊台静室解衣卧良久。"(《快雪堂日记校注》，第141页)另参憨山《紫柏塔铭》："(缪希雍)谋得五峰内大慧塔后，开山第二代之左，曰'文殊台'，卜于丙辰十一月十九荼毗，廿三日归灵骨，塔于此。"(《紫柏尊者全集》卷首，《卍新续藏》第73册，第141页下)

为紫柏举行荼毗仪式,①紫柏"荼毗"日安排正当日所奉之慈圣皇太后生日,此正为纪念紫柏游走皇太后门下,而为之蒙冤殒命之举,今特标出。

神宗欲变经济现状而肆意强征矿税,终酿举国抵制的政治事端,埋下晚明衰亡最重要的祸根。其对矿税的执着,自有时局压力所致,②然其因矿税得以顺利推进而嘉奖沈一贯,终成就一代权相之名。沈一贯以其政治家的敏感,在托孤关键时候的倒戈,让自己在万历帝与妃党心中地位陡变;"续忧危竑议"案中,一贯大肆清理沈鲤一党而得到朝廷默许,未尝不是神宗的政治报答。沈一贯终难容于清议,而为后世士大夫所鄙,与此对后党临危变节不无关系。此一税收危机导致的清流士大夫失势,尤以李贽、紫柏之殒为其中的一大牺牲。

第三节　京师攻禅余论

壬寅、癸卯年大案时,京中佛法已转入消沉期,如禅悦士大夫黄辉、陶望龄、王尔康、袁宏道等,皆感京中攻禅之风盛行,相继避去。③ 然当权借机攻禅,亦有禅僧本身怪诞不羁,狂禅横行的行为所致。万历时人伍袁萃,曾论李贽兼及紫柏时云:

> 李见罗(材)戍闽中,巡抚许敬庵(孚远),行令有司以上官礼待之,而见罗竟偃然不辞,一怪事也。又有太守李贽,削发为僧,仍腰金衣绯,乘四抬明轿,许公客之一寺中,日杀牲于佛座前,又一怪事也。顷,贽与僧达观,先后皆死诏狱,予以为朝中近来举动,惟此最快人意云。④

四库馆臣论伍袁萃时,认为其贬斥李三才、于玉立等清流的观点,颇有可取;但不足之处在"因力排良知之说,与王守仁为难,遂并其事功而没之,不免矫枉过正"。⑤ 上引文中之李材,字见罗,便是重要的阳明后学。李贽、

---

① 憨山所作《祭文》:"维万历四十四年,岁次丙辰,十一月庚子朔,越十有九日丙戌。"(《紫柏尊者全集》卷首,《卍新续藏》第73册,第142页下)
② 神宗矿税事评价与意义,以及其对明代政权的破坏力,可参前引黄仁宇《十六世纪明代中国之财政与税收》第二章"16世纪的现实与主要的财政问题"及第六章"商税"条。
③ 如陶望龄辛丑年给弟陶奭龄信中言:"此间诸人日以攻禅逐僧为风力名行,吾辈虽不挂名弹章,实在逐中矣。"(陶望龄:《歇庵集》卷一二,收入《续修四库全书》第1365册,第436页)
④ 伍袁萃:《林居漫录·前集》卷一,收入《四库全书存目丛书·集部》第242册,齐鲁书社,1997年,第435页。
⑤ 四库全书研究所整理:《钦定四库全书总目》(整理本),第1899页。

紫柏的外学，也与王学有相当的关联。《万历野获编》有"紫柏评晦庵"条载紫柏论明朝学风，扬王贬朱，"晦翁精神止可五百年"。① 浸染此种思想的知识分子，多给人以慷慨放浪之感；伍袁萃斥李材、李贽"怪事"，以"二大教主"死诏狱而"最快人意"，则未尝不是当日一些人的心态。就连对紫柏、李贽抱有极大好感的沈德符（沈为紫柏弟子冯梦祯婿兄），也有过微词，前引《万历野获编》"二大教主"条载：

  两年间丧二导师，宗风顿坠，可为怪叹！虽俱出四明相公力，然通人开士，只宜匿迹川岩，了彻性命，京都名利之场，岂隐流所可托足耶？②

沈德符并不明指二人高蹈不拘，而怪其不该留恋"京都名利之场"，暗示大德当"匿迹川岩"。所以其人身遭横祸，自己也要负些责任，是为中肯。

被攻之方外自有处世不当之处，佞佛之士子也有其出格之为。佛教之于士子，不仅助长其交往结社之风，还会影响儒生所秉正统的儒家思想。援佛入儒，就是当时学风之一。明代士子科考时就有以佛语代圣贤言，从根本上动摇大明朝思想根本，曾招致保守儒家排斥，更加大佛教生存的困难。顾炎武《日知录》卷一八中有"科场禁约"一条记载：

  万历三十年三月，礼部尚书冯琦上言：顷者皇上纳都给事中张问达之言，正李贽惑世诬民之罪，尽焚其所著书，其崇正辟邪，甚盛举也。臣窃惟国家以经术取士，自《五经》《四书》《二十一史》《通鉴》《性理》诸书而外，不列于学官。而经书传注，又以宋儒所订者为准。此即古人罢黜百家、独尊孔氏之旨。自人文向盛，士习浸漓，始而厌薄平常，稍趋纤靡；纤靡不已，渐骛新奇；新奇不已，渐趋诡僻。始犹附诸子以立帜，今且尊二氏以操戈。背弃孔孟，非毁程朱，惟南华、西竺之语，是宗是竞，以实为空，以空为实，以名教为桎梏，以纪纲为赘疣，以放言高论为神奇，以荡轶规矩、扫灭是非廉耻为广大。取佛书言心言性，略相近者，窜入圣言，取圣经有"空"字"无"字者，强同于禅教。语道既为躗驳，论文又不成章，世道溃于狂澜，经学几为榛莽。③

疏后列举之前有举人答题用"无去无住""出世住世"语被处罚。冯琦

---

① 《万历野获编》卷二七，第690页。
② 《万历野获编》卷二七，第691页。
③ 顾炎武：《日知录·日知录之余》，严文儒、戴扬本点校，上海古籍出版社，2012年，第723—724页。此事正史、笔记中广有记载，连利玛窦也将其看作一件信仰上与政治上的大事，并把此事与攻禅联系在一起。参前引利玛窦《耶稣会与天主教进入中国史》，第310页。

在疏中建议,一旦士子引佛书,即应遭惩罚,引到三句就降黜。手段虽然非常笨拙,但是态度激烈。冯上疏即在李贽案时,神宗对之颇为首肯,称赞冯琦所奏"深于世教有裨";那些甘愿佞佛,"有好尚者,任其解官自便"。

冯琦(1558—1603)《明史》有传。传文中表现冯力主光宗入继、议罢矿税等行为,以及遭沈一贯排挤未入阁等事,明显是史官刻意塑造的清流形象。但是唯有一点,冯琦与余继登等反对士子作文窃释道言,似有不附僧侣集团的味道。在冯琦上此疏后,神宗"下诏戒厉",禁止士子用佛语。① 癸未攻禅之风遂起,可为紫柏案又一段缘由。

冯琦身体不好,上完此"禁引佛书"疏之后不久便去世,时年仅四十六岁。此时李贽刚殒,紫柏尚在。紫柏对冯琦提出的"科场禁约"似有不满。他在癸未年春,给弟子冯梦祯去信,大意为感谢南方檀越因京中形势复杂、劝其南归避世的好意,信中有一段颇为突兀:

> 客岁(1602)沈讱卿看冯琢庵脉,后谓贫道曰:"琢老若不速回去,则应酬不减,静机无繇,恐入春大命难保。"今年(1603)琢庵果死。②

不想紫柏当年冬也罹难坐化。观全信阑入此段,似难解其意;但其中言辞颇有不屑,或即与冯琦上疏去禅语相关。冯琦虽为清流而与沈令誉交,但倡议攻禅,便惹恼了高僧紫柏。不过紫柏大概也自信地认为,冯琦一死,或许会是这次攻禅之风的终结;不想这次大潮远未终止,自己也卷了进去。

这次京师攻禅事件,以紫柏瘐死、清流四散,而渐入平息。但晚明学术经多年阳明、狂禅及高僧说法浸染后,一次政治危机不易根除学界旧习。顾炎武就认为:

> 然而旧染既深,不能尽涤;又在位之人,多以护借士子科名为阴德,亦不甚摘发也。至于末年,诡僻弥甚。③

经历"二大教主"案,思想积习也只是"稍为厘正"而已(顾语)。晚明时乾竺、梵夹之学已深入人心,不能尽除,客观上也能体现晚明佛教中兴的成果与影响。

万历壬午、癸未的政治风波,虽不至于消灭一种旧思想,但却成功带来了一种新思想,西洋天主教得以在僧侣淡出的北京顺利发展,继而对明清中国宫廷与地方产生深远的影响。

---

① 冯琦传见张廷玉等:《明史》卷二一六,第 5705 页。
② 《紫柏尊者别集》卷三,《卍新续藏》第 73 册,第 419 页下。
③ 《日知录·日知录之余》,第 725 页。

初来京城的天主教传教士们,很快目睹了李、紫之案的残酷。利玛窦遂决定通过以攻禅辟佛为手段,接近阁部官员沈一贯、冯琦,及在湖广驱逐李贽的冯应京等士大夫,传教自保。同时修订、撰写《天主实义》《畸人十篇》等书,在宣扬天主教义外,力辨与佛教不同,而与儒学的相通之理,从而寻求上层庇护。① 这时京中佛教已有式微的迹象;天主教虽然初来,但二者力量此消彼长,渐为旗鼓相当之势力,而为十数年后京师、江南的"辟妄""辟佛"之争的思想冲突埋下伏笔,最终才有了十余年后前论崇祯帝宫廷崇敬天主的因缘。

　　十七世纪初的几年内,攻禅逐僧事件成为京师佛教势力衰落的表征,因神宗朝固有的国本党争及矿税事件为背景,加上神宗偶然病危一段得以发酵,终酿成政治大祸。同时,于晚明思想界而言,一直存在厌恶阳明"狂禅"破坏礼教秩序的保守势力,祸及僧伽方外;又值天主教士蛰伏南国十数年,终于北抵神京,客观上为攻禅推波助澜,则紫柏瘐死锦衣卫式的悲剧,在所难免。而紫柏一生以荷担大法为己任,终陷于神宗朝野党争不能自拔,为一时代之牺牲品。

---

① 利玛窦入北京及与攻禅事件相关研究已经不少,可参戴继诚:《利玛窦与晚明佛教三大师》,《世界宗教文化》2008 年第 2 期;李圣华:《利玛窦与京师攻禅事件——兼及〈天主实义〉的修订补充问题》,《中国文化研究》2009 年第 1 期;李圣华:《京都攻禅事件与公安派的衰变》,《西北师大学报(社会科学版)》2001 年第 1 期。

第五章　方外清流传统的延续

　　前论高僧依附后党而参与党争，再与清流一系士大夫结合，是为万历初年佛教复兴最大的机缘。这一传统自万历初年以降，长期存在于清流高僧法系的血胤之中，时而明显时而潜行。又谓晚明佛教自憨山、紫柏僧案之后，僧俗精英交往被迫陷入低潮，士大夫崇佛活动也随之受限，似不复万历初年盛况。但经过万历朝晚期直至启祯两朝，万历朝诸高僧的法嗣们逐渐开始崭露头角，除了"万历三高僧"外的禅宗临济、曹洞法系也开始名僧辈出，明清之际佛教界又迎来了一次小高潮。

　　而此时的居士圈，尤其是江南士大夫界，同样别开生面，地方社团林立，涌现出众多青年才俊。这些江南后生也多浸染当日崇佛的风尚，不少还对高僧礼敬有加。此时高僧不仅结纳士大夫精英，且秉持了万历朝高僧清流兼而有之的传统，于清流党争中附和复社学人，声气相求，共同进退。本章将以雪浪洪恩法孙、崇祯间苏州高僧也是明季著名诗僧苍雪读彻为例，展现明季清流党争视野下僧俗往还的面貌。

　　不过相较于万历间高僧游走上层，禅悦之外还能影响政局的举动，明季高僧所能参与的政教空间要小了很多，其清流的表现更多的来自士大夫个人及团社的活动与站队之中。前文多次论及"晚明党争"与晚明"佛教复兴"两个话题交错结合的问题，二者若归根溯源自有其相当大的联系，并最后追溯到神宗生母、世俗偶像慈圣皇太后身上。前文曾引陈寅恪先生《柳如是别传》以史惇《恸余杂记》"东林之局，始于神庙宠郑贵妃，有母爱子抱之意"语，以启晚明党争中东林、复社一脉清流政治上倾向后党，明季士大夫党争的热情，大有因边事内政而不断高涨的趋势，此一传统甚至延续至清初。慈圣作为宗教偶像的记忆持续亦颇久，前论"九莲菩萨"与崇祯宫廷信仰章节，即可证此。则明季崇祯朝至清初的僧俗互动的场域中，同样存在清流—高僧紧密结合的空间。早年"万历三高僧"辈之四众弟子，明季时多散布南国。这其中的读彻苍雪便曾聆听古心、雪浪及一雨通润等诸多高僧说法，又与万历间奉佛士大夫及其后辈相交甚密，可视作得法真传。虽说此一期间高僧游走宫门的举动,较万历朝已经黯淡了许多,但从苍雪出入僧俗的表现,仍能依稀看出前辈万历间高僧的清流气质。苍雪所交文人圈,几乎囊括晚明至清江南第一流文人精英,甚可体现晚明以来知识界所特有的色彩:文人潜心禅悦,方外则是僧中清流。如此,再来审视晚明诗僧或此一段禅悦交往时,则需将苍雪及其同辈诗僧群体,纳入一更宏观的文学圈来叙述;高僧与士大夫诗文往还,为此一时宗教风尚、文人政治与文学生活的主旋律,而不能以配角相待。

观苍雪交游所据之材料,多出自其所著、民国王培孙先生辑校的《南来堂集》中之诗歌酬答。仅凭此极精炼之文学材料看苍雪大师之交游,已较其师辈一雨通润、雪山法杲等要广泛许多,甚至不输乃祖雪浪洪恩。笔者粗略计算今存辑校本《南来堂集》八卷之中,其交游往还存姓名者逾百人,并大略可分为三类:一为同属方外之高僧法友,一为布衣山人,一则为当朝或在野之文人士大夫。其中,与士大夫阶层之交,不在少数,且士大夫群体高度统一在东林—复社一脉清流群体周围,而绝无一对立党派之人,这绝非偶然。正因为启祯间朝野久陷诸党纷乱,清浊异见;士大夫之外,出家人如苍雪本亦有泛清流之传统,则其日常交游必将受之左右。兹选苍雪交游中诸党争态度鲜明者,略述一二。

第一节　苍雪大师与前辈万历间进士

苍雪读彻大师(1588—1656),字见晓,后更字苍雪,号南来。俗姓赵,昆明呈贡人。华严、唯识学高僧一雨通润弟子,高僧雪浪洪恩法孙,于楞严、唯识、法华、三论等诸经论亦有深入研究;且博学多闻,善画,尤工于诗,存有《南来堂集》若干卷,清初王渔洋推举其为明代三百年第一诗僧。作为晚明江南最重要的佛教领袖之一,苍雪法师拥有独特的个人魅力,甚得士林美誉。与苍雪平日往还的文人士大夫,从万历朝东林辅翼,到崇祯间的复社后进,几乎多是当日清流一党的人物。尤其在与遭到排挤、党争失势的清流士大夫如文震孟、钱谦益等的交往时,可以明显看出,苍雪交游中深刻的清流党派意识,即源于乃师乃祖们于"争国本"时选择的方向。晚明清浊党争延续半个多世纪,于士大夫普遍禀赋这类基因外,其所亲近的高僧中亦复如是。晚明党争作为特定时期的一种政治生活方式,影响着包括高僧在内的每一种身份的知识精英;苍雪的宾朋中最能体现这一特质的便是万历年间东林党及与之亲密的士大夫们。

查《南来堂集》中苍雪相与往还的士大夫中,清望最高的大约就是天启朝苏州状元文震孟。文震孟(1574—1636),字文起,号湘南,别号湛持,一作湛村。出身苏州名门,文徵明为其曾祖。震孟为天启二年殿试第一,《明史》有传,谓之"刚方贞介,有古大臣风",①足见其清流风骨。文震孟于天启间与魏阉党相拮抗,因疏劾魏忠贤而于天启六年被削籍为民。崇祯初被重新启用,旋即又与温体仁争,终因录用许誉卿事遭革职,未再录用。文震孟亲历启祯间党争关键,其为反对魏党及温党之主要人物;虽不见直接证据证其为东林一党之人,然据其政治主张与作为,自为亲近东林一脉者无疑,故文状元遭贬归来,在故乡反博得清誉。归乡家居半年,文氏外甥姚希孟卒,震孟亦痛哭而卒。

文震孟醉心禅悦,常与方外来往。文氏曾作文戒乡吏骚扰僧人茶园,事入府治。② 所以苍雪为其法侣,殊非偶然。苍雪法侄砚山道开亦与之过从,可见其与僧侣关系。苍雪与文震孟订交不知始于何时,但其师一雨通润早已与震孟为至交。③ 现存苍雪所作涉及文氏之诗,有《中峰大殿落成呈湛持文相国及诸檀护》四首④、《和文相国快雪诗》二首、《法席感忆文相国姚宫瑞两檀护》二首。其中《中峰大殿落成》与《和文相国快雪诗》排列相近,当为相隔不久之作。据陈乃乾所编《明苍雪大师赵读彻行年考略》"崇祯九年(1636)"条下:

中峰大殿落成,文湛持为题中锋禅院额。⑤

王校本《南来堂集》附录卷三收文震孟《重复中峰禅院记略》云:

润公(一雨通润)旋即迁化。二三同志,以礼延其高足汰如河公(明河)于白下,嗣主院事,请余一言,垂诸永永。⑥

---

① 张廷玉等:《明史》卷二五一,第6499页。
② 张慧剑据《吴郡文编》系此事于天启四年,见《明清江苏文人年表》,人民文学出版社,2008年,第467页。
③ 钱谦益《一雨法师塔铭》:"师状貌古朴,风规闲雅。方内名士如程孟阳、李长蘅、邵茂齐、锺伯敬、文文起、赵凡夫、朱白民,抚尘希风,乐与游处。"见钱仲联整理:《牧斋初学集》,上海古籍出版社,2009年,第1576页。
④ 释读彻《南来堂集》,今传版本以民国王培孙先生辑校本最佳,有上海古籍出版社《清人诗文集汇编》第5册影印本。本书所引诗集及集前年谱、集后附录,皆出此本,兹不复出版本信息。另有民国三年刻《云南丛书》四卷本(中华书局,2009年)作为参校。此处《中峰大殿》云南丛书本缺第四首,作"三首",据王培孙校注本补齐,诗后自注亦从王校本。
⑤ 释读彻著,王培孙辑校:《南来堂集》,《清代诗文集汇编》第5册,第11页。下引《南来堂集》并卷首陈乃乾《年谱》皆出此版本。《明苍雪大师赵读彻行年考略》下简称《苍雪年谱》。
⑥ 前揭《南来堂集》,第144页。

二条所载,即是文氏题中峰寺匾额事。今观苍雪《中峰大殿落成呈湛持文相国及诸檀护》四首,其咏中峰景物掌故,皆为佳作。录第一首尾联云:

> 万古题岩谁篆额,雁门相国笔如椽。①

此首诗后自注:"南风寺额,昔为裴相国休手书,今中锋禅院乃文相国笔也。"诗中以中唐名臣裴度比致仕之文震孟,而极美誉文氏笔力。第二首诗云:

> 支许当年此地游,至今遥想晋风流。
> 丰干长老悲饶舌,最后檀那不待求。
> 星宿海窥千尺井,楼台草竖一茎秋。
> 何缘会发②深公笑,为买青山老沃州。③

此诗首联即言文氏一行与山中方外的关系,有如当日晋高僧支遁和高士许询之间。两人友善,皆善谈佛经与玄理。《世说新语·文学》载:

> 支道林、许掾诸人共在会稽王斋头。支为法师,许为都讲。支通一义,四坐莫不厌心。许送一难,众人莫不抃舞。但共嗟咏二家之美,不辩其理之所在。④

次联出自《景德传灯录》中"丰干饶舌"之典,"最后檀那"应是《楞严经》中阿难"心中初求最后檀越,以为斋主"的典故。此一僧俗旧典对应,即为苍雪与文氏间默契的关系。尾联为"深公买山"典故,见《世说新语·排调》载:

> 支道林因人就深公买印山,深公答曰:"未闻巢、由买山而隐。"刘注:《逸士传》曰:"巢父者,尧时隐人。山居,不营世利,年老以树为巢,而寝其上,故号巢父。"《高逸沙门传》曰:"遁得深公之言,惭恧而已。"⑤

另可参《高僧传》卷四《竺道潜传》记载:

> 支遁遣使求买仰山之侧沃洲小岭,欲为幽栖之处,潜答云:"欲来辄给,岂闻巢、由买山而隐。"⑥

唐人刘长卿《初到碧涧招明契上人》诗中"沃洲能共隐,不用道林钱",

---

① 前揭《南来堂集》,第 57 页。
② 王校本"会发"一作"免得",据诗意"会发"似妥。
③ 前揭《南来堂集》,第 57 页。
④ 余嘉锡:《世说新语笺疏》,中华书局,1983 年,第 227 页。
⑤ 《世说新语笺疏》,第 802 页。
⑥ 释慧皎撰,汤用彤校注:《高僧传》,中华书局,2007 年,第 157 页。

用的就是这个典故。苍雪此处尾联,为自嘲隐居支遁故山,亦隐含招文氏前来"共隐"青山之意。

彼日随文震孟中峰之一行人中,有日后的大名士钱谦益同行。钱氏《牧斋初学集》有《丙子中春日茂苑相公谢政遄归招邀燕赏余与其仲启美张异度徐九一刘渔仲追陪信宿游虎丘支硎诸山记事》四首,其中第三首云:

> 冈复溪回一径穿,招提楼阁暮云边。
>
> 山腰正值诸峰缺,寺面平铺万顷烟。
>
> 为问把茅寻石室,莫因渫井叹寒泉。(自注:茂苑与苍雪法师有结茅之约)
>
> 道人纵鹤今何处,且放双眸向碧天。(自注:十五日游中峰院)①

钱诗中"丙子"即是崇祯九年(1636),"茂苑相公"为文震孟。可注意者,牧斋自注中言"茂苑与苍雪法师有结茅之约",正是前引苍雪致文震孟诗中"为买青山老沃州"的交待。文震孟确有归隐修行的打算,也可看出苍雪与文氏的交谊。

另,钱谦益诗题中的"其仲启美",为文震孟族弟文震亨,详下论。其余"张异度"为张世伟,"徐九一"为徐汧,"刘渔仲"为刘履丁。张世伟字异度,其祖张基《明史》有传,基传后附有世伟传。张世伟累试不第,与吴中文震孟、姚希孟、周顺昌、朱陛宣辈为友,称"吴门五君子",可见皆是清流士子。其中,姚希孟为张世伟受业弟子,且是儿女亲家。② 徐汧字九一,《明史》传中载"当是时复社诸生气甚盛,汧与(杨)廷枢、顾杲、华允诚等往复尤契",③ 亦是党社中人。徐亦与苍雪有故,《南来堂集》有《病中怀九玉》《别九玉徐公订铁山看梅》等诗赠达。刘履丁事迹见《列朝诗集小传》丁集下"陈绍兴勋"附见董养河传。刘曾游于钱谦益门下,也曾为黄道周高弟,则钱、黄门生,党派之分一目了然。观此次陪同文震孟游山者,皆文氏清流一党,而反对崇祯前期把持朝政之温体仁党。

此次丙子中春日,文、钱等诸文士春游,会苍雪于中峰寺;此时之文震孟,方遭温党贬谪回乡不久,正在考虑归隐林泉。但是年五月时,文氏便因姚希孟之卒而过度伤心,不久便西逝。

兹复论苍雪与姚希孟之交。姚希孟(1579—1636),字孟长,与震孟"舅

---

① 《牧斋初学集诗注汇校》,第544页。
② 张世伟《自广斋集》卷一五:"(希孟)与余缔儿女姻,长子宗典余壻也。"(收入《四库禁毁书丛刊·集部》第162册,第449页)按,姚宗典亦为苍雪之友。
③ 张廷玉等:《明史》卷二六七,第6887页。

甥如兄弟"，《明史》有传，母文氏为文徵明曾孙女。其师兼儿女亲家张世伟在《自广斋集》卷一五"姚宫詹"条，亦回忆希孟读书事尤夥。希孟仕途与其舅震孟相似，都是初为翰林而值阉祸，崇祯初为讲官而遭温党排挤，家居不久而又相继故去。作为东林一党之中坚，希孟名字总能见诸震孟左右，甥舅可谓形影不离。姚氏与苍雪之关系，较乃舅尤亲密。现可考二人最早之交往，在天启五年（1625）姚氏丁母忧南归前后。《南来堂集》有《次答现闻姚太史见送还滇》：

> 万里孤游只等闲，天涯历尽路间关。
> 乡书屡到随抛掷，归梦无因自往还。
> 竹坞云深秋色冷，枫桥月落橹声悭。
> 一瓢莫道轻身去，难别吴中不独山。①

校订者王培孙与年谱作者陈乃乾，依集中《怀法友巀芷》及别陈继儒诸诗，考证苍雪曾有返滇之想，然最终未能成行；时间当在其师一雨通润坐化之后，即天启四年甲子九月十八日。② 诗中"一瓢莫道轻身去，难别吴中不独山"，则可见苍雪不忍离去之心，或与有挚友在兹有关。观《南来堂集》存和希孟之诗，多是游赏之作，如《同姚太史中秋夜泛舟金鸡堰》《同姚太史灵岩探桂》《中秋前一夜赴现闻姚太史招泛金鸡堰》《九月初三夜喜姚现闻初徐元叹过宿中峰与汰公分赋》等，诗中所及金鸡湖、灵岩、木渎、石湖皆苏州风景佳处，希孟、苍雪雅兴可见一斑。

震孟、希孟二人故去后多年，苍雪亦有诗篇怀念，集存《法席感忆文相国姚宫瑞两檀护》二首：

> 功成身退早知机③，两月平章事已非。
> 海内共惊贤相去，山中何处老僧归。
> 千寻墓石封华表，一树宫花冷夕晖。
> 我亦人情宁土木，怎教涕泪不沾衣。
>
> 当代才熊说班马，柳苏学佛弟兄间。
> 百年有恨无端士④，今日归来始得闲。

---

① 前揭《南来堂集》，第51页。
② 见陈乃乾《苍雪年谱》"天启四年"条（前揭《南来堂集》，第9页）。一雨通润坐化时间可参钱谦益《一雨法师塔铭》（《牧斋初学集》，第1576页）。
③ 王校本"机"疑为"几"。今按，两者皆可通。谓有预见，能见隐微征兆之意。
④ 王校本疑"士"为"去"，误。

七尺冰花寒史笔，一抔黄土作高山。

临风忍读文征录，犹是当年手自删。①

　　此诗当是二人过世不久所作。第一首当为怀震孟之作，首联之谓，即《明史·文震孟传》"方（文）震孟之拜命也，即有旨召还诸边镇守内臣，不知者遂归功于震孟。及次辅王应熊之去，在直者止震孟及张至发二人，忌者遂谓震孟实为之，由是有新参居功之谮，帝意遂移。惜三月而斥，未竟其用"之事，②即诗中"两月平章"之语。第二首为希孟，兼怀震孟者，"柳苏学佛弟兄间"当是指其甥舅。纵观二诗，语非泛泛，乃真挚悲痛之辞。

　　数年后，苍雪与同门法友及方内交，秋夜宴赏，又回忆起文、姚二人，作《己卯秋元叹奉倩子羽雨宿一滴斋同汰公道开佩子分韵因忆癸酉秋现闻姚太史同长公子》一诗，咏琐碎之什，以见当年点滴的真情。希孟、震孟故去之际，复社中如吴应箕辈多有同挽二人之诗作，③则苍雪之作颇合党社中人之所为。

　　苍雪、文震孟甥舅交游大略如此。文氏与苍雪师侄道开亦多往来。苍雪师兄汰如明河有弟子道开自肩法师（1601—1652，苏州人），万历末年于苏州府城所兴之"广生庵"，有文震孟题记。④道开增拓堂之万历四十六年时年方十八，⑤府志引文震孟所记广生庵时天启甲子（1624），道开亦仅二十四岁，亦与其师叔苍雪一般，亲近东林一脉士子，为文氏方外法侣。

　　另，震孟弟震亨字启美，亦与苍雪有唱和，集存《甲戌四月八日文起美招集缁素香草垞礼佛》。震亨本事见《苏州府志》，府志载震亨"能诗善书画"，国变后"忧愤发病死"。震亨传记资料有限，现存《文生小草》中与其唱和之人，如茅元仪、范凤翼等，震亨亦为当时奉佛之党社名流自不待言。文氏及姚氏后人与苍雪亦保有友谊，如震孟长子文秉字荪符，集补遗卷二《怀文荪符时寓文山祠》；震孟侄辈文宠光字仲吉，集补遗卷二《寻文仲吉于法螺庵二首》、补遗卷三《寄文仲吉预庆八十》。姚希孟二子，宗典字文初，宗昌字瑞初，《南来堂集》有《寄文初昆玉时闻仲公有弄璋之喜》等，可见苍雪与文、姚之族亲近如许。

---

① 前揭《南来堂集》，第111页。

② 张廷玉等：《明史》卷二五一，第6499页。

③ 如同为复社后劲的吴应箕，在其所著《楼山堂集》卷二二有《悼吴门有序》："悼吴门者，悼文相国湛持震孟、姚学士现闻希孟之亡也。两先生为时纲维，一夏先后继没，天下伤之，而予不佞尤有深感焉，缀以二诗。"（收入《续修四库全书》第1388册，第609—610页）

④ 参《（同治）苏州府志》卷四一"广生庵"条引"明文震孟记"，收入《中国地方志集成·江苏府县志辑》第8册，江苏古籍出版社，1991年，第266页。

⑤ 道开生于万历二十九年辛丑（1601），参陈垣先生《释氏疑年录》及陈乃乾《苍雪年谱》。

苍雪另一万历朝大员好友吴用先字体中,年辈与文震孟、姚希孟亦同时,并同为阉党所忌。吴用先为桐城人,曾任浙江左右布政。督师蓟州时,为孙承宗之副手,后继任总督;提出"防御十策",为阉党所忌,遂被罢官回乡。茅元仪《督师纪略》卷一二曾记此事。孙承宗、吴用先虽非东林一脉,然其皆为反对魏党之臣;孙公门下亦曾出东林党魁钱谦益,则吴用先必近东林而反对阉党者。吴用先奉佛事迹亦有名,《慧因寺志》卷四"檀那"条载:

> 本如吴用先,桐城人,时为浙方伯,捐俸造经阁准提像。恐出庸手,托莲池大师,命良工为之。庄严福好,得未曾睹。①

吴氏为亲近早一辈"万历三高僧"之居士,紫柏、憨山、云栖皆与之有书问投赠,此处吴氏为慧因寺捐造准提像,亦得云栖大师之力。苍雪集中《同大司马吴公达本月夜泛舟入山访赵隐君兼探梅花》:

> 舣舟何处问林逋,梅信探来兴不孤。
> 山在月中时出没,花临水际半虚无。
> 寒香一路深玄墓,雪影连空压太湖。
> 料得明朝天气好,盘螭西去未全枯。②

此处赵隐君,疑为赵凡夫宦光,为当日苏州著名隐士,与僧俗皆有交往。凡夫卒于天启乙丑(1625)九月三日,③吴用先被贬亦在此年。若此"赵隐君"真为赵宦光,则此诗甚有可能即作于是年早春。此诗颔联颈联皆颇为精妙。"玄墓"今为光福,从颈联之"玄墓"、尾联之"盘螭"可判断,此赏梅之地即为光福之盘螭山,今日仍是吴中赏梅佳处。盘螭山"山顶有坞,大可数亩,奇峭崭巖如削。又有蜂腰石、龙泉诸胜。明尊生斋主人王稚登题额,今沿称石壁精舍"。④苍雪的老师一雨通润法师有《忆蟠龙兰若》诗云"苍云白波动石壁",⑤即是此地;苍雪老友吴伟业(1609—1672)卒后亦葬于此山下。笔者颇疑此处即《红楼梦》中妙玉早岁寄居之地,妙玉甚有可能融入吴伟业之元素,附论于下。今按《脂砚斋重评石头记》第四十一回"栊翠庵茶品梅花雪　怡红院劫遇母蝗虫"有云:

---

① 《中国佛寺志丛刊》第 56 册《慧因寺志》,广陵书社,2006 年,第 55 页。
② 前揭《南来堂集》,第 48 页。
③ 赵宦光卒年据赵均《先考凡夫府君行实》,可参赵彦辉:《赵宦光资料整理与考略》,《书法研究》2005 年第 6 期。
④ 张郁文:《木渎小志·光福诸山记》,《中国方志丛书》影印民国十七年重印本,台湾成文出版社,1983 年,第 328 页。
⑤ 释通润:《忆蟠龙兰若》,收入《华山三高僧诗》,上海图书馆藏清抄本。

妙玉冷笑道："你这么个人，竟是大俗人，连水也尝不出来。这是五年前我在玄墓蟠香寺住着，收的梅花上的雪，共得了那一鬼脸青的花瓮一瓮，总舍不得吃，埋在地下，今年夏天才开了。"①

妙玉从小生长于苏州，曾住玄墓。而彼"蟠香寺"遍查诸志皆不载，或从蟠（盘）螭山之"石壁精舍"而来。"蟠香"中之"蟠"自然为蟠螭山，"香"则为光福最著名之"香雪海"，为赏梅佳处。小说中妙玉极擅古体长诗，与吴伟业亦相近。蟠螭山下葬有"诗人吴伟业之墓"，则清初文坛人尽皆知，曹公创作妙玉让其修行于"玄墓蟠香寺"，似为刻意之设。笔者此处略效蔡子民先生"索隐"之法，然不敢自信，姑志之以俟通人。

苍雪宾朋中另有一长辈居士而与东林亲近者——宜兴吴正己，附于此。苍雪集中有古体长诗《赠吴与则孝廉》，陈谱系于吴氏中举之万历四十三年（1615）。王培孙氏于诗前引《宜兴县志》载：

> 吴正己，字舆则，尝与文震孟、张纳陛诸君子讲学东林，万历四十三年举人，为蒙城教谕，升国子学录大司成，主讲席……年七十一卒。②

以文震孟、张纳陛③年岁推算，吴正己若为文、张同辈人，则其中举时年纪恐已不小，而以其讲学东林日久，则与苍雪必为同志。苍雪《赠吴与则孝廉》诗有云：

> 不避深公笑买山，
> 欲开酒禁招同社。
> 闻钟知己悟无生，
> 每与山僧结伴行。④

"深公买山"之典前引诗中已释，其与"欲开酒禁招同社"一起，即是咏士子集社僧寺之景，亦即为吴正己及文、张等东林、复社名士平常招游之事，可见苍雪亦深谙方内结社活动内涵。

另有略同时之范凤翼，与苍雪有交。凤翼字异羽，万历二十六年进士。因建议起用顾宪成、高攀龙等而为时所忌。顾、高为晚明清流典型，范氏之政治派别一望而知。苍雪曾游南通州之崇川，与之过从，范氏亦常来吴中，且广有方外交。集存两首《次答范玺卿太蒙见问》《寄崇川范玺卿太蒙》，另

---

① 曹雪芹：《脂砚斋重评石头记》（庚辰本），人民文学出版社，1975年，第946页。
② 前揭《南来堂集》，第22—23页。
③ 张生卒年不详，仅知为万历十七年（1589）进士。
④ 前揭《南来堂集》，第22—23页。

有《再至崇川》，亦当为苍雪见范氏之行。苍雪《次答范玺卿太蒙见问》尾联中云"采药登山论往事，可容支许不风流"，①也是将范氏与自己视为"支许"般的友谊。因范凤翼亦为长辈居士，遂附论于此。

第二节　钱谦益的法友

钱谦益（1582—1664），万历三十八年（1610）探花。钱谦益青年高中，为文氏之后朝中又一位吴中籍大员。作为明末清初文坛的传奇，牧斋早年为朝野清流的不二领袖，国变后因降清而入贰臣传。牧斋跌宕的一生及与河东君的韵事，早为学界所关注，而他与苍雪及苍雪师、祖辈高僧的关系，学界也曾论及；本书下编亦将略论一西来佛教文献与牧斋苍雪的因缘。作为略晚于文氏的禅悦士大夫，牧斋与苍雪的方外交游亦颇值得关注。

现存集中苍雪与钱牧斋交往，最早可上推至为其师一雨通润请撰塔铭时，即崇祯初年。陈乃乾《苍雪年谱》"崇祯元年"下云：

<blockquote>
为一雨建塔，请虞山钱受之为之铭；集有《二楞大师久寂戊辰冬塔基始定志感次汰兄韵》诗及《谢撰塔铭》诗。②
</blockquote>

陈氏纪年尚可商榷，其所据《明河二楞大师无住迹》（今未见）及钱谦益《书汰如法师塔铭后》（参《牧斋有学集》卷五〇），皆未言明牧斋撰一雨塔铭确切时间。另牧斋《一雨法师塔铭》云："崇祯元年葬全身于中峰者，法子明河、读彻也"，③似亦未明确；然即便非当年，亦在其后不久。今据金鹤冲《钱牧斋先生年谱》"崇祯二年"条下载："阁讼终结，先生坐杖论赎，上《蒙恩昭雪恭伸辞谢微悃疏》。六月出都门南归"，④则牧斋崇祯元年冬正因枚卜事，遭温体仁党弹劾，次年夏天方南还，闲赋在家，方有机会应苍雪、汰如之邀作乃师塔铭。苍雪集中有《谢撰塔铭》当为此时。

前引文震孟与钱谦益一行游中峰寺访苍雪的崇祯九年之后，牧斋、苍雪最重要之交游往还，即在崇祯十年钱谦益、瞿式耜因张汉儒案下狱事之后。次年钱、瞿南归，苍雪过访常熟投诗。今按苍雪《南来堂集》有两组诗相连，即为此事。《过访钱虞山北归》二首：

---

① 前揭《南来堂集》，第 52 页。
② 前揭《南来堂集》，第 9 页。
③ 《牧斋初学集》，第 1576 页。
④ 《钱牧斋先生年谱》，收入《牧斋杂著》，第 935 页。

惊心往事过风雷，梦说前身是辨才。
白社几人悬问讯，青山无恙独归来。
三生相见犹存石，多劫因缘莫辨灰。
岂是谢公招不得，莲花空有漏声催。

廿载藤溪路不忘，重过溪上认茅堂。
东山高卧人依旧，南国同声喜欲狂。
天宝衰时空叹息，少陵老句独悲伤。
多情只有衔泥燕，犹自寻常绕画梁。

及《游琴川①瞿氏园》：

百亩为园水国中，画桥宛转绿杨通。
西山过雨添朝翠，南浦飞花缀晚红。
麦陇乍翻三月浪，松窗频逗一江风。
层层楼阁丹霞上，知是蓬莱第几重。②

钱谦益狱解南还已是十一年戊寅（1638）初冬时节，则"麦陇乍翻三月浪"之时，甚可能为次年十二年己卯（1639）之春。苍雪至常熟过访瞿氏园与钱谦益，抑或有瞿式耜在座。"瞿氏园"当为瞿氏之东皋草堂，诗中"麦陇乍翻三月浪"，笔者尝论东皋近农耕之野，苍雪遂有此语。③

钱谦益并其诸友，与华山雪浪一脉下，如苍雪、汰如、道开师徒皆为至交好友。钱于北还之后，曾先访其众于山寺；④次年苍雪访还，所投牧斋之诗亦大有深意。仅第二首"东山高卧人依旧"句及"天宝衰时空叹息，少陵老句独悲伤"联，将牧斋比作谢安与杜甫，为牧斋平生自期许。其中"南国同声喜欲狂"句中，苍雪亦目其为南国领袖，以抗当朝之温党，可以看出作者不仅深谙党争故事，亦有明显鲜明之党派倾向，其赞遭贬之牧斋为东山宰相，殊非阿谀奉承，乃其亲身参与党争之表态。

明室既屋，牧斋以贰臣入仕新朝，与苍雪依然有诗唱和。钱谦益藏书楼绛云楼于顺治庚寅（1650）不慎于火，为明末清初藏书事一小劫，苍雪亦曾寄

---

① 《云南丛书》本"琴川"作"瑟月"，不知何故。"琴川"为常熟别称，当为正解。
② 前揭《南来堂集》，第61页。《过访钱虞山北归》二首，《云南丛书》本仅存第二首。
③ 可参拙作《瞿式耜东皋草堂考》，收入《薪火学刊》第三卷，复旦大学出版社，2016年。
④ 钱集戊寅南还后有《砚山诗为华山道开上人赋》，收入前引《牧斋初学集诗注汇校》，第841页。

诗慰问。集存《寄询钱虞山绛云①楼火后专意内典》

> 好将世事较攎蒱，林下高眠任老夫。
> 天意未容成小草，河清终欲见遗珠。
> 面非北向安知汉②，望到东山只有虞。
> 不尽奇书探海藏，人间文字可烧无。③

全诗并未一味劝慰，不落规劝安抚之窠臼。苍雪用唐时诗僧齐己"林下高眠起，相招得句时"句及谢安石东山宰相之典，当与河东君半野堂初赠诗"东山葱岭莫辞从"之句取义已不同。牧斋此时隐居白茆红豆山庄，远非谢太傅居东山时之身份。闻见苍雪此言，不知牧翁作何感想。颈联"面非北向安知汉，望到东山只有虞"，恐为苍雪原句，而因诗意违碍而遭改头换面。止此句可见，苍雪替牧斋人清后之遭遇鸣不平。尾联始言其藏书本欲修史而不得，但皇明史乘却不会因图书之劫而湮灭，则为表彰钱谦益学者之博洽与担当。如此，则入清后之苍雪大师，仍为牧翁方外最知音。

国变后，苍雪曾游苏州老友李模的园林，赋有《芥阁次韵二首》并序：

> 昔李渤问归宗禅师："须弥纳芥子则不问，如何是芥子纳须弥？"师曰："闻公曾读五车书，身仅如一椰子树大，五车书置之何处？"公于言下领旨。文中李公子，文心道韵，博学多闻。尝购小阁于园之西隅，面城临流，烟蓑雨笠，颇饶野趣。偶登属题其眉，因署书曰"芥阁"。为拈前语一则以赠之，庶几取义"人地永当"，即请质之案山，子其能为我点头否？

> 遥分山色隔城头，眼底沙鸥事事幽。
> 可是须弥堪见纳，漫同庄叟认为舟。
> 五车填腹浑无迹，万卷藏楼不用谋。
> 秋水落霞看仿佛，拈题坐客好淹留。

> 路滑梯盘看石头，妙高缩入最深幽。
> 机锋失却针投芥，转语徒劳剑刻舟。
> 沧海岂能穷自望，云霄更上置身谋。
> 五车文字知多少，一吸天河水不留。④

---

① 王校注本"云"作"雪"，误。
② 王校本以原本作"海"，疑当为"汉"字，是。此处当是传抄者讳改。
③ 前揭《南来堂集》，第131页。
④ 前揭《南来堂集》，第126页。

诗序中"文中李公子",似为李模之子李炳宇。芥阁,可参《百城烟水》卷二"密庵旧筑"条。苍雪此行,钱谦益亦同游。钱氏《牧斋有学集》有《芥阁诗次中峰苍老原韵四首》,所次即为上引苍雪芥阁诗,其中第四首云:

> 公车不肯赴绡头,帘阁疏窗事事幽。
> 清晓卷书如系缆,当风放笔似行舟。
> 遗民共作悲秋语,禅侣长为结夏谋。
> 衰老不忘求未契,凭阑真欲为君留。①

钱曾注第一句用《后汉书·周党传》中周党数征而不愿为官,"着短布单衣縠皮绡头,待见尚书"。是年牧斋已年过七十,清廷虽在乙酉年征其北上为官,但此时已将其放还归里。牧翁此处"不肯赴绡头"则是不再远仕清之语,已颇感苍凉。颈联"遗民""悲秋"为牧翁当时的真实写照;"结夏"钱曾已出注,为出家人夏日挂搭寺院。牧翁此处,正是视苍雪为禅侣之交,所以尾联之中"凭阑真欲为君留"之"君",无出苍雪大师之右。牧斋晚年寄托禅悦,而苍雪无疑为其宗教生活最大的寄托。

另苍雪集中存《赠石林源公七袠时笺义山诗集呈钱虞山作序付梓且捐钵募檀重修智林寺盖不忘受业处》,乃其晚年与牧斋唱和之作。按牧斋《有学集》有《石林长老小传》,知石林长老名道源,其七十岁生日当在顺治十二年(1655)。道源和尚曾为古心律师的弟子,苍雪初到东南亦曾礼拜古心,则苍雪与石林为师兄弟。钱撰小传亦有言:"(石林)常笺解李义山诗及《类纂》,所读书如古人荟蕞之例,垂成辄置之,曰:'此非衲衣下事也。'盲禅魔民,招摇塞路,攒眉画腹,都无酬对。"②苍雪诗中咏之"林下苦无高论客,僧中亦有读书人",③与牧斋之意相合。

第三节　与清流后进们的互动

一、与东林顾、高后人交游

苍雪与万历朝之东林党魁顾、高之后人高世泰、顾景文有直接交往。顾景文字景行,号匏园,顾宪成曾孙。高世泰字汇旃,攀龙从子。此二子不仅

---

① 《牧斋有学集》卷五,第235页。
② 《石林长老小传》,《牧斋有学集》卷三七,第1289页。
③ 前揭《南来堂集》,第105页。

为党魁苗裔,且己身皆复社中人。

苍雪集中有《白燕四首》,王校本注云:此题抄本作《次咏白燕为高学宪汇旃制中感白燕巢于孝幕而作》。此诗排列在《南来堂集》卷三末,其前有《祝虎丘山翁六衺时开枯木堂于维阳》,"虎丘山翁"为木陈道忞,其六十岁为顺治十一年(1654);其后有《焚笔》《遗戒》诸诗,皆为晚年所作。可证《白燕》一题作为国变之后。全诗云:

> 春社巢林往事非,素笺衔到信音稀。
> 白杨有树堪栖止,赤地无家何处归。
> 月落满梁空玉垒,雪深迷巷失乌衣。
> 最怜毛羽翩翩洁,不向他人檐下飞。
>
> 风微高逐雀群非,汉将轻扬类颔稀。
> 银烛光中初见影,水晶帘外不知归。
> 欣残雨宿兼霜宿,着尽乌衣换缟衣。
> 岂似处堂多得计,江清沙白引雏飞。
>
> 饮①啄艰难泽雉非,青虫掠去见依稀。
> 还巢不识朱门贵,乳子初闻雪夜归。
> 扑乱落红浑似雨,穿过一点不沾衣。
> 竹林鹦鹉堪同色,水月光中自在飞。
>
> 画梁白屋已全非,旧主新巢见亦稀。
> 不让梨花先夜发,每惊乡思后人归。
> 短裙无力拖秋色,双袖翩然化羽衣。
> 最是月明栖托处,伤弓莫向上林飞。②

此诗为高世泰所作。据抄本诗题,高世泰时在制中,又"白燕巢于孝幕",应是亲人之丧。按《白燕》一题,明初人袁凯代表之作,时人称之"袁白燕"。查苍雪诗韵脚与袁诗皆同,所以抄本苍雪诗之"次咏白燕",当为次袁凯旧题而作。袁诗白燕之咏,本为元末明初故国芟夷之感;而历大明一朝而至明末,苍雪复和此题,则其无限伤感,更是溢于笔端。第一首之"最怜毛羽翩翩洁,不向他人檐下飞",第四首之"画梁白屋已全非,旧主新巢见亦稀"

---

① 王校本"饮"一作"欲"。
② 前揭《南来堂集》,第68页。王培孙氏校记兹不赘引。

"最是月明栖托处,伤弓莫向上林飞",皆痛世警句。苍雪集虽只存此一首和前人故国之题予高氏者,亦颇能见苍雪交友之倾向与声望。

另,集中还有《景行昆玉招同秋绍诸居士社集忍草庵是夜雨中宿中①分得鱼字》

> 霜叶流红涧水初,跏趺忍草即吾庐。
> 中原七子非无后,顾氏三龙正始余。
> 风雨欲来争斗句,鬼神如助卒成书。
> 老僧未解传诗钵,静夜惟闻打木鱼。②

忍草庵为苍雪师祖雪浪洪恩演法处,"景行"即顾宪成曾孙顾景文字,"景行昆玉"为其弟顾廷文。题中"秋绍",据《东林书院志》知为张夏,字秋绍。则此题中顾氏兄弟及秋绍诸居士,皆东林一脉而又近禅悦者。顾氏三龙,王培孙据《泾皋汇览》载:

> 僧读彻喜歌诗,尝集邑中诗人拈题限韵,有"中原七子非无后,顾氏三龙正始余"句。三龙者,谓顾秀才野与景行、廷飏也。顾野字曰质,泾凡孙,廷飏名廷文,瓠园之弟。③

廷文当为景文弟,顾景文《顾景行诗集》卷下《问讯忍草庵僧》题后附前引苍雪"社集忍草庵"诗,及廷文《苍公示见怀之作依韵漫答》《同诸法侣雨集山中忍草庵分得八齐呈苍公》《忍草庵避暑同伯兄作》诸篇。查《忍草庵志》卷二《诗传》载顾氏兄弟甚详:

> 顾景文,字景行,号瓠园,枢长子,诸生。④ 幼聪敏,耽吟嗜酒,与弟廷文,从叔野结诗社于忍草庵。庵僧读彻相唱和,目为"顾氏三龙"。尝楚游岁宴,冒风雪归,父怒其不慎,责令长跪。将受杖,袖中遗一册,取视之,乃客中记游诗也。读至《题黄鹤楼》句云"楼从李白来时醉,草向祢衡去后生",不觉忘怒,释令起曰:家贫不能树功业,徒习此,奈饥来一字不可煮何?廷文卒,又与弟贞观集邑中。工诗古文辞者,秦保寅、秦松龄、黄瑚、严绳孙、邹显吉、刘雷恒、刘霜恒、安璿凡十人,结云门社,号"云门十子",名动遐迩。睢州汤斌、吴门汪琬、慈溪姜宸英皆来会。著有《瓠园诗稿》二卷、《楚游草》一卷。

---

① 王校本疑此处衍一"峰"字,误。
② 前揭《南来堂集》,第120页。
③ 前揭《南来堂集》,第119页。另,王氏所引《泾皋汇览》,今似未见其书。
④ 引者按:顾与沐、顾枢父子之传,在景文前。顾与沐字木之,号菲斋;枢字所止,号庸庵。

顾廷文，字廷扬，枢次子，诸生，与兄景文皆以诗文名。性喜饮，恒病酒。顺治十二年卒，年仅二十六，时多惜之。著有《绮绣楼诗草》。①

顾野，字日质，允成孙，诸生。②

顾野为顾允成孙，为景文、廷文从叔。材料失考，然观其祖上，则为东林巨擘，又与从兄弟并称，当亦为志趣相近者。苍雪与之亲近，除江南顾氏雅好文艺内典之外，也与顾氏家族一向清流领袖自居有关。

二、与吴伟业之游

吴伟业(1609—1672)，字骏公，号梅村，别署鹿樵生、灌隐主人、大云道人，为明末清初著名诗人。吴梅村晚年虽仕清为时人不齿，然梅村早年入张溥门下，亦为复社中人。崇祯四年吴伟业青年高中后，累迁东宫讲读官、南京国子监司业、中允谕德等，其间东林复社与温体仁党斗争剧烈，如崇祯十年(1637)钱谦益、瞿式耜因张汉儒下狱，梅村极力营救，尝作前、后《东皋堂歌》以纪之，可见其党争态度大略。

除党社后进之外，吴伟业也是位著名的奉佛居士。据叶君远、冯其庸《吴梅村年谱》，梅村与苍雪订交在国变之甲申年春，苍雪应邀至梅村所居之太仓讲法，二人方相识。苍雪集中有《甲申③春娄东海印庵法华讲期解制》《海印庵解制赋谢吴太史骏公》诸诗，此时二人刚订交，诗作似有往日应酬之语，如"护持太史情偏剧，惭愧真僧世未忘"(《海印庵解制赋谢吴太史骏公》)。④ 然苍雪视梅村为中年后第一知音，集中与之相关之作最夥。除往日交游吟咏外，梅村回忆早年困顿党争之事，苍雪亦是能解其中味者。

梅村约于清顺治初年，作名篇《永和宫词》，盛传于世；著《明诗平论》之朱隗赞其诗曰："唐人宫掖长篇，惟《连昌》《长恨》《津阳门》《杜秋娘》四作最胜。六百年后，方见此诗耳。"⑤《永和宫词》题写宫闱轶事，实则崇祯一朝政事缩影。《明史》卷一一四《周皇后传》载田贵妃初遭崇祯帝疏远而复幸之本末，永和宫观花乃此节关键，故此诗以"永和宫"为题。崇祯间国事苍雪亦亲闻其事，党争之风亦多闻见，遂于得见梅村《永和宫词》后，赋《读吴太

---

① 廷文所录诗有《同翠岩诸法侣雨集山中分得八齐呈苍公》(小注：按苍公即庵僧读彻，见《禅悦》)。
② 《忍草庵志》，《中国佛寺志汇刊·第三辑》第29册，台湾丹青图书公司，1985年，第31—34页。
③ 诗题原作"辰"，王校本改作"申"，是。
④ 前揭《南来堂集》，第63页。
⑤ 评语见《永和宫词》诗下，《吴梅村全集》，第55页。朱隗与苍雪亦有交，其编辑《明诗平论》曾选苍雪诗，苍雪赋《朱云子明诗平论选及余诗》以答。

史永和宫词》：

> 永和词读罢，国史忆江东。
> 御水流红字，官阶怨草虿。
> 行云惊梦断，飞雁写生工。
> 话到豪华尽，昭陵夕照中。①

苍雪、梅村交往时，亦常与另一名人同座，其人即为梅村同邑王文肃公锡爵之孙王时敏。王时敏为娄东画派领袖，"四王吴恽"之首。梅村、苍雪亦精于山水，画史皆留有姓名。苍雪集存《丁亥秋王奉常烟客西田赏菊和吴宫詹骏公韵二首》《过访骏公吴太史次西田韵二首》。西田当为王时敏别墅，清初时东南名流常汇集于此。今按《苍雪年谱》"顺治四年（1647）"条：

> 秋至太仓赏菊，王烟客之西田。（小字引吴伟业《诗序》：丁亥之秋王烟客招西田赏菊，逾月苍雪师亦至。）②

苍雪"和西田"诸诗即为此行而作。此次赴约，苍雪可能是带了小礼物去的。可参是年《吴梅村年谱》载：

> 苍雪携若镜和尚见访，且赠以叶染道衣，伟业作诗答谢。③

因为这件新衣，吴伟业《和王太常西田杂兴》第五首就有了一句：

> 昨朝换去机头布，已见新缝短后衣。④

隐写清人定鼎后"易服色"之举，"昨朝换去机头布"则为剃发留辫事。吴诗皆此类平淡直抒语中，见苍凉之情，然苍雪有和此题《过访骏公吴太史次西田韵二首》：

> 建章封事未全稀，曾望天门拟扣扉。
> 三诏征来坚不起，一官休去早知微。
> 怀深楚客悲相向，梦入秦庭哭绕围。
> 始信秣陵当日事，袈裟犹胜衮龙衣。
>
> 潮动娄东信见稀，不辞远访系船扉。
> 别峰早已安心竟，斯日难酬问法微。

---

① 前揭《南来堂集》，第 100 页。
② 前揭《南来堂集》，第 13 页。
③ 冯其庸、叶君远：《吴梅村年谱》，文化艺术出版社，2007 年，第 138 页。
④ 《吴梅村全集》，第 140 页。

树下觅环惊梦破，身前留待接腰围。
　　优场笑杀真浮世，不换原人只换衣。①

　　今观其语虽函于典故之中，仍多激烈慷慨之意。第一首前半联"建章封事"似为汉将卫青典故，详《汉书》卷五五《卫青霍去病传》卫青被召为建章监侍事；后半则用《楚辞》典，《离骚》有"吾令帝阍开关兮，倚阊阖而望予"句，王逸注云："阊阖，天门也。言己求贤不得，疾谗恶佞，将上诉天帝，使阍人开关，又倚天门望而距我，使我不得入也。"②首联大意为，梅村曾于崇祯、弘光朝为臣而不甚得志，历温体仁党与马阮排挤所致。颔联用东汉末年焦光之典，即献帝三下诏书，焦光三次拒不应诏事（事见《镇江志》）。此"三诏不应"之今典，则为乙酉清人南下，梅村初时义不仕清之故实，而梅村竟于顺治十年被迫出任清国子监祭酒。

　　颈联则为春秋时申包胥兴楚哭秦庭事，见《左传·定公四年》。申包胥复楚，于明季时则为苍雪、梅村等东南遗民志士暗中复明之志，虽此刻只能作心中梦寐遐想，然祈望明祚或有反复之机。此诗作时，为顺治四年，永历尚据广西一隅，窥伺两湖；郑成功于海外亦有勤王之愿，复明尚属乐观之际，苍雪遂有此言。尾联当为梁武帝同泰寺出家事，亦隐含赠僧衣之事；然语有消极，或有劝梅村逃禅之意。

　　第二首诗意平直，颈联"树下觅环"则用羊祜典故，可参白居易《白氏六帖事类集》卷二"探环"条载：

　　　　晋羊祜叔子，五岁于邻家李氏树中探取金环，云先藏。时人以为前身。③

　　元稹有《寄乐天》诗云"还直到他身亦相觅，不能空记树中环"句，即是此典。整联或言梅村胜朝腰缠玉带仕宦之梦已破，展眼已入异族之新朝。尾联"优场笑杀真浮世，不换原人只换衣"，即是上文所及苍雪赠梅村道衣事，暗指清人南渡后实行"剃发易服"之事，言中极力嘲讽之。今观苍雪、梅村之交，多于鼎革之后，二人唱和多时代兴亡之感；梅村虽为复社子弟，然其党争之意已不显。又苍雪集中，列《丁亥秋王奉常烟客西田赏菊和吴宫詹骏公韵》《吴太史次西田韵》之前尚有《再赴胡给谏其章看菊之约次西田韵》一题，所用韵亦同，应是不久之间诗作，全诗云：

---

① 前揭《南来堂集》，第117页。
② 洪兴祖：《楚辞补注》，白化文等点校，中华书局，1983年，第29页。
③ 白居易：《白氏六帖事类集》卷二，民国影宋本。

> 桃花约罢菊花稀,几负柴桑候款扉。
> 冒雨寻来重九后,傲霜赢得晚香微。
> 乞分细种无钱买,看到东篱胜锦围。
> 不许西风吹落地,鹤翎秉烛照红衣。①

"胡其章",据《(嘉庆)直隶太仓州志》知其名周翯字其章,崇祯十三年进士,亦为复社中人。清人吴骞《尖阳丛笔》卷七《复社姓氏》"太仓"条下载其名,列张溥、吴伟业等人下;陈鼎《东林列传》卷一〇《徐汧传》谓胡周翯曾为徐汧弟子,其党派分野亦明。因其同和西田之韵,遂附于吴伟业之后。

三、陈名夏、方以智（附万寿祺、刘同升、刘曙）

陈名夏(1601—1654),字百史,溧阳人,大明最末科会试第一。甲申之后先降闯,后降清。顺治亲政后,陈名夏遭"留发"之议被戮,而为天下熟知。陈百史名列禁毁之列,其文集残缺不齐,相关传记亦付之阙如。然早在启祯间,陈名夏亦为复社一员,其同道有方以智、万寿祺、刘同升、吴伟业等;苍雪与之皆有交游唱和。

陈名夏未有科名时,与苍雪往还颇多,然今存陈集《石云居集》中已不见痕迹。苍雪集存《病听教为百史》《同陈百史方密之分韵怀滇中唐大来》《陈百史雁宕游归剧谈其胜》《乙亥六月十七和陈百史卿云诗》等多首。其中《病听教为百史》古体一首有云:

> 无端溧阳陈夫子,过我山中读《秋水》。
> 忽经一喝三日聋,究竟非关老僧事。
> 长安酒后胡然热,烽火九边听不得。
> 羽书日夜正交驰,长矛直刺天流血。②

所记当为崇祯年边乱实录。明末释氏外学,尤精老庄之学,陈垣先生《明季滇黔佛教考》设专门章节论述,此处陈名夏"过我山中读《秋水》"亦是一例。滇人唐大来,国变前落发,法名普荷,曾游东南师事董其昌、陈继儒、李维桢,友朋间则有同为滇人的苍雪,据方树梅氏《担当年谱》,唐大来于崇祯四年(1631)自东南归滇地。③ 则其同游者,亦有陈名夏等党社中人。

方以智(1611—1671),字密之,桐城人,崇祯十三年进士,《明史》附其

---

① 前揭《南来堂集》,第 117 页。
② 前揭《南来堂集》,第 20 页。
③ 方树梅:《担当年谱》,收入《担当诗文全集·附录》,余嘉华、杨开达点校,云南人民出版社、云南美术出版社,2003 年。

父孔昭传后,《清史稿》列传二百八十七有传。国变后方以智逃禅为僧,隐居青原,法号无可,余英时先生有《方以智晚节考》一书考订其晚年行迹甚详。今按密之初生,曾祖学渐给他起了个乳名"东林",其父作诗纪之"名之曰东林,将来磨铁砚"。① 尽管这里"东林"未明确为"东林党",也可能是慧远的东林寺,但相对的"磨铁砚"意为立志文墨,恐怕方以智的乳名应该也与东林讲学更有关系。方以智早年亦为一重要复社成员,其未中式时曾游于东南党社,与苍雪亦有诗歌往还。苍雪集存《次答桐城方密之见赠时寓虎丘》二首:

> 招手云烟暂驻筇,书巢端为结高松。
> 山中久不见神骏,世上故多逢画龙。
> 事往壮心犹按剑,酒醒后夜忽闻钟。
> 寒山片石堪同话,相见无烦向别峰。

> 虎迹丘陵久已空,先从台上问生公。
> 高歌醉舞千人石,走笔寒吹六月风。
> 名到盛时须自惜,诗当工处不愁穷。
> 无言共坐寒泉侧,只似孤峰月可中。②

此诗列于《和刘太史晋卿闽游咏荔枝》(下详论)之后,《过访钱虞山北归》之前。苍雪年谱崇祯十一年戊寅(1638)下有:

> 刘晋卿以劾杨嗣昌谪福建按察司知事。集有《和刘太史闽游咏荔枝》诗。③

前论苍雪过访钱谦益,在己卯春,则赠方以智诗时间当为戊寅、己卯年初间。方鸿寿《方以智年谱》戊寅、己卯年间皆不载方以智南游苏州事,仅言己卯秋以智中举人事,则苍雪诗中"名到盛时须自惜",或言此事,俟考。方氏以湖广巡抚之子而为党社后进,有"明季四公子"之誉,苍雪当了然于胸,则其所和第一首诗中"山中久不见神骏,世上故多逢画龙。事往壮心犹按剑,酒醒后夜忽闻钟"句,可作激赏以智之语解;而"名到盛时须自惜",则为劝诫之语,谓之留心科名以自重,词句出自僧人口中,殊觉不易。

万寿祺(1603—1652),字年少,祖籍沧州,生于徐州。青年时的万寿祺,

---

① 方鸿寿:《方以智年谱》,收于艺文志编委会:《艺文志》(第二辑),山西人民出版社,1983年,第221页。
② 前揭《南来堂集》,第61页。
③ 前揭《南来堂集》,第11页。

亦参加党社之集。崇祯三年,万寿祺与张溥、吴伟业、陈子龙、黄宗羲等人以应试集南京,举"金陵大会"(据陈乃乾《万年少年谱》),便是一例。苍雪集中存《雪中喜万年少至》:

> 破雪何来客,携筇忽扣门。
> 回看松树底,一路草鞋痕。
> 檐溜晴逾急,溪声冻不喧。
> 未能称(一作"填")缺陷,平地又波翻。①

诗载前引《同陈百史方密之分韵怀滇中唐大来》之后,或为不久以后之事,《苍雪年谱》系之崇祯丁丑(1637),不知何据,然亦不远。不知年少此来苏州何为,抑或为吴中集社之约,俟考。

刘同升(1587—1645),字晋卿,吉水人,万历时国子监祭酒刘应秋之子,崇祯十年丁丑科廷试第一。他的传记中保留了殿试时他与崇祯帝一段有趣的对话:

> 帝问年几何,对曰:"臣年五十一,老矣,恐无以报圣恩。"帝曰:"尔尚似少年。"勉之,授翰林修撰。②

这位本该是钱牧斋同辈的士子,却与陈子龙、夏允彝等后生辈同科。《东林列传》则载:

> (刘同升)在翰林独行己志。黄道周曰:"刘殿撰养其身以有为,中立不倚者也。"然小人辄指曰:"此东林之余波也,将大不利于国家矣。"③

则同升亦被人目为东林一脉。苍雪集存《和刘太史晋卿闽游咏荔枝》,另有《次答刘司理》,王培孙先生以之为答刘同升者。前引《苍雪年谱》崇祯戊寅年"刘晋卿以劾杨嗣昌,谪福建按察司知事。集有《和刘太史闽游咏荔枝》诗"条,则苍雪此诗,亦为劝慰友人迁谪之题。前引《东林列传》亦云:"(劾杨嗣昌)疏上,谪福建按察司知事。遂至东林讲学月余而往。壬午召复职,未赴。"④当是此事。苍雪诗云:

> 山水东南甲武夷,快游此日见游诗。

---

① 前揭《南来堂集》,第 42 页。
② 徐鼒:《小腆纪传》,中华书局,1958 年,第 272 页。
③ 陈鼎:《东林列传》,收入《明代传记丛刊·学林类 3》,台湾明文书局影印,1991 年,第 482 页。
④ 前引《东林列传》,第 488 页。

逢人不必通名姓，系马应先问荔枝。
　　妃子何心贪一笑，马卿多病渴难医。
　　梦回口角涎生在，老我栖迟恐负期。①

全诗欢快轻松，毫无迁谪萧索逼仄之感。刘同升文集今似不得见，其"咏荔枝"本意，当为用苏东坡迁岭南自嘲之意而为，苍雪诗则用杨玉环与司马相如之典，笑其贪吃不厌，言语调笑间，见其中名士风范。

刘曙，字公旦，长洲人，《小腆纪传》有传，大明最末科崇祯癸未进士。今考名列《留都防乱公揭》，柴德赓先生《明季留都防乱诸人事迹考上》列"因事累为清室所获殉义者（七人）"下。② 苍雪与之交颇深，其次答刘曙诗，前人已略有述及；③诗中有"一息仅存亡国恨，片言相对是何时"一句颇工，而《花朝前二日过访刘公旦庐墓》中"日望故都吟更苦，举头远近问长安"一联，④亦为警句。因其早年复社身份，而附于此。

第四节　由清流入方外

苍雪好友中有几位情形特殊，其早年为儒生，有些甚至还有功名，但国变之后落发逃禅，其中多位还是早年的清流领袖，兹略举一二。

一、王瀚（晦山戒显）

上论方以智国变后为僧名无可，然其国变前已名动儒林，遂不入此章节。今按，晦山戒显（1610—1672），生卒年及生平考证，俱参林元白《晦山和尚的生平及其〈禅门锻炼说〉》一文。林先生考证于晦山入佛门段尤细致。今按，王瀚字原达，少补诸生，国变后毁衣冠祝发于浮屠，改名戒显，字愿云，又称黄梅破额、晦山樵者。其为儒生时，与吴伟业友善，亦为复社中人。今又据《太仓州志》云："方以智撰《药地炮庄》，戒显序之。"余英时《方以智晚节考》证《药地炮庄》撰于己亥、庚子年间（1659—1660），⑤则此时以智以从觉浪披剃为僧，游于江西青原，二人因皆为由儒入佛而交往。方以智、王瀚未入僧时交游现不可考，然二人当为复社中相识，或恐早已相交。

---

①　前揭《南来堂集》，第 60 页。
②　可参柴德赓：《史学丛考》，中华书局，1982 年，第 46 页。
③　可见陈力：《苍雪诗论》，《云南民族学院学报》1987 年第 4 期。
④　前揭《南来堂集》，第 114 页。
⑤　余英时：《方以智晚节考》，生活·读书·新知三联书店，2012 年，第 13 页。

王瀚落发而改字愿云,与苍雪交游不浅,集中有多首与之唱和诗。王瀚将出家前苍雪有《寄王原达》:

> 君自忘机学汉阴,我如倦鸟已投林。
> 不辞虎穴三登上,亲到龙潭百丈深。
> 囊后有心谁物色,琴亡无复问知音。
> 别峰绝顶□相见,路断崖前莫可寻。①

此诗作于何时已不可考,或为国变前夕。尾联所缺字,疑当作"会",为化用杜甫《望岳》句。诗中之"忘机学汉阴",当庄子外篇《天运》之典,此时或王瀚有意断绝尘缘,苍雪故有此语。

顺治三年(1646),苏州甪直许孟宏舍宅建海藏庵,请晦山安居,苍雪亦在场,集有诗《甪直许氏舍园为寺张鸿一居士送愿云师进院开堂各有诗送勉和二首》,两年后俗友吴伟业过访亦有诗记。另有《寄愿云禅师》《愿云领众礼地藏忏于玉峰安禅庵过访因赠》与戒显相关。

二、熊鱼山(檗庵正志)

熊开元,字鱼山,嘉鱼人,天启五年进士。《明史》有传,然仅详其国变前任吏科给事中,弹劾王化贞、周延儒事,而于国变后落发为僧只字不提。熊开元早年官于吴江,亦曾集社,与复社遥相呼应。顾师轼《吴梅村先生年谱》卷一载:

> 陆世仪《复社纪略》:吴江令楚人熊鱼山以文章经术为治,慕天如名,迎致邑馆。于是为尹山大会,苕、霅之间,名彦毕集,远自楚之蕲、黄,豫之梁、宋,上江之宣城、宁国,浙东之山阴、四明,轮蹄日至。比年而后,秦、晋、闽、广多有以文邮置者。②

"尹山大会",即熊开元在吴江任上所为,其为东林复社一脉无疑。熊国变后礼灵岩继起弘储落发为僧,名正志,号檗庵。继起和尚为苍雪好友,灵岩距华山亦不远,二地往还方便,继起与苍雪唱和亦不在少数。

钱谦益《有学集》国变后有诗名《己亥夏五十有九日灵岩夫山和尚偕鱼山相国静涵司农枉访村居双白居士碓庵上座诸清众俱集即事奉呈四首》。今按,"夫山和尚"即继起弘储,"鱼山相国"即熊开元,"静涵司农"即张有誉。熊开元南明唐王时任东阁大学士,故称"相国";张有誉曾为户部尚书,遂言"司农"。此为调侃继起门下逃禅者,皆曾官位显赫。陈垣先生尝谓继

---

① 前揭《南来堂集》,第114页。
② 《吴梅村全集》,第1432页。

起为僧中遗民,观其门下弟子亦可推之。熊开元儒生时与温党争,入僧亦秉持本性。黄宗羲曾作诗赠熊开元谓"脱得朝中朋党累,法门依旧有戈矛",①谓其在朝与人党争,落发而与僧争,详见陈垣先生《清初僧诤记》卷二。苍雪集中有《乞米歌檗庵求赠》诗,其中有云:

> 人乞升米两文钱,万户千家不择缘。
> 会向沧溟投滴水,势终不竭同滔天。
> 岁寒走出持空钵,风雪归来载满船。②

此处言熊氏僧名"檗庵",当为国变后为僧时。此处化用沧海一粟成语,颇有深意,言出家人化缘所乞得升斗小米,虽如沧溟一滴,但能用之不竭。诗后复有"忽闻打梆催出坡,争辞背曲与腰跎。三斗五斗背不动,汗血满身奈苦何。负春执蕢叫无力,人功吾亦怎消得",记农人忙碌凄惨之状,效唐人"悯农"之体。苍雪之诗,或为述乙酉国变之后,原本苏松间鱼米之乡,横遭蹂躏,人口骤减,田埂荒芜,赖"背曲""腰跎"者惨淡经营,苍雪因是而咏之。尾联"又不见,饥虚驱人每出户,莫轻一粒思来处",语带双关,即言农人又言熊开元与自己,皆为饥所驱,为世事所迫。

三、韩四维(煦堂延琪)

韩四维,字张甫,别号芹臣,晚年结庐华山,号糁花庵主。据《(光绪)昌平州志》卷一四载:

> 辛未成进士,主司姚希孟见其文叹曰:"娄江犀象,彭蠡珠玑,谓东南之宝,空天下矣。何意夜光尺璧,乃在燕山。"既廷对,授庶吉士。三载擢检讨,升国子监司业,再晋左春坊左庶子,在翰林前后十四年,预侍经筵,卓然有公辅望……(甲申后)遂奔入吴。慨然曰:"吾分死贼手久矣,幸而不死,岂宜复与人间事?"乃筑室支硎之麓,晋支道林所隐山也。结茅庵额曰"糁花",易名曰延祺,字煦堂,曰:"兹地吾素志也,天下扰扰吾其游方外,以待清乎?"金陵士大夫援永嘉、建炎故事,悉谢绝足迹,不入吴市。初在秘阁时,党议方炽,四维既受知姚相国,又与文相国震孟交好。有劝以中立者,不答,作《辨正论》以见志。③

---

① 黄宗羲:《南雷诗历》卷二《三峰与熊鱼山夜话》,参陈垣《明季滇黔佛教考(外八种)》收《清初僧诤记》卷二所引(河北教育出版社,2000年,第523页)。
② 前揭《南来堂集》,第25页。
③ 《(光绪)昌平州志》卷一四,收入《中国地方志集成·北京府县志辑4》,上海书店出版社,2002年,第512—513页。

据府志则以韩四维为文震孟、姚希孟一脉中人,"在翰林前后十四年,预侍经筵",殊为不易,国变结庐华山,则为苍雪近邻,关系不比一般。又韩似为灵岩僧继起弘储弟子,①灵岩继起及其弟子多有与华山苍雪门中友善。苍雪集中有《和韩芹臣冬青轩避暑》四首及《访糁花庵主仙掌峰下》,皆交游唱和之作。然计六奇《明季北略》卷二二"韩四维"条下则贬斥芹臣甚苛刻:

> 韩四维,顺天昌州籍,河南嵩县人。崇祯辛未进士,官谕德。愿输银二万,求为国子监司业,不得,止授伪宏文院修撰。按司业,四维有何大佳处,而费多金,不过借题媚贼耳。贼亦鄙之,降为修撰,不亦耻乎!此词林中最无行者。

> 庚戌十月,观音山僧语予云:清朝时,四维寓苏之观音山,恣甚,山中各静室僧莫不诈害。俄而座主某因有大事,诣其家,欲避之,且乞银少许,韩仆辞云:"在观音山。"及往山访之,又辞在家。座主大怒,曰:"吾拼一身扳他罢!"因词连四维,拘至南京下狱,狱卒以九链系其颈,地俱青石,四维无银用,冻馁甚,一夕乃死。②

按韩四维崇祯辛未科进士,是年座主周延儒、何如宠,则此座主某当此二人之间。然此间述芹臣死状,颇与别处记载不同。顾复《平生壮观》卷五《南京死节诸贤遗墨》下"守嘉兴死"条列诸人,有王心一、杨廷枢、韩四维、刘曙,③亦不知何据。韩四维究竟死节抑或死于内斗,或以僧终,殊难定论,附于此俟考。

第五节　僧中清流的血胤

前文反复讨论过晚明"党争"与"佛教复兴"两个话题间的关联。党争与佛教复兴叠加的现场集中发生在万历朝中前期,因为此时慈圣皇太后有频繁的崇佛举动,而"国本争"议题亦多限于内宫上层,尚未影响到外廷或地方的具体事务中。但是在政治化党争泛滥到更多的行政、决策、人事层面之后,士大夫之间的清浊之分开始变得更为细化与复杂,党争本身的外在超越

---

① 柴德赓《明末苏州灵岩山爱国和尚弘储》引《寄高峰硕和尚》信,有及弟子"糁花"者,然柴先生言未考出,今可补阙。柴文收入前引《史学丛考》,第378页。
② 计六奇:《明季北略》,魏得良、任道斌点校,中华书局,1984年,第602—603页。
③ 顾复:《平生壮观》,上海古籍出版社,2011年。然各家撰述不一致,除韩外,此处另三人事迹亦不同于别家。杨、刘皆卒于吴,未闻王心一殉国,府志皆言"悲悸而殁"云云。

性的政治诉求被消弭了，而掉入了内向锱铢必争的氛围，参与其中的僧人群体已不能独善其身，遂有两大僧案的爆发与高僧殒命锦衣卫的发生。因此，京师佛教僧团无论从影响力还是后续的活力上，都受到了强有力的打压，无法恢复万历初年那种内宫与士大夫共襄盛举的局面。

万历朝中后期，大约就是紫柏大师癸卯僧案（万历三十一年，1603）开始，向政府中层及下层泛滥的清流党争与失势的精英佛教僧团间的联系，随着时代的流变，逐渐变弱。这其中的转机，出现在崇祯朝复社及江南多地结社的兴起，与又一代士大夫佛教护法的诞生，以钱谦益、吴伟业为代表的江南檀越士大夫，在清流党议与恢弘佛法方面，都不逊于其万历朝的前辈。尤其钱谦益及其佛教史书写，包括高僧塔铭、传记、佛经序跋以及诗文总集《列朝诗集》"闰集"中的高僧传记在内，都是晚明清初佛教史叙述的第一手材料，某种程度上，钱谦益也是整个晚明佛教史的第一代构建者，影响后代学者对这一时期佛教史的解读与认识。

与居士群体名人辈出相对应的是，这时期的名僧同样灿若星辰，苍雪读彻及其一系华严、唯识高僧之外，幻有正传（1549—1614）一系临济派、汉月法藏（1573—1635）一系三峰派、无名慧经（1548—1618）一系曹洞派，甚至幽溪传灯（1554—1628）一系天台宗，皆有不世出的大德尊宿。这一时期高僧多经历明清易代的动荡，与士大夫选择于新朝出仕或做遗民一样，高僧之间于入主的清王朝面前，也做出了截然不同的选择。幻有正传门下两支法孙：玉林通琇（1614—1675）与木陈道忞（1596—1674）出仕新朝，成为顺治皇帝的国师，幻有门下另一支法孙费隐通容（1593—1661）门下则有一位高僧隐元隆琦（1592—1673），选择东渡日本传播黄檗宗佛法。而别一支临济"叛逆"三峰派高僧群体，加上曹洞宗禅师中，则多出遗民高僧，并广结反清复明志士。前论熊开元、张有誉的皈依师继起弘储（1605—1672），便是三峰法藏的高足，而曹洞下不仅有觉浪道盛（1592—1659）这样修为与学识一流的清流高僧，在广东还有一批重要的岭南遗民僧天然函昰（1608—1685）、祖心函可（1611—1659）。与这些遗民僧甚至是抗清僧相同，入清后的苍雪同样保持了大节，不过这并不妨碍他与短暂出任清初国子监祭酒的吴伟业相交甚密，其间的因素既有文人心态也会受到时局的左右。无论如何，苍雪一脉的法门高僧，完全继承了万历朝清流与信仰交织的血胤，并在国变后不改本色，使得清初佛教僧俗互动的空间与场域，多少延续了些许晚明佛教复兴的模式与成果，而曾经的清流代表钱牧斋、吴梅村，也在清初的居士生活与类型书写中尽力还原晚明时僧俗互动的现场与记录。

中 编

僧俗互动：
万历间《方册藏》刊刻的展开

上层禁宫与高僧间的互动固然是佛教复兴的重要组成部分，但高僧与世俗精英的结合，才是佛教得以更大范围传播、佛教学术得以振兴的关键。晚明复兴中重要的一支由僧俗精英共同组成的松散的僧团群体，以紫柏大师为精神领袖，于万历朝前期非常活跃，除兴复寺院、布道弘法之外，还曾因组织过一次规模空前的私刻佛教大藏经并改经折装为方册的举动，博得禅林教界的清誉。因为这次庞大的佛教出版事业，紫柏僧团将大江南北的僧众与居士士大夫们紧密地连接起来。而晚明时的图书校对、出版工作，实际上也并不是一个节奏紧凑的出版任务，而更像是一种精英僧俗间的禅悦因缘，除了讨教佛教知识之外，更多的还是日常生活中琐碎而活泼的僧俗往来。这一募刻方册大藏的理想，原计划十余年完成，但仅在正式开始的四年后，以紫柏师徒为核心的刻经团队，便不得不放弃这项工程。最终由后代僧俗信众接力逾百年，修成方册大藏（又有《嘉兴藏》《径山藏》等名，本书将统一为《方册藏》），乃是后话。

本编将转换视角，即以早期刊刻经藏为一条时显时隐的线索，讨论自万历初年起至万历二十年间，紫柏僧团内外的人物、互动与因缘。

第一章 《方册藏》初期经场成立：
从日记与尺牍的对读中展开

紫柏真可师徒与四众弟子共同参与的刊刻方册大藏经《嘉兴藏》的事业，将原本深藏禁宫经阁、卷帙浩繁的佛教大藏经文献，通过普及出版、改易装帧的方式，推广为全社会的"公共知识"（public knowledge），一改世上的佛教文化风气，其本人也成为世俗社会重要的佛教领袖人物。他领衔的《方册藏》刊刻事业，更多的是仰赖在家士大夫乃至普通人的力量积聚而成，这一现象并不偶然；实际上，整个晚明时期，佛教信仰生活早已深入士大夫生活的方方面面，世俗生活中的许多因缘也反过来影响佛教的信仰生活。

本章将在讨论紫柏僧团时，着重拈出此僧团之中两位重要的人物：紫柏出家弟子密藏道开禅师，以及在家弟子冯梦祯。正因为这两位僧俗助手的力量，才使得这一事业的推动在初期得以顺利开展。同时，其二人所存传世文献同样为后人留下重要的线索，冯梦祯的《快雪堂集》中除了日记部分研究稍多，对其余部分尤其是体量同样巨大的尺牍，学界尚未充分关注，而入藏流传之《密藏开禅师遗稿》上下卷，保存了《方册藏》主持者密藏道开于五台山刻经时所写的不少书信，对还原当时整个时代、背景、机缘，有不可替代的作用，学界至今对此仍未作太多深入研究。本章即略引冯梦祯与道开禅师所作尺牍，参看冯氏的日记和同时代居士士大夫的记载及相关传世文献，考察《方册藏》开雕之前及初期错综复杂的人事关系，还原佛教史进程中的一小片真实现场，亦欲证明高僧大德荷担大法之懿行，绝非泛泛之谈。

同时，本章欲重点考证一则晚明佛教史叙述中的陈说，并揭示此一陈说背后长期被遮蔽的《嘉兴藏》的因缘与命运。由紫柏授意高弟密藏道开所主持开雕的《方册藏》，亦即后世闻名之《嘉兴藏》，其早期刻经场设置在五台山著名的妙德庵，习晚明史者世所共知。但是，在选择刻经场所的初期，曾经遇到过不小的争论。五台山妙德庵经场，并不是在一开始唱缘时就定下来的，相反，那是实际主事者密藏道开禅师经过反复沟通、妥协，综合包括师长、护法檀越等各种人物意见之后，才得来的结果。此为晚明佛教史研究者向所忽略,但这些游移不定的场址选择,关系到整个《嘉兴藏》事业的最终走向,而传世文献中又对其语焉不详,使得后世研究者皆未关注到此一问题。

第一节　缘起嘉兴楞严寺

时值抗战期间,近代佛学名家欧阳竟无居士所创支那内学院,内迁到四川江津。1938年,在《支那内学院经版图书展览缘起》一文中,欧阳竟无居讲述了流通佛法与士大夫的关系:

> 予,士也。予之所事,承先待后之事也。释迦以至道救世,承其后者事乃在于流通。迦叶、阿难,结集流通;龙树、无着,阐发流通;罗什、玄奘,翻译流通。自宋开宝雕版于益州,至予师杨仁山先生刻藏于金陵,为刊刻流通。①

这段名言中,欧阳居士明确了作为信徒士大夫的责任,就是传播世间佛法,"承先待后之事"。正如王雷泉教授解读这段话时提到的,"士"的使命就是弘道。② 在佛陀所证悟的至道和教法流通之间,佛教知识分子是起到枢纽作用的人;《论语》之谓"人能弘道,非道弘人"的说法,在恢弘佛法中依然适用。这些,在晚清杨文会、欧阳渐师徒的生平行止中,可以得到淋漓尽致的体现;而之前历代佛教传播史中,出现的迦叶、阿难、玄奘、义净,及近世以来多部大藏经的集结,也直观地展示出各自"承其后者事乃在于流通"的实践。而在晚明时代,江南僧俗共襄盛举的方册大藏——为人更熟知的名字是《嘉兴藏》——的刊刻与传播,同样是吾国佛教史上,一次功勋卓著的流通佛法之举。

书中之前已多处论及《方册藏》唱缘时间、五台山刻经场的选定等话题,以及刻经被迫南迁后一蹶不振,直至崇祯年间毛晋、钱谦益等护法出版家们重新出世,才又掀起一轮刻经的高潮。本章将聚焦此一大事业最开端的几年,即其与时政、宫廷与江南士大夫结合最为密切的阶段里,刻经机缘的形成,及其在居士圈内付诸实践的过程;继续通过考察晚明江南士大夫与精英僧侣间书牍日记的文献,另辟蹊径,从之前甚少被关注的日常琐碎中,厘清

---

① 欧阳渐:《支那内学院经版图书展览缘起》,王雷泉编选:《悲愤而后有学——欧阳渐文选》,上海远东出版社,1996年,第295页。
② 参王雷泉:《释迦以至道救世,承其后者事乃在于流通——大众阅藏对于构建网络佛教之体的意义》,《法音》2016年第8期。

万历朝刻藏事业如何融入居士士大夫的生活,并具体影响着佛教复兴的进程。在当日僧俗交往互动的禅悦生活里,有一对著名的嘉兴精英法侣,值得受到更多的关注;他们之间频繁的往来,最终成为《方册藏》因缘最重要的开启者。

《方册藏》会被人称为"嘉兴藏",因其最早的唱缘发起,与嘉兴之地及嘉兴籍人士关系密切;不仅冯梦祯就是秀水籍人,紫柏、道开师徒也同样长期驻锡嘉兴。在明清嘉兴府城内,郡治西北方向二里左右的集庆坊,有座古刹楞严讲寺,旧称"楞严院",宋代的时候已存。传说北宋华严宗高僧长水子璇大师,曾于此地说《楞严经》。此后百余年,寺院屡经兴废,直至明初僧善修将其重建,洪武辛未(1391)定为"楞严"之名。嘉靖年间经倭乱后,寺院又一次被毁,渐沦为私宅。

万历十二年甲申,紫柏大师见寺址荒废,感叹大法不彰,名刹隳堕,遂派遣自己的大弟子密藏道开主持修复古寺。担纲大任的道开禅师,开始接触到嘉兴本地士绅信众,这其中,就有一位本地青年进士冯梦祯。万历初年此次嘉兴楞严寺的修复,有多重复杂的机缘,紫柏大师有《楞严寺五十三参长生缘起》一文,载其恢复的经过:

> 槜李楞严,以嘉靖时倭奴之变,寺因火之。于是清凉宝地,翻成热恼之场;旷古名林,遂为游晏之所。识者慨焉。万历间,有豫章密藏开公,乞食城中,以为长水灵迹,岂当久委草莽?乃不辞寒暑,而旧物始复。虽正殿缓之未建,然有静室可以藏经板,有云堂可以安法侣,有香厨可以供饘粥。晨昏禅诵,异口同音,击磬鸣钟,**祝延圣寿**。愿吾君明齐日月,算等山河,五谷丰登,苍生乐业,此林下道人寸志也。呜呼!一旦既废热恼之场,复为清凉福地;游晏之所,今为更始名蓝。微开郎,则旷古祝圣之坛,几为有力皮矣。虽然,法界门中,无孤单法,设微鹤林蒬上人佐之,宁即功成速若是乎?至于诸大金汤,不避嫌疑,不顾毁誉,并心护持,始终如一。虽给孤复生,庞老再来,不是过也。余固不敏,感金汤护持之念,开郎、鹤林寒暑之勤,倡善财五十三参之缘,究五十三善知识,无论黑白男女,但闻缘发心,见作随喜者,请一人施米千升,永充楞严十方圣凡长生供养,庶几无负吾君资生之恩。如来法乳之惠,金汤护持之力,二上人恢复之劳也。①

其中,参与修复楞严寺工程的出家人中,除了密藏道开,另有一位本地

---

① 紫柏真可:《楞严寺五十三参长生缘起》,《紫柏尊者全集》卷一三,《卍新续藏》第73册,第257页下。

僧人"鹤林蘪公",应该就是县志中的"真采芳渠"禅师,曾长期驻锡嘉兴东塔寺。从今天传世文献来看,楞严寺的恢复其实非常仓促,虽然陆续建起贮藏经版的静室、安法侣的云堂和供饘粥的厨房,但宗教空间中最重要的大殿,却最晚落成。整个复建楞严寺工程中,禅堂最先开始动工,冯梦祯《楞严寺初建禅堂碑》载:

> 于时豫章密藏开师,达观师之上足也,须发方堕,气宇如龙,直欲拊取虚空,踢翻大地。而达观师故以兴复因缘委之,曰:"汝新出家,福缘未足,宜勉任此事,他时后日光明有在。"师唯唯,遂慨然经营之。众议欲先佛殿,计其赀当二千余金,取之檀那,未易卒办。而僧众又卒无所即安。师曰:"不若先禅堂以安僧众,而后徐图大殿,不亦可乎?"众曰:"然。"时尚书陆公光祖,副使包公桱芳,与师为方外交甚笃,各捐厚赀助之,遂择以甲申(万历十二年,1584)秋七月①,始事为禅堂三楹……因以师命作禅堂记,楞严讲者,所居其有禅堂,自师始。有志世守者,其毋使斯堂为告朔之羊也哉?万历丙戌正月廿八日记。②

督修楞严寺的密藏道开彼时还颇年轻,刚出家,身上也散发着锐气,"气宇如龙",想法一定不少。但在紫柏大师的规劝下安然接下了这一项目。不过修寺计划并不易推进,到底是先修大殿还是先修禅堂,从一开始便意见丛出,最终道开决定"先禅堂以安僧众",住下之后再慢慢计划大殿营建。两位重要的嘉兴大护法——陆光祖与包桱芳一起捐资支持,在万历十二年秋开工建设。

据紫柏真可所述,建寺的目的中除了禅诵焚修之外,还有一层曾重要的用意:"祝延圣寿"。这句意味深长。如果《(崇祯)嘉兴县志》记载无误的话,那么紫柏在万历十二年倡议恢复楞严寺,③显然是在呼应慈圣皇太后四十岁的生辰。这里的"祝延圣寿"不仅关照了当时的神宗,其实更多还是为了慈圣的福寿。这也可以反过来证明楞严寺修复的仓促,可能事出有因,除了聚缘不易外,要赶在慈圣整年生日完工并上达天听,准备上无法特别充分。如此则重新细绎紫柏《棱严寺五十三参长生缘起》一文刻意回避写作时间,无疑显示出紫柏大师内心高度的政治敏感,并昭示楞严寺未来在晚明佛

---

① 《(崇祯)嘉兴县志》作"十月"。见罗炌修、黄承昊纂:《(崇祯)嘉兴县志》卷八,收入《日本藏中国罕见地方志丛刊》,书目文献出版社,1991年。
② 冯梦祯:《快雪堂集》卷八,收入《四库全书存目丛书·集部》第164册,第155页。下引《快雪堂集》(日记除外)皆出此版。
③ 《(崇祯)嘉兴县志》卷八《营建志·寺观下》,崇祯十年刻本。

教复兴中不平凡的经历。

也正是在修缮楞严寺的万历十二年至十四年间,紫柏大师开始频繁接触京师甚至是内宫里的佛教大施主们。冯梦祯在另一篇《重建楞严寺大殿疏》中记载:

> 于是,慈圣宣文明肃皇太后虔向佛乘,大宏法施,印赐大藏,因逮楞严。僧锡紫衣,堂悬宝像。梵书贝叶,腾辉于檇李城中;玉轴琅函,炫彩于鸳鸯湖上。盛矣哉!法门之奇逢也。所惜者,大殿未建,像设无寄。①

楞严寺建完禅堂后,大殿久久未成,但仍然得到了内宫慈圣皇太后"大藏"与"紫衣"的颁赐,如县志载:"万历十五年元月十一日,蒙慈圣宣文明肃皇太后颁赐观音大士画像一轴,紫衣袈裟一领,于楞严寺住持能弘。"②楞严寺得到内宫颁赐的观音绘像,即前论易以慈圣容颜的宫廷观音像,冯梦祯曾至了然能弘处寓目此轴画像。③ 得到内宫皇太后如此隆遇的江南寺院并不多,这其中与紫柏大师的奔走斡旋及宏大愿力是分不开的。紫柏的大愿之一,无疑就是方册大藏,楞严寺与这个愿望有着直接的关系;这里计划成为方册大藏刻板的收集场所,《方册藏》因为嘉兴楞严寺的关系也被称为"嘉兴藏"。

这其中,多篇楞严寺修造碑记,都出自一位嘉兴籍新人冯梦祯(1548—1606)。冯为浙江秀水人,万历五年丁丑科会元。尽管廷试时落到了二甲,但冯太史依然成为当日政治新星中相当瞩目的一颗;不过也就是因其清流用事,很快便遭到贬官,之后更是官场蹭蹬,年逾半百才做到南京国子监祭酒。《楞严寺初建禅堂碑》文中落款的时间:"万历丙戌正月",为万历十四(1586),这年冯梦祯已丁忧在家。为邑中新修古刹作碑记时,冯梦祯回忆了两年前楞严寺动工前后的经历,包括自己的亲家包柽芳、前辈陆光祖在内的嘉兴籍士大夫们,一起参与了复建楞严寺禅堂的工作。也就在这段修复楞严寺的岁月,冯梦祯与复寺的总裁密藏道开禅师开始有了接触,由此开启了二人一段重要的交谊,这其中不仅关乎楞严寺的复兴,更是决定了日后著名的《方册藏》刊刻的命运。

说到这对缁素间的交往,与两位身在嘉兴的禅林前辈的引荐不无关系。第一位是密藏道开的落发师了然能弘(1543—1588)。了然法师是嘉兴王店

---

① 《快雪堂集》卷二六,第379页。
② 据县志,楞严寺大殿建于万历三十三年乙巳。罗炌修、黄承昊纂:《(崇祯)嘉兴县志》卷八。
③ 冯梦祯日记万历十六年三月初四条:"到楞严,至东静室晤了然师,见圣母所赐观音及金襕袈裟。"(《快雪堂日记校注》,第31页)

镇人,长期驻锡嘉兴名刹东塔寺,法师一直身体欠佳,在寺院中始终处于掩关休养的状态。在楞严寺修复后的万历十四年春,了然法师被弟子道开请到新刹任住持,但没过多久就去了东静室休养。万历十六年法师圆寂后,道开曾作《示寂先师楞严寺住持了然和尚行状》,冯梦祯则有据行状所作的《楞严寺了然关主塔铭》,从中也能看到冯梦祯与这对师徒的情谊。另一位禅林尊宿,则是更为知名的紫柏真可大师。作为冯太史的皈依师,紫柏在万历初年的声望前文已屡有涉及,兹不赘述。

直到万历十四年春,楞严寺禅堂竣工前后,密藏道开着手北上京师,与乃师紫柏汇合,于京师龙华寺唱缘刊刻方册大藏。京师僧俗胜流,翕然汇集。这一年,成为晚明《方册藏》事业的起始年。此时的冯梦祯,尚丁忧在南,并静待十五年春的丁亥京察。不走运的是,"京察"之后,冯梦祯被谪官,与密藏道开彻底南北分隔,无缘在北京响应方外交们的义举。不过,冯梦祯依然是紫柏、道开师徒心中江南护法居士的第一人物;何况《方册藏》刊刻事业从一开始,就是依赖南方的士大夫与檀施的。冯梦祯与密藏道开这对禅悦好友,从营建楞严寺开始,围绕刻藏相关的晚明佛教事业,开始了持续多年的频繁的书信往来。

可以看到,类似的士大夫与高僧的交游,在晚明时代已非常普遍,形式也日趋丰富。后代研究者考察这段时期僧俗间的场域时,一般会通过传世文献中的传记材料、诗歌唱和与尺牍往来等记载,尝试还原其中可能的现场。但由于明清近世文献存世的特性,在许多的研究交游叙述中,这种场域是略显单薄与碎片化的。比如晚明士大夫曾拥有内容丰富的信仰生活,但今天的研究者面对的相关存世诸部文献,不太容易感受当时社会活动的状况。但考察冯梦祯的交游是个特例,他在存世别集《快雪堂集》里留下了一部明代名人罕有且详实的日记。官场不顺的他,养成了记录宾朋相会、流连山水的习惯,并刻集流传。别集中另有十三卷之多的尺牍,这些都足以为后人展示自己相对完整的交游现场。当然,并不是因为拥有了详实的日记与尺牍文献,就值得学者花力气去挖掘这个人——冯梦祯本人,就是一位晚明佛教复兴中重要的亲历者与护法士大夫。

作为当时江南重要的护法士大夫,冯梦祯最为突出的身份,也是本节最重要的关注点,是其襄助高僧在江南乃至全国恢弘释迦大法;晚明佛教复兴进程中最重要的活动之一——刊刻《嘉兴藏》大藏经前后相关的活动,在他的日记中得到不同程度的展现。日记始于其被贬的万历十五年,前后跨度近二十年,内容亦相对完整。而其中的佛教史史料价值,在之前的研究中完全被低估了。从刻藏准备——楞严寺的兴复,到刻藏寺院的选定,到经费的筹措,冯梦祯无疑是这一系列工作的第一居士负责人。一位重要的居士士大夫,拥有完整的日记文献,保留晚明生动的社会生活观感与佛教进程中的一手材料,无疑是研究晚明佛教社会史的一大幸事。

如果说冯梦祯因为自己的日记与诗文创作,尚能得到学界些许关注的话,那作为《嘉兴藏》经场前期的总裁、紫柏大师的大弟子,密藏道开禅师的事迹与行谊,关注度则小了很多,尤其他为筹措方册大藏经刊刻,南北奔走、运筹帷幄的功绩与细节,学界几乎从未认真梳理过。更何况,密藏大师仍有存世两卷以尺牍为主的遗稿作品《密藏开禅师遗稿》,曾入续藏流传,其价值亦长期得不到有效的研究,确实与高僧生前盛举不相匹配。① 道开禅师最先开法嘉兴,后北上赴刻藏因缘,最终在五台山经场南迁前后悄然隐去;即便在他为大藏经奔走的那几年,关于道开禅师本人的记载,亦颇为支离破碎。不过在细检冯氏日记尺牍文献之后,发现其中多有涉及密藏道开的信息,并多与刊刻大藏等佛门事业密切相关。

明清人的传世尺牍,若光凭其内容,研究者殊不易了解其中来龙去脉,亦颇难以从中汲取太多直接有用的信息。但尺牍之外,冯梦祯有近二十年之日记存世,一下子减轻了其尺牍排列与解读的难度;取冯氏日记、尺牍,与密藏道开的遗稿对读,可以切近二人身处的晚明社会生活现场,于道开存世遗稿的系年与释义,亦有极大的帮助,遂有此章钩沉这对僧俗交往的尝试;并借此还原万历朝早期,《嘉兴藏》五台山与径山经场建立的机缘、运行情况及最终南迁的社会生活背景,以证明晚明佛教复兴,并非一线性增长的面貌,而是跟随整个晚明国家与地方社会的脉动,曲折发展而来。

冯梦祯尺牍中,有九通致密藏道开;而道开遗集,则有十四封信致冯梦祯。这往来二十余通信中的绝大部分,都在冯梦祯的日记所含范围内;确切地说:二人存世通信始于营建楞严寺的万历十二年后,止于万历十九年;那年后不久,密藏道开准确的行踪便已存世稀少。冯氏日记中,万历十八年后即未再出现道开的身影。这当然与日记在出版前或许曾遭到一定程度上的裁剪有关,跟道开禅师后来的境遇,或亦有联系,当俟日后另撰文论之。通过对读日记与双方尺牍的内容,往来信件的时间、机缘,及其隐含的信息,都可以相对准确知晓。

兹列密藏道开与冯梦祯间存世通信序列篇目于下,并依时间,考察密、冯二人尺牍通信的内容,及其与宫廷、江南佛教诸缘。

---

① 道开:《密藏开禅师遗稿》,收入《嘉兴藏·续藏》第266函,第7—8册。同时CEBTA系统亦收入,著录CEBTA:J23nB118。

道开致冯序列	篇 名	首 句	卷数	写作时间
1	与冯开之居士	别来两易寒暑	上	万历十六年春
2	又与冯开之居士	苕溪别袂	上	万历十七年冬
3	与真实居士	世路崎岖	上	万历十五年春
4	又	数日太劳身体	上	约万历十五年冬
5	又	本师度夏滁阳	上	万历十三年秋冬
6	又	仲淳携足下手书至	上	万历十六年底至十七年初
7	又	彭城别去	上	万历十四年八月
8	又	居士为儿女婚嫁所迫	上	万历十九年
9	又	刻藏因缘，科臣有言	上	万历十九年
10	与冯开之居士	别来如昨律候载迁	下	万历十八年夏秋
11	与冯开之居士	大乘止观序	下	万历十七年
12	与真实居士	金山道场	下	约万历十八年
13	又	光阴转眼	下	约万历十八年
14	又	润州鹤林寺	下	约万历十八年
冯致道开序列				
1	与藏师兄	朔日至武林	三四	万历十六年冬
2	答藏师兄	别师兄倏已半月	三四	万历十七年春
3	与藏师兄	某年余四十	三四	万历十七年夏秋
4	答藏师兄	别来几两月	三五	万历十七年春夏
5	与藏师兄	子晋病数日不差	三五	约万历十七年春
6	报藏师	自十一月悬望北使至今	三六	万历十八年春
7	报密藏师兄	春间王佛子行	三八	万历十五年夏
8	与藏师兄	劳山印经使来	四二	万历十五年秋冬
9	与藏师兄	别师兄后	四三	万历十七年春
附冯致紫柏				
1	与达观师	藏师兄南来	三四	万历十八年春夏
2	与达观师	唐佛子捧致老师一纸	三四	万历十七年夏
3	与达观老师	去冬十一月十八日	三五	万历十八年春夏
4	上达观老师	顷老师两次书来	三九	未详
5	答达观师	八月七日	四一	未详
6	与达观老师	已至锡山	四一	万历十七年

附识：紫柏真可存世多篇致冯梦祯、密藏道开尺牍，时间多在之后，对此一刻藏时间冯、密二人对读意义不大，遂不专门编目。

第二节　刻经场的候选:"卜吉四山"

通行本《水浒传》中有这么一个桥段:晁盖讨曾头市中箭身亡,有位北京来的僧人在水泊梁山做水陆法事,吃斋闲语时带出了一位日后的好汉领袖——卢俊义。据小说第五十九回"公孙胜芒砀山降魔　晁天王曾头市中箭"回末载:

> 一日请到一僧,法名大圆,乃是北京大名府在城龙华寺僧人。只为游方来到济宁,经过梁山泊,就请在寨内做道场。因吃斋闲话间,宋江问起北京风土人物,那大圆和尚说道:"头领如何不闻河北玉麒麟之名?"①

明代小说中的"北京大名府",自然就是借指大明北京城。尽管这位僧人唯一的作用是引出全书的那位二头领,但无论是他的名字"大圆",还是驻锡的"龙华寺",不仅未必是杜撰,且大有来头。明代小说家创作中阑入当代人名、地名的做法非常普遍,晚明北京城即正好确有位高僧名叫"大圆",不仅曾驻锡名蓝潭柘寺,还长期活动在什刹海附近。② 而小说里所驻锡的"龙华寺",现实中更是赫赫有名,可以视作晚明佛教复兴运动中的一大"现场"。通行本《水浒》的作者,或许是为衬托水浒二头领的出场,才选择了一位行业外同等地位的人物来匹配,以此突显头领尊贵。《水浒传》这样的名著中一句不经意的闲文,也能反映出晚明社会生活的实景。

水浒好汉按下不表,那座著名的北京龙华寺,旧址位于什刹海东北不远。据《帝京景物略》卷一"龙华寺"条载:

> 其(龙华寺)缘起奇,其所致天下古德又奇。万历之初中,遍融大师自蜀,达观大师自吴,憨山大师自金陵,月川大师自五台,云栖大师自武林,锡先后止焉。寺之规,必择方外贤者主方丈事。③

---

① 施耐庵:《水浒传》第五十九回"公孙胜芒砀山降魔　晁天王曾头市中箭"。
② 瞿汝稷:《送大圆上人住持潭柘寺》,《瞿冏卿集》卷六,收入《四库全书存目丛书·集部》第187册,第179页。另虞淳熙《虞德园先生集》卷一有《送大圆禅师住持潭柘龙泉寺序》,知其为万历时高僧。然通行本《水浒传》此处记载为巧合还是阑入同时代人物,尚需更多材料,俟考。
③ 刘侗、于奕正:《帝京景物略》,第37页。

这座寺院在晚明最为出名的,便是多位著名高僧如遍融、紫柏、憨山、镇澄、云栖等晚明禅林尊宿,皆曾驻锡于此。另一件使龙华寺扬名的,就是紫柏真可与密藏道开于此倡议刊刻方册大藏,亦即日后闻名法界的《嘉兴藏》。当时,此盛举得到了朝野众多居士士大夫的空前响应,僧界如当时最高僧官、僧录司左善世、慈寿寺住持本在和尚,也曾有过响应;更不用说唱缘的"地主"——龙华寺住持高僧瑞庵广祯,亦是积极参与其间。瑞庵和尚的另一身份,便是当时内宫皇太后的方外交。说到那位晚明佛教的最大护法慈圣皇太后,似乎也曾愿意襄助紫柏大师的刻经举动,不过最终似乎没有成行。此善举,在后辈居士的记载里成了:紫柏大师冀望更多人润沐佛法,才拒绝了太后一人护持的本意。① 尽管如此,刊刻大藏依然从一开始或多或少受到上层的关注与影响,导致僧俗内外对此一宗教大业关注颇多,紫柏、道开辈亦不得不因之四处结缘奔走。如此,则万历年间刊刻方册大藏一事所需遍历之世俗因缘,必为千头万绪,或多有细节为学界前人关注而未发之覆者。②

　　后人总结过,此次僧俗共同举事的浩大工程,起初置于五台山妙德庵,在经历环境严冷、交通不利的四年考验后,南迁至余杭径山,同时在嘉兴楞严寺等地保有校经刊刻的场所。至于崇祯年间毛晋、钱谦益等推陈出新的《嘉兴藏》刊刻行为,亦皆已多为研究者稔熟。但是这些关乎《嘉兴藏》刊刻缘起、历史、文本及参与人物的研究中,学界始终忽略了《方册藏》实际总裁密藏道开禅师及其存世的《密藏开禅师遗稿》的价值。密藏道开,生卒年皆不详,南昌人,曾为儒生,其生平传记多附于紫柏大师传记之后,如憨山德清所撰《径山达观可禅师塔铭》例;其余我们所知道的关于道开禅师的信息,大约只有他最早披剃于普陀山。③ 道开在大藏经场迁出五台山后,亦不知所踪,为明清佛教史中一大悬案。以如此威望之高僧,交游极为广泛之人,忽而消失于传世文献之中,实在不容易找到合理的解释。今有廖肇亨教授考证密藏道开晚年曾至云南,滇籍高僧彻庸周理曾向其问法,时间

---

① 于元凯《密藏禅师遗稿序》载:"万历丙戌,师弟同人京师。慈圣皇太后知有刻藏之举,欲发帑金命刻。尊者谓,宜令率土沾恩,师愿以一身任事。"(道开:《密藏开禅师遗稿》卷上,《嘉兴藏》第23册,第2页上)另参憨山年谱"三十一年癸卯"即紫柏卒年下福征疏云:"其刻藏缘起,在达师高足密藏公,奉慈圣太后旨,鸠工五台。而究竟成就,则在径山寂照化城,及吾郡楞严般若堂两地。"(《憨山大师年谱疏注》卷上,《大藏经补编》第14册,第538页)
② 方广锠《谈〈嘉兴藏〉的历史地位》(《西南民族大学学报(人文社科版)》2016年第7期)一文提到的刊刻历史、入藏标准、现存印本等问题,依然是值得研究者继续深挖的话题。
③ 可参王亨彦:《普陀洛迦新志》卷六"密藏"传,收入杜洁祥主编:《中国佛寺史志汇刊·第一辑》第10册。

第一章 《方册藏》初期经场成立：从日记与尺牍的对读中展开 ·135·

或已至启祯年间；①然万历中期开始直至天启初年道开的行迹与驻锡地，依然是个谜。

今存世《密藏开禅师遗稿》上下卷，收入《嘉兴藏·续藏》之中，其中文本迟至入清之顺治年间，才陆续收集刊刻而成。道开所著遗稿之中的内容，时间多为万历十二年至二十年间，内容则涉及《嘉兴藏》五台山经场奔走运筹的书信，完全可证密藏道开为《嘉兴藏》刻经早期最重要的管理者。有研究者称此方册大藏为"密藏版"，②周叔迦先生将《嘉兴藏》功劳归于密藏道开，而幻予、紫柏、憨山为协助，亦颇有独到眼光。③ 对密藏禅师与氏著遗稿的全面及综合之研究，殊非本章能够涵盖，仅就《密藏开禅师遗稿》及相关文献中学界尚未关注过的细节做出考订，以证密藏禅师于晚明佛教史进程中之重要性，仍尚存不小的研究空间。

比如《方册藏》刻印场地有前后之变迁问题，其前期置于五台山妙德庵，四载而南还余杭径山后，又屡迁诸寺址，前人研究多有论及。过往研究者以为当时择五台山原因，或为五台地近京师，方便游走公卿之故。此皆地缘之考虑，略观紫柏、道开师徒长期游走京师周边，即能推知。然此说尚有不周之处，有待进一步考略。今欲知道开师徒最初选择五台山的机缘与原因，则需细检道开遗稿篇目，或可推知开雕大藏的一些因缘。

首先，《密藏开禅师遗稿》有三封写给傅光宅的信非常重要，分别是第一封长信"与傅侍御"（下称"傅札一"），及两封排列相邻的同名尺牍（依次为"傅札二""傅札三"）。傅光宅，字伯俊，万历五年进士，冯梦祯同科，为紫柏大师弟子信徒中少有之北人（傅系山东聊城人）。傅氏曾于万历十三年任河南道监察御史，遂有集中"傅侍御"之称，其间巡按山西，④则道开身在五台

---

① 廖肇亨：《欲识玄玄公案，黄粱未熟以前——从〈谷响集〉看明季滇僧彻庸周理的思想渊源与精神境界》，《倒吹无孔笛——明清佛教文化研究论集》，台湾法鼓文化，2018年。
② 如紫柏缘起文中"自今而后，藏板不完，开心不死"。已有不少研究者对万历间径山刻藏事做过研究，如陈豪楚《径山寺刻藏述》[《大藏经研究汇编》（下），张曼涛主编：《现代佛教学术丛刊》，大乘文化出版社，1977年]，李富华、何梅《汉文佛教大藏经研究》第十章《关于〈嘉兴藏〉的研究》，前揭陈玉女《明代佛门内外僧俗交涉的场域》第四章《五台嘉兴藏刊刻缘起及其社会资源》、第五章《江南嘉兴藏刊刻各阶段的社会资源与愿求》。另细检《嘉兴藏》本《密藏开禅师遗稿》全书，为大藏选刻场筹檀资皆出于道开奔走，刻藏大业实际操办者即是道开，紫柏仅作精神偶像，下文详论。
③ 周叔迦：《法苑谈丛》，《周叔迦佛学论著全集》第3册，中华书局，2006年，第1096页。
④ 于慎行《四川按察司提学副使傅公光宅墓志铭》中言："乙酉，召（傅）拜河南道监察御史……按二关，疏荐故蓟帅戚继光，众论快之；庙堂意弗是也，有诏让公。公方受命按晋，因请告归。"（《谷城山馆文集》卷二二，《四库全书存目丛书·集部》第147册，第643页）另参冯梦祯《快雪堂日记》戊子（1588，万历十六年）二月二十三日载："得傅伯俊书。傅为山西巡按。"（《快雪堂日记校注》，第29页）

山,诸事颇能求告傅氏,遂有此信。遗稿上卷"傅札一"长信一通,内容颇涉时事,多有可解读之处,且为选定五台山刻经之关键文献。兹据其中信息,一一作出解读。

先据信内容考其所寄时间。"傅札一"信尾声有言:"不肖二月尽出足,过芦芽,一访妙师,复由燕都、牢盛,走江南,唱诸法侣,结集因缘,期秋冬归山。流光几何,敢复念缓?计此时门下科场事毕,或复命,或请告,当亦聚首。"①其中提到道开是年的行程,除会妙峰福登于芦芽山外,即由北向南而行,化缘檀施。此时傅光宅为河南道监察御史,为京官中之显要。笔者初读"计此时门下科场事毕"一语,殊不能解,因查明代京官六年一轮之"京察"制度中,河南道御史是与吏部和都察院长官共同主持考察京官,②则豁然明白,此"科场"为万历十五年那次"京察"之事。此信自然作于京察之后。"京察"例在当年二月。查十四年冬,道开似在京师;十五年元宵节,约众居士聚于龙华寺。③此后即如信中所言"二月尽"西行南下,所经最重要之处为山东大灵岩寺,下文详论。此后至冬日归五台山,居"妙峰、憨山二师旧栖隐地"(信中语)之妙德庵或龙门,遂有此信。信中出现道开至"元旦"而卜吉四山,则道开此信所作时间,则在十五年丁亥之次年,即十六年戊子(1588)年初。大略知其所作时间后,复观此信中涉及一需拜托傅光宅之要事:

> 五台因缘,向云云甚草率,不足据。昨归山备采之,深幸本山都纲司,额有申文,抚按司道事例,省平地起风波,动世惊疑。又幸抚按司道,即批申告示,皆超情破格,尤便踵行,因择其切要四事,私为属草:先请命,继且出以示该司,令其具申。倘其如所云云批发,则千载名山之幸,岂惟现前圣凡?大众万口颂恩,即曼殊老师,亦当于金色界中合掌。加额题请云云,非时世不敢望,第借以速有司奉行耳。立碑最为切要。即题请,亦一时故事,立碑则千年标帜也。其戒淫一节,初意欲重惩二三,以警什伯,已复念之,晴空霹雳,则其人必推原所自。今僧司既申劾,有司而批词未复,未复则彼此当有鹬蚌相持之势,此时乘而利之,乘此以清外障,乘彼以荡内魔,两无姑惜,两有显对,各心死无憾,此又在渔人运用之妙耳。④

---

① 道开:《密藏开禅师遗稿》卷上,《嘉兴藏》第23册,第18页中。
② 河南道功能可参《明史·职官志》:"都察院衙门分属河南道,独专诸内外考察。"并参徐美洁:《明代京官考核》:"何止非升即走,简直血雨腥风",《澎湃·私家历史》2016年1月25日。
③ 曾凤仪《刻大藏愿文》:"岁丁亥上元,密藏师约赴龙华道场,各发愿言就是事。"(道开:《密藏开禅师遗稿》卷上,《嘉兴藏》第23册,第4页中)
④ 道开:《密藏开禅师遗稿》卷上,《嘉兴藏》第23册,第17页下—18页上。

道开口中"五台因缘",内容明显不止五台山经场,还有一系列计划;但那些仍只是一个"甚草率"的草案,下文将详论之。道开回到五台作此信前,曾到过五台山佛教管理机构——设在大显通寺内的僧纲司,询问关于建立经场的审批条件,其中尤以傅光宅御史或能襄助的切要"四事",列于信中。"请命""加额""题请""立碑"四事,仅此通文字,殊不易详解,然此中有关于僧纲之"申文"的要求,则非常清楚,此一"申文"在道开给傅氏的另两封信中也有出现。

遗稿中另有两封相邻的《与傅侍御》,其中("傅札二")有云:

> 正月十五日附书,于中甫致门下,廿一日接中甫八行云:"十一日已出都门。"凡不肖与门下往来音问,皆属曾司马为之转移;书至都城,想曾司马当为致之矣。中甫使至,兼以门下两尺牍见示,始知门下疏已及都门,甚为欢喜。大丈夫既不能展其所学,为斯世斯民,免饥溺、出水火,则笑谈山水,挥斥烟霞,以遂其高,亦人生乐事;况垂老之亲,所当奉欢菽水,穷劫之我,所当究竟头面,而可不于此时决去就乎? 第闻竟告休致,则恐又拂人情而来物议,此何时也? 功名富贵,不营若蛾灯蚕茧,宁丧其躯,无宁舍离,安有御史而告休致者? 小年不及大年,亦无怪其然。疏草及□(原处墨钉)旨意,皆未得入目,不委云何;但据不肖妄意揣度,此时举动,大都非陈情则称疾,斯合世调之二者,而称疾为尤顺也,门下其裁之。①

送信人"于中甫",是同为居士士大夫的金坛于玉立,为江南居士圈的重要人物。此书中之"正月十五日附书"可注意。而下云傅光宅已于正月十一日出都城。原因是傅氏曾以御史身份上书神宗,最终落得"竟告休致"。道开也慨叹,只有阁部大臣会以"告休致"来威胁皇帝,哪有青年御史告老还乡的呢? ("安有御史而告休致者")接下来一句"小年不及大年"亦可注意。道开彼时身在五台山已久,似乎不知傅光宅接下来的对应举措,所以才为傅氏出了个"称疾"的主意。

那傅氏在彼时遭遇何事,愤而辞官呢? 查神宗实录,万历十五年九月庚子条:

> 河南道御史傅光宅言:"将途当广,将体当存,将权当重,将过当量。"又荐原任总兵戚继光、左府佥书张臣、副总兵郭英。上以继光会经论劾下科看覆,夺光宅俸二月。②

---

① 道开:《密藏开禅师遗稿》卷下,《嘉兴藏》第23册,第30页下。
② 《神宗显皇帝实录》卷一九〇"万历十五年九月十四日"条。见"中研院"历史语言研究所、韩国国史编纂委员会编《明实录》数据库:http://hanchi.ihp.sinica.edu.tw/mqlc/hanjishilu?@4^762316280^809^^^0211001062741^@@2009199570。

于慎行为傅光宅身后所作《明故中宪大夫四川按察司提学副使金沙傅公合葬墓志铭》载其生平时亦言："疏荐故蓟帅戚继光，众论快之，庙堂意弗是也。有诏让公，公方受命按晋，因请告归。"①傅光宅因为举荐落寞之一代名将兼同乡前辈戚继光，而遭到神宗斥责，尽管他应该很清楚戚继光与张居正的亲密关系，是为神宗所最不能忍受。遭到斥责的傅氏决定辞官，是为晚明清流最为激进与幼稚之处。观此处道开信中所述，则此信中的"正月"必在傅氏上疏之次年，即万历十六年戊子正月，而前"小年不及大年"一语，最简单的解释便是十五年为京察之年，京官流动为世人所瞩目所致。此信以下有云：

> 五台因缘他尽可缓，独申文一节，必得批行。立石斯为至要全美，即门下归速，不及立石，而有按院批申，立案该道府州县，亦足以为后日张本也。②

傅光宅去官，则五台山少一得力护法，然道开念念不忘"申文一节"，则与上一通致傅光宅书同。

之后的第二通"傅札三"则又提此事：

> 即日曾司马使者报言：不肖正月十五日寄门下书，业已托甘直指转上，不肖甚危之。此书得从承差人附往即无虑；傥官封发铺，而门下又不投文，此必类收宪司，且将投之新院矣。书中所云五台因缘甚络索，兼有申草在内，脱投之新院奈何？不肖已趣使都城讯其事，图止之，复颛人白之门下，乞留意查之。凡甘关院公文至，得尽收拆乃可；不然，则狼藉不少矣。大都中甫出都门，便有如许清讹也。五台事节，正月廿四日寄书虽复云及，即不详矣；正月十五日书并重录，申草呈上，幸委悉之。他余皆在缓急间，独申文一节，僧司业已候之门墙，万一可行，乞批发，以了彼我一番心愿，而名山有幸。万万不可，幸垂一语，微示去役，令其归山。去役依不肖最久，颇伶俐，能领会也。从甘使者寄书傥已达彼岸，幸慰我报音。③

信中僧司"业已候之门墙"所涉之事，据尺牍及今传文献仍殊难揣测，似乎为请内宫敕建寺院、赐额或颁赐大藏一类事，其中尤以得到"申文"为最重要，恐怕惟御史身份之傅光宅方能玉成，此事仍俟大明佛教制度专家。然查

---

① 《谷城山馆文集》卷二二，第 643 页。
② 道开：《密藏开禅师遗稿》卷下，《嘉兴藏》第 23 册，第 30 页下。
③ 道开：《密藏开禅师遗稿》卷下，《嘉兴藏》第 23 册，第 31 页中。

此三封道开予傅光宅之信，虽于遗稿中排列顺序相去甚远，但循其文意则为同一时段所作。"傅札三"中所称两封之前寄出而傅氏未收到之两信，一为"正月十五日"所寄，一为"正月廿四日"所寄。以"傅札二"开头介绍递信由来及对申文的强调，"傅札二"当为"傅札三"中所谓之"正月廿四日"寄的那封。而"傅札二、三"共同提到那封"正月十五日"所寄之书，应当就是前引长信"傅札一"，则"傅札一"所作时间可精确至万历十六年正月十五。

既然能确定"傅札一"的写作时间，复观此信中最重要的信息，莫过于大藏刊刻经场的选择之上。"傅札一"中云：

① 刻经期场，向已十八九决策灵岩。昨归清凉，有僧告以此地信名胜，第与黄巢故址比邻，其遗风流俗犹有存者。迄今四山多豪客，窃发业于卤劫，不以为怪，虽有司莫可奈何。不独四山，即灵岩秃民，大多其种族；谓此山凡行人，欲入泥水、试坚利、化骁顽则可，藉欲举缘事、集檀越，则不可。此僧曾居彼三年，且老成练达，其言有足信者。因作思：惟此期场非眇小，所有一切因缘，大小美恶，始终彼此；惟诸佛如来，悉知悉见，终非隔碍凡愚，所能测识趋避。

② 至元旦，遂以清凉、双径、牢盛、灵岩四名山，求阄于释迦如来、文殊遍吉两大士，及诸护法善神，以决狐疑，乃三举三得清凉，今则有不得不遵如来敕命矣。清凉山水，浑厚盘旋，足下一入游观，当亦肯心自许。此去聊城，道仅倍灵岩，亦不甚远。法门最近肉骨亦惟足下，足下当不以东西而异视之。

③ 显通寺为清凉首唱，其风水亦甲诸刹。唐观国师造《华严疏钞》即其地。其规模犹唐之旧，欲举事，当就此。但"礼闻来学，不闻往教"，此时山门甚凋谢，得门下垂一语嘱都纲。住持云："此山门恁么陵替，何不请高僧为兴隆？"之间或又问："达观老师父、密藏师曾到此否？"则此辈当自有来学之心矣。①

先观所引第二段，自十四年丙戌紫柏师徒倡议以来，至十六年元旦之前的时间里，以这对师徒为主的大藏经筹备工作的重心与成果，即刊刻大藏经的"期场"选择，并非是五台山，竟"十八九决策灵岩"：基本上定在灵岩寺之中。此信中首选"灵岩"，非姑苏之灵岩山，彼灵岩寺于明初重建后而毁，直到乙酉明祚之亡时，才由名僧继起弘储重兴。此处"灵岩"当为山东济南城南五峰山中之大灵岩寺。傅光宅本人曾为大灵岩寺作《重修千佛殿记并

---

① 道开：《密藏开禅师遗稿》卷上，《嘉兴藏》第23册，第18页上—中。

词》云：

> 先是，丁亥之春，有密藏上人结盟于林壑。戊子之夏，则达观和尚说法于山岩。于时，典宝副陈奉者，方奉王命，督理寺工。受一言于密藏，投五体于达观，奉戒精严，监工勤慎。遂尔山门炳焕，殿宇崔嵬。①

千佛殿为大灵岩寺最著名之建筑，所供奉众中古时罗汉彩色泥塑，享誉海内。细绎傅氏作记时间及内容，大灵岩寺此次"山门炳焕"的重建，首先当与内宫有关系。"典宝副陈奉"应当为当时司礼监掌印太监陈奉，其前来修葺寺院，所奉不仅有"王命"，应该还有宫中慈圣皇太后的懿旨。同时，本地德藩也参与了此次重修活动。千佛殿梁间存有"时大明万历十五年岁次丁亥九月八日德府重修"的题字，②即与陈奉所来同时。今按，英宗子见潾封德庄王，就藩济南府；其五世孙德定王翊錧，于万历五年袭封，十六年薨，③当即为此修殿之德藩。据傅文意，十五年秋重修此殿，当本为僧众如道开、紫柏辈结盟说法之用，或亦为成大藏开雕之期场。查紫柏《祭了然关主文》载："万历戊子八月，余挂锡五峰山中。"④又，道开《示寂先师楞严寺住持了然和尚行状》有言："时（戊子年）达观老师结夏灵岩。"⑤则次年十六年夏，紫柏亦来此说法。

道开"刻经期场向已十八九决策灵岩"语，显示大灵岩寺曾为刻经之准备，亦已不少；其未能如愿，信中做出了若干解释，那是因为道开听说山东民风彪悍、"豪客卤劫"，而不容易汇集檀施、护持。此为一现实的考虑，今天看来亦颇有其合理性，"所有一切因缘，大小美恶，始终彼此"的说法，确可被视为一无奈之叹。同时，山东藩王德定王于十六年早薨，似乎也对经场护持有所影响，然惜彼材料有限，不能断言。

今观清凉、双径、牢盛、灵岩四山选项。余杭之径山地处江南，本距紫柏、道开、幻予辈出家地近，众江南檀越人脉密集；牢盛即憨山所住之东海牢山，以憨山之威望，亦为一大资源；济南之灵岩，除新敕重建大寺，并有藩王护持。仅当时清凉五台一山，似于万历十七年大藏开雕前，还是准备最不够充分的候选之地；至少较前三山之选，绝不在上风。道开所谓"求阄于释迦如来、文殊遍吉两大士及诸护法善神，以决狐疑，乃三举三得清凉"，《遗集》

---

① 马大相编：《灵岩志》，山东友谊出版社，1994年，第64页。
② 政协长清县委员会文史资料征集研究委员会编：《长清文史资料》第2辑，1985年，第68页。
③ 前引《明史·诸王世系表五》，第2903—2904页。
④ 《紫柏尊者别集》卷一，《卍新续藏》第73册，第409页下。
⑤ 道开：《密藏开禅师遗稿》卷上，《嘉兴藏》第23册，第33页中。

中与多人信中亦谈及此"卜吉"之说,仅可作宗教徒至诚所致之遐想看;然其借助神灵附会之语,亦得见清凉之选,虽有可供支撑之有利资源,或不能尽言之于翰墨,惟道开、伯俊二人皆可解味也。

第三节 径山与五台山

前论道开所言选定五台山的时间,在万历十六年戊子元旦,但五台方圆百里,哪座寺院作为经场,仍未有着落。道开在信中透露的"显通寺为清凉首唱",则当时首先留意的经场候选是大显通寺。今日所存五台山显通寺,为台怀镇最宏伟的寺院之一,明代五台山僧纲司所在地。高僧妙峰福登亦曾驻锡于此,其所筑金塔金殿今日犹存。然万历十五、十六年间,大显通寺"山门甚凋谢"(前引"傅札一"),寺院尚颇为破败。道开的想法是:通过傅光宅与当地僧司沟通,图复兴寺院;至于显通师徒,似乎也愿意参与其间。不过"傅札一"里那句"礼闻来学,不闻往教",及转述显通寺住持的话语,悄悄透露了道开不屑的态度。从最终的结果看,显通寺并没有成为最终的经场,只能算是道开选择初期的一个备选而已。

最终未能选择大显通寺作为经场的具体原因,因文献所囿今不得而知;不过道开信中似乎表达出了对五台诸当权大寺院的某种不满,才最终被迫选择了一处离台怀镇颇远的院落。这种不满可参前引正月十五之"傅札一"中所言:

> 闻慈寿主人为塔院住持有所请求。慈寿非高明,塔院最愚俗,或未免以一己之私,累足下之公,当察之,无轻听。①

"慈寿主人"不出意外应当是京师大慈寿寺住持、僧录司左善世本在。本在曾捐助过《嘉兴藏》刊刻,且在《华严合论》一册牌记中有其名字。②"塔院住持"则为五台山大塔院寺住持,虽不易考察万历十五、十六年间究竟为哪位,但似已非憨山德清、妙峰福登万历十年五台山无遮会时的那位大塔院寺住持大方圆广。③ 信中的那位京师最高僧官左善世,为塔院寺住持所

---

① 道开:《密藏开禅师遗稿》卷上,《嘉兴藏》第23册,第18页上。
② 章宏伟:《明代万历年间江南民众的佛教信仰——以万历十七年至二十年五台山方册藏施刻文为中心的考察》,《清华大学学报(哲学社会科学版)》2016年第5期。
③ 大方圆广事迹不详,可参《憨山老人年谱疏注》万历三年、十年诸条,及镇澄所编《清凉山志》"大宝塔院寺"条下"命比丘圆广主其焚修"语。台湾清华大学简凯廷兄曾论大方圆广与月川镇澄之于大塔院寺之关系,于此殊有裨益,可以参看。

请何事,似不可考,但似乎惊动了御史大人,道开颇有制止之意。可参正月廿四日"傅札二"一通中言:

> 闻憨师有书致门下,料必及五台、芦芽。师去山已久,恐有所筹虑,或未必时宜凡百,当以不肖所云为准,彼不足冯也。况妙、憨二师皆注念塔院寺,而不知此时塔院大非昔比,护之恐反损光明耳。①

这封道开去信中所言则更为直接,直斥塔院寺已今非昔比,不值得护持,其对塔院寺一方极为鄙薄则一目了然。此通信中还透露另一信息:憨山德清曾致书傅光宅,内容似乎与五台及妙峰所在芦芽山有关;而关乎五台者,则必与开设刻经场有关。揣摩道开信中之意,似乎在担心憨山劝傅氏护持塔院寺,而正中道开的难言之隐。信中所言"妙、憨二师皆注念塔院寺"一语,即是指前论憨山、妙峰二位高僧万历十年初于此举办无遮大会,之后宫中诞下皇长子之事,五台山,尤其大塔院寺成为一政教交织的神圣空间,而被当事人推崇。但时过境迁,道开以当时状况出发,极力阻止傅氏护持,"当以不肖所云为准,彼不足冯(凭)也"。可以看出:此时以道开为主的刻经集团,与五台本地塔院寺矛盾似不可调和。不过这倒是可以反证,紫柏大师(包括憨山意见)决定在五台山刊刻藏经,与宫廷求储、国本之争有天然的联系。

虽与本地僧团矛盾不浅,但最终经场被留在五台山,除了长辈高僧的坚持,其中另一大因缘,是有一位高僧舍其僧舍,成就经场所致。此事记载可参万历十六年十二月十八冯梦祯《快雪堂日记》载:

> 日中,索肩舆,同仲淳至城山晤藏师兄。师兄言台山无边师舍道场事甚奇,世乃有此烈丈夫!②

是年冬,道开与江南居士冯梦祯辈相会于武康石城山(今属浙江湖州),道开亲口与冯氏言,五台有位无边大师,施舍其道场,用于刻经。同时之奉佛士大夫常熟瞿汝稷,曾作《五台山大博庵无边和尚塔铭》(《瞿冏卿集》卷一一),明末所修《补续高僧传》卷二二的《无边传》就是依据塔铭所作。查瞿氏所作塔铭载:

> 无边,代州曹氏子……万历戊子,密藏、幻予二上人,以刻方册大藏道场,卜之曼殊大士,三卜皆五鬐吉,因图买山构室,以举此胜因。师闻曰:"僧庵乃十方常住,而今之人悉私之,吾素以为耻。今幸际此胜因,

---

① 道开:《密藏开禅师遗稿》卷下,《嘉兴藏》第23册,第31页上。
② 《快雪堂日记校注》,第60页。

吾尽将此庵及所有，施之藏公，使方册大藏，早行阎浮提一日，是吾法轮一日转也。"于是，悉召山中耆宿为证，一日而尽施，且立约云：徒属以一盂一箸自私者，即摈出。藏公初尚犹豫未敢承，既见师意恳至，因听焉。时师已有疾，又三月而化。其在病苦中，日夕与藏公征决第一义谛，绝不以病苦少蹙额。①

又，《密藏开禅师遗稿》卷上《幻余大师发愿文》载：

> 法本衔命归清凉，开兄寓燕都盟诸居士各发愿以襄盛举。继幸卜吉清凉，而无边老宿且舍庵建期箧事矣。②

前论幻余法本为紫柏另一早年子弟，道开隐去后，幻余为径山经场实际总裁。幻余发愿文中记载，五台之所以入围，除了"卜吉清凉"之外，确也因为无边禅师提供期场。综合瞿汝稷塔铭与冯梦祯日记所载，无边和尚施舍时间在万历十六年中，但绝对在道开当年元旦卜吉四山之后；道开在是年正月间给傅光宅写信时，尚不知晓此一大好消息。也可以看出，道开僧团选定刻经场地，因为这一政教双重的应验，最终选择留在五台山。

若细究起来，无边禅师所舍之僧舍究竟为何处房产，也值得一论。五台经场最后定在妙德庵，为研治晚明佛教者共知，但妙德庵一处并非无边禅师所舍予道开者，道开似早就寓居于彼，至傅光宅信中即已提及。而无边禅师所舍之寺院，为瞿汝稷塔铭提到之"五台山大博庵"。清补修《清凉山志》载其名作"大钵庵"：

> 大钵庵。紫霞谷。群峰拱抱，茂林森耸，无边禅师得楚峰和尚道，济下廿八代。③ 楚峰常嘱曰："尔后有钵饭，当共衲子食。"嘉靖甲子卓庵于此，掘得铜钵，受斗余，遂成丛林。④

大钵庵，或大博庵，其位置与妙德庵之关系，因山志中未曾交代，今亦殊难确定，抑或二者间有承接关系。二处皆在五台山"紫霞谷"之中，即便为互相独立之寺院，亦当相去不远，俟来日详考。然可知万历十六年无边坐化前所施道开之场所，非妙德庵之地；妙德庵究竟何时真正作为刻经场所，传世文献中亦无法回答，则当俟新材料之发现。

但是五台山作为刻经场的短板，同样显而易见；尤其远离檀施信众聚集

---

① 瞿汝稷：《瞿冏卿集》卷一一，收入《四库全书存目丛书·集部》第187册，第268页。
② 道开：《密藏开禅师遗稿》卷上，《嘉兴藏》第23册，第6页上。幻余文末署"万历己丑（十七年，1589）冬十月二十四日"。
③ 前引瞿氏塔铭以乃师龙树楚峰为临济下二十六代，存疑。
④ 《清凉山志》，第22页。按，嘉靖甲子为公元1564年。

的江南，使得刻经人力物力成本大幅上升，也为日后刻经事业的延续增加了不必要的负担。诚然，包括道开在内的所有当事人，其实都很明白这个道理，但在五台山经场不得不上马的同时，道开也留了后手，即作为备案的"双径之图"；在日后那里的确成为方册大藏基本刻成的地方，可见当时布局的眼光。

所以，即便在万历十六年的信中致信檀越傅光宅、五台山经场基本可定的同时，道开本人似乎却并没有完全确认这一选择；甚至一直以来，务实的道开禅师，对刻经场地的选择，都有非常清醒的预案准备。在给傅光宅去信之前，万历十五年的春夏之间，他曾给南方的士大夫好友冯梦祯去信，谈到过刻经场地的备选方案。此时的冯梦祯刚刚因十五年那次京察被"以浮躁谪官"，①居家杭州城内，并开始了漫长的日记生涯。当年六月二十一日记载：

> 庐山僧心悟，以曾于健、藏师兄书求见，为其师彻空禅师求塔铭；行状，憨山笔也。留悟上人斋，送往昭庆文上人房。悟云："圣母遣僧某，送法藏至天台，秋初当至。"②

"曾于健"是曾乾亨，江西籍居士士大夫。那封庐山心悟和尚带来的道开信札，正好保存在遗稿之中，署《与真实居士》一通（编号"密3"）。信中"庐山彻空老师为江南大善知识，其徒心悟者，不远万里，奔逐为求塔铭"③云云，就是指此事。信中此前有云：

> 老师二月间往清凉，夏毕之峨嵋，不肖不远亦且往清凉，俟老师行。时或随其杖锡西游秦晋乃返，或竟归燕都，或密走江南、江北，定刻经场所，此皆至清凉始决之。刻经因缘肯苟就，无劳旦夕，即大举就不难。第不肖意不欲居北，又兼此时缘，有所当讳避者，即失一时之近利，存法门之大体。④

万历十五年间道开之行程，可据前引致傅光宅信大致确定。其南北行程，与其预计相去不远；然此信中所言"皆至清凉始决之"，则言明道开将俟紫柏去冬与妙峰会面后，回到五台上再决定。前引致傅光宅信中卜吉之说的时间在十六年正月，则十五年春紫柏、道开师徒尚未定下刻经场所。可能是冬天与妙峰的会面，加深了紫柏个人对在五台山设场的意愿，才授意道

---

① 语出钱谦益为冯梦祯所撰墓志铭，见《牧斋初学集》，第1299页。
② 《快雪堂日记校注》，第6—7页。
③ 道开：《密藏开禅师遗稿》卷上，《嘉兴藏》第23册，第19页上。
④ 道开：《密藏开禅师遗稿》卷上，《嘉兴藏》第23册，第18页下。

开,所以道开才会在此信中直言：自己是不愿意把经场放在北方,但因为信中"有所当讳避者",所以只能暂时搁置把经场放到南方来的安排。这个有所"避讳"的内容,遗稿及当时传世文献中几无痕迹可寻,但以情势推之,当与憨山、妙峰等建议重回五台山建经场,以及僧录司与塔院寺的胁迫分不开,甚至,内宫的旨意可能也参与其间,俟日后新材料的补充。

至于道开跟冯梦祯说的,若是刻经工程"肯苟就",不需太多时间就能完成大概,"即大举就不难"。这里的"苟就",显然是按照他的思路,把经场置之南方,成功率会非常高。所以即便被迫要在五台山的不利环境下继续苦苦经营刻经场,道开依然同时积极安排南方径山经场的筹划,这点可见其眼光独到。《密藏开禅师遗稿》另一封致冯梦祯之《与冯开之居士》(密1)载：

> 别来两易寒暑,信光阴易度,人命无常,不委足下迩者作何面目？夫三界种子,不越瞋爱二芽,然荆棘法身,戕灭慧命,则爱缠视瞋毒,其功能、轻重、大小,又不啻百倍。故古德于爱见,有以脑后箭喻之者,盖觌面者易见,脑后者难知。易见者可回,难知者必犯也。青山白云,足发幽想,声色货利,多滋俗情。不佞谓居士于城市山林,当分时而处。若也沉湎市井,久却林泉,无乃不可乎？幻居兄飞锡南还,意在双径。双径去武林密迩,足下傥能以肩舆时相过从,则松风竹月之下,垆香碗茗之间,可以涤烦襟而祛俗虑,澄性宇而湛心田也。刻《楞严纂注》,方待参评,惟足下图之。刻经期场,南北终始,业已言之仲淳。双径之图,似不可缓,足下与仲淳其密留意焉,务使彼辈欢欣乐,成事乃可久,且于化风无损也。不尽。①

此处"别来两易寒暑",为万历十四年丙戌道开自嘉兴楞严寺北上京师、倡议大藏时算起,则此信当作于万历十六年(具体编年考证见下章)。因前论十六年冬冯梦祯与道开会于吴兴石城,则此信当又在稍前。道开信中所提之"幻居兄"名真界,即为紫柏另一弟子；次年正月,冯梦祯在杭州第一次见幻居禅师,数日后,又陪其一众赴径山。② 又,冯梦祯《快雪堂尺牍》有《与张洪阳先生》一通,是写给日后的内阁大臣江西人张位的,信中说道：

> 密藏禅师长安问至,云旦莫南来,订检藏之期与处,而甚有意于余杭之双径。此山为南方丛林上首,国一钦、大慧果辈八十一人善知识住持处也。傥杖履及此,首为借重一临,以为法道之助。③

---

① 道开：《密藏开禅师遗稿》卷上,《嘉兴藏》第23册,第13页中—下。
② 可参《快雪堂日记校注》,第63页。
③ 《快雪堂集》卷三二,第19页。

冯梦祯此信写作时间,据信开始有"去冬幸奉起居于江干"一语,参《快雪堂日记》万历十五年丁亥"十一月初三"条载:"谒张洪阳先生于浙江驿,(略)同至六和塔晤莲池师,洪阳先生约之出也。"①可知"幸奉起居于江干"在万历十五年冬,则此信作于次年十六年;而其中又提到道开自北京所来信云云,则冯氏此信当在万历十六年初。信中所云道开"甚有意于余杭之双径",而欲南下图余杭径山经场,则与前信中安排幻居和尚南下,实为一缘。信中历数唐代宗接见过的国一道钦法师、宋高僧大慧宗杲故事,证明径山佛法广有渊源,亦正合张阁老大护法的身份。

另,瞿汝稷有代拟《劝请幻予密藏二上人住径山书》两篇,分别是代内珰与诸山的;代"诸山"的那篇在《径山志》中挂了冯梦祯的名。全文用四六骈体,殊不易查其写作时日。但既有劝请驻锡书,则二位禅师尤其是道开曾对径山倾心,应该是当时居士们所认同的。

复观此道开《与冯开之居士》信可知,紫柏、道开等曾有意让冯太史开拓径山经场。信中要求冯梦祯配合幻居禅师,有"务使彼辈欢欣乐,成事乃可久"一语,为针对径山僧众而言。可参道开另一通《与缪仲淳居士》所载:

  但得亲赍就土,孺东已吊,孰若暂作清凉游,以远尘樊?况青山白云,足生幽想,高人逸士,可涤烦襟。倘遂斯行,诚计之得。又且清凉一游,窃恐足下终未可免,时节因缘,亦在今日,过此似难举策矣,惟足下图之。刻经期场,南北终始,业已独为足下言之。双径之图,于今似未可缓。兹幻居兄南还,当送其挂锡彼所,潜为启发,然后足下与开之先生,因之往反,以便宜取事。俾彼辈无所猜忌,倾心乐成,斯为得也。惟足下与开之先生,密留意焉。②

此信所作时间更迟(亦详下文);"缪仲淳"为缪希雍,字仲淳,万斯同《明史稿》有传,晚明著名医家,同时也是《嘉兴藏》重要护法。信中"亲赍就土"与"孺东已吊",是当时两件丧事,江南居士圈颇为扰动。其一为缪希雍母亲之丧。缪母陨于万历十四年初夏、道开于龙华寺首倡开藏稍后,③但缪孝子多年以来一直没有找到理想的葬母之地,冯梦祯等老友长期陪其寻访风水宝地。其次是"孺东已吊"中的徐贞明字孺东,《明史》有传,徐卒于十

---

① 《快雪堂日记校注》,第19页。
② 道开:《密藏开禅师遗稿》卷上,《嘉兴藏》第23册,第14页中—下。
③ 冯梦祯曾为缪母周孺人作墓志铭。缪仲淳母逝于万历十四年四月十八日(《快雪堂集》卷一五,第252页)。

七年夏,快雪堂日记及尺牍皆有记载,可以参证。① 徐亦是藏经护法,道开好友,道开致缪氏信中遂会言及。则此信当在十七年夏之后。然此信中对径山经场之安排更为直白,幻居此来,目的是"潜为启发",再由冯、缪二人"因之往反",要让径山寺僧对刻藏"无所猜忌,倾心乐成",则可见道开彼时心中刻藏安排的复杂状况。

冯梦祯也有提过,径山实际上才是道开最早极力经营的刻经场地,他在给徐贞明的信《与徐孺东先生》中提到:

> 门下向示云,当于吾浙择丘壑最幽胜者,为二三知己结社之所。近得密藏师兄书,已定余杭之径山,检对藏经。此山为吴越丛林第一,仲淳柬中已侈言其胜,某可无再述。诚得杖履,间岁一临,四方法伴,无敢不集,非徒山水之胜缘,亦熏闻之真乐也,惟门下图之。②

前论徐贞明实际殒于万历十七年夏末初秋,而信中所谓"近得密藏师兄书"很可能为前引《与冯开之居士》(密1)一通,即万历十六年下半年间,则此信大约即在十六年末左右写就,彼时道开"已定余杭之径山检对藏经"一事在居士圈当有相当的传播。而对于江左江右奉佛士大夫(徐为江西贵溪人)来说,径山还有风景之盛,以佐禅悦,"非徒山水之胜缘,亦熏闻之真乐"。

不过如此佳山水经营起来绝非易事,比如径山所在余杭县在任知县对刻经事业有些好感,甚至本人就能奉佛礼僧,为此冯梦祯还给老朋友潘士藻去信云:

> 初望足下入省,得报始知入台,持斧观风,福泽易达。台似优于省,以故甚为足下喜。江浙之荒极矣,石米价至两余,民不死饥即死疫,孑遗之感,伤哉奈何?余杭之径山,江左丛林,此为上首。仆欲率道侣,起精舍,检对藏典,将来藏板,亦贮斯地,但常住僧,俱秃民而甚富,恐清净道侣居之,反生障碍,势不能不假地方,诸大夫宠灵保护之。今余杭令尚未补,乞于足下及曾于健、于中甫,相知中择其才望精敏,并敬信法道者一人补之,将行更望足下送之郊外,再三嘱付,令法门一切事,恃以为金城之固,造就大矣,惟足下亟图之。③

---

① 《明史·徐贞明传》作其卒于十八年庚寅,误。参《快雪堂尺牍·与缪仲淳》:"徐孺东使者以七月初一日,投二牍于徐村,一与弟一与足下。使者皇遽而去。又四日,徐村僧以牍见付,启视则孺东两郎名刺,称孤哀子,其为孺东凶问无疑,不觉震悼。"(《快雪堂集》卷三四,第488页)
② 《快雪堂集》卷三二《尺牍·与徐孺东先生》,第457页。
③ 《快雪堂集》卷三五《尺牍·与潘去华》,第506页。

潘士藻,字去华,婺源桃溪人,万历十一年癸未科进士,授温州推官,万历十六年三月改御史,也就是冯梦祯此信中所谓"初望足下入省,得报始知入台","省"即部院,"台"即御史台,则冯此信写作时间即为潘士藻入御史台稍后万历十六年夏。此时冯梦祯不仅也向老友介绍了径山的风景"江左丛林,此为上首",以及刻藏的计划如"欲率道侣,起精舍,检对藏典,将来藏板,亦贮斯地"一系列刊刻出版藏板的想法,之后马上生出一重要的前提,需要推荐一位父母官来协助工作,因为"今余杭令尚未补",余杭县尚未有新任县令,朝中法友如曾乾亨(于健)、于玉立(中甫)等一同想办法物色人选,希望新任县令"敬信法道"。潘氏同样也是奉佛士大夫,其身在御史台,资源亦颇为可观,冯氏去信目的即为求法门金城之固。为了刻经事业,地方官员人事选任也被牵扯其中,可见当时佛教僧团的活力所在。

冯梦祯《快雪堂集》同卷有《与缪中淳》一通云:

> 陆少白昨得报,已补余杭令,道场之兴,吉壤之得,天赞之矣,快哉!但岩邑难治,施为缓急,毫不可失。若少白以意为之,后车之鉴,恐亦不远,急须足下以身翼护之,惟拨冗即到。①

信中提到之"陆少白"当为太仓人陆起龙,万历十一年进士,冯梦祯好友。据文意及别集之中的排列,此信当亦作于万历十六年左右;信中之意,彼时陆已补余杭县令,但查嘉庆《余杭县志》职官志中万历十一年至十六年间县令空缺,而陆氏诸传记中亦未提过他曾知余杭,不知何故,俟考。但冯氏尺牍之中言明老友出任余杭令之后,便会有"道场之兴,吉壤之得,天赞之矣",县令之任,直接会导致佛法振兴,本人参与的佛教出版事业也会顺利。则在道开卜吉五台山之后的万历十六年间,南方奉佛士大夫群体仍将径山当作为《方册藏》刻经最佳场所来经营,甚至介入到了地方官的任命事宜之中。

道开另有《与冯开之居士》(密10)一通言:

> 刻藏因缘虽已就绪,然期场南北,未卜终始。此方撰述,校雠端属名贤,幸无忘。念新刻《楚石语录》诸典各一部,远充法供。幻居兄挂锡径山否?护持之责舍足下其谁,并乞留意。②

因叙及刻藏与幻居二事,此信时间当在十六年末、十七年初。此信所涉与之前的密藏来信相似,仍是告知冯、缪二位大护法"刻经期场,南北终始"

---

① 《快雪堂集》卷三五《尺牍·与缪中淳》,第504页。
② 道开:《密藏开禅师遗稿》卷下,《嘉兴藏》第23册,第24页中。

的状况,但最详细的那两封"业已言之"、说明详细机缘的信,我们今天在遗稿中似看不到了,或者即为前引致冯梦祯之《密1》。但即便如此,从余下这几封尺牍中,依然能看出道开对刻经场地"未卜终始"的窘境,即五台山经场实在不能让人放心,也与冯梦祯频繁与人论及径山经场安排相呼应。

而彼时已接近万历十七年夏,五台山经场开始运作,但道开竟能预知其时日不永,定有难言之隐,而致使其南迁后,不得不归隐,是为学界长期忽视者。惜道开遗稿远非全璧,殊难推测其大概,俟他日新材料发现。

第四节 作为方法的日记与尺牍对读

梳解读前人尺牍、日记诸种文献,历来被视为厕于饾饤考证之流,因基于文献的宗教史考证,往往要经历反复排比与征引尺牍日记乃至更为细屑的史料之后,方能得到一个小而局部的修正结论。笔者亦深知此种研究方法之局限所在。况且本领域即明清佛教历史文献研究,缺少一定量的研究储备与基础,对任何一条既有认识的修正都需要花上比早先建立此说多得多的材料与陈述。同时,因针对明清时期《方册藏》的研究囊括了历史学、文献学、文学人物等多学科领域,早年间对相关内容的研究囿于各部文献间复杂关系解读的限制,或多或少都存在偏差或舛误。直到近年,包括秘藏《方册藏》及大量明清别集的相继影印出版,才使后进学人有了发前人所未发之覆的机会。但海量材料与数据的出现,也带来了对象的复杂化,围绕《方册藏》而展开的话题,逐渐分化成"经藏目录""刊刻地""檀施"乃至"牌记"等次一级内容。

就本节而言,笔者主要笔墨关注于五台山《方册藏》刊刻场所选择,而实际所欲揭示的是《方册藏》的缘起中,宗教因缘以外的政治、世俗、经济等多重合力在刻经事业中的共同作用,使得即便只是一场地的选择,也会让主办者道开禅师费劲心力。因初创时经场的选择存在无奈与妥协,所以导致了整个经场在之后运作中继发的各种龃龉抵牾,最终让以紫柏、道开为首的刻经团体放弃五台山经场,南下径山。而正是此次南北易地,导致了紫柏大师再也无心《方册藏》刊刻,道开禅师更是毅然隐去,几乎消失在日后所有的文献记载之中。《方册藏》前期的刊刻事业高潮在开始不过四载的时间里萧然褪去,晚明以来僧俗互动的场域似乎也来到一个低谷。某种程度上,万历二十年经场南迁,以及之后京师佛教活动低潮期的开端,就是本节所讨论的经场草创时的犹疑与掣肘。

而这只挥动翅膀的蝴蝶,对此后朝野信仰生活的剧烈影响,却是历来明代佛教与《方册藏》刊刻研究所缺失的。构建这一僧俗交互的叙述体系,正需要运用更为广泛的史料并细小到尺牍日记等等,从被前人忽视的细节入手,尤其尝试挑战或纠正之前研究中普遍根据僧人自述等单一史料所建立的佛教史话语权。因此,本编中以下章节里对于佛教史及一人一事的考订,尽管有时会过于繁琐,但仍是有其必要性与现实的考虑。

第二章　远望五台山：士大夫的视角

本章将转换角度，从晚明佛教最重要的护法士大夫之一冯梦祯的记载与视角，遥望晚明佛教复兴运动中引人注目的《方册藏》五台山刊刻时期。有趣的是，冯梦祯多次在给僧俗法友的信中，表达出自己想要远游五台山，问法高僧，结庐修行的愿望，在自己两位儿子分别娶妻安居之后，笔下或口中的"清凉之约"（冯梦祯《报藏师》）、"了清凉之愿"（道开《又与冯开之居士》），已广为人知。但从冯梦祯的一生来看，日后万历十九年的突然时来运转，冯梦祯重新出仕，那个遥远的清凉之行的理想，至死也没有实现，五台山最终一直成为他远望的对象。但正因为始终与五台山保持相当的距离，在五台山经场运作的几年里，冯梦祯都能持有一近似旁观者的视角，记录个中因缘，保留在其日记、尺牍之中，成为今日还原晚明佛教史进程重要的一手材料。且正因为其"远望""旁观"的姿势与初衷，其记录的材料价值尤为突出，不仅可补佛教史叙述之失，更能帮助研究者厘清信仰之外的社会文化线索，切近晚明佛教复兴的现场。

第一节　日记的起点：万历十五年（1587）

"万历十五年"是否真如那位著名的北美汉学家所说的是明朝乃至整个中国封建社会走向灭亡的转折点那么关键，读者们只能见仁见智；但这一年对晚明佛教复兴运动，多少是有些分量的。这是十五年的正月，紫柏大师与高足密藏道开正式在京师什刹海边的龙华寺，向京中士大夫倡议募缘开雕方册大藏。此后的五年多时间里，紫柏师徒及士大夫弟子们，共同在京师、五台及江南多地，为《方册藏》贡献自己的热忱与力量，从那几年各位当事人保留的回忆与文献之中很容易就可以读到他们对这一佛教事业的乐观与期待，冯梦祯无疑就是其例。

冯梦祯著名的《快雪堂日记》同样始于这一年。当然初因并不完全是唱缘开藏，而是在这年初的六年一度"京察"之后，冯梦祯被"以浮躁谪官"；冯梦祯自己也说："余年始四十，两鬓如雪，顾甚嗜奇山水……二月计报闻，遂为逐客。夫将自逐，而况人逐之耶？"①三月中旬冯梦祯出游天目与径山，便开始了每日记录，《快雪堂日记》卷首就有"余自丁亥游天目以后，日所历，夜必记之，甚庞杂不次。今芟其什三，为日记"的记载。包括《天目游记》《径山记》在内的日记体文字今天都保留在冯梦祯别集之中，其真正开始记日记即为遭到贬官之后。

当然，其中佛教复兴运动及《方册藏》刻藏因缘的记载，同样始自这一年。前论冯梦祯被贬官归里数月之后，有庐山彻空法师的弟子心悟和尚前来求见，央冯太史为老师写作塔铭，并顺便为冯带来京中旧友的书信：一封来自同年曾乾亨字于健，一封来自密藏道开。同时，心悟还与冯氏聊到，慈圣皇太后颁赐大藏至天台山，送藏的高僧们，秋天时即会南来嘉兴。

道开托心悟带来的那封信，就是前引《与真实居士》(密3)一通，兹录全信：

> 世路崎岖，人情冷暖，自古记之，而今日之长安，尤非昔比，奚忍见闻。足下宜情，轻重厚薄，已不待今日印知。纵鸟投鱼，乐应无极，第法道秋凉，非有力莫能匡护，此又为佛子者不能不为足下动心……老师每屈指法门根器，并长松明月之下，念及江南法侣，独注情足下居多。即近日世谛因缘，亦有足下千生万劫，不能酬其德念者，苟非真实奋猛，各自努力，相负实多。老师二月间往清凉，夏毕之峨嵋，不肖不远亦且往清凉，俟老师行。时或随其杖锡西游秦晋乃返，或竟归燕都，或密走江南、江北，定刻经场所，此皆至清凉始决之。刻经因缘，肯苟就无劳，旦夕即大举就不难。第不肖意不欲居北，又兼此时缘有所当讳避者，即失一时之近利，存法门之大体，吾宁也。此其大概，亦既与仲淳筹之且详，傅金沙居士大有信心深念。春间集诸法侣，矢志捐俸为唱缘，此因甚正。不肖近计欲法此，求四十人，每人或自力或藉他力，岁出百金，每岁可得四千金，不十年足竟是事。而三吴及燕晋齐鲁亦可觅四十人，岁有退失，即岁觅增补之，常令不减此数，此计行而应避之缘及僧家分募之缘，可竟谢之，而法门终无他虑矣。此意足下与仲淳熟计之以为何如？仲淳实我辈生死肉骨，其居忧也哀伤，决重惟足下时亲密之，宽慰之，务全其必死之生。数千里外悬悬寸赤，他无所属矣。庐山彻空老师，为江

---

① 《快雪堂集》卷二七《天目游记、径山记附》，第391页。

南大善知识，其徒心悟者，不远万里，奔逐为求塔铭。老师谓此段光明，必从足下笔端流出，始能照耀匡庐永久，健斋居士与不肖等佥以为然。遂令悟上人往返牢盛，求行实南往。健斋居士业已通其恳恳，不肖所徽惠足下者有速成而已。盖黄龙潭近有慈圣皇太后新颁大藏且至，悟上人急欲得此文先往，更理治接藏事宜耳，足下蚤就草一日，则不肖多受惠一分，祝祝。悟上人为健斋居士旧交，其候足下于武林，幸一安其包笈。天台万年寺亦有赐藏，乃龙华、明因二主人赍往。二师实都城名德，敢希宠一顾礼之，并命一便庇其关渡之扰。补藏附，往属归之楞严矣。止欠一函，并阙卷，继图之金山。楞严赖力护，感荷可胜言。缘起、绪言各一册，诸公愿文誊录者一纸附去，绪言得翻刻，江南为妙。乐子晋近状何如，二令郎善训诲之。①

相应的，冯梦祯《快雪堂集》卷三八有《报密藏师兄》（冯7）一通，为冯氏对道开来信的回复，信中说道：

春间王佛子行，附致八行，知已彻览。庐山一如上人来，承师兄洎于健年兄手札，以老彻空师塔铭见委，且曹林、仲淳二兄督催甚严。一如以廿一日至，廿七日即具草，世间那有此火速文债，但勿忙构思，未免陋拙，无以助发老彻空末后光阴耳。匡庐、天台俱赐北藏，信是法门胜缘。明因二师，既都城名德，又重以师兄之命，需其至，当出北关一拜，且瞻礼法宝。一如、曹林为此尚留昭庆，想望前必达也……达观老师远踏峨眉白云，此后踪迹，不知何处？安得从天堕下？朝夕恭叩，了却多生大事耶？刻藏因缘甚正，千圣出头来也，道不得个不字。闻之不觉踊跃欢喜，但资财固难，校对尤难，今除北方遍索，江南缁素中，自许不佞可当其一，他则子晋耳。经律论三藏中，改正讹字，每卷不过一二处，依样画葫芦，眼光烁过，便可定夺。此虽不难，而亦不可属之他手。至于此方撰述千余卷，大有商量。如一字一文，不经不佞辈笔扎断，不可入刻，当仁不让。惟此一事，欲得南藏一部，大本装潢，用作草稿，师兄来南，可便营处相付。今欲兴工北本，经律论尽可供刻，即未经教正，不过差一二字而止，未为大病。不若此方撰述，动着则祸生也。子晋兄英妙超特，时辈中罕有，但有吴儿刻薄熟习，且面相劣福，恐非遐寿之器，近已发心持菩萨戒，而有数条，固于恶习，不能即受者，方便宽之，余愿尽命领持矣。不佞朝夕赞叹怂恿，必期成就，果尔，亦法门一飞将也。但

---

① 道开：《密藏开禅师遗稿》卷上，《嘉兴藏》第23册，第18页下—19页上。

其人贫甚,而稍有家累,须得岁营助之,有常资则可耳。不佞自春迄今,杜门谢客,喜得眼前甚是清净。今欲营少业于西溪,为退居校经之所,青山曰云,遂为家物,乐哉!自今全身已施般若祖师,机缘警寤,则则透过,水滴石穿,岂敢自怠,惟师兄就我而教之。吴江请经之难,亦以彼中校雠无人,庸目校经,字字用手指历过,劳十功一,徒足损污经本。而新经印出,依旧差讹,故不许耳。曷若今不佞自校,赓书人就我录出付刻,一举两得,何不可?而必欲请去他所乎?惟师兄详之。……计此时师兄且莅清凉,当返京师,见此纸耳。南方法侣,日夜望师兄之来,即有别缘,不妨暂到,以尉饥渴。所寄憨山师绪言五册、刻藏缘起一册、发愿文一通,俱领悉。补来缺函藏经,尚未登入。①

此六月间冯梦祯与道开来往书信内容,似为二人存世较早的尺牍往来;此外另有一封万历十四年的道开来信《密7》,送达时间却略晚于此信(见下文)。②

冯、密二信皆颇长,信息量亦不小,甚可以看作二位合作刊刻大藏的起始;二人紧密合作亦可以看作晚明僧俗精英结合的典型缩影。道开的来信时间略早于初夏,是一封冯梦祯早先去书的回信(冯7:"春间王佛子行,附致八行,知已彻览",此信今不存)。道开此信开头的"世路崎岖""足下宦情",显然是指刚被贬官的冯梦祯。信中的"老师",就是紫柏大师,指出紫柏在此一时刻犹颇为器重冯梦祯,以示安慰。以下道开介绍十五年当年其师徒的行程安排,准备遍访南北名山,最终的目的是"定刻经场所"。上一章中曾论《方册藏》刻经场所,直至万历十六年元旦才选择了五台山,在得到五台山本地僧团的支持后,才有了最终的场所。而十五年时紫柏师

---

① 《四库全书存目丛书·集部》第164册,第552页。
② 道开尺牍中似另有一封更早的来信《又与真实居士》(密5):"本师度夏滁阳,因梦中见贫衲病状,使慈航回视,有书到门下附上。备讯其接纳诸公曲折,若汤海若、邹南皋、丁勺源,皆信向老师之极。南皋至滁阳尚追趋之,焦从吾亦信之笃,独勺源根钝,且世间情重,虽信爱不能趣入雅,自恨之深耳。南皋前及门下书,闻其笔底甚多雌黄,岂豪杰丈夫而有背面耶?其信愿即检来一看,旋送上兵谏之净。南皋亦甚护持楞严,近来搬运石料,日日震赋兵,尊处似不可缓其通,苟事败救之晚矣,早晚尚期入城。委悉滁阳事体,因上人去平湖,倪转携李,贫衲当款理之。第缘事无善策,以应王老先之念,奈何奈何,此贫衲与足下所共苦者。《古尊宿语录》开卷不觉神情奋武,莫自禁跃如忲状,真奇货也。留此校对,完方可送去。"(道开:《密藏开禅师遗稿》卷上,《嘉兴藏》第23册,第19页中)此信时间更早。但徐朔方《汤显祖年谱》将此会面系于十八年冬,核对实录似不实。据此信所及人物处境身份,此信当在万历十五年之前。信中所可确定本事是紫柏在南京与汤显祖、邹元标、丁此吕及焦竑会面,让这几位清流士大夫颇为折服。这也是紫柏与汤显祖第一次见面,这段因缘也颇为文学史所关注。兹待更多材料详论之。

徒奔走南北，实际是为了山东的大灵岩寺与憨山德清所在的崂山，详前论"《方册藏》初期经场成立"一章及道开《与傅侍御》尺牍。另此处所说紫柏欲西游峨眉等处的行程，万历十五年并未参访，而是延宕到万历十七年才成行。

此后，道开更是提出一募刻大藏的设想，召集四十位善信，每人不拘形式，每年提供一百两银子，十年内大藏刊刻即能完成；而江南招募信众的任务，主要就交给冯梦祯及缪希雍（字仲淳）。这一设想在道开给多位居士的信中都有提及（如《与王龙池方伯》《与徐孺东尚宝》等等）。这个"十年功成"的暗示，实际上也影响了紫柏大师对整个刻藏事业的判断，万历二十年五台山经场的变故，与此亦不无关系。

刻藏之外，道开信中还交代了三件事：一为给圆寂的庐山彻空法师作塔铭，即与冯梦祯日记所记同。彻空弟子一如心悟，还从崂山带来了憨山德清为乃师所作行状。心悟和尚急着为乃师求塔铭，是因为慈圣皇太后已经赐了一部大藏给庐山黄龙寺，若能在此时求回名家所作塔铭，并立塔寺中，自然是荣光宝刹。但今天无论冯梦祯《快雪堂集》还是憨山《梦游集》，都未存留彻空和尚的传记文字，殊为奇怪。第二事，则为另一南方大刹天台山万年寺亦得到赐藏，送藏天台山的高僧是两位京中大德。道开嘱咐冯梦祯要极力礼迎，此事日记中亦载。第三件，是送来官刻北藏《大藏经》的补藏。① 此次赐藏，当为道开特意为嘉兴楞严寺所请，其赐藏目的之一恐怕也有为刻《方册藏》提供底本的考虑。

冯梦祯回信中言，彻空塔铭与接待送藏僧皆已安排妥当，这亦可从其相关日记中考察一二。同时，冯太史于信中询问紫柏大师的行踪，然彼时想必道开亦不知晓。同时，他对道开提出的刊刻大藏计划，倒是表现出非常积极的态度，并在捐资檀施之外，提出了自己对校雠经论的建议：自己若担任校经的重任，则需要原装本的南藏大藏经；而他在西溪营建的别墅，还可以作为校经之所。同时，冯梦祯推荐了自己的好友苏州人乐晋字子晋。这位与日后汲古阁主人同名同字的万历朝前辈，也对校雠与佛教感兴趣。尽管有"吴儿刻薄""非遐寿之器"等缺点，但仍是目前最好的人选。

可以看出，《嘉兴藏》刊刻的最先具体筹备过程中，冯梦祯已扮演了极其重要的角色。同时，万历十五年夏天的交流中，道开、冯太史等江南僧俗精

---

① 万历年间因慈圣皇太后补刻《永乐北藏》续藏事，晚明公私记载颇详，其与《方册藏》刊刻关系亦不浅，此处不便展开。现有研究可参龙达瑞：《〈永乐北藏〉调查》，《西南民族大学学报（人文社会科学版）》2015年第2期。

英，一致倾向于将校经之地放在南方，如道开信中"不肖意不欲居北"，而冯梦祯更是提议在他自己西溪的别业之中校经。实际上他们非常清楚江南佛教信众与檀施的基础，完全可以胜任这一庞大的宗教文献的刊刻与传播工作；而道开估算的"十年功成"，在江南亦并非异想天开。

同年十月初八，冯梦祯在日记中记道，吴江刻工将刊刻底本与新刻之佛经如《中峰广录》等送来，而校雠诸居士亦写信来向冯梦祯索取《华严经》底本，说明校经、刻经已经进入筹备期。① 同日，冯收到去年即万历十四年八月时道开所寄旧信一封，密藏开禅师遗稿收入作《又与真实居士》（密7）：

> 彭城别去仲淳，旋奉老师东走牢山，谒憨山师，共计法门大事。驱涉道途，旬月乃至，而憨山师先期入都城，令人怅恨。幸我辈愿力颇坚真，恰于出山之日，而彼杖锡至矣。相见不移，顷尽倾肝胆。此师气宇轩豪，心地光朗，且具正知正见，而热肚肠，又蒸蒸可掬，真世间奇男子，出世壮丈夫。足下昔日举扬，实未尽之。校藏之事已订计。牢山近有钦赐北藏，南藏未有。兹就印造，凡装潢买纸，俱愿足下维持之，纸张得如善卷斯美，或得了虚师指麾一二尤美，足下其图之。新刻经书，憨师一一愿见，并留意。牢山山水，称绝震旦，不可不与仲淳图，共登赏此山。故为佛氏道场，元丘长春刻意毁之。今铜铁佛罗汉像首，堆之岩畔，殊可寒念。倘此山复兴，则齐鲁众生，寥寥数百不耳佛名者，尽入大光明中矣。何幸如之。

紫柏师徒于万历十四年京师龙华寺首次唱缘刻经之后，旋即南下山东，至崂山访法友憨山德清，紫、憨二师为刻经因缘畅谈良久。"彭城别去仲淳"，事为当日缪希雍母亲新故，缪不得不沿运河迅速回南，才有"别去"之语（详可参冯梦祯《缪母周孺人墓志铭》，《快雪堂集》卷一五）。而紫柏师徒在青岛几经周折、等待，终于盼来从京师返回崂山的憨山德清。憨山此去京师，实际为谢慈圣皇太后赐北藏大藏经续藏的。② 因为包括崂山在内的四

---

① 日记十月初八条："刻工朱生自吴江来，归藏本《中峰广录》《成惟识论》，送新刻《中峰广录》二部。得藏师兄丙戌八月书，及仇先生、周季华书，索《华严》，藏本在拙园。以《华严论》前六卷付之。"（《快雪堂日记校注》，第18—19页）

② 释德清《憨山老人年谱》"万历十四年"条记载道："是年颁藏经。先国初刻藏，有此方述撰诸经未入藏者，令上圣母命人刻之。完，皇上敕颁十五藏，散施天下名山，首以四部置四边境：东海牢山，南海普陀，西蜀峨眉，北属芦芽。时圣母以台山因缘，且数数诏予不至，赐亦不受，乃以藏经一部，首送东海，初未知也。及至空山，无可安顿，蒙抚台行所在有司供奉之。予见有敕命，乃诣京谢恩。比蒙慈命，合宫眷眷出布施，修寺安供，请命名曰海印寺。"（《憨山老人梦游集》卷五三，《卍新续藏》第73册，第838页中）

边名刹,首先得到慈圣皇太后续藏的恩赐;佛教世界中并不甚出名的崂山能够入选,与住持憨山德清四年前曾在五台山参与主持无遮大会有关。此次憨山借机入京,与太后商量赐额青岛海印寺的事宜,此事又直接酿成九年后的"乙未之狱",前文上编之中已论及。不过,早在万历十四年,四十一岁的憨山德清,正是意气风发的时候;道开师徒亦以能见其尊容为荣,并极力向冯梦祯夸赞其为人及驻锡宝刹,至于"牢山山水,称绝震旦",似乎有些溢美了。彼万历十四年时,道开心目中之"法门大事",其内容尚为一抽象的理想,未有具体的实施计划,这与一年后计划在五台山商定刻经事宜,大不相同。

《快雪堂集》卷三八另有《与藏师兄》(冯8)一通:

  劳山印经使来,且颁刻经缘起并凡例一册,知刻经已有定议,校经担子,又得憨山师任之,甚御踊跃,欢喜无量。序经本天台五时,诚为确论,但中间亦有难分判处,淄渑之水合,易牙尝而知之,此不足难,憨师若遇不佞,则投箸起矣。那罗延胜境,久在梦想,况有胜人,又值胜缘,怀抱拍拍,恨不飞到,执待巾瓶,以副校经初愿。恐此方撰述,须经不佞手耳。南方荒甚,楞严尝住甚苦。老师尺一来,夏月尚在清凉,不知何时入峨眉?师友日远,业习日深,念此不觉堕泪,风便布此,幸时时惠教,以更愚昧。①

观此信内容,为冯梦祯响应上一封道开来信(密7)中关于崂山的话题。听闻憨山亦愿意参与校经事业,冯太史表示"欢喜无量"。信中也提到彼时自己与憨山取得联系,"刻经缘起并凡例"已经收到,并对憨山取天台五时判教观点,持保留意见。临末,知紫柏当年夏天仍在清凉山,想要询问老师余下行程。不独冯梦祯,道开自己恐怕亦未能得知。

同年十二月初四,《快雪堂日记》载:

  有劳山便信,附藏师兄书,并发乡同年顾悦庵书,时为祠郎。劳山印经,求其催督耳。②

这年冬天冯梦祯收到来自崂山与密藏道开的来信,崂山来信内容今不可知,但内容应该与刻藏有关,发信人很有可能就是憨山德清。日记里面那位"乡同年顾悦庵"似不易考,看来很可能在南京礼部当差,所以刻经事由可以催督。密藏遗稿里有《又与真实居士》(密4),应该就是这封冬日来信:

---

① 《快雪堂集》卷三八,第612页。
② 《快雪堂日记校注》,第20页。

数日太劳身体,恐欲作疾,奈何?二上人其力,亦颇能立塔,此段因缘,决当今日了之。不尔,傥足下他日有正冗或遗亡,则咎将谁归?此贫衲终不忍默默于足下者。闻足下事繁,即生厌恼,此甚不可,何也?一厌恼即自苦身心。从上参学人,不能于事外得心,从上修行人,不能于事外证果。古德有言:"但于事上通无事,见色闻声不用聋。"又云:"日用事无别,唯吾自偶谐。"临事傥自己正分,光明不到,或瞥起处,不能随处冰消雪涣,即当以此颂言转念,少助自己,苟于事为关头,不得自在,恐自今日,穷未来际,无有无事时处承教不忍。贫衲为求见足下者作传置,迤来果琐琐足下,诚自惭愧。第来者尚不止此,所报者知系足下,必不可已事要之,实贫衲受累,视足下增倍耳。愿足下耐烦,将佛门事与俗家事等视之,即无难也。非贫衲非足下不进此言,愿足下听之。凤老回书,决当作过,此老极尚清虚,懒于人事,足下简末之言,无异以水灌水,且启其慢僧之失,非天子不能赏罚人;非智眼太清不能拣辨僧行得失。今足下以此言简凤老,得无与之而不得,其人则僭耶?从此贫衲决当体谅足下繁剧,足下亦当谅贫衲不得已,而非有他肠也。有暇过,坐半日何如?①

此信中开头"二上人其力,亦颇能立塔"一语,应该就是紫柏来信托所作五台山莽会首法师与峨眉山别传法师的塔铭。② 因为这次文债来势颇急促,冯梦祯可能已经表达了些许不满,所以道开说"闻足下事繁,即生厌恼,此甚不可"。当然,道开也在信中深表自己的歉意,"迤来果琐琐足下,诚自惭愧";且催塔铭方若是知道,动笔的是会元冯公本人,可能会要求更多,看来道开本人也对这番文债比较为难。十五年秋冬时节,道开身在五台山,然刻经场所南北未能定下,檀施来源亦未确定,又有各种佛门作业催迫,所以信中有言"数日太劳身体",恐怕身体将要不支。

另据信中,似乎此时让冯梦祯"即生厌恼"的事情还不是塔铭约稿本身,这其中可能还与当世文宗王世贞有关。道开信中有"凤老回书,决当作过",似乎还有"慢僧之失"。这位万历年间的"凤老",最有可能是王世贞(1526—1590,字元美,号凤洲,又号弇州山人,南直隶太仓州人)。从上下文来看,这里的"凤老"带来的烦恼,可能与其拒绝作上述莽会、别传二法师有关,甚至应该就是拒绝了冯梦祯的邀请亦未可知,但二人所存通信

---

① 道开:《密藏开禅师遗稿》卷上,《嘉兴藏》第23册,第19页上—中。
② 万历十五年日记七月十九日:"得达观师书,以莽会首、别传二老塔铭见嘱。"(《快雪堂日记校注》,第10页)

内容,亦多关于佛教及其他本土宗教修行事,似甚亲密。总体上王世贞对晚明佛教事业极为支持,紫柏、道开师徒与其交集中,最大的因缘就是求募刻大藏的疏文,也是借重凤老文坛的威望。王世贞也有《刻大藏缘起序》一篇收入其《弇州山人四部续稿》卷五四。其在与道开信中同样表达了自己对大藏与紫柏师徒的肯定,则道开信中所叹之"不得已"究竟所指,俟来日考。

第二节　徘徊南北:万历十六年、十七年(1588—1589)

前论万历十六年元旦,道开才代表刻经僧团选定五台山作为正式刻经的所在地,道开也在与人在京师的傅光宅交流的同时,与南方冯梦祯保持联络。万历十六年(1588)二月初七日,冯梦祯日记载:

> 尤生至,云僧昙廓至京师,遣藏师兄书。①

是年冯、密二人交流,似主要集中在设立南方备用刻经场的计划上,其中最主要的是围绕道开的师弟、高僧幻居真界禅师驻锡余杭径山的计划。幻居约在十六年底至十七年初,南下杭州,之前应该跟随老师与师兄一起在京师驻锡。道开集中有两封关于叮嘱冯梦祯护持幻居南下驻锡的尺牍,依据文意先后列于下,其中有一封当即冯氏日记中二月间来信。其一为前引《又与冯开之居士》(密1):

> 别来两易寒暑,信光阴易度,人命无常,不委足下迩者作何面目? 夫三界种子,不越瞋爱二芽,然荆棘法身,戕灭慧命,则爱缠视瞋毒,其功能、轻重、大小,又不啻百倍。故古德于爱见,有以脑后箭喻之者,盖觌面者易见,脑后者难知。易见者可回,难知者必犯也。青山白云,足发幽想,声色货利,多滋俗情。不佞谓居士于城市山林,当分时而处。若也沉涵市井,久却林泉,无乃不可乎? 幻居兄飞锡南还,意在双径。双径去武林密迩,足下傥能以肩舆时相过从,则松风竹月之下,垆香碗茗之间,可以涤烦襟而祛俗虑,澄性宇而湛心田也。刻《楞严纂注》,方待参评,惟足下图之。刻经期场,南北终始,业已言之仲淳。双径之图,似不可缓,足下与仲淳其密留意焉,务使彼辈欢欣乐,成事乃可久,且于

---

① 《快雪堂日记校注》,第 26 页。

化风无损也。不尽。①

其中尺牍开头"别来两易寒暑",应该就是自万历十四年春道开从楞严寺辞行北上京师唱缘刻经算起,至十六年初,刚好两年。道开因冯氏谪居后"久却林泉",戏言给他找了位"涤烦襟而祛俗虑"的法侣:幻居禅师。当然,幻居南来的真正目的,是潜为劝说径山万寿禅寺的僧侣,参与到刻经事业中来,信中的"双径之图",即是此意。前论《方册藏》经场于万历十六年正月底定为五台山,但其实径山经场早在选定五台山前,就已经提上议事日程;前论道开在与当时即将南下的傅光宅信及冯梦祯致时任南礼部的张位信中,都提到了希望径山参与设立经场的想法。具体负责经营径山刻经基地的士大夫人选也早已确定,即冯梦祯与常熟人缪希雍。冯梦祯当然对南方经场尤为上心,从后面的安排来看,他也确实顺利完成了法友布置的任务,"其密留意"径山之地。

时至十六年底,密藏道开亲自南下,冯梦祯有了与其两年内的第一次会面。冯有《与藏师兄》一通(冯1):

> 朔日至武林,以史使君方行款之,禄禄数日,偷闲复作诗文,新旧遗文,负几至堆案,颇以为苦。朱先生暂还海上,又当督护两儿。望仲淳来,何为不至?岂别有所适?或留滞楞严耶?师兄行在何日?晤处槜李、苕溪惟命。朱先生约望前至馆,至此时更无系累耳。②

其中"以史使君方行款之",可参其日记同年十二月初五:"赴史使君席,尽欢而别,至西关登舟",③则冯梦祯彼时刚刚回到杭州。鉴于半月后他与道开即已相会,则此信当作于腊月中上旬。信中提到相会的地点可选择"槜李、苕溪"(分别为嘉兴与吴兴),但最后,二人在长兴的城山相见,具体会面的地方应该是城山上的清凉禅院。清凉禅院,一名城山寺,冯梦祯曾有《城山寺记》。此寺万历十五年后方才恢复,除了有湖州本地檀越捐资外,冯梦祯与缪希雍两位大护法也参与其间。④ 冯梦祯把道开约来此处,正是商讨径山与五台山经场事宜,参是年《快雪堂日记》十二月十八日载:

> 日中,索肩舆,同仲淳至城山晤藏师兄。师兄言台山无边师舍道场事甚奇,世乃有此烈丈夫。细谈至夜,分而卧。城山屋宇甚固,此止庵

---

① 道开:《密藏开禅师遗稿》卷上,《嘉兴藏》第23册,第13页中—下。
② 《快雪堂集》卷三四,第480页。
③ 《快雪堂日记校注》,第59页。
④ 《(同治)长兴县志》卷一五"清凉禅院"条,清同治修光绪增补本。

之功。主人以规模稍大,不易完,欲改造,甚无谓。城山积雪无恙,眺四山如积玉,亦奇观也。夜,星月皎洁。①

十九日:

> 与藏师兄约会于弥陀寺。夜,与藏师兄叙谭良久,商榷《庄子·养生主》,出荡然浅解,甚可笑。台山空印者,作《驳物不迁》及《正心论》。从藏师兄借观。②

这两日城山详谈,身在江南的居士代表方才知道:《方册藏》的主刻经场,将设在五台山。五台山有位无边禅师,在他圆寂前将位于紫霞谷的大博庵施舍给了刻经团队,得到了江南僧俗精英的交口称赞。当晚,冯梦祯还与道开进行了佛学与道家通融的讨论,看来诸生出身的道开,对庄子之说的见解,应不在冯太史之下,甚至还让其自觉"浅解"可笑。当晚另一个话题是一位五台山的义学高僧"台山空印",即作《驳物不迁论》及《正心论》的月川镇澄。③

二人年底作短暂分别,十七年正月,又约会于杭州,冯梦祯在此时间有信《与藏师兄》(冯9)至道开:

> 别师兄后,惟余星星鬈丝,落落襟素,至论道业,惭负多矣。顷者城山之晤,如坐冰雪中,尘骨叫一洗,终愿依栖名山,痛锥猛锻,了却多生公案,如此悠悠忽忽,日月几何,恐遂流浪,言之伤心。仲淳求地葬亲,不妨息黥补剔以待缘,至此区区六尺,不惟作法门精进光明幢。葬亲生子,亦是根本,奈何轻之,此非师兄诲敕,安得一日休息耶? 戴升之俊流,但世福太薄,病骨棱棱,终非寿子,师兄可谕令礼忏楞严,略植微福。太史连四篓,付慈航师兄,印《宗镜》已下法宝,《楞严论》《中峰广录》留纸吴江印造,工食先付白金一两,书目另开。新正初四、五,伫望飞锡,佛慧方丈,及西溪草堂,俱堪静处,幸勿以尘俗为嫌。印老《驳物不迁》,肤见似未敢许,可容相见尽之。幻居师兄幸拉同赴,至感。④

信中记载,几天前长兴城山清凉禅院的见面,竟让冯氏有"终愿依栖名山"愿望。信中除了提到缪希雍葬母事外,还有一位"病骨棱棱"的嘉兴本

---

① 《快雪堂日记校注》,第60页。
② 《快雪堂日记校注》,第60页。
③ 简凯廷:《空印镇澄(1547—1617)的学思根本方法析论:以〈物不迁整量论〉为中心》,《佛光学报》2018年第2期。
④ 《快雪堂集》卷四三,第622页。

地居士戴灏字升之,后长期随侍紫柏大师。下面提到印刷方册藏经的纸张"太史连",为传统手工纸中的棉纸,质地细致均匀,柔软韧度俱佳,色较黄,为古代印书上等用纸,入清后曾大量印制官刻丛书如《古今图书集成》。但从冯氏所载可知,在晚明"太史连"已被广泛用于包括佛教经典在内的重要图书印刷之上。

后冯梦祯又约道开于十七年正月初四、初五,相期于杭州,且提供了两处驻地,一是西湖西面桃源岭上的佛慧寺方丈室,一是他自己营建的西溪别墅。不过看后几日日记所载的行程,道开似乎没有住在这两处城西的住址。甚至,一直到了正月初十那天,道开才与一众江南居士们姗姗来迟:

> 藏师与幻居上人、缪仲淳、周季华至。藏师乞了然关主塔铭,季华乞母薛传。幻居名真界,善谈经,所著楞严、物不迁新解,大有胜义。①

第二天十一日:

> 风,晦,渐开,下午甚寒,春来所无。仲淳从藏师往徐村,幻居留商《因明论》。藏师宿于徐氏。②

新年里,前来的道开与同来的周祝字季华,一同向冯氏讨其所欠的文债,也是有趣。冯梦祯注意到了那位道开的师弟幻居上人,不仅"善谈经",而且与五台山月川镇澄一样,他对于"物不迁论"同样也颇有研究。所以在遇到幻居之后,冯梦祯竟像遇到了学问的知己,与其多有切磋,尤其提到"因明论",这与晚明复兴的唯识学有密切的关系。

关于幻居在唯识、因明学方面的造诣,学界研究尚不多见,唯有杨维中教授《明末华严、唯识学大师幻居真界与常熟的因缘》(《华严学研究》第二辑)等文章,③及林镇国、简凯廷编《近世东亚佛教文献与研究丛刊》第一册之《近世东亚〈观所缘缘论〉珍稀注释选辑》"真界《观所缘缘论解集》"题解中,有过讨论。出家僧众之外,观晚明江南居士士大夫中,除冯梦祯外,王肯堂、虞淳熙、赵宧光辈,都对在中原失传良久的唯识学,表现出极

---

① 《快雪堂日记校注》,第63页。
② 《快雪堂日记校注》,第63页。
③ 杨维中教授另有《幻居真界在径山的活动考述》(未刊稿)一文,于"第二届径山禅宗祖庭文化论坛"发表。文中亦注意到冯梦祯日记及冯、密二人尺牍文献中关于幻居法师的记载,但所系年可商榷,如杨教授以幻居驻锡径山始于万历十九年,则为误读冯、密二人尺牍所致,本节中已有论证。另,杨文中以旁涉密藏道开隐去时日,并与笔者博士论文推论商榷,虽与径山刻藏有关,但限于本节主旨,拟另撰文设论。

大的兴趣,并且各自做出不小的成就,冯梦祯就为幻居的因明、唯识学作品写过序言。① 而僧人中除了"三高僧"外,五台山镇澄也有诸多唯识著作。② 晚明这一学术风潮依据的最基础的汉文佛经,应该就是晚唐时候永明延寿所著《宗镜录》。阅读《宗镜录》的经历在冯氏日记里频繁出现,而冯氏至道开信中,"太史连四篓,付慈航师兄,印《宗镜》已下法宝"(冯9),用名贵好纸印制大约也能体现《宗镜录》一书在冯氏心中的地位。唯识学与晚明佛教非本章重点,但由此可以看出以道开、冯梦祯为核心的江南僧俗精英,不是一个普通的信仰团体,这种僧俗交融的状态,是建立在当时最经典的学术理想之上的。

在后来几天里,冯梦祯陪同道开度过当年的元宵节。③ 正月十六那天,道开、幻居师兄弟及缪希雍等居士,共同赴径山,不过此次冯梦祯没有随行:

> 藏师、幻居、仲淳行,道之从,余实激之。与藏师约,清明前晤于郡之楞严寺。步送将至北关门里许而别。④

冯梦祯将礼径山的僧俗人群送至杭州的运河北关外,并与道开约定,清明前会于嘉兴楞严寺;商讨的内容,应该与江南刻经募集资金有关,但最终,这次会面也被推迟了。冯梦祯有尺牍《答藏师兄》(冯2):

> 别师兄倏已半月,待仲淳至,杳然念之颇切。尔日,正遣嫁方氏侄女,昨已成礼,俗谛中又完一件业障。朱生贲师兄一纸至,念其半岁空闲,欲为觅活计。汪生刻史之约,待佞至真、扬间商之,今非其时也。他缘尚未有端,奈何?须朱生自觅之,得其人以告,如相知当为助说。师兄行期定否?乞密示,渴雨昨得之,恨不多,且不均耳。早凉遣报。⑤

这里"倏已半月",即是从元宵后算起,已经日近清明;陪同道开师兄弟上径山的缪希雍,也已回到杭州,不过道开行踪则当详下文推定。冯梦祯因道开后续音信皆无,遂发此信,并告知法友"俗谛中又完一件业障",自己与皈依老师云游林泉的可能性,进一步增加。

又过了将近两月,冯梦祯收到道开的来信,参三月十三日日记:

---

① 参万历十七年五月二十二日日记:"余至滴翠轩,作幻居师兄《物不迁解序》、《因明入正理论疏引》、澄公《正心论序》。"(《快雪堂日记校注》,第77页)
② 可参看简凯廷博士论文《晚明五台僧空印镇澄及其思想研究》。
③ 日记正月十五:"幻居自西溪来。藏师将以明日往双径,来道之忽欲从行,太奇事,阻之愈奋。夜月甚佳。"(《快雪堂日记校注》,第64页)
④ 《快雪堂日记校注》,第64页。
⑤ 《快雪堂集》卷三四,第481页。

  僧昙旭至,得藏师书。有北信,索傅伯俊侍御书,订南来之约。达观老人方自峨眉返南岳,将往从之,逐付二书去。藏师约是月二十三日以前,会于檇李,同往吴中。①

  那封约冯太史十天后会于嘉兴的信,今天在道开遗稿中似乎已经不存,且从其后日记所载,道开出现的日期,也比这封信中所言迟到了不少。从其中关于吴中游的计划来看,行程除了与刻经檀施有关外,应当另有安排。同时,冯梦祯得到信息,同年老友傅光宅即将南下,而紫柏大师也从峨眉云游归来,驻锡南岳。尽管日记里说"将往从之",不过那几年冯氏似乎始终也没出过远门。冯梦祯给道开的回信及给紫柏的去信,可以从快雪堂尺牍中找到。其中观《与达观老师》一通,应该就是其中之一:

  去冬十一月十八日,见藏师兄于吴兴之城山寺,更拜老师远问,并以了然关主、东禅法主塔铭见托,敬闻命矣。计别来首尾五年,某面目犹失,故吾每忆老师殷勤,属望至意,未免孤负,愧不可言。两儿子已长大,质俱秀颖,但习气顽逸。大儿颇知忆老师,举业文字似胜。今秋、明夏,聚议毕婚矣。完此二婚,便能从老师栖止名山,究竟大事。此一二年间,赖老师于三宝前祝愿,令某悉远一切不吉祥事,以待住山缘熟耳。因昙旭禅人,知老师已离峨眉,趋南岳,敬附一纸,奉讯道履。此间清风明月,不异何时,一钵惠然,渴俟之至。②

  信中首先回顾了去冬他与令徒在城山清凉禅院会面并收到紫柏来信之事;紫柏甚至又有两篇尊宿塔铭撰写的重任交给太史。接着提及今明两年内,将为二子完婚,此事在致道开信中也曾提及,算是表态自己将要"栖止名山"。之后昙旭和尚所带讯息,与日记中一致,则此信当出于此时。冯氏另有《与达观师》(卷三四)一通信息相似:

  藏师兄南来,以去冬十一月相见于吴兴之城山,得读师示一纸,以了然关主、东禅法师二塔铭为属,已勾当其一矣。向来碌碌,绝无长进,惟青山白云一念,大是坚固,可以见师。知师结夏芙蓉,欣慰之甚。便欲飞棹相从,篇资费所苦,又欲措置,为骥儿毕婚期在七月,行礼过此,便踏芙蓉白云矣,惟师少住俟我。③

  两信当作于同一因缘,或有先后寄出的可能。此信中多出一信息为当

---

① 《快雪堂日记校注》,第70页。
② 《快雪堂集》卷三五,第499页。
③ 《快雪堂集》卷三四,第486页。

年紫柏自峨眉返江南,结夏在宜兴芙蓉寺。则道开等僧俗万历十七年春夏间往吴中,是参访紫柏大师,并面承机宜的。但师徒二人是否在宜兴相见,则不得而知。

同时冯太史有《答藏师兄》(冯4)一通:

> 别来几两月,非酬应则懒散,其间功勋,惟朋徒雅集,留连光景耳。每忆师兄,但深惭愧。二月望后,因送苏学使入越,越中山水甚佳,亦多名刹,俱就埋废,衣冠满城,无一人法侣,可叹。熊君过武林,知仲淳卜地尚属汗漫,少休月日,以俟良缘,此长算也。项得一人姓白,抚州人,吴京兆力荐之,旧冬还豫章,遂与俱出,特留以议不佞大事。越中回始相见。其人朴茂,不事矜诩,指示一二处似亦有理,覆孙、熊二君所示,合者几半,今往苕溪、檇李尚未归,惟师兄与仲淳他日共勘验之。了然关主塔铭并周母传、物不迁等序,即日入山勾当,廿三日承草,便待师兄。往吴中,至锡山而返,不但送文卿,更有一二吊唁之役,须此行了之耳。今岁八月,当为骥儿毕婚,鹓儿所聘已失怙恃,来岁三月终制,亦当议婚,更加先人窀穸未定,了此三事,然后可议清凉之行。傅伯俊南来,见就甚佳,但得明年至此过夏,不佞便可同北。若今岁至,仅可作天台、雁荡伴侣耳。幸以此意报之。①

信中"别来几两月",即是从正月十六北关分别算起。此后的经历,冯梦祯也一一罗列,包括二子婚事的安排,所以此信当亦为此时所作。说到其接下来的行程,冯梦祯详细交代了自己常州锡山(今无锡)及其之后的计划,唯独没有面见紫柏的安排;从当年四月份的日记中,也能得到证实。四月初一日载:

> 放舟迂道,从学士桥至惠山。成《黄水部送行》文、《去妾怨》《送孙子贻守惠州》诗。将至惠山,过藏师、文卿、仲淳。徐、缪赴李令约,藏师留余舟。取惠山泉二十坛。是日晴,夜雨彻明。梦梵僧指示佛法,跪受之,以竹筒吹左耳,觉脑中清凉,隐隐数声,如雷而止。②

日记次日初二:

> 雨。文卿别去,仲淳送至毗陵,藏师约晚晤。西郭外忽晤姚善长,入城吊丧。同馆万宪使内、外艰,前辈孙太史以德内艰,顾国学祖河外艰,而监师周儆翁即世未满制。访顾吏部宪成、弟进士允成。谒李令,

---

① 《快雪堂集》卷三五,第498页。
② 《快雪堂日记校注》,第72页。

名复阳,豫章人。赴万宪使之约,饮于别室。登舟,藏师已至。李令招饮他舟,二鼓别,宿南门。①

冯氏此行无锡所会人物甚夥,其中最有名的当属当朝清流典范顾宪成、顾允成兄弟。不过那几日的道开禅师,究竟见到紫柏大师与否,就不得而知了。此后几天的日记缺漏,二人分别后,冯梦祯很快回到嘉兴,半月后收到道开来信。②又过去三天,道开终于赴嘉兴,商讨刻经檀施。日记四月二十日载:

> 藏师来,议刻经缘事。夜梦一僧东南来,破壁直至榻前,惊而寤,今应之矣。③

冯梦祯此梦对其心理暗示作用不小。二十八日日记:

> 以藏师招,至楞严,与诸善信定刻经之约。同盟者,包氏父子兄弟、张君如镜、陆公子基某与余六人,余作《盟词》。余妇正月发愿,岁出五金,余再出五金,共十金,刻经二卷。余善信多寡有差。晤云间康孟修、徐孟孺。④

这是有关《嘉兴藏》刻经团队组织的一条重要文献,证明《嘉兴藏》实际运行时间,在万历十七年的四月底,地点即为嘉兴佛教圣地楞严寺,而首批也是最重要的居士参与者,多是嘉兴籍人士,除了冯梦祯与姻亲包柽芳家族外,还有尚书陆光祖家族,到场的"陆公子基某"为陆光祖子侄辈(陆长子名基志),张如镜应该与著名的"张梅村居士"有联系。当日所见另两位云间居士康孟修、徐孟孺,也为刻经捐资不少,经本题记中广有留存。《嘉兴藏》的刊刻经历多重阻难,最终汇成巨帙,最先就是由道开禅师与冯太史及其居士圈促成的。

之后一月内,道开一直留在江南。《又与真实居士》(密6)载:

> 仲淳携足下手书至,展读不觉哽结。末世有情,大多诳曲成习,求真心直心、自急急人者绝少。足下赤心片片,甚足烁我中怀,故为动念。贫衲此行,盖为事有不可思虑所测识者。且光阴箭疾,恐到老犹然,话把无实,究竟不得不急。大都事在南方,斯为定议,第足下亦当早晚切切心愿,共期成办。地事乌陵,万万无议。赤山太阴星,但无甚萦结之

---

① 《快雪堂日记校注》,第72—73页。
② 日记四月十七日:"藏师书来,归《华严论》。"(《快雪堂日记校注》,第75页)
③ 《快雪堂日记校注》,第75页。
④ 《快雪堂日记校注》,第76页。

土地,却真正开穴,若得淡白之土,上少有沙穴,中亦无,即可厝耳。无太为荣辱所惑,空延岁月,至祝至祝。闻子晋病楚,贫衲寒竦毛骨。幸足下善调护之,盖贫衲法门一左臂也。①

此信时间在十六年底至十七年,因无日记左证,尚不能非常精确地定位。信中"地事乌陵,万万无议"一语,本事为缪希雍葬母卜地湖州乌陵山。日记中有关此事有记载,十六年冬缪希雍去乌陵看地,"为开山计",十七年夏则已开始"展墓"。② 道开信中对乌陵地事并不看好,因为"无甚紫结之土地",若真欲葬母于此,则需要堪舆家的布置。既然此冯氏信是由缪氏转达,则道开对这一地事态度,显然已经告诉过缪居士了,写信时间应该就在"仲淳往乌陵山展墓"前后;甚至,缪希雍五月"展墓"时应当已经得到道开的建议。

观此信中"事在南方,斯为定议"实际上还是反复强调《方册藏》的檀施,当以南方为主,所以期望冯梦祯能够在这一方面尽量聚拢信众共举善缘。在道开心中,南方居士士大夫乃至南方诸宝刹,始终是支撑大藏刊刻的重要基石。至于道开信中所说"事有不可思虑所测识"与"不得不急"的本事,与当年徘徊南北经场的选择,或有关系。另信中说道"子晋病楚",乐晋似乎身染重病,在老友冯梦祯的尺牍中也有过反映。乐晋寿之不永,在五台山经场撤销的前后就殒命了。冯梦祯有《与藏师兄》(冯5)言:

> 子晋病数日不差,旅况良苦,急须仲淳起之,即日或未能必至。借一佛子促之何如? 方字函经奉上。③

冯梦祯作此书时间殊不易确定,似乎与上文道开关心乐晋病痛有关,甚至即是作于上引道开尺牍(密6)之前,道开遂有此回信。因信中信息不足,遂有此推测。

十七年五月二十六日,冯梦祯与道开再次分别,道开自杭州北上,冯梦祯一路送到吴兴碧浪湖附近。④ 之后的六七月间,冯梦祯皆得道开书信,彼时道开应在金坛陪同紫柏。⑤ 道开别后不久,冯梦祯有信致之,见《与藏师

---

① 道开:《密藏开禅师遗稿》卷上,《嘉兴藏》第23册,第19页中—下。
② 日记十六年十一月二十日:"仲淳诣乌陵,为开山计。"十七年五月二十二日:"仲淳往乌陵山展墓。"(《快雪堂日记校注》,第58、77页)
③ 《快雪堂集》卷三五,第502页。
④ 日记五月二十三日:"日中,藏师兄同周仲大、季华至……再作《因明入正理论疏引》,藏师不许前作,示意更之。"二十六日:"早别藏师兄。《正心论》留阅,《尊宿语录》四函、《云门录》、《五祖演录》,又抄本,一共三帙,付师兄北去。自岘山历碧浪湖,甚浅涩。忽转北风,杨帆而行,亦事之偶然者。"(《快雪堂日记校注》,第77、77—78页)
⑤ 日记六月初四:"信奴回,得藏师兄、仲淳、李君实报书。"七月初五:"唐佛子赍到达观老师、藏师兄二书……遗唐佛子报徐孺东之讣于仲淳。"(《快雪堂日记校注》,第78、80页)

兄》(冯3)

> 某年余四十,齿发已衰,根器浅劣,障缘深厚。所赖骨肉,师友猛提而痛拔之,或能少救万一。师兄此别,甚不能为情,又为婚嫁所迫,不能相随入山,怅惋何可言承,示日用间但可。四分世缘。六分已事,敢不佩服?达观师承云去来,不可方物,不知辰下竟得一晤否?师兄为法道,不惮三伏行役,某居高屋下,凉风四来,僮仆挥扇,犹苦炎热,况涉道途。师兄此事,便如阎罗吞热铁凡相似,所谓随顺觉性,不为情泥所陷者,念此但有惭愧钦服而已。《晁无咎猪齿臼佛赞》、曹林兄《五日头陀记》并拙制《跋赞水鹁姑行》俱写一通奉上,又麦门冬一斤,诸惟为法道慎重。会傅伯俊先为致声,尚欲作一诗怀之而未及,不知此彼有便信否?扫石之期不敢忘,大都三年内偿之耳。①

此信中提到冯梦祯所作《晁无咎猪齿臼佛赞》《五日头陀记》及《跋赞水鹁姑行》皆在其日记中出现过,前两篇分别作于十六年初,《水鹁姑行》作于十七年此次二人分别前夕。② 信中又言道开为了弘法"不惮三伏行役",自己有童仆挥扇乘凉,却依然炎热,顿时只能"惭愧钦服",则此信所作时间必在夏日。道开、冯氏夏日分手,只有万历十七年这一次,则此信当为道开奔赴金坛后冯氏所寄。当年八月,为冯梦祯四十二岁生日,信中"某年余四十"正好符合。至于提到的紫柏大师行踪,冯氏亦与道开确认,是否在金坛汇合。如此看来,春夏间道开吴中行,亦未必与紫柏相见。彼时若已得聚首,则冯信中也不会说紫柏"承云去来,不可方物",而问道"不知辰下竟得一晤否"了。之后提到致意傅光宅,道开此后信中有及。而临末再一次向道开表态"扫石之期不敢忘",时间限定在三年之内。三年之后的冯氏倒没有云游,反而被启用,五台山刻经之业倒是停顿了,世事难料莫过于此。

十七年秋冬时,冯梦祯收到密藏道开寄自五台山的书信《又与冯开之居士》一通(密2):

> 茗溪别袂,返楞严,未几即诣金沙,躬侍本师。旬月始北发,九月至山。山中事宜,粗为条析,南来之众,俱入堂校对《华严合论》,写刻颇精,不亚弘明诸书,大藏终始,尽得如斯,诚所愿也。合论即吴江新刻八

---

① 《快雪堂集》卷三四,第483页。
② 日记十六年二月初二:"作沈孺人、曾祖父母二赞,及《跋晁无咎猪齿臼佛赞》。"二月初一日:"作《五日头陀颂》。慈祖东溪公生辰设祭。夜雨。作曹林师《五日头陀记并颂》。"十七年五月二十四日:"今十余年来,贫而逸矣。作《拟古诗》三首、《水鹁鸪行》一首、《无题》二首。"(《快雪堂日记校注》,第26、25、77页)

卷,亦甚潦草讹落,至若去经存论亦有未妥。盖志宁合论时,已失长者故物,而慧研删厘合论,则又失之以故,子晋笔削,大都于长者血脉,无从联续,而志宁、慧研,私增科判,亦未敢轻削。是不惟无补长者,反增重其迷误,不若存旧犹间,有得失可指议也。本师寓金沙久之,居士曾往参谒否?夫末法众生,易于懈退,非善知识无由策进;学人知见,易于渚讹,非善知识无由拣辩。故曰:水中乳惟鹅王能择之。又曰:大唐国不是无弟子,只是无师。有师矣,而又慢于请决,则报缘一谢,束手长往,业海茫茫,出头无期,伊谁之过也。身世匪坚,光阴迅疾,惟居士勉力自强。古人三日刮目,吾辈三年之别,各犹故吾,则襁褓中儿,不可久违慈母信矣。傅伯俊久迟居士,同了清凉之愿,昨过聊城,闻已南游,此时想曲尽江南诸胜,兼得本师为之指南,所谓捷足者先之,伯俊之谓矣。仲淳精神疲极,良可哀悯,傥其亲已葬,孺东已吊,居士当携之同入清凉,少事将息可也。①

此信所作时间如道开自述,为其九月回到五台山后。彼时经场初建,千头万绪,皆需道开一人经营,而紫柏大师犹在金坛于玉立处。信中说道,四月间与冯梦祯吴江分别之后,自己又去了嘉兴楞严寺,再取道金坛见过业师,居一月北上。途中经过聊城,探听到傅伯俊已经南下,当欲至紫柏处参访。而信中最大的篇幅,谈及对乐晋校对《华严合论》的方式,提出了不满,用今天的话来说,有点菲薄古人注疏,擅自笔削的意思。信末又规劝冯氏早日脱出樊笼,同至五台山,并提到等缪母与徐贞明两桩丧葬事毕,即可成行。

这两桩江南士大夫有关的丧葬事,一并护持径山等信息,还在另一封道开致缪希雍的信中提到,且更为直接。道开希望幻居等能对径山诸僧"潜为启发",再由冯、缪二人"因之往反",要让径山寺僧对刻藏"无所猜忌,倾心乐成",则可见道开彼时心中刻藏安排的复杂状况。另有《与冯开之居士》(密11)一通:

《大乘止观序》,海瀛居士想属笔矣,足下入苕,当领之付梓。人氏脱有万一未妥更当共讨论之,务使海瀛居士笔头上光明,足以熏照未来,将必有一人两人焉,于此光明中发大信心,入此止观门,然后斯文为不徒作。不尔,则徒文非我教所贵矣。《成唯识论》,三月间可完刻,亦不可无序。昨文卿、中甫寄贫衲尺一,甚言武林虞德园居士,欲与贫衲

---

① 道开:《密藏开禅师遗稿》卷上,《嘉兴藏》第23册,第15页上—中。

一见，不知贫衲与居士从旷劫来，初无间隔，亦无背面可得，乃今欲面者形骸耳。既是法脉中人，必有觌面时节，敢乞足下代为合掌，求其先撰论序，以作后日相见香仪。闻居士刻意西方，此亦堪作往生助行。居士文名遍寰宇，况法门著作，谅其不怠。张星岳居士颇有助缘刻经意，足下当乘其热念，如包瑞老故事，为定夺之。逐年捐赀既不苦，而积以十年，则功勋且多矣。舟次草草，余图便再悉。①

此信所作虽不能确定具体时间，但凭信末"舟次草草"一语，便知其可能为十七年道开于南方频繁奔走之际；是年秋道开北上后，即长期驻锡五台。此通尺牍中有多重刻藏因缘，并涉及多位江南居士。首先，信中之"海瀛居士"为乌程人朱长春，字太复，万历十一年进士。其所作《大乘止观》序言，收入氏著《朱太复文集》卷二四，目录标注"丁亥"所作，当为万历十五年。此序之书，似为《嘉兴藏》之《大乘止观法门》四卷，然宫藏大藏此经未收序言，后牌记亦为康熙六年刻本，似为日后补入，俟考。朱长春序末有写作缘起言："是卷南岳思大禅师说，今江右密藏师重演，以长水冯太史开之为教主，过乌程，目予慧而授之以难，因为题。"②可知此序是应道开与冯太史之请。朱长春尺牍中亦有一通《与冯开之》谈及作序事："往岁藏公所托《止观序》，向知藏公北游，遂不奉见。子晋复道相索，因便呈去。仆不解禅，如隔壁语耳，不堪观，大匠当赐一削，便如百重障。"③此信当可视作朱长春交稿之时，并承送冯梦祯的。道开致冯梦祯信时，应尚还未收到此序，而婉言求冯氏催促。

其次为《成唯识论》序言及其作者。"武林虞德园居士"为虞淳熙，字长孺，钱塘人，与朱长春同科，为万历十一年进士，是晚明著名佛教居士和学者冯梦祯好友。其所作之序并非玄奘所译《成唯识论》原本，而是俗解此论的《成唯识论俗诠》之序，序言收入氏著《虞德园先生集》卷六。有趣的是，宫本《成唯识论俗诠》序言，收入顾起元、吴用先以下十余人所作之序，却无虞序，不知为何。道开知有虞淳熙甚晚，是经松江人徐琰（字文卿）与金坛人于玉立（字中甫）推荐；徐、于二人亦为《嘉兴藏》重要施主。道开这两次让冯梦祯出面求序，除了仰仗江南檀施之外，亦有借重江南知识精英学识与名望，来弘扬佛法的意味。

---

① 道开：《密藏开禅师遗稿》卷下，《嘉兴藏》第23册，第28页中。
② 朱长春：《朱太复文集》卷二四，收入《续修四库全书》第1361册，第412页。
③ 朱长春：《朱太复文集》卷四七，收入《续修四库全书》第1361册，第650页。

第三节　五台山的烦恼：万历十八年、十九年(1590—1591)

时间来到万历十八年。冯梦祯似乎已经适应了家居闲适的生活，日记中多有其在西湖踏青会友的记录。二月二十那天，他收到了一封道开寄自五台山的信。八天后他写下回信。这时二人的交流，早已习惯两地的远隔；似乎在太史的日记中，道开有些渐行渐远了。① 道开的来信今不可知，冯梦祯春间的回信，当为《报藏师》一通(冯6)：

> 自十一月悬望北使至今，何为迟迟。乃尔寄到《华严合论》数纸，捧览欢喜，仍合经刻，虽乖初因，亦见师兄为慎重大法之意，敢不服膺。缪迷之人，为俗缘所绊，尚未及请教老师，闻目下已寓锡摄山矣。践清凉之约，不过三年，但伯俊出处未定，恐不能同行耳。伯俊去冬十一月相陪，一宿昭庆，病驱尪然，正月得其广陵书，知已渐强，岁前北返矣。仲淳葬亲，已定宜兴，毕事即往豫章哭徐孺东先生。今春尚未面梅谷师，去夏相别，不知孤云野鹤，何所栖泊。承其到山，亦一喜也。便信驰此，不能细叙，惟祝为法，珍重而已。②

信中所说傅光宅"去冬十一月相陪"即生病的事，就是万历十七年冬傅氏南游，访同年冯梦祯之事。③ 信中说"正月得其广陵书"，则此书作于十八年春。④ 去冬最后一封道开来信，为十一月所寄，时隔多月后，道开寄来新刻《华严合论》数页，应该就是二月二十日那天收到的。此时紫柏已经驻锡南京摄山，当为栖霞寺内。而缪希雍葬母及徐贞明的丧事，尚未完结，所以信中又一次提到了"清凉之约，不过三年"的承诺。观万历十八年时，五台山刻经已经步入正轨：从十七年冬道开来信中看到，南方编辑团队于五台山校对《华严合论》；至十八年初，即已刻出若干卷，而《楚石语录》业已成册，身在南方的冯梦祯在去年冬亦已收到。

---

① 日记二月二十："得藏师兄五台书及龙泉住山永庆书。"二十八："答藏师兄书。"(《快雪堂日记校注》，第96、97页)
② 《快雪堂集》卷三六，第516页。
③ 日记万历十七年十一月初十："看陈公衡、周申甫、傅伯俊。下午，公衡、长孺、申甫同叙，长孺为不宿之客。"(《快雪堂日记校注》，第86页)
④ 信中有"今春尚未面梅谷师"语，则知信当作于春日。梅谷禅师为冯氏老友，日记中时常出现。

万历十八年初冯梦祯收到的《华严合论》数纸,究竟是多少卷,颇可一论。《嘉兴藏》中《华严合论》全名作《大方广佛新华严经合论》。如同《嘉兴藏》所收入的大部分作品一样,每卷《华严合论》后有牌记一条,记述捐刻者的姓名、官衔、所在地域,捐刻的原因、捐资的银两数额,以及经名、卷次、字数和版片数量、写刻工匠姓名、刻书时间和地点等信息。前三卷的施刻人正是时任监察御史的傅光宅,时间是万历十七年十月八日;前述傅光宅去年南来,想必与经书出版有关。卷四的捐资者是同为监察御史、傅冯二氏的同年进士的宜兴人吴达可,时间在十七年冬。卷五为时任南礼部侍郎的常熟人赵用贤所施,时间为十八年春。卷六则同为常熟人的瞿汝稷所施,时间已经是十八年夏。则冯梦祯年初所收到的数纸,很有可能就是他的同年傅、吴二人所施的前四卷;赵祠部十八年春所施刻的,恐怕未必能及时刻出。

仅观前几卷的施刻者,可以看出早期五台山经场的组织者,不仅大都来自江南诸府(傅光宅为此中仅有的北方人),其实同属于道开、冯梦祯身边的交友圈之中:傅光宅、吴达可与冯梦祯为科考同年;冯、瞿为居士挚友,赵用贤为南中士大夫如冯、吴的前辈兼日后的上司(赵领礼部,冯任祭酒),又与瞿氏同乡兼年丈(赵为瞿父景淳晚辈),此后施刻者如曾乾亨、唐文献、徐琰等等,莫不是出自这一居士圈中。由《华严合论》一书牌记可以窥见,早期五台山刻经檀施,正是由紫柏、道开师徒身边以冯梦祯为代表的一众居士士大夫所组成,将已有同乡、同年等相对松散的联系纽带,进一步紧密勾连,参与到宗教文献的刊刻与传播中来,其中因缘不仅有自身及家族的信仰依托,也与晚明时代政治生活的外延,有千丝万缕的交织重合与互相影响。

当年道开、冯氏通信与记录都不甚多,日记载,初冬十月十一,冯梦祯收到过一封镇江僧人带来的道开书函;①不久,道开又有一封信致冯梦祯,即《与冯开之居士》(密10):

> 别来如昨,律候载迁。信人命无常,浮生能几?吾辈于法门中自称雄杰,而复优游退堕,无异寻常虚浪沉埋,甘为涂炭,生无所建立,死无所指归,诚何以仰追先哲,取信后昆,而免哓哓拔舌之苦乎?且众生从无量劫来,能一念发菩提心,奚啻优钵罗华一现,此而损失后得,何期炉炭镬汤,蛆虫蚊蠓,刹那万状,宁复终穷言。及于兹涕泪中陨,愿共居士勉之。刻藏因缘虽已就绪,然期场南北,未卜终始。此方撰述,校雠端属名贤,幸无忘念。新刻《楚石语录》诸典各一部,远充法供。幻居兄挂

---

① 日记十八年十月十一:"明宗上人同京口僧如来,得藏兄、雪浪书。"(《快雪堂日记校注》,第105页)

锡径山否？护持之责，舍足下其谁，并乞留意。①

此信中有"新刻《楚石语录》"一书，据《楚石语录》牌记，皆为万历庚寅（十八年）秋，则此信必在秋冬之季。此经施刻者多位嘉兴籍人士，第一卷为陆光祖所施，第二卷是包柽芳，第三卷即为冯梦祯。则冯梦祯所收此书或有如今日之"样刊"。同时，除感叹时不我待，功业难建外，道开再一次提到，虽然刻藏因缘已定，但"期场南北，未卜终始"。可以看出，即便万历十八年底，道开依然不能完全认可五台山经场的运转。此外，更有可注意的，是道开又一次向冯太史提及，需要江南护法留意幻居禅师身在径山的工作情况。可见彼时径山仍是道开信中挂念的理想刻经备选。

日记中这封十月的道开来信，是一位来自镇江京口的法师如学带来的。道开遗稿今有三封信都是要求冯梦祯护持地方寺院，分别是湖州金山寺（密12、13）与镇江鹤林寺（密14），所涉及的住持僧人分别是净圆与玄素。其中净圆在冯氏尺牍中曾有出现，时间就在万历十八年。② 则此三封来信，因殊难断定时间，且与刻藏因缘不大，遂附于此。③

万历十八年冬，冯梦祯在嘉兴，道开应在五台山调理经场事务。紫柏则正月入南京，与南都大佬如王世贞、陆光祖等交游，次年春复南下江浙诸地参访说法，亦有化缘募资的任务在身。十九年《快雪堂日记》中已无道开记

---

① 道开：《密藏开禅师遗稿》卷下，《嘉兴藏》第23册，第24页中。
② 《快雪堂集》卷三九有《报净源师兄》两通，此恐即为道开信中"净圆"。第一封信中言"自丁亥迄今不相知闻阅三岁矣"，万历丁亥为十五年，三岁则为万历十八年。（《快雪堂集》卷三九，第554页）
③ 此三通尺牍，据"密12"通下双行小字载："已下八编（另五篇为致他人者），辛丑（顺治十八年，1661）年正月虞山钱牧翁发来刻入。"则此三通致冯氏尺牍，为最晚收入遗稿的部分。《与真实居士》（密12）："金山道场向非静圆师，几复草莽矣。磨涅始见坚白，霜雪始信松筠，足下当更护持之。显亲（在宜兴）邻己室，必得柔和戒德者居之，此地始为三宝有。不然，以苦人之刁强，强孰胜之。以苦人之吹求，疵孰掩之。不惟失其道场，辱及僧类，即足下护法之名亦从此扫地矣。大都作事宜公，不得私所好。江南之广，岂遽无僧。愿足下语之静师，期无相负。"《又与真实居士》（密13）："光阴转眼已分，上事可有多少下落否？日用可觉、日有光明否？学途中日有进益无？谓未得一跌粉碎，遂甘心醉梦，过了现前光阴也。仲淳可得共朝夕否？世出世法，幸相与有成。子晋病恙何如？便当报我。静圆师在金山，有无缓急？乞留念。"《又与真实居士》（密14）："润州鹤林寺，为玄素禅师道场，有莲池竹院，皆为人所侵。陆太宰力复之，有田亦为千兵人家所有，前丹徒令马君断归寺。近千兵假以军卫具告屯院，批高二府反断与侵者，而僧亦复具告丹院批张明府。冬底不肖在当湖，乞太宰书与张明府，明府业已领略，不谓张君近复有更调消息，漫不视事，敢乞足下一言以促之，使其完此事。新令为汝上人，或未必有益于僧，即难为通情耳。高二府傥素相识，并乞一言以弁。其偏执之情，如不相知乞发数字恳工部崔君一书乃妙，崔君与高至亲故也。太宰前与张书中亦云，同足下作鹤林檀越，其中委悉，须细讯之，鹤林寺僧有得之矣。"（道开：《密藏开禅师遗稿》卷下，《嘉兴藏》第23册，第31页下—32页上）

录,尺牍中亦无致道开者;密藏遗稿尚有两封尺牍,为此年所作。其中《又与真实居士》(密8)载:

> 居士为儿女婚嫁所迫,仲淳居士恒切切念之。但道人行事一切处,只得随家丰俭,不独婚嫁,夫人谅吾与否?亦自听之不尔。则我本有灵光,未免受其蔽塞;瓶宝法主,化去意者,又贫衲梦中,五齿之一乎?人命无常,良可惊惕。建塔天台,居士主张诚是,塔铭须就实而作,毋徇人情。季居士中军,非谓居士有意祸之,第恐不知,误为人所中,故亟达之耳。老师解夏,或有双径、天目之游,居士当扫缘以追随杖锡,老师如大海水,我辈多近一日,多受一日之润,惟居士念之。①

万历十九年,紫柏结夏虽不知准确地方,但春夏间径山、天目山及苏州天池山皆曾游历,同时,是年春紫柏亦至嘉兴稍歇;然《快雪堂日记》是年所存甚少,亦不见紫柏来嘉兴的记载。不过紫柏自己的记载中,依然提到几位居士圈的熟人;氏著《八大人觉经跋》载,元代雪庵溥大师曾书《八大人觉经》流传,到了"万历辛卯四月望日,鹤林薁公偶得一卷于本寺(嘉兴东塔寺)明秀禅房。宪副包公乃镌于石,以寿其传云"。② 紫柏为前朝高僧写经作跋文,冯梦祯亲家包柽芳刻石传播,则当年夏紫柏身在嘉兴。道开此信中所言紫柏当年行踪,"或有双径、天目之游,居士当扫缘以追随杖锡",当为年初来信时的推测,此信时间必在初春。则万历十九年春季,道开与冯氏信中,依旧讨论着儿女婚假的话题,显然冯梦祯一点也没有想随法友出世修行的意思。至于之后是否护持紫柏南下,记载亦阙如。是年冬,紫柏回到五台山。

万历十九年春末,五台山刻经场遇到一次非常严重的危机;一年后经场被迫南迁,与之有着相当大的关系。据《神宗实录》万历十九年闰三月二十四日条载:

> 礼部题:异端之害,惟佛为甚。缘此辈有白莲、明宗、白云诸教,易以惑世生乱,故禁宜严。近福建有僧,妄称钦差,欲重建支提寺,以觊银坑之利。又有番僧,亦乞内地造寺,为通番之计。汉上栈道,亦复有游僧,妄称差遣。即京师中,近有五台僧自号密藏禅师,潜住惑众,合严行禁逐。上命:严逐重治之。③

---

① 道开:《密藏开禅师遗稿》卷上,《嘉兴藏》第23册,第19页下。
② 《紫柏尊者全集》卷一五,《卍新续藏》第73册,第279页下。
③ 《神宗实录》万历十九年闰三月。检索通过"中研院"历史语言研究所与韩国国史编纂委员会开发的系统:http://hanchi.ihp.sinica.edu.tw/mqlc/hanjishilu?@^310524288^807^^^60211001001502360022^22@@425549574。

这条实录是《嘉兴藏》研究者所熟知的材料,也是明实录中唯一一条涉及密藏道开禅师的。这条礼部的奏议,将当时在大明出现的诸多民间教派及番教(藏传佛教),归为异端教派,从事者无非图财或者"通番"。话锋一转,即提到当日人在京师的五台山僧道开禅师"潜住惑众"。以文句理路,礼部此题中的诸派异端外道,恐怕就是为引出道开之行不当,而应驱逐出京师,则五台山刻经僧团实际已经遭到记恨与毁谤,在京师与五台山的行为开始受限制。礼部此题上奏后不久,道开有信《又与真实居士》(密9)致南方冯梦祯:

> 刻藏因缘,科臣有言,幸宗伯题覆无恙。此以世眼观之,似属魔娆;以道眼观之,实所以增法海之润,助天鼓之音也。今且闻者益众,而受浸润者益广矣。矧未事之先,已逆睹有此,兹何尤焉?足下之补,实出舆情,而台翁特从中从臾之,其未来节次,业已有成议,或不至久稽外职;惟足下无守旧见,濡滞林泉。丈夫出处,当自有时节因缘,不以人情暌合,世境依违,而作进退。足下今日,固当出之时,此实世外人,以便眼从中谛察,即足下亦弗自知。若徒以见私揣量,于人情世境上决择依违,非道人之护念也。昔古德有为知己举住持,弗应,后自往索之,知己诘其终始,所以异日,偶欲之耳。此真孤光独露,照世法幢,所谓"师子无伴,大象不拘"者也。惟足下以之。台老护法心真切,其知足下,尤非群情所可及,当更无以一时人情,而作亲疏想。祝祝。知己之言,肝膈寸寸,幸直下当之。①

此信中开头科臣所言的刻藏因缘,即是上引实录中礼部上的奏章。实录中提到神宗皇帝批示"严逐重治之",实际上恐怕并没有执行。时任礼部尚书的于慎行,应该将此事压下,"题覆无恙",刻经及募缘遇到的魔障,暂时告一段落。尽管五台山刻经事业即将走到尽头,但刚得到礼部尚书庇护的道开,依然觉得其情可慰。他那段"世眼"与"道眼"的观点,颇可以见得当时的自信;即便被科臣和礼部参了一本,但刻藏举动能在世人面前增加知名度,实际上也能看作恢弘佛法的助力,所以才会有"闻者益众",而"受浸润者益广"的态度。此信当为回复冯梦祯问询所作,则那封不存的冯氏信中,可能表现出某种对刻经及僧团的担忧,但这种担忧在道开回信笔下,已然烟消云散。

下一段内容颇值得关注,是关于冯梦祯本人的起复问题。这一材料在

---

① 道开:《密藏开禅师遗稿》卷上,《嘉兴藏》第23册,第20页上。

冯氏别集中殊难寻觅，而钱谦益所作墓志铭也含糊其辞。冯氏万历十五年京察被贬后，到了万历十九年前后，就得到时任吏部尚书、同乡陆光祖的提携，道开所谓"从中从诶（臾）之"的说法，颇为精巧贴切。信中道开对冯氏寄托极大的希望，并劝其放弃归隐林泉的想法，积极入世，"丈夫出处，当自有时节因缘"。若冯梦祯能重归仕途，任一方大员，则为佛教于世间又一大护法，道开亦未必不明了此事。揣摩道开此信中"古德"为知己举住持事，恐冯太史此次复起，亦与道开在陆光祖面前的引荐不无关系。然万历十九年快雪堂日记阙漏不少，二十年日记更是整年不存，关于其个人的记载亦不明显，此二年间冯太史之个人荣辱与僧俗交往，已不易查询，其本人亦晚至万历二十一年才补广德通判，那已是五台山经场南迁以后的事了。

此信之后，冯梦祯与道开这对法友的直接交往，在二人的尺牍及日记中消失，甚至道开本人，亦在次年的万历二十年夏，消失在茫茫传世文献之中。以二人为主经营的《方册藏》五台山刻经场解散，整个刻经事业也陷入停滞。数年之后，重新开始于径山的刻经工程，不能简单地视作五台经场的延续和补充，其中曲折因缘，同日后江南僧俗精英组织的重构与更新，有密切关系。而通过冯梦祯与密藏道开间四五年的交游来看，刊刻《嘉兴藏》机缘的本身，就可以看作晚明僧俗交往的缩影，这其中僧俗间所建立的信任互助的关系，正是晚明佛教在世俗界复兴繁荣的社会基础与近世中国社会生活中独特的风尚。

第四节　冯梦祯与径山

密藏道开一直关心的余杭径山，位于今浙江杭州余杭区径山镇境内，晚明时属杭州府治下余杭县。径山一带系天目山脉支脉东北，因有两条小径，可盘旋直上天目山而得名。此地峰峦秀丽，古木参天，修竹叠翠，泉水淙淙，自古就是世外禅修的佳处。自五代国一道钦大师之后，径山名声大噪，南宋时更是位列"五山十刹"之首，近世以来一直是东南重要佛教名山。虽然《方册藏》前期总裁道开禅师在经营五台山经场之后，最终无缘继续主持南迁以后的径山刻经场，但他的理想还是由法友居士与同门师兄弟们继承下来，并最终在由明入清后成就了"嘉兴—径山藏"的宏伟事业。经场南迁时护持径山经场的最重要士大夫，仍是这位道开禅师最好的禅悦法友冯梦祯。

冯梦祯在五台山经场不存后忽然时来运转，辗转升任南京国子监祭酒这一清流津要，告别了之前的闲散生活。但他在京的政治威望，与其信仰的至诚与周到，使得经受政治龃龉的刻经事业，在余杭的深山中得以保存与延续。选择径山作为刻经场的意见，似不知出于哪位僧俗精英，不过在上文道开"卜吉四山"时，"双径"径山已经名列其中，甚有可能是紫柏师徒在江南传法时便结下的因缘。而将径山刻经的缘分继续下去的人物冯梦祯，除了与发起者间存在师徒法友这层关系外，其本身也与径山有着不解之缘。若翻看冯氏日记与游记文字，后人便能直观地体会到径山之于冯梦祯有种说不清的风云际会。除了氏著十八卷《快雪堂日记》中保留多条与径山有关的文字外，在冯梦祯别集《快雪堂集》第二十七卷还保留了一篇日记体的《径山记》，可以视为冯氏日记的先声。这些记载还原了大护法冯梦祯先后三次登上径山揽胜，为乃师发愿刊刻方册大藏，并奔走倡议的记录。作为当日护法士大夫中最重要的代表之一，冯梦祯与径山、刻经场及方册大藏的联系，长久不被学界关注，本节不仅将小结本章中僧俗互动与《方册藏》关系之论述，也将表彰冯祭酒护法金汤于佛教复兴中的功绩，同时略展示晚明文献中保留的径山面貌。

一、丁亥之游

前论万历十五年春二月，六年一度的在京官员考核开始；将其视作打击异己的机会的朝中党争双方，同样已等待很久。冯梦祯之前便因母丧丁忧在家，在这次京察中复被以"浮躁"名义罢官。这显然是个借口，至于是不是"误伤"，今天已无从知道了。其实冯氏在忤张居正后（万历七年）已经家居多年；张居正殁后，再遇到父亲去世（万历十一年），守制三年复出之后不久，再遭丁亥京察罢免。不得不说，丁亥之役实在也算是冯太史的解脱。

从宦情中释放出来的冯梦祯，想到的第一件事，就是"海内奇山水有名图记者，行且一一历之"，①要把地图所载的名山大川都走个遍。从日后的日记中，我们发现冯氏其实也就在长三角的名山盘桓了一遍，但作为当年仅四十岁的冯梦祯来说，这不失为一个非常不错的理想。他选择的第一站，就是东西两天目山，理由是"两天目为高峰、断崖、中峰三善知识幽栖之所，骨塔在焉"，这里曾是宋元时三位高僧——高峰原妙（1238—295）、断崖了义（1263—1334）、中峰明本（1263—1323）的驻锡之地，身后所立之塔亦在山上。② 显然冯梦祯最初的云游之想，与他的佛教信仰有密切的联系，找寻高

---

① 冯梦祯：《径山记》，收入《快雪堂日记校注》，第 340 页。
② 天目三僧研究，可参任宜敏《弘悟普度名冠元世——高峰原妙禅学思想述论》（《佛学研究》1999 年第 1 期）、纪华传《元代临济宗高僧中峰明本与日本幻住派》（《佛学研究》2013 年第 1 期）。

僧旧迹是他旅途比较关注的地方。那个时候紫柏僧团刻经的理想还处在一抽象的愿望阶段。

在临安城与两天目盘桓了近二十天后（三月二十四—四月初九），冯梦祯一行旅友，从天目山回到临安，准备向径山进发。一周后的四月十六日，一行人终于抵达高陆镇，午饭后入山，度风啸岭，远望能见浮屠塔"卓立云际，乍隐乍见"。伙夫告诉冯梦祯，这就是"径山塔"。至于晚明时代径山入口的这座高塔，究竟是哪座浮屠，仍俟考。一行人继续上山，不久就到了径山万寿禅寺。冯梦祯描述道，"五峰离立，如攒手指，而寺藏其中"，禅寺的地势山形非常奇骏。同时他还记下了一则传说：径山开山大师法钦国一时代，径山寺址还是一条龙湫，"浩汗莫测"。国一大师来到这里后，有一位老翁出来对他合掌说道："我是这里的龙王，听说大师您驻锡此地，我愿意把这块宝地献于大师讲经说法，我自己就退居东天目。但径山这里还是得给我留下一窦、一个小孔，我每年可以由那里出入一次。"①话说完，老龙王就不见了，这里的大龙湫遂变为平地，国一大师就在这里建起道场。那时庭左有一窦，就是传说留给老龙王的。

到达寺院后，冯梦祯一行人进殿礼佛，发现大殿内左右各二厨，贮南本永乐大藏，而元代的旧藏，已经散逸毁坏，仅存其五之一，另装了两厨放到殿后。径山僧人说，这些经藏都是一位"虞进士"亲手所整理的，那就是前述冯梦祯的好友、杭州人虞淳熙。藏经放置在下，上铺石板，据说是要用藏经镇住"龙湫"。冯氏此行最重要的目的，是去看国一大师骨塔，但年代久远，当时的人也不容易辨认，他只能亲自上山寻找。一路上山，先走到著名的"妙喜庵"，匾额为宋孝宗御书。庵内供奉着大慧宗杲大师像，庵后为大慧骨塔。冯梦祯进庵合掌礼大师，又转至僧房休息。妙喜庵主僧为嘉善之风泾人（今上海枫泾），高龄八十七。一行人留下休息，可冯梦祯还要登径山五峰之一的凌霄峰，那是径山最高处。当时已是冯梦祯方外好友的密藏道开，就曾与冯说想在凌霄峰上闭关，想必一定是胜处。

上凌霄峰需自山南觅路，绕山曲折前行，经历百折而达峰顶。凌霄峰顶分为两峰，两峰中间有块平地，一位出家人建了几间茅屋，再登百许步到了山顶，景色极为壮观："万山隐隐，东天目胜舞而来。"而据说再远处"有峰如云影而锐，为西天目"，则冯梦祯眼力素来不佳，不能亲睹了。至于再远的杭城、钱塘江，则要等晴空万里才能尝试一下。

第二天一早，冯梦祯一行自大殿右出发，礼国一大师像。边上有喝石

---

① 冯梦祯：《径山记》，《快雪堂日记校注》，第 343 页。

岩,此岩开始时为石屏,国一大师常在此休息。有位神僧来拜见国一大师,愿从大师落发,为法门解厄。国一大师问他所习何法,神僧说自己所习"俱胝神咒"最为灵验。大师让他试着对岩石一喝,这块石头忽然离地,立分为三,所以就有了"喝石岩"。这位神僧随后去了京师,代表僧团与道士斗法"步刀梯"而胜。最后才知道,这位神僧是大悲菩萨的化身。再沿路从东径而上,有土堆隆起,名曰"灵鸡冢",埋的是国一法师时代的一只"听法鸡"。这只鸡常来听法师说法,也不食生类。等到大师被赴召进京,"听法鸡"哀鸣三日而死。

沿着"灵鸡冢"又向上,就是"端元叟放生池"。右首为元叟寂照堂,元叟塔在其上,灵塔规制,非常壮观。行端大师(1255—1341),号元叟,台州临海人,俗姓何,宋元之际径山高僧,大慧大师的再传弟子,明初楚石梵琦大师的老师。元叟身后有元代人所作碑文,书法甚工,可惜毁于火,冯梦祯见时已作龟折状,欲崩未崩。再问其他径山祖师埋骨处,那些寺僧就言语支离,已然不复可踪。寺中钟声响起,冯氏也随之下山。这大约是冯梦祯第一次来到径山,此地给他留下非常深刻的印象。此后径山刻藏与护持的因缘,虽然冯氏自述不多,但与此次初游径山必定是分不开的。

二、刻藏之缘

此后,家居的冯梦祯度过了几年惬意的时光。也就在这时,方册大藏径山藏的唱缘和刊刻工程,紧锣密鼓地展开了。前文已述及,作为江南护法中最积极的一分子,冯梦祯实际扮演了精英僧团在江南最大的经理人,帮助远在五台山建立刻经基地的紫柏大师僧众,在南方集聚足够的资金与人脉资源,可谓鞠躬尽瘁。但即便是万历十六年,紫柏高足幻居真界南下驻锡径山的那几年,因缘际会,冯梦祯反而没有亲自上径山的记载;再一次登上径山,竟然是上次径山之游后的第八年,万历二十三年(1595)乙未。此时冯梦祯已入职南国子监,即将升任祭酒之位。

那年春末,南方已经热得如夏天一般。三月初八那天,冯梦祯从自己的西溪别墅出发,坐船赴余杭。第二天一早,在余杭县城与新来的县令吴自修见面,一路出县城北郭十里,过新岭,再经尚母桥,一侧为官谷山,顺山而下的溪水明靓可爱。又走了十余里,至吴山寺午饭歇脚。下一站至双溪。此地有居民千余家,在山溪之间,是一大村落。再往前,见云气中山翠隐隐,就是径山了。在两山之间穿行六七里,翻过直岭,又转了一会儿山路,一行人抵达至径山山门。山上驻锡的老友幻居法师,与另一位同为紫柏弟子的体玄上座,一起迎至三门外。一行先走到望江亭旧址,冯梦祯放眼望去,见南面诸山如屏,就是杭州诸山。在那之外的云雾之中,有"练光隐隐",应该就是钱塘江,所以这个亭子就以"望江"为名。接着,他们从望江亭上殿礼佛,再由殿左登山,不半里来到喝石庵,就是因那位神僧俱胝道人断石而得名的所在。此庵乃新创,为体玄法师所居;上次冯氏上山时还未建。庵门口修竹照映,宾主坐于广庭之下良久,主人还为客人进粥,天黑才转而下山。冯梦祯乘着月色,来到一处叫"文殊台"的地方,有胸径近丈的大杉树,台边建有精舍。几年前,在他与密藏道开安排下驻锡径山的幻居法师,就住在这座僧舍里面。这里出门几步之内,就是大慧宗杲的塔亭,亭边银杏树也极粗。那天他还见到自己上一次游径山所住的僧舍,"丁亥初旧榻在焉",床榻还是当年的样子。

宿一日已是三月初十,起床后冯梦祯发现天气热得已经只需要单衣。吃完早饭礼佛一周,冯梦祯将两幅佛像与大士像,施于径山刻经场与喝石庵供养。拈香完毕,他们便开始觅径登鹏抟峰、凌霄峰,主峰之下再生小峰,其中就有夕照元叟端公塔院,这处小院最近新有刻经团队在此刻经。夕照塔院外,有当年端公所开浚的放生池,"壁水可镜"。冯氏在此地徘徊很久,又回到文殊台静室解衣午睡。那天冯梦祯在与主僧体玄法师谈话中,听说一条大新闻:宫廷下旨逮捕高僧憨山德清,理由就是在山东崂山购久毁道宫地基,私创佛寺,引起佛道相争。冯氏与憨山乃旧相识,日记里留下一句"可叹"。① 此事即为前编所论憨山德清所遇"乙未之狱",为晚明大规模僧案的开始,并直接导致了八年后紫柏大师坐化京师。冯梦祯得闻此事就在径山之上,远在江南的大护法与大名山,无形中也被拉进到晚明佛教变革与挫折的现场之中。

这天回到静室,冯梦祯偿付了多篇文债,②其中一篇就是为径山住僧、径山刻经场实际负责人幻居真界的新著而作。幻居法师《楞严经纂注》卷首即有冯氏所作序言《大佛顶首楞严经纂注题辞》:

> 界师纂注旧本,余十年前曾见之。去秋晤于南翰官舍,所示今本,则改窜已十五六。盖取诸家之说,芟夷烦冗,会归精约,而间附己意,不但作圣经孝子,且为诸师忠臣,其功顾不卲欤？虽然,《楞严》有显密,经首云:实时如来敷座宴安,为诸会中宣示深奥,法筵清众得未曾有,迦陵仙音遍十方界,如来有示,清众有得,音声普闻,而无一字,此密楞严也。庆喜殷勤启请,如来妙辩演说,此显楞严也。显以诠密,则十卷经

---

① 可参本书上编论憨山德清"乙未之狱"章节。
② 《快雪堂日记校注》,第141页。

文已为注脚,注脚之下又添注脚,入海算沙,竟亦何益?对盲者说天如盖如鸡子,其理不得不然,有目者则仰面一观而已。界师约诸家之意,盖不独为盲者设,而所望于有目者尤至,愿与善读楞严之士共勉之。万历乙未三月十日,真实居士冯梦祯,时游双径,憩文殊台静室敬题。①

此时冯氏已供职国子监,回忆起多年前所见幻居旧稿,此时注释文又有精简。不过冯氏所说"十年前曾见之"的话并不可信,他认识幻居不过七年时间,那也未必是幻居法师的旧稿。幻居法师学问出入因明、唯识,是晚明唯识学复兴最重要的高僧之一,前文略及;此处冯梦祯序中释《楞严经》读法需分"显密",则侧面看出幻居佛学学问受到的启发,远不限于汉传佛教本身。

日记中出现的另一位僧人"体玄"也非等闲,他其实就是紫柏座下另一位高第寒灰如奇,亦即幻居的师弟。他驻锡径山的任务,同样也是协助刊刻经藏;冯梦祯此来接洽幻居、体玄师兄弟,亦是为径山刻经场的发展而来。这次进入径山之前,冯梦祯路过山脚下化城寺旧址,他提出,想要倡缘复兴寺院,新建精舍,并为刊刻佛经提供储藏大藏与板片的地方,但他自己也明白,这么巨大的兴复工程,得有足够的资金支持,"非千金不能举事",所以只能"姑待之"。三个月后的六月初三,冯梦祯在杭州家中写下著名的《重兴径山化成子院劝缘疏》一文,在他的努力推动下,径山藏刊刻经场南迁之后,最终在径山扎下脚跟。

三、师生之间

时间到了万历三十二年(1604),冯梦祯已经步入晚年。这年的春天,他听说自己的皈依师紫柏大和尚,因为去年冬天京师的党争大案入狱,已于狱中坐化,事详前编紫柏与续妖书案事。老师紫柏的遗体曾一度草葬于北京西门外的慈惠寺;这年夏秋,在内宫的授意下,大师真身被重新迎葬回南,地点就选在径山。这年九月十七日的吴江,天气阴雨,冯梦祯一早来这里的运河码头,迎乃师真身,到了中午,自运河南来的紫柏大师真身,停于吴江西北的圣寿寺内。冯氏与江南诸多居士商议,大师真身宜"以从遗谶",遵循其生前遗愿,早归双径。②

一月后的闰九月初七,冯梦祯又一次登径山,此行就是上山礼拜紫柏真身,走到半道遇到居士同志,知道紫柏师全身已上山。那天晚上冯梦祯一行

---

① 真界:《楞严经纂注》卷首,《卍新续藏》第 15 册,第 140 页上。
② 《快雪堂日记校注》,第 316 页。

才抵达径山寺,遂匆匆往寂照庵礼大师真身,山中僧俗都出面相迎。当晚,冯氏一行宿南院大楼,冯梦祯自己说,自己前两次"丁亥、乙未两过",都住在这个地方,可证冯氏一生也就那三次上径山。那以后一年余,冯梦祯去世,甲辰年秋这次径山游是冯梦祯最后一次赴径山。

　　紫柏大师与冯梦祯关系密切,前文已屡及。紫柏曾长期视冯梦祯为护法金汤,尤其在冯氏被任命南国子祭酒、陆光祖又去世之后,便成为其心中南方护法第一人。不过从冯梦祯保留下来的材料来看,其对于紫柏僧团尤其是刻经任务的态度,曾有过一定的变化,甚至一度也让紫柏流露出相当不满。紫柏大师大约也是冯梦祯早年为父守制期间,在嘉兴故里结下的友谊。后紫柏师徒分别从嘉兴北上京师、五台奔走刻藏事宜,冯梦祯在南方张罗楞严寺、径山的护持工作,配合一直相当默契,前论诸节已有详细论述。但万历十九年后冯梦祯得到同乡陆光祖及同科好友们的暗中帮助,重新出仕广德通判,后迅速回南京礼部序列内任职,闲适的时光一去不返,身在南国子监的冯梦祯很快与紫柏僧团疏远了。当然万历二十年之后紫柏长期云游江右,与汤显祖等江右居士盘桓,而其诸弟子多隐去,寒灰如奇、澹居法铠等留驻径山刻藏者,本身亦惨淡经营,加重了冯梦祯与其的疏离感。

　　《紫柏尊者别集》卷三所收紫柏致冯梦祯尺牍之中,收入编辑者陆符的一段注释云:

　　　　大师集中,与开之先生书仅二通。及得其家藏手札,凡裂情吐胆、涂毒而出者,累纸皆是也。因思大师手书与人,其不顾忌讳中人隐痛,如与先生诸札,不得尽见集中。此段血心,归之灭没,而不可著者,诚不少矣。然余考大师蒙难,挺身抗救,止于中甫一疏,事虽无及,犹足为宗风吐气。至发愤流叹,欲哭欲泣,托于诗歌而见诸文辞,则反得于师明德而友达观之汤义仍。若夫闻难旁皇,及承讣痛哭呕心,一文以抒写平生,发挥其末后之光焰,当首属之先生,乃寂寥无闻,仅于日录中记师坐脱,为一发慨;因叹息小道人性田不可及,则亦可谓负却阿师也。师以万历癸卯腊月灭度,是岁与先生书,尤加痛切,甚以死机不远,折其游湖高情。乃大师既逝,先生亦不久旋殁,若凤照而预谶者。余故于二十八札,录其十有六,而于癸卯一书,独存其日月。陆符法仞识。①

　　陆符(1597—1646),字文虎,号子充,浙江鄞县人,从学钱谦益,同样为一护法居士,《紫柏尊者别集》的整理者。因其整理是集已在明季,紫柏与冯

---

① 《紫柏尊者别集》卷三,《卍新续藏》第73册,第419页下—420页上。

梦祯故去已久，故文中透露较多二人交游细节。如憨山德清时代所定《紫柏老人集》仅收紫柏致冯梦祯尺牍三篇（陆误作两篇），但陆氏见到原稿之后，发现紫柏大师曾经有多篇尺牍写给冯氏，二人关系殊为密切，且信中"裂情吐胆、涂毒而出"，完全不避讳语气与要求，待冯氏至真。但陆符同时抱怨冯梦祯在大师圆寂后颇为冷淡，当时士大夫中仅于玉立一人上书，而剩下"托于诗歌而见诸文辞"，写诗作词悼念的人里面，只有汤显祖。而紫柏生前最信任的冯梦祯，照陆符的说法，仅在日记中记录了一句"记师坐脱，为一发慨"，还慨叹紫柏最后身边的侍者"小道人"性田，说自己不如人家。这些话让陆符非常失望。这天的冯梦祯日记里究竟写了什么，可参《快雪堂日记》万历三十二年（1604）正月二十七日条：

> 鹤林云：田道人自京师回，知达老遇难坐化委曲。即小道人也。一眇小丈夫，而毅然从师于艰险，又得全身，良可嘉叹。

冯梦祯日记中的确是赞叹了性田小道人"毅然从师于艰险"，但即便如此，还是让陆符感到其"负却阿师"。尤其别集所收最后一封紫柏来信，陆符特地留下了日期，这封信中紫柏"尤加痛切"，用自己死期将近之机"折其游湖高情"，对冯梦祯日日游西湖之景的态度表达自己的不满。

甚至，不仅晚出的紫柏别集中诸来信与冯梦祯抵牾不断，其实收于《紫柏老人集》中的数篇尺牍，同样也对冯氏语气不佳。如集中《与冯开之》一通云：

> 客岁初，晤先生于吉祥，再晤静海，别后道人抱病浔阳百余日。再阅岁，之曹溪礼六祖，复买舟东还。忽劳盛事生，义当北上为白其冤，上诸公书。已，仍复南返。适又值先生至此，似乎彼此本愿因缘力故，于无期会中，宛如期会。道人不以开佛知见为家务，便是忘本愿，自断善根榜样。先生不以金汤大法为椎轮，便是牛头阿旁作戏具的样子，吾言不妄，先生当痛念本愿，毋忽。①

此信写作时间当在憨山德清乙未之狱后，紫柏于南京江面见憨山之后，彼时冯梦祯尚在南都为官。信中所言"吉祥""静海"二寺皆在南京，紫柏抱病江右庐山时在二十二年冬天，二十三年春才得以赴南华寺礼六祖真身。两次路过南京，与重新为官的冯梦祯都有过相会，但他似乎对冯梦祯个人的修行以及护持佛法的态度有所不满，所以才会说自己若不以开佛知见为家务，便是忘本愿，但冯氏"不以金汤大法为椎轮"，便是"牛头阿旁作戏具的

---

① 《紫柏尊者全集》卷二四，《卍新续藏》第73册，第354页上—中。

样子",即牛鬼蛇神。其言不可谓不重。因论冯梦祯、紫柏师徒交谊,附论于此。

当然,径山与冯梦祯师徒的因缘还在延续。尽管紫柏大师殒后次年,其众弟子奉龛归葬径山寂照庵,但十年之后的万历四十二年(1614),日后的首辅、奉佛士大夫朱国祯(1558—1632,浙江乌程人),上径山礼紫柏大师塔,发现塔中有水,遂建议迁塔。紫柏中年后所收弟子法铠等,将紫柏龛移至径山鹏抟峰阳之"文殊台"。此地就是冯梦祯在乙未年第二次上径山时,偶然觅得的风水绝佳之地。冯氏本人即流连颇久,然不意多年后,乃师紫柏迁葬于此,实因缘际会,莫名其妙矣。

到了万历四十四年(1616)十一月十九日,那位下狱流放的憨山德清,终于自南粤赦免东游,来到径山为老友紫柏举行荼毗仪式。①《憨山老人自序年谱实录下》"万历四十四年丙辰"条载:

> 春正月,归自零陵。……初,达观禅师入灭之次年,予弟子大义请灵龛回南。缁白弟子奉供于径山之寂照庵,今一纪矣。予难忘法门之义,向欲亲往一吊故香,亦未遣也。适闻葬,必欲一往。……十月初,初抵金沙,于、王合族与东禅浪崖耀公迎之居,顷即之双径。……长至月望至寂照。十九日,为达大师作荼毗佛事。先为文以祭之,预定是日无爽,识者异之。二十五日,手拾灵骨,藏于文殊台。弟子法铠随建塔,予为塔上之铭,以尽生平法门之义焉,遂留度岁。②

憨山德清早年弟子"大义"安排紫柏骨殖从京师南还径山。此后憨山在东还途中,于紫柏曾驻锡的多处名胜驻足,南岳、庐山之外,来到江南的憨山也去了金坛于、王二氏之地。直到十一月十五,来到径山,静待为紫柏作荼毗佛事。可以注意到的是,紫柏"荼毗"日安排,正是神宗生母慈圣皇太后生日。此正为纪念紫柏游走皇太后门下,而为之蒙冤殒命之举,今特标出。

---

① 憨山德清所作《紫柏塔铭》:"(缪希雍)相得五峰内大慧塔后,开山第二代之左,曰'文殊台',卜于丙辰十一月十九日荼毗,廿三日归灵骨,塔于此。"(《憨山老人梦游集》卷二七,《卍新续藏》第73册,第654页下)
② 《憨山老人梦游集》卷五四,《卍新续藏》第73册,第844页中—下。

第三章 "龙子"与"舍利"：万历二十年紫柏真可的努力和局限

五台山刻经场最终也没有完成紫柏大师最初所寄托的使命，经场被迫在万历二十年后，南还余杭径山，实际的运营者换成了江南居士士大夫们。不过高僧紫柏依然于二十年夏在五台山做出过些许努力，以回应某种来自上层的、超过经济物资层面的压力。这些实际的努力并没有以实录的形式保留，而是以一种出人意料的文学样貌，留存于传世文献之中。万历二十年的紫柏大师，告别禅悦老友陆光祖后，从五台山出发赴京西潭柘寺与房山石经山等京郊佛教名刹，送潭柘"龙子"之外，还向内宫进献"拜砖""舍利"等宝物。高僧法友憨山德清此时亦赴京师，两人相会于石经山中，对谈良久。紫柏、憨山二位高僧在这年写下多篇散文文字，可供考订本事；行文之中，包括"龙子"与"舍利"在内的多个关键词，成为考察此年紫柏赴京动机仅有的材料。通过对其中古今典故的考索，可以发现紫柏大师希望隐晦地表达出自己刊刻方册大藏经《嘉兴藏》的境况、决心乃至无奈；这一系列举动背后，颇有深意，却一直被学界所忽略。因为材料有限，学界仅仅可以确认万历二十年是《嘉兴藏》刻经场的休止时间，而通过解读紫柏是年的多篇文字，无疑将有助于补充学界对刻经事业的认识，并推测晚明僧团最终放弃五台山经场背后的深层原因。

第一节 "取经"故事及其明代书写

紫柏真可在万历二十年留下的一篇杂文《送龙子归潭柘文》，是解开当年刻经团队经历的重要关节。而这篇文字的谜面，是一则明代以来便家喻户晓的神话故事。

"唐僧取经"无疑是中国人最为家喻户晓的佛教故事了。它源自唐代高僧玄奘大师历尽艰难险阻从印度取回佛经的真实经历。在之后的传播中，"取经"故事出现了两个重要的维度：

　　1. 宗教背景的"取经"故事，其文学性不断在派生的情节中得到加强；
　　2. 成功的文学作品反过来助力佛教经典《心经》的传播。

　　而到了明代定型的百回本《西游记》，就是两大维度汇合时的集大成者。这其中，"取经"与《心经》关系的研究，学界已经有多次重要的讨论，尤其是美国学者那体慧（Jan Nattier）提出《心经》为伪经，甚至可能就是由玄奘从汉文"回译"成梵文的观点后，在学界引起轩然大波，赞同者不乏其人。① 当然，对"取经"故事文学演变话题的讨论开始得也很早，徐文堪以陈寅恪先生《敦煌本唐梵翻对字音般若波罗蜜多心经跋》（收入《金明馆丛稿二编》）一文为最早，而高山杉《〈慧灯记〉所提〈心经〉西夏蒙古翻本》一文指出，早在明末的钱谦益（1582—1664）就已有关注，陈寅恪先生对牧斋著述颇为熟悉，当受之启发。② 这则著名的"取经"故事始自玄奘所述《大唐西域记》与弟子所编《大慈恩寺三藏法师传》的记载，到伦敦博物馆藏敦煌本唐梵翻对字音《心经》（即"敦煌 S.2464 号卷子"）序文的改造；从《太平广记》所收《独异志》里的中古时代小说，到宋元明代的《大唐三藏取经诗话》、百回本《西游记》文本，故事情节总体朝向丰富多彩、引人入胜的方向发展。③ 侯冲教授指出，作为文学经典的明代百回本《西游记》的构成中，不仅有吸取前代小说成就的基础，流行于民间的宗教科仪文本同样也是其情节素材的重要来源，④则可视作文学民间传播的重要线索。

　　而各种文本、文体里的"唐僧取经"文学，共同享有一情节精巧、冲突紧凑的故事母题（motive）；多位研究玄奘取经及《心经》的学者都已关注到，"取经"母题的雏形，最先是从一则"末路授经"的桥段敷衍开来，即玄奘得

---

① 关于《心经》真伪及其与玄奘西游间的关系，那体慧（Jan Nattier）《心经：一部中国的伪经？》（*The Heart Sūtra: A Chinese Apocryphal Text?*）［收入《国际佛教研究协会会志》（Journal of the International Association of Buddhist Studies）第 15 卷第 2 期，1992］首先提出，此后各国汉学家如日本学者福井文雅、美国学者卢斯海（Dan Lusthaus）、梅维恒（Victor H. Mair）、中国台湾学者万金川等都有相关回应。可参徐文堪《〈心经〉与〈西游记〉》（《东方早报·上海书评》2011 年 10 月 16 日）一文所引。
② 徐文堪文见前注，高文《〈慧灯记〉所提〈心经〉西夏蒙古翻本》收入《东方早报·上海书评》2011 年 11 月 20 日。
③ 前引陈寅恪《敦煌本唐梵翻对字音般若波罗蜜多心经跋》（收入《金明馆丛稿二编》）、徐文堪《〈心经〉与〈西游记〉》，并可参考程毅中《〈心经〉与〈心猿〉》（收入《文学遗产》2004 年第 1 期）。
④ 可参侯冲：《〈佛门请经科〉：〈西游记〉研究的新资料》，《宗教学研究》2013 年第 3 期。侯教授的研究承上海师范大学曹凌先生提醒，特致谢忱。

僧传授《心经》，并于取经途中走投无路时诵经得到保佑。在伦敦藏《心经》序中的文学性演变中，为这个故事加了个结尾：传授玄奘《心经》的病僧，在玄奘到达那烂陀寺后现出本尊即观音菩萨，成为后世取经故事的完整架构。陈寅恪先生便认为：敦煌S.2464号卷子里说的"观音化身，保卫行途，取经满愿，后复于中天竺摩竭陀国那烂陀寺，现身升空等灵异"，都是日后小说中"附益演变之神话故事，即《唐三藏取经诗话》《销释真空宝卷》《西游记》等书所从出"。① 成型后的唐僧取经故事模式，包含了从神明现身、末路授经、保佑取经人到最后示现本尊的固定套路，并与《心经》经文中所说的般若波罗蜜多"能除一切苦"的宗教精神高度吻合。而传授这种佛法法力的神明，虽然在不同版本故事中的传经时化身不尽相同，但最终都会揭示自己的真实面目。在敦煌《心经》序及之后的中古文言小说中，他就是观音菩萨，在宋元《取经诗话》中则是"定光佛"，到了百回本《西游记》中已是"乌巢禅师"。② 也有沿用这则母题创作的其他故事，其中也采用文殊菩萨传授经典。③

在这种程序化的著名母题之后，出现了许多叙事方法高度相似的衍生作品，其中不少故事并不以文学性见长，更多的情况就是发挥玄奘取经的母题效应，来表达作者自己心中的想法，尤其在通行本《西游记》出现的明代，不少文学作品之中，都能看到"取经"意象的影子。比如此时的紫柏真可，就留下过一篇有趣的文字，有明显的"取经"情节；在文字背后，还有一段颇不寻常的因缘。

紫柏真可不仅是公卿乃至内宫重要的方内禅友、万历朝前三十年教界的不二领袖，同时还是当时一位不错的诗人与散文家。在万历朝"国本争"最激烈的日子里，紫柏大师与他的弟子们在京畿与不远处的五台山，唱缘开雕方册大藏，以期弘扬大法，保厘国运。自万历十七年起开始运作，直到万历二十年壬辰，已是第四个年头。这年春末，紫柏大师曾写下一篇文笔活泼、想象丰富的散文，并最终琢于碑版，长期保存在京西名刹潭柘寺中。值得注意的是，此文正是模仿"取经"体而写就，题为《送龙子归潭柘文》：

> 潭柘龙子，灵应异常，其卫法也甚固。岁在丁亥（万历十五年，1587），我将礼普贤大士于峨眉，顾惟水陆间关，夷险莫测，乃白龙父：

---

① 陈寅恪：《敦煌本唐梵翻对字音般若波罗蜜多心经跋》，《金明馆丛稿二编》，第198页。
② 《西游记》母题演变研究，近有新译日本太田辰夫《西游记研究》（复旦大学出版社，2017年）颇为周到，附注于此。
③ 如《西湖二集》卷八《寿禅师两生符宿愿》中的宗泐禅师所遇。见周清原：《西湖二集》，人民文学出版社，1989年。

"余虽不德,忝为佛子,行迈在途,其尚有以借我?"既而达龙泉,客济南青埋观。一夕梦小青逶迤缘壁而下,无何,开侍者至。谓开曰:"梦蛇而若来,异哉?"对曰:"和尚杖锡将西,此必燕山龙之来赴盟耳。"自是,每食出生次,必祭诸龙子。龙子夹辅跋涉,三易寒暑,履波蹈险,冥护实多。己丑(1589),我始东还,结夏曲阿于观察别墅,则龙子现形,辞我欲归故居。呜呼!龙为鳞虫之长,能大能小,能隐能显,智德威灵,变化多种。如多头现毒摩那斯,慈心难陀,欢喜优钵罗,黛色婆伽罗咸海,此皆或以德,或以威,或以处,故名或人,其龙德非我所知也。潭柘大青小青,夫亦龙族,奉如来敕,藩屏伽蓝,蛇形而佛心,类异而敦善,见人不怖,遇物不伤。岁或不若雨旸愆期,百谷憔悴,农人悲惶,二青显迹,吐沫为云,喷涕为雷。弹指之顷,润沾大地。枯者顿苏,僵者立起。颦蹙而望者,鼓舞欢忭。于是感青惠施,金碧其宫,昭廓其神,代有铭志,以示无忘,礼也。余道不胜习,万里周旋,勤诸龙子,恬不告劳,可谓毕力矣,敢不躬造阙庭,以不腆之币,敬致龙父,奉还令子行。恐后世不知龙德,我姑识之,以传不朽。仍愿龙之长幼,藉佛宠灵,得无上觉道,为大金汤于不替也。万历壬辰岁(1592)夏五月二日,达观可道人撰。①

全文讲述了紫柏真可三年前的一段远行,因道路艰险,得到"龙子"护佑,在自己完成历程后,"龙子"最终现形的经历。这段情节的设置,虽然少了"授经书"的桥段,但依然可以看出化自流行的"玄奘取经"故事模板;尤其一路"冥护实多"、最终"龙子现形"等,足以看出其沿袭演变的特征,读者自识。

文中保佑紫柏大师出行的神明,是"潭柘龙子"。据紫柏自己的话来说,龙子不仅"灵应异常",而且"卫法也甚固",亲近佛法;甚至,这位"龙子"家

---

① 紫柏真可:《送龙子归潭柘文》,收入《紫柏尊者别集》卷一,《卍新续藏》第73册,第404页下—405页上。藏本尊者别集此文下复有其弟子跋文:"蜀道古今称崄绝,峰岢削立,江汉涡漩如沸。自非神力夹辅,不免于惊。我大师之谒峨眉也,云水其踪,果然往返,乘安流蹈夷径,岂非至人之余事。而潭柘龙子,功不可诬。或见童子预报前茅,或示大手,用拯湍险。比大师夏于曲阿,则现其常所见形以辞,事敢不为之晓乎?余既坐东洞,爱其水声广舌,宁不忆其大师昔年会众说法?此间为言二青灵异状,抑又闻龙子侍游峨眉,故余有'泉水不湮尘外锡,薜萝兜挂旧时衣。鹤来句曲云先待,龙去峨眉雨未归'之句。顷余读送龙子文,知龙子悉矣,于其行也,作诗送之:'飒飒雨露微,风吹木叶飞。行从北山下,坐见小龙归。蜀雪崖珠络,江云护宝衣。可知沾法力,台殿展光辉。'嗟乎!余望龙子在垆匕之间,龙子今归故山,而我犹耽病乡也。弟子如鹏谨跋。"如鹏事迹不详,然万历十七年似随紫柏驻锡金坛。度其语"自为言二青灵异状""顷余读送龙子文"云云,则"龙子"示现皆听闻自紫柏大师之口,方有诗赞,并不能证众人皆目睹"龙子"示现。宗教感应出自信仰者亲体验,然史料考据则需审慎采撷。因关乎紫柏文中宗教与文学书写之关系,遂附志于此。

人——龙父及"龙之长幼"们,都广有"龙德",俨然一众固摄大法的金汤护持。紫柏师徒口中的"潭柘龙子",同时期的材料中也有相应的记载,《帝京景物略》卷七"潭柘寺"条载:

> 谚曰:先有潭柘,后有幽州。夫潭先柘,柘先寺,寺奚遽幽州论先,潭柘则先焉矣。潭柘而寺之,寺莫先焉矣。寺去都雉西北九十里,从罗睺岭而险径,登下不可数。过定国公兆,十余里,一道蒺棘中,仰天如线,可五六里,赪山四合。东西顾,树古树,壁绝壁,赪山青矣,不见寺也。里许,一山开,九峰列,寺丹丹碧碧,云日为其色。望寺,即已见双鸱吻,五色备,鳞而作,匠或梯之。云五色者,鱼龙、虾蟹、荇藻,各现其形其色,非匠手可手。鸱若置地,过人髻五尺许。山故海眼,今佛殿基,故潭也。华严师时,潭龙日听法,苦不得师貌,山神教龙,师嗔则着相,则天龙鬼神得见之。乃伪泼饭藉践,师乃怒,龙乃见师,作礼具言,许施其宅。一夕,大风雨,潭则平地,两鸱吻涌出,今殿角鸱也,寺自是不潭矣。柘,则今瓦亭覆者一枯,长不能丈。志所称虬龙形,僧所说林林千万章者,乌有。此枯其犹最晚发,特后凋者也。柘枯,然不朽;鸱高危,然不摇;潭徙,然涓涓者不辍;龙舍宅去,然龙子日依僧众。龙子者,青蛇服,大如碗,长五尺,僧抚其脊,回首舐僧臂,人龙驯扰,去来可呼,曰"龙子""龙子"云。佛殿左壁之画祖,三圣殿左侧之石佛,大士殿中之拜砖,旁之立像。画祖者,水墨画华严祖也,坐蕉竹下,骑老龙,画蕉若雨,竹若烟,龙若雾,出其甲,祖若定未出。石佛者,白石唐佛也,有黄连树生石座,横过两座,根菌纷纠,使像愈苦辛然者。拜砖,元妙严公主持观音文,礼大士,拜痕入砖欲穿也。额、手、足五体皆印,岁久砖坏,两足痕存。万历壬辰,孝定太后匦取入览,后遂匦藏之。紫柏系以赞像四,林立大士前,辫发胡笠左前,元世祖右前。其后,左次其子,右次妙严也。妙严祝发是,老于是,塔是山之下。寺碑七。金碑二:明昌五年,僧重玉诗;大定十三年,杨节度记。元碑二:至正八年,葛天麟记;至正某年,危素记。明碑三:正统某年,胡濙记;弘治十年,谢迁记;万历中,紫柏《送龙子归潭文》也。寺,晋、梁、唐、宋,代有尊宿,而唐华严为著。元至正间,顺帝赐雪涧酒,皇姊致膳。我明永乐间,则姚少师道衍;万历间,则达观大师真可。少师逃墨为元勋,潭柘是终。大师瘐死,预为诗辞潭柘,一往坐化,于法,俱曰息机善逝者。寺先名嘉福,后名龙泉,独潭柘名,传久不衰。①

---

① 刘侗、于奕正:《帝京景物略》,第314—315页。

紫柏笔下的"龙子",应该就是出自这条潭柘寺创寺传说之中,舍宅为寺的潭龙之子,有青蛇之貌,与寺僧相熟,所谓"人龙驯扰,去来可呼"。这一创寺神话传说,固然部分出自古人丰富虔诚的宗教体验,但其传说体式在中国佛教文化圈中似非孤例;前论同为晚明名刹的余杭径山,其开山神话同样也是有龙献渊薮而为宝刹的记载。①《帝京景物略》所述潭柘寺渊源及与道衍、紫柏二位大师坐化的关系,略可见得潭柘寺于明代政教关系中的地位,非本节主旨,遂不展开。然文末提到的妙严"拜砖"与太后的"匿取入览",是值得注意的地方,下文将详论。

万历二十年的紫柏,为什么会对潭柘"龙子"感激有加;"龙子"究竟如何冥护大师;文中所谓的三年之游又经历了什么样的考验;万历二十年夏紫柏再忆前尘,写下这篇碑文的用意何在;潭柘寺中进呈的法物,与紫柏当年进京的初衷,有何关联——这些看似互不相关、无足轻重的词组记载,却都值得通过材料的整合与深挖,拼接成晚明佛教复兴进程的全貌,还原此一时间紫柏的所历所闻。兹依次论万历二十年前后,刻经僧团领袖紫柏大师的行踪及其相关背景与遭际。

第二节　冥护为何:"龙子"与《嘉兴藏》刊刻

前引《送龙子归潭柘文》开头载:

> 岁在丁亥,我将礼普贤大士于峨眉,顾惟水陆间关,夷险莫测。乃白龙父:"余虽不德,忝为佛子,行迈在迩,其尚有以借我?"既而达龙泉,客济南青埠观。一夕梦小青逶迤缘壁而下,无何,开侍者至。谓开曰:"梦蛇而若来,异哉?"对曰:"和尚杖锡将西,此必燕山龙之来赴盟耳。"自是,每食出生次,必祭诸龙子。龙子夹辅跋涉,三易寒暑,履波蹈险,冥护实多。己丑,我始东还,结夏曲阿于观察别墅,则龙子现形,辞我欲归故居。②

本文作于万历二十年(1592)的潭柘寺。在文中,紫柏回忆了自己五年前(万历十五年,1587)于潭柘寺曾发愿访峨眉山礼拜普贤菩萨。但去四川路途遥远,水陆二程都会可能遇到各种不测,紫柏因之祈求潭柘龙父、龙子护持;经过一段旅程之后(此龙泉寺、青埠观地址殊难确认),龙子现身,紫

---

① 可参上一章中"冯梦祯与径山"节。
② 《紫柏尊者别集》卷一,《卍新续藏》第73册,第404页下。

柏、道开师徒感神明护佑，"每食出生次，必祭诸龙子"；三年后（1589）自己东还江南，龙子现身辞行。

不过，通过传世文献的还原，紫柏在这五年的经历内容，远比此处寥寥数笔丰富得多。今按万历十五年丁亥年初，紫柏大师身在潭柘寺，①之后的行程应该是去了五台山与芦芽山。② 就在这年春天，紫柏大师计划去峨眉山参访的消息，江南居士圈里已经得悉。不过，当年紫柏并没有西游巴蜀之地，甚至之后的两年内，紫柏都只盘桓于五台山至京师、京师至江南的大运河边，布道化缘。前文考证可以得知，万历十五年，赴芦芽山访高僧妙峰福登，十六年（1588）至济南郊大灵岩寺。直到万历十七年（1589）三月，远在江南的冯梦祯才在日记里记下，知紫柏从峨眉山云游回转，尚驻锡南岳，不日将东归江南。③ 紫柏那次预定的峨眉之行，其实延宕了两年才成行，可见高僧自述材料，犹需要仔细辨正。

万历十七年东归的紫柏，在苏南停留结夏；前章中已提到，他先是在宜兴的芙蓉寺，之后于金坛于玉立顾龙山下别墅中，也就是紫柏《龙子》文中所写的"曲阿于观察别墅"。曲阿为丹阳郡古称，金坛旧属丹阳，遂有此说。于玉立字中甫，康熙《金坛县志》有传，万历十一年（1583）癸未科进士，授刑部主事，"于观察"即指其任职刑部。于玉立不仅为江南重要居士，也是一位著名的清流士大夫，尤其为"国本争"弹劾过首辅申时行，遭到贬官家居。紫柏大师选择金坛于氏别墅，不仅看重其护法心诚，其实也有行事清流的政治考虑。此后两年，紫柏多在江南，尤以金坛驻锡良久，金坛于氏、贺氏（贺学诗兄弟）、王氏（王樵、王肯堂父子）共为供养。十八年（1590）紫柏曾至南京，会面退休即将还乡的王世贞、即将高升北京刑部的陆光祖及日后更为著名的汤显祖。十九年（1591），起身至湖州、苏州、嘉兴及余杭径山等地，年底返北，至五台山驻锡。直到万历二十年壬辰春，紫柏师徒出五台山，来到京西潭柘寺与房山云居寺，《送龙子归潭柘文》便是此年孟夏所作。

据紫柏大师这段始自潭柘、重归潭柘（1587—1592）五年行踪遭际，再来

---

① 有一则旁证，紫柏有《烧爆竹（有序）》一首，序言载："魏中光居士，于万历十四年冬，参予于潭柘山嘉福寺，明年仲春，仍送别于此。"（《卍新续藏》第73册，第376页中）知万历十五年春，紫柏于潭柘寺送魏居士。
② 前章已论紫柏高足密藏道开当年与南方的居士冯梦祯有通信，二人信中都提到（老师）"二月间往清凉，夏毕之峨嵋"（道开：《密藏开禅师遗稿》卷上，《嘉兴藏》第23册，第18页下）与"达观老师远踏峨眉白云，此后踪迹，不知何处"（《快雪堂集》卷三八，第552页）。
③ 《快雪堂日记校注》，第70页。

看上引《送龙子归潭柘文》的文字，可以发现两个颇为蹊跷的疑问：

其一，既然紫柏并没有在万历十五年远行西蜀，那何来潭柘龙子"三易寒暑，履波蹈险"的护持？

其二，万历十七年紫柏自峨眉归，则龙子完成"冥护"之责，但为什么选择在金坛现身？

此二疑问无疑是解锁紫柏二十年重回潭柘寺、写作《送龙子归潭柘文》一文的关键。要解答此二问题，还是要先回到《送龙子归潭柘文》的文本之中。本节中龙子冥护的情节，显然脱胎于玄奘取经的母题，则紫柏写作龙子保佑三年之举，一定有模拟玄奘之于《心经》的相似逻辑，否则如此写作大非必要。那么紫柏这三年里，应当有某种极大的事业需要大愿力的加持。《龙子》文已存一说，是护持峨眉之行。但我们通过上文考察，紫柏西行峨眉既没有耗时三载，且在紫柏生涯之中，此行也并非浓重之笔，则《龙子》一文显然有曲笔。在潭柘龙子"三易寒暑，履波蹈险"毫无疑问的情况下，那护持峨眉之行显然成为一障眼之语；紫柏当另有一桩大事业，有如玄奘取经一般，有劳"龙子"费心。万历十七年春紫柏究竟经历何事，而三年后还撰文作文立石于古刹，原因隐藏在字面之外，正如他自己写的"恐后世不知龙德，我姑识之，以传不朽"。

若据本书前文所论，则万历十七年、万历二十年这两个节点，在印象中一定不会陌生，因为那就是紫柏主导的《方册藏》刊刻史中最具代表性的五台山刻经场时期。这无疑是紫柏大师于此三年之中最重要的事业。前文多章皆已论及《嘉兴藏》五台山经场。《嘉兴藏》由紫柏大师师徒与江南士大夫群体共同发起，肇始于万历十七年，因各种不甚清楚的原因，历四年而南迁余杭径山，并长期一蹶不振；《嘉兴藏》早期筹措时代，各种机缘与挑战并存，虽然开始于万历十七年，但早在三年多前的万历十四年，紫柏师徒就已经开始了唱缘刻经的计划，并驻锡潭柘寺谋求京中支持。① 此后近六年时间，紫柏师徒奔走南北最大的愿望，就是修成《嘉兴藏》并传布于世。但万历二十年，五台山刻经场戛然而止。这年春天，紫柏来到京郊，于发愿刻经的初心地潭柘寺，写出这篇感恩潭柘龙子的文字。潭柘寺、龙子文与《嘉兴藏》刊刻事业间的联系，绝非空穴来风；尤其龙子文中所取"取经"意象，与现实中的刻经事业，极为吻合，殊非偶然。则紫柏反复强调的"潭

---

① 前文已及，早在万历十四年，紫柏及高足密藏道开，于京师唱缘开雕《方册藏》，京中多位士大夫纷纷响应；紫柏还曾亲自下山东崂山与老友憨山德清会面，取得法友支持。是年除了外出，紫柏在京之日多在潭柘寺度过。

柏龙子,灵应异常,卫法甚固",应该解读为"龙子"保佑紫柏师徒开雕大藏,并尽力将其付诸实施的"冥护",尽管时间已经来到五台经场解散的万历二十年。

而龙子经历三至四年的"冥护"后,为什么"选择"在万历十七年告成而归,也需置一论。上文罗列紫柏行踪,其赴峨眉的时间即当在万历十七年,则文中表面为峨眉之行而来的龙子只能在此年出现。但我们起码已经知道,结束峨眉之行的紫柏,至少还曾在南岳衡山休息过,然后东至金坛,则龙子最终出现在金坛,当有其特殊的寓意。若与上一问题联系起来,则紫柏当为指出此时的龙子,正在江南护持大法——万历十七年夏,《嘉兴藏》刻经团队正是在江南的嘉兴聚集成立,并由紫柏高足密藏道开、大居士冯梦祯等共同谋划组织起来。前文中亦已引冯梦祯《快雪堂日记》万历十七年四月二十八日条,今不避繁琐,复引于下:

　　以藏师招,至楞严,与诸善信定刻经之约。同盟者,包氏父子兄弟、张君如镜、陆公子基某与余六人,余作《盟词》。余妇正月发愿,岁出五金,余再出五金,共十金,刻经二卷。余善信多寡有差。晤云间康孟修、徐孟孺。①

此为有关《嘉兴藏》刻经团队组织发端最为重要的传世文献,以证明《嘉兴藏》在万历十七年的四月底已于嘉兴佛教圣地楞严寺实际运行。紫柏文中虽然未言明龙子告退的确切时间,但依理推测,当在刻经团队成立的时间。刻经缘起,龙子保佑显然达到了目的,便如玄奘取得真经而观音在天现身一般。

对如此一项正当的大事业,为什么紫柏大师《送龙子归潭柘文》一文只字未提,还要狡狯文字,欲盖弥彰？以及写作的万历二十年究竟有什么玄机,在没有更多材料出现的时候,可以存有各种各样的解说,但其中关于佛教受到政治生活与内宫旨意等不确定因素的影响,是完全不能回避的话题。学者早就关注到万历二十年神宗内宫的波诡云谲,②一定对以紫柏真可为代表的僧团产生过影响,然此一话题涉及太广,殊非本节所能涵盖,当另辟文章专论。下文仍将围绕万历二十年紫柏交游及行踪,讨论其个人努力与刻经理想之关系。

---

① 《快雪堂日记校注》,第76页。
② 可参辛德勇《述石印明万历刻本〈观世音感应灵课〉》(《中国典籍与文化》2004年第3期)一文推测。

第三节 "玉带镇山门"：去职的陆光祖

万历十九年冬，紫柏自径山北返五台山，①这应该也是他多年云游后（万历十四年春）第一次回到这里，是年即结冬于此。次年春正月，紫柏师徒一行来到山西寿阳的方山，拜谒唐代华严学巨匠李通玄大师像。李通玄所传简易通达之华严学，较同时清凉澄观一脉之华严学，于晚明更有崇拜者，此点日本荒木见悟之《李通玄在明代》一文已有所阐发。②紫柏以一解禅高僧，而立志佛教改革，融合性相二宗；尤以华严、唯识之学用力颇深，其与王肯堂讨论唯识之学，即是一例。至于华严一宗，检紫柏全集、别集，似未见其多有仰慕法藏、澄观之学；紫柏所真正入门者，当为此李方山之《华严合论》，荒木氏亦着重笔于此，兹不赘述。紫柏访方山李长者像的时间，在其诗中多有体现，紫柏有《谒方山李长者还定襄道中》诗并序载：

> 余慕唐李长者有年数矣，而以参学未暇一访遗踪。万历壬辰，发春三日，自清凉山，携开、江、彩三子。特礼觐之，既而挥鞭还清凉。春雪缤纷，千山裹玉，逆思长者音容笑貌，恨不与之同生，得事巾拂。感而赋此。（诗略）③

紫柏师徒出发的时间，在当年正月初三；礼毕长者像后再返回五台山，在山中又度过月余。其间除了途经青石村会友之外，④便返回五台山妙德庵，读北宋禅师西余净端《吴山净端禅师语录》有感，为之作《题师子端禅师语录》，作序的时间在二月中：

> 予客代之清凉山……时万历壬辰仲春十三日，达观道人释真可，书于五台山叶斗之阳妙德庵自肯寮。⑤

---

① 见紫柏诗《宝珠泉（有序）》载："嘉靖间，有禅者不知何许人，云行鸟飞，足迹满天下，而爱杭之径山。山有凌霄峰，高出群巚，石少土多，可以树艺。然以乏水，栖者不能久。此禅祷于龙神，一旦泉涌成掬。更三日，泓然厌沃龙象矣。万历壬辰仲春，自杭来五台，言其始末如此，遂赋之。"（《紫柏尊者全集》卷二五，《卍新续藏》第73册，第360页中）
② 荒木见悟：《明末清初的思想与佛教》，廖肇亨译，上海古籍出版社，2010年。
③ 《紫柏尊者全集》卷二七，《卍新续藏》第73册，第375页下。
④ 又《觉林字说》载："万历壬辰，春王正月甲子日，自清凉山携诸法侣，谒晋阳方山李长者遗像，还道青石村，休于宽师禅房，其法孙通香者，字蕴空。"（《紫柏尊者全集》卷二一，《卍新续藏》第73册，第330页下）
⑤ 《吴山净端禅师语录》卷首，《卍新续藏》第73册，第71页中。

第三章 "龙子"与"舍利":万历二十年紫柏真可的努力和局限 ·195·

叶斗峰位于五台山最高峰北台顶,为华北屋脊;其南十数里可达妙德庵,即五台山《方册藏》经场的所在地。"自肯寮"似为妙德庵内一间禅房名,当为紫柏所居,紫柏曾为其赋诗多首,如《自肯寮自讼》《自肯寮》等。细绎紫柏全集中这几首诗前后排列顺序,可推知其写作时间应当就在万历二十年初,兹列诸诗目于下:①

题 名	时 间	备 注
别陆太宰	三月末	陆光祖
谢太初静主惠楞严集注	未详	
自肯寮自讼	春	妙德庵自肯寮
般若泉	春	五台山般若泉
月夜登海藏楼怀江南诸法侣	未详	
睡起示道开	春	密藏道开
自肯寮	春	自肯寮
为新剃可禅人字止台	未详	"剃染清凉"
再游潭柘寺	四月	潭柘寺

紫柏诗集中前后排列时有混乱,但上引数首写作时间当相去不远,如诗题"般若泉"当为五台山著名泉水名,下一题中的"道开",则为紫柏高足密藏禅师,皆为在五台山发生之事,亦在《吴山净端禅师语录序》写作时间前后。最末一首《再游潭柘寺》则为年初夏紫柏一行赴京时所作。

在出发去京西潭柘寺之前的这段时间里,紫柏还在五台山遇到一位老朋友,万历间著名的居士士大夫、致仕吏部尚书陆光祖。前引组诗《别陆太宰》即为此时所作,②紫柏另有七绝诗《早春谒方山李长者还清凉招陆太宰特赋此二绝》:

饭吃黄精衣着麻,长菘七碗胜芽茶。相知若问山中事,定起岩前扫落花。

五峰冰雪古来深,春满乾坤冷莫禁。曼室老人虚别室,遥知端不负登临。③

---

① 《紫柏尊者全集》卷二八,《卍新续藏》第73册,第384页上—下。
② 《别陆太宰》序载:"余少太宰二十二年,辱太宰不以齿少贫病,托于道义之分,今将别而之晋阳,披晤未期,感而赋此。"(《卍新续藏》第73册,第384页中)二人分别在山西晋阳,则当为陆光祖来五台山之时。
③ 《紫柏尊者全集》卷二七,《卍新续藏》第73册,第375页中。

此二绝句中,尤其第一首气格独高,为紫柏诗中胜品。然此时的陆光祖,并没有游冶名山的心情;在三月壬辰大计之后,他因故遭罢官,才来到法友驻锡之名山。这也证明三月下旬时紫柏师徒仍在五台山。陆光祖此来,与紫柏道开师徒互动,留下一段佳话。据《(光绪)平湖县志》"真可传"载:

> 陆庄简为南吏部尚书,迎晤(紫柏)署中,恨相见晚。万历壬辰,庄简游五台访师,师遣密藏出迎,请解带为山门镇。①

"庄简"为陆光祖谥号。紫柏大师本与陆光祖关系甚密;甚至,紫柏大师得以闻名天下,最先就是由嘉兴籍居士如陆光祖辈护持的。《紫柏老人集》中有《与陆太宰》尺牍一通载:

> 大法丁艰,残灯几灭,仅凭墙堑,保障缁林。是以安禅无狼虎之惊,集讲有龙象之庆。然则百尺竿头非进步之阶,千峰顶上岂穷年之地。檀越位高爵厚,任重心劳,虽则帝渥靡涯,悬恐精神有限,事繁食简,德茂年尊,莫教眼下蹉跎,直向胸前便判。鸟未倦而知返,云将归而始闲,不失早见之明,全收自知之誉,功留三宝,荫庇诸方。此世外野人,延颈檀越者也。②

信中提到的"大法丁艰"之时,"帝渥靡涯"之日,则此信当写于陆氏在京中任吏部尚书的时候,即万历十九年至二十年初这一区间。信中紫柏化用陶渊明《归去来兮辞》而发"鸟未倦而知返"语,劝陆知难而退,去做"功留三宝,荫庇诸方"的事业。陆光祖去官后第一时间与紫柏会面,想必也是对这封信最好的答复。

县志所载紫柏、陆五台之面的蓝本,应该出自晚明高僧镇澄所修的五台山志书《清凉山志》中"明吏部尚书陆光祖传"条:

> 万历辛卯春,(陆光祖)以致仕归田,假道清凉,税驾龙泉寺。紫柏尊者遣开侍者谓公曰:"昔东坡居士,对佛印一等不及,输玉带以镇山门。今奉紫柏命,有一问,答得,即与相见,答不得,则效东坡故事耳。"问曰:"尽大地是个清凉?"言未已,公以手掩开口曰:"老夫未出部庭,早输此带了也,用问奚为?"即度带与开。开曰:"先生鼻孔,得恁么长?"公曰:"莫谤人好。"举似紫柏,柏曰:"这老汉,申东坡老子四百年来之冤。"即遂与相见,赠《八大人觉经》并偈,带留紫霞谷之妙德庵焉。③

---

① 彭润章:《(光绪)平湖县志》卷二五。许瑶光《(光绪)嘉兴府志》卷六二,也有相似记载。
② 《紫柏尊者全集》卷二三,《卍新续藏》第73册,第345页上。
③ 《清凉山志》,第264—265页。

需要指出的是,《清凉山志》此处时间记载有误,陆光祖"致仕归田"的时间,在万历二十年壬辰,而不在前一年的"辛卯"。紫柏另有《陆太宰以宝带施清凉赋此赠之》一首也为此事,诗云:

> 一语参差宝带输,等闲笑倒老文殊。金汤吾道山河旧,八觉聊将抵钵盂。①

诗中"金汤吾道"即是陆光祖,"八觉"则是紫柏所赠《八大人觉经》并偈,"一语参差"不仅是陆太宰所对机锋,其中还有典故。这则故事中的输玉带以镇山门的典故,显然出自苏东坡、佛印本事,苏东坡《以玉带施元长老元以衲裙相报次韵》诗下注:

> 师佛印禅师,法名了元,饶州人。公(苏东坡)久与之游,时住持润州金山寺。公赴杭,过润,为留数日。一日,值师挂牌,与弟子入室,公便服入方丈见之。师云:"内翰何来此间?无坐处。"公戏云:"暂借和尚'四大',用作禅床。"师曰:"山僧有一转语内翰,言下即答,当从所谓;如稍涉拟议,则所系玉带,愿留以镇山门。"公许之,便解玉带,置几上。师云:"山僧四大本空,五蕴非有,内翰欲于何处坐?"公拟议未即答,师急呼侍者云:"收此玉带,永镇山门。"公笑而与之,师遂取衲裙相报,因有二绝,公次韵答之。余尝观广汉天宁泰长老话其事,泰云:"是时在金山挂搭,目击公与元老问答如此。"余故叙于题下,使后人知其本末云。②

这段《东坡诗集注》注文中的苏东坡与佛印的"玉带"之交,也成为禅解机锋典故中非常有代表性的一则。佛家以此色身为"四大""五蕴"之假合。苏东坡取"四大"色身之意,而欲借佛印之身体以作禅床来坐一坐,无疑是东坡戏谑占便宜之语,而佛印以"四大本空,五蕴非有"化解之,东坡于是心服。万历二十年时的大居士陆光祖,显然对这个典故是了然于胸的。在面见紫柏师徒时,道开"效东坡故事"说道:"尽大地是清凉。"此语含有"一即一切"的境界,陆光祖当下领略高僧之意,在部庭与在清凉山亦无分别,故曰"早输此带"。下文道开所谓"鼻孔"是禅门常用之语,往往指学佛成道之关键,若"与三世诸佛同一鼻孔出气"之意;陆氏"莫谤人好"之答,则属禅门机锋,显示五台翁禅门修为境界颇高,所以紫柏才说陆氏申苏东坡"四百年来之

---

① 《紫柏老人集》卷二七,《卍新续藏》第 73 册,第 371 页中。
② 《苏东坡全集》第 2 册,北京燕山出版社,2009 年,第 604 页。

冤"。① 此处陆光祖与紫柏师徒的对话,不仅有苏东坡输玉带之禅悦,还与陆氏在过去的几个月里,于朝中的经历有关。

时任吏部尚书的陆光祖,于万历壬辰春遭罢官,为万历朝党争中的一次重要事端,不仅激化了大明政府内阁、部院间的对立,还对万历朝前期活跃的佛教事业也产生了不小的影响。万历二十年二三月间,是明朝政府三年一度大计外官的年份。身背考察重任的吏部尚书陆光祖,在擢升万国钦与饶伸时,触怒了神宗,其中最大的隐情便是二人曾为立储事,参与过"国本之争"。② 神宗认为,万国钦、饶伸二人之前属于特贬,应该永不叙用,不应再得擢拔,遂下旨申斥陆光祖,还将陆氏吏部的下属——吏部文选郎中王教、员外郎叶隆光、主事唐世尧、陈遴玮等全部免职。③ 这导致万历二十年正月间,整个吏部中层都遭到清洗,陆光祖仕途实际已经黯淡。大计后,随即开始在部院大臣中会推阁臣。吏部遵循旧例,将陆光祖列在会推名单榜首,而神宗认为是陆氏"谋推自用",因此特别下诏申斥,甚至对此耿耿于怀。④ 陆光祖就在此背景下与言官们的弹劾声中,以老病请辞,立刻得到批准。⑤

---

① 此处禅解,得自匿名评审指正,谨致谢忱。
② 《神宗实录》二十年正月甲申载:"吏科给事中钟羽正奏:科臣李献可疏请训储大典,臣等皆从更之;今献可降职,臣止夺俸,何颜见六署诸臣,乞与献可同降调。上怒曰:羽正职在科长,不能规正同官,乃朋救激君,姑降极边杂职用。吏科给事中舒弘绪亦言:教谕元良,国家大事,献可之疏,臣实与焉,愿代受谴。上怒弘绪党救聒激者,调南京别衙门用。会吏部尚书陆光祖,推升饶伸、万国钦,皆建言奉处分者,上谓推升原有屡旨,而以钦降诸臣,渎请畏势市恩,该司官俱夺职。"(《神宗实录》卷二四四,万历二十年正月二十三日,据http://hanchi.ihp.sinica.edu.tw/mqlc/hanjishilu？＠2^765360272^22^^^1@＠861567050 搜索而来)万国钦、饶伸被贬的原因正是争"国本",陆光祖于此时推升万国钦、饶伸二谪官,遂受牵连。但同时,陆氏在淘汰劣评官员的同时,选拔了如许孚远、顾宪成等二十二名颇有清名的官员,也曾为他赢得极大的名声。
③ 参《明史·万国钦传》言:"二十年,吏部尚书陆光祖拟量,移国钦为建宁推官,饶伸为刑部主事。帝以二人皆特贬,不宜迁切,责光祖,而尽罢文选郎中王教、员外郎叶隆光、主事唐世尧、陈遴玮等。大学士赵志皋疏救,亦被谯责。"(张廷玉等:《明史》卷二三〇,第6011页)陆光祖与王教的搭档关系,可参李维桢《赠太子太保吏部尚书陆庄简公神道碑》言:"选郎王教与公同志,公常叹曰:'王郎助我,犹我之不负严文靖(讷)也。'"(李维桢:《大泌山房集》卷一〇九,《四库全书存目丛书·集部》第153册,第206页)
④ 《神宗实录》卷二七三,万历二十二年五月/10日(P.5062)http://hanchi.ihp.sinica.edu.tw/mqlc/hanjishilu？＠＠227497647。神宗在两年后会推阁臣时见吏部内推沈鲤、孙鑨时,又想起陆光祖故事,可见万历二十年时的陆光祖给皇帝心中留下的印象之深。
⑤ 从"阁部之争"的政治角度来看,陆光祖失去入阁机会,吏部中层官员遭到黜退,当年官员考核之后,吏部元气大伤;二十年时的内阁终以神宗本人的态度略胜一筹。陆光祖被弹劾案,可参《万历癸巳乙巳辛亥丁巳京察始末》(https：//www.douban.com/note/367270717/)。但陆太宰被黜退还有朝廷之外另一层因缘。据李维桢为其所撰神道碑文云:"永年伯王栋,乞袭父爵,公言外戚恩泽封不得世。而郑国泰以贵妃弟,授锦衣卫都指挥使,当与中宫有辨,请授栋都督金事。两戚畹深衔公。掌司礼者田义为贡生求令不得,御史于永清〔转下页〕

陆光祖被迫致仕,使得万历朝佛教失去了最大的在朝护持士大夫;从之后的结果来看,五台山刻经场的不存,与陆氏去官有莫大的关系。这一切,紫柏大师心中应当最为清楚,当年与陆光祖别后,他又作《大悲阁别陆太宰》绝句二首:

  驰驿还家圣主光,凭虚一啸万机忘。手中有眼应知响,耳处闻声岂妙常。

  金身七尺有余高,柱石乾坤不计劳。自是君王怜朽骨,放归云外听松涛。①

首句"驰驿还家圣主光",即是陆太宰致仕后,得到官方体面的待遇。查五台山似无"大悲阁",紫柏集中出现最多的"大悲阁",是正定隆兴寺内的大悲阁。隆兴寺也在五台山去京师的途中,但不知当年陆光祖回南是否途径河北。同时,紫柏对苏东坡《大悲阁记》极为推崇,文集中有多篇提到苏氏此名文。鉴于紫柏曾把陆光祖比为东坡,此处大悲阁未必为华北名胜,但或许暗比他二人有如当代东坡、佛印,以备一说。

第四节　潭柘寺到石经山:最后的努力

在陆太宰游历五台山后的一个月,紫柏来到他熟悉的潭柘寺,并在此遇到了来自内宫的宦官。这期间,紫柏给他们呈上了一件潭柘寺特有的法物,

---

〔接上页〕论义不法,实以前事。义疑出公,指从中构之。嗣以擢饶伸、万国钦两言官有旨,尽黜选司三人。公言:二臣第论阁臣,非敢犯乘舆,即阁臣亦谓当优叙,臣实注拟,乃蒙罪三司臣,臣何颜立于部上。上切责戒勿激。而推阁臣,廷臣以公为首,盖援往例。上因诮让公,给事中乔胤复有言,公遂求去。疏入,即报可。阁臣王文端亦以不奉诏同日罢。公疏谢,复请上慎养万寿无疆之圣躬,早定万叶永安之大本,其忠爱如此。"(李维桢:《大泌山房集》卷一〇九,《四库全书存目丛书·集部》第153册,第206—207页)又曾同亨《陆庄简公光祖传》载:"(壬辰大计毕)已而廷臣以会推,目循先朝冢宰推阁臣例,及公名,而巨珰田义素憾公,遂借此与诸珰合谋,为萤语交关上前。公义不可留,力请求去。犹得乘传归。"(焦竑:《国朝献征录》卷二五《吏部二》,收入《续修四库全书》第526册,第321页)实录、《明史》载陆光祖败于荐起谪官,为最表象之状态,李碑文及曾行状,点出陆五台有行世过清,最终为内珰与外戚所嫉,其中尤以上引李碑所记甚详。今据李碑文所记,陆五台公遵循世袭旧例,拒绝皇后的弟弟王栋袭永年伯,再授宠妃郑氏之弟国泰低级官职,使得内宫王、郑及戚畹深恨陆氏。这其中,皇后家"永年伯"之封,早在万历初张居正之时,即有摩擦。张居正最初以"不得滥封"为由,开始愿给王伟从锦衣卫千户升职为锦衣卫指挥,在压力下才晋其为永年伯,但言明只是流职,不能世袭。神宗皇帝似乎对此事一直耿耿于怀。永年伯王伟卒于万历十九年,年末其子王栋欲袭爵位时,遇上了更为顶真的陆光祖,最终这次又是外戚胜利,外廷完败。同时陆五台又与司礼太监田义不合,则为其不得入阁的又一大原因。

① 《紫柏尊者全集》卷二七,《卍新续藏》第73册,第374页中。

据前引《帝京景物略》卷七"潭柘寺"条载：

> 拜砖。元妙严公主持观音文，礼大士，拜痕入砖欲穿也。额、手、足、五体皆印，岁久砖坏，两足痕存。万历壬辰，孝定太后匦取入览，后遂匦藏之。紫柏系以赞像四，林立大士前，辫发胡笠左前，元世祖右前。其后，左次其子，右次妙严也。妙严祝发是，老于是，塔是山之下。寺碑六。金碑二：明昌五年，僧重玉诗；大定十三年，杨节度记。元碑二：至正八年，葛天麟记；至正某年，危素记。明碑三：正统某年，胡濙记；弘治十年，谢迁记；万历中，紫柏《送龙子归潭文》也。①

妙严公主事迹，多见诸明清人笔记，传为忽必烈之女。据《帝京景物略》所载，寺存元代诸碑，今石碑犹存潭柘寺塔林。公主生平材料尚未发现蒙文文献互证，未必是历史上真实人物，恐与民间流行之《香山宝卷》中的"妙善公主"有关。因为二者不仅名号相似，尊奉观音至诚的行为也极为一致，可能也与宫廷及民间的观音信仰有某种联系，俟来日详考。

这块前朝公主拜观音之灵物"拜砖"，在夏天时被宦官"匦取入览"，献于慈圣皇太后。据《帝京景物略》所载内容推知，此拜砖含有多重意义：一为至孝，二为观音崇拜，三为精诚之志。前二者同内宫慈圣皇太后的现实与宗教身份，有紧密的联系。慈圣皇太后身为神宗的生母，又曾画观音像易以己容，分赠天下名山，后又自封"九莲菩萨"，所以紫柏于潭柘寺所献法宝，是有其现实考虑的。第三条则与紫柏本人有关。初夏时紫柏在潭柘寺另撰有《潭柘山嘉福寺观音殿足迹赞并序》：

> 夫差雪耻而破越，勾践尝胆而亡吴；伍员覆楚，申包胥哭秦庭以复楚，皆苦心志、劳筋骨，积岁月、忘寒暑，而后其愿始克。今此道人，以有情之踵，磨无情之砖，砖穿迹成，双趺宛然，使后之见者，毛发俱竖，涕泪交下，懈怠之习，精进之光，云逝日露。以夫差等四子，心力所积，较此道人，足力浅深，其何如哉？余感而赞之，不惟见贤思齐，愿人人因赞生奋，因奋生恒，因恒生克。（赞略）②

即为紫柏激赏妙严"精进之光"、愿力坚韧。妙严"以有情之踵，磨无情之砖"，堪比夫差、勾践、伍子胥与申包胥四位先人。紫柏因此而"愿人人因赞生奋"。这篇赞文所透露的信息，有关乎恒久与精进的寓意，则紫柏所献此砖，就不能不与其所关注的事业——刊刻大藏发生联想。

---

① 刘侗、于奕正：《帝京景物略》，第315页。
② 《紫柏尊者全集》卷一八，《卍新续藏》第73册，第299页中—下。

离开潭柘寺后,紫柏由慈圣皇太后身边内珰陪同,来到房山的石经山,于寺中惊现佛舍利,遂发之呈贡内廷。石经山云居寺,紫柏大师六年前曾一造访。万历十四年初北京龙华寺倡议刻大藏后,紫柏曾南下胶东崂山寻访老友憨山德清;后再次北还,目的地之一,就是房山的石经山。那时紫柏见到开凿石经的发起者隋静琬法师灵塔,大有荒废之相,不禁痛哭流涕。六年后的万历二十年初夏,紫柏一行再至石经山时,发现千年前隋文帝分舍利建塔时留下的佛舍利后,激动不已,立刻嘱内珰送入内宫供养。此时,紫柏的老友憨山德清,亦来到京城,在石经山与之会面。

紫柏这年夏天修复琬公塔院的因缘,记录在憨山德清所作《复涿州石经山琬公塔院记》中,憨山文中载:

> 昔尝阅藏教,睹《南岳思大师愿文》,愿色身常住,奉持佛法,以待慈氏,斯已甚为稀有矣。及观光上国,游目小西天,见石经何其伟哉。盖有隋大业中,幽州智泉寺沙门静琬尊者,忍三灾坏劫,虑大法湮没,欲令佛种不断,乃创刻石藏经板,封于涿州之西白带山。山有七洞,洞洞皆满。由大业至唐贞观十二年,愿未终而化。门人导仪暹法四公,相继五世,而经亦未完。历唐及宋,代不乏人。至有元至正间,高丽沙门慧月大师,尚未卒业,其事颠末,具载云居各树碑幢间,惟我明无闻焉。何哉?噫!苟非其人,道不虚行,佛种从缘起,其是之谓乎?初达观可大师,于万历丙戌秋,访清于那罗延窟,北游云居,至琬公塔,一见则泪堕如雨,若亡子见父母庐墓也,抱幢痛哭,徘徊久之而去。南游峨嵋,回至金坛,为报父母恩,手书《法华》《楞严》二经完,**越六年,壬辰六月**,走都下,属太仆徐君琰,造琅函,将送置芦芽万佛塔,因暂憩潭柘。圣母慈圣皇太后闻之,遣侍臣陈儒,赍斋具往供。儒随师再过云居,礼石经于雷音寺,时忽光烛岩壑,及揭殿中拜石,石有函,函中得银匣,银匣盛金匣,贮金瓶,藏舍利三颗,灿若金刚,恍如故物,一众称异,悲喜交集。已而再礼琬公。是时塔院,业已为寺僧卖之豪家,公骨将与狐兔同巢矣。师怆然而悲,即以圣慈所供斋衬金赎之。不足,中贵人杨庭,属弟子徐法灯者,助完之。师因避暑上方山,清亦来自东海,谒师于兜率院,谈及此,扼掌痛慨。食顷,师上足密藏开公,持赎院券,同琰至,师跃然而喜,即拉清同过云居礼赞焉。冒雨冲泥,穷日而至。右绕三匝,默存俨然,凛凛生气,叹曰:"公其不朽哉!"因感遇,与琰君共捐金购地若干亩,为守奉香火资。达师命清记其事,顾清何人,唯唯而作是言……①

---

① 《憨山老人梦游集》卷二二,《卍新续藏》第73册,第618页上一中。

憨山提到紫柏初见琬公塔抱幢痛哭，"若亡子见父母庐墓"，是在万历十四年。同时，他也将十四年以后紫柏的行程，归纳为龙子保佑其西游峨眉山而还金坛，显然是受了紫柏自撰龙子文的影响。不过，憨山点出了老友逗留金坛的另一大因缘，是要"为报父母恩，手书《法华》《楞严》二经"；数十年后憨山为紫柏所作《径山达观可禅师塔铭》也持此说。① 此言非虚，冯梦祯《快雪堂日记》载，万历十八年底，紫柏于金坛县南云林于氏别墅书经事迹：

> （十一月）二十四……中午后，访达观师于顾龙山，以写经将毕，约明日午后相见。②

即是此书经之事。憨山《塔院记》中"越六年"之语，显然不是从紫柏书经开始计算，而是从万历十四年开始；以下的"六月"也非实录，在下引憨山《舍利记》中已有交代，应为四月。紫柏所书经，本为托京中居士士大夫、松江人徐琰，外置"琅函"，送至由另一位高僧法友妙峰福登所驻锡的芦芽山万佛塔供奉。因此，紫柏在潭柘寺，实际为与太仆寺臣徐琰会面。

但是，最终慈圣皇太后派内官陈儒与赵赟，"赍斋具往供"，供养紫柏，再随紫柏一同西行至石经山，地现佛舍利，"一众称异，悲喜交集"。趁此良机，紫柏倡议恢复久已破败的静琬塔院，并得到内宫帑金及内官弟子"徐法灯"的布施捐助，云居山静琬塔院终得以修复，憨山遂有这篇《复涿州石经山琬公塔院记》。憨山原碑今存，据资料介绍，"开山琬公大师之塔"及憨山碑，原在水头村静琬塔院内，1976年经有关部门同意迁于今云居寺内；憨山碑文的落款，传世本《梦游集》不存，原碑保留，立石时间在"明万历壬辰秋七月望日"。③

修复塔院的同时，石经山雷音窟即发现舍利；其中经过，保留在憨山另一篇长文《涿州西石经山雷音崛舍利记》之中：

> 有明万历二十年壬辰岁，四月庚寅朔十有五日甲辰，达观可禅师自五台来，送龙子归潭柘。圣母慈圣皇太后闻之，遣近臣陈儒、赵赟等，送斋供资。五月庚申朔十二日辛未，师携侍者道开、如奇，太仆徐琰等，至石经山雷音崛。崛乃隋大业中，静琬尊者刻石藏经所。师见崛中像设拥蔽，石经薄蚀，因命东云居寺住持明亮芟刈之。是日，光烛岩壑，风雷

---

① 憨山德清《径山达观可禅师塔铭》："至曲阿金沙，贺、孙、于、王四氏，合族归礼。师于于园，书《法华经》，以报二亲，颜书经处曰墨光亭，今在焉。"（《憨山老人梦游集》卷二七，《卍新续藏》第73册，第653页中—下）
② 《快雪堂日记校注》，第107页。
③ 资料来自互联网 http://blog.sina.com.cn/s/blog_67e994ec0102wlmq.html。

动地。翌日,启洞中拜石,石下有穴,穴藏石函,纵横一尺,面刻"大隋大业十二年,岁次丙子,四月丁巳八日甲子,于此函内,安置佛舍利三粒,愿住持永劫",计三十六字。内贮灵骨四五升,状如石髓,异香馥郁。中有银函方寸许,中盛小金函半寸许,中贮小金瓶,如胡豆粒,中安佛舍利三颗,如粟米,紫红色,如金刚。开侍者请至师所,师欢喜礼赞,既而走书付赵赟,属徐法灯者,请奏圣母皇太后。太后欣然喜,斋宿三日。六月己丑朔,迎入慈宁宫,供养三日,仍于小金函外,加小玉函,玉函复加小金函,方一寸许,坐银函内,以为庄严。出帑银五十两,乃造大石函,总包藏之,于万历二十年壬辰八月戊子朔二十日丁未,复安置石穴。愿住持永劫,生生世世,缘会再睹,命沙门德清记其事。清一心合掌而言曰……①

这篇文字中,对紫柏进京行程的描述又多了一些细节,比如自五台山至京西潭柘寺的时间,在当年初夏的"四月十五",前论《送龙子归潭柘文》写作时间即在此时。同中官一同西行至石经山的时间,已是五月十二。六月初一己丑,在慈圣皇太后斋戒三日之后,新发现的佛骨舍利被请入内廷慈宁宫,"供养三日",而迟至中秋过后的八月二十,才从宫中迎回舍利,安置在新制石穴之中。紫柏大师恢复静琬塔院,就在舍利进宫供养的这段时间。

紫柏本人也于石经山写下长文一篇《房山县天开骨香庵记》,记录发现石经与舍利的关系:

夫圣人无常身,以众生身为身。辟如月无常影,以百川澄湛而影现焉。万历**壬申**五月十九日,涿鹿山云居东观音寺住持明亮等,以修补石经山雷音窟中,三世佛座下地面石,石下有一石函,函面镌曰:"大隋大业十二年岁次丙子四月丁巳朔八日甲子,于此函内,安置佛舍利三粒,愿住持永劫。"明亮等见之,且惊且喜,遂揭视之。内有小铜函,铜函内有小金函,金函内有小金瓶,如胡豆许,内秘舍利果三粒,小大有差,一大逾粟,一如粟,一细逾黍。而铜函外,皆灵骨附焉。呜呼!自隋迄明,迨逾千载,而舍利灵骨,俱时复现,岂偶然哉?将非积年水旱弗调,边塞多虞,佛祖悲悯,示此稀有,为和风甘雨,殄灭腥丑之征乎?将非大明主化瞋习为慈波乎?抑圣母崇信三尊所致乎?予闻石经山,自北齐慧思尊者,镌大藏于石,以寿佛慧命,隋静琬继之,至元慧月终焉。琬公圆寂,灵骨一分塔于灵居寺背,一分藏雷音窟中。今者舍利灵骨,是必琬

---

① 《憨山老人梦游集》卷二二,《卍新续藏》第73册,第619页上一中。

公门弟子之所藏也。予问开侍者曰：佛身充满法界乎？对曰：佛与众生本无差别，宁不充满？予又问曰：**佛身既充满，舍利亦充满乎？**开方沉吟，予振声喝曰：汝不闻昔有中贵，登浙江阿育王山，未进三门，问笑翁曰："舍利安在？"笑翁指松枝，松枝遂放光。汝若知此，则舍利充满与不充满，自知下落。余又何言？虽然，洪钟虚受，靡扣不应。幽谷无私，有声斯响。故圣无常身，月无常影，水清则影现，机感则圣应。是室之建，有年数矣，而未得名，俟舍利灵骨，并光照临，始得名焉。予与二三子，皆得信宿舍利光中，又得忍庵慈公昆季，为香饭主人，何幸如之。夫众生骨臭，诸佛骨香，而果香臭有常，凡岂成圣？垢岂能净？予以"骨香"名此庵者，了知一切众生，初无常性，以其随顺无明，而六道星陈。若不随顺，谁骨非香？愿登庵思名，得名思意。得意忘思，思忘忘忘。若然者，岂惟是室为骨香哉？四方上下，无往而非骨香也。①

文章开头，依例介绍此行时间，只不过紫柏在年份上的地支算错了，发现舍利的时间，应该是"壬辰"年。紫柏自述日期是"五月十九日"，比憨山所记晚了一周。此后，紫柏仔细描述了发现地点，在石经山雷音窟中的三世佛座下，有一石函，打开后见有三颗舍利，约黍状大小。紫柏感叹，这是佛法重兴之兆，并与大明君主重新尊奉佛宝，及皇太后护法之功分不开。尤其"大明主化瞋习为慈波"一语，颇为警策，表明大明君主之前对佛教为"瞋习"，与嘉靖间尊奉道教抑制佛教有密切关系；而如今改为"慈波"，与神宗朝慈圣皇太后的护法行动分不开，表彰内宫供养善举，其实是此行最重要的因缘。此后，紫柏据笑翁妙堪禅师语，以舍利与佛法一样"充满法界"、无处不在，示之道开。后又为山上新建之骨香庵命名，取"诸佛骨香"之意。

无论憨山德清还是紫柏本人，都在传世文字中反复强调，此行中佛舍利的发现与静琬大师塔院的恢复，二者有相当之联系；与之相对应的隋静琬大师刻经愿力，同样"充满法界"，无处不在。其中意味，其实不难理解。静琬大师排除万难刊刻石经，后有弟子接续百余年，而成著名的房山石经，正是紫柏开雕方册大藏的最佳楷模。所以紫柏、憨山这对法友在多篇文字中，反复暗示石经山佛舍利与刊刻石经的静琬大师间有内在的共通之处，便不足为奇了。

另，紫柏兴复的这座"骨香庵"究竟为哪一所寺院，据传世文献不易探知。比如上引憨山所言"师因避暑上方山，清亦来自东海，谒师于兜率院"（《复涿州石经山琬公塔院记》），则紫柏避暑所居，实为上方山兜率院。此

---

① 《紫柏尊者全集》卷一四，《卍新续藏》第73册，第266页中—下。

院今存上方山中,似非这座"骨香庵"之中,俟考。①

憨山德清晚年所作自叙年谱及弟子福征的注释中,也着重提到此年的经历,参年谱疏"万历二十年壬辰"条载:

> 秋七月,至京访达观师于上方。晋时有琬公,虑三灾坏劫无佛法,乃刻石经藏石室。其塔院为僧所卖,师赎之,思乃来作记。予适至,师大喜。及见,即同过石经山,乃为作《琬公塔院记》及《重藏舍利记》,并前所作有《海印稿》。时与达师相对,盘桓四十昼夜,为生平之奇。(达观师再见。)

> 征按:房山县有石经洞,隋时静琬法师,凿石为板,刻经一藏贮于洞,以石门闭之。累代皆有碑刻,自达师经理后,有都城石镫庵僧自南,募资续刻,时在万历戊午。征以明经应试在都,力襄其事,又闻之五乳侍者云。壬辰,两师遇于都门西郊园中,相对兀坐,四十昼夜,目不交睫,计修明代传灯录,因约往浚曹溪,以开法脉云云。兹止云生平之奇,而不详,或此未足奇,更有奇特。②

据憨山自叙,此年最重要的经历,就是赴京西上方山见紫柏大师。除了已经详述的恢复琬公塔院与写作两篇长文之外,憨山还提到自己做了件"为生平之奇"的事:与老友对谈四十昼夜。他的弟子福征(俗名谭贞默,嘉兴人)在注释中详细介绍了这次对谈的地点与内容——"计修明代传灯录,因约往浚曹溪,以开法脉",即续修灯录与兴复曹溪祖庭。不过,似乎也有些信息不甚准确,比如地点的记载,福征所言"都门西郊园"殊难判断其位置;据憨山与紫柏各自的记述可判断,二人相见似乎就在房山地区。

根据上引文字,我们可以探知,万历二十年秋,二位近世最重要的高僧一个半月间的对谈,最有可能发生的时间,应当在七月憨山与紫柏会合后,一直聊到中秋节后、石经山舍利自内宫返回雷音窟为止。在这段时间里,他们通过内官得以密集地与内宫交流;二人的话题中,恐怕不只是关注禅宗研究这么简单——其中,至少还有一个重要因素被学界忽略:万历二十年夏

---

① 《日下旧闻考》载石经山上寺院:"原万历中,香树庵以浮粮苦累,日就沦落,几为势家所没。慈圣皇后发帑金赎之,而黄太史辉、王太史肯堂,复捐俸钱相助,遂复旧观。(《燕都游览志》)"(于敏中:《日下旧闻考》卷一三一,收入《景印文渊阁四库全书》第499册)这座"香树庵"也是石经山上的寺院,曾遭侵夺,得慈圣皇太后帑金恢复,紫柏的法友黄辉、王肯堂出资修缮,不知与紫柏此处之"骨香庵"是否有关联。因皆与慈圣护教有关,附记于此。己亥夏笔者随清华大学圣凯教授一行访房山,登上方、石经诸山,得闻地方学者言"骨香庵"似在房山区境内,并非山中,惜未得亲访。

② 《憨山大师年谱疏注》卷上,《大藏经补编》第14册,第511—512页。

秋之际,紫柏、憨山等高僧团体,进献舍利、拜砖入宫的时间,正是神宗皇帝朱翊钧的三十岁整寿!

神宗生日、"万寿圣节"时间在八月十七日,高僧叙述中,这么重要的高层互动,似乎被刻意忽略掉了。如果放在神宗万寿圣节举国同庆的背景下看,紫柏、憨山在这年的一些举动,似乎有了值得进一步讨论的空间。比如憨山《舍利记》一文提到,舍利"迎入慈宁宫,供养三日"。这究竟是哪三日?很可能就是作者文中表露的:自迎回舍利的八月二十日,上推到神宗生日的八月十七这三日内。憨山素以谙熟"春秋"笔法而自许,"供养三日"与"八月二十"之记恐是其刻意而为。因述及神宗生日,附记于此。

末附以是年紫柏时间简表:

时间(万历二十年)	地点	人物	出　处	本事	备注
正月初三	山西寿阳方山	紫柏及道开等三弟子	紫柏《谒方山李长者还定襄道中·序》	访方山李长者遗迹	
二月十三	五台山妙德庵	紫柏	紫柏《吴山净端禅师语录序》		
三月末	五台山妙德庵	紫柏与陆光祖	《清凉山志·明吏部尚书陆光祖传》	陆光祖乞罢,许之,仍予驰驿归	《神宗实录》万历二十年三月十四,陆光祖去职
四月十五	潭柘寺	紫柏师徒	憨山《涿州西石经山雷音窟舍利记》	撰《送龙子归潭文》、献"拜砖",慈圣太后内侍接见	
五月十二/十九日	石经山雷音窟	紫柏师徒	紫柏《房山县天开骨香庵记》/憨山《涿州西石经山雷音窟舍利记》	发现舍利,进献内侍	
六月己丑(初一)	石经山	紫柏与内侍	憨山《涿州西石经山雷音窟舍利记》	迎舍利入慈宁宫,供养三日	
七月	石经山	憨山	《憨山大师年谱疏注》	至京于上方山访紫柏	
七月十五望日	石经山	憨山		《复涿州石经山琬公塔院记》立石;之前静琬塔院当已开始恢复	原碑所记

(续 表)

时间(万历二十年)	地点	人物	出　　处	本　事	备　注
八月十七日	内宫	神宗皇帝朱翊钧	《神宗实录》		神宗皇帝朱翊钧万寿圣节，且三十岁整寿
八月二十日	石经山	紫柏	憨山《涿州西石经山雷音窟舍利记》	迎回舍利，安置石穴	

福征注文中有一句"石镫庵僧自南"。"石镫庵"位于北京内城西，即今石镫胡同。这位"自南"和尚，曾在万历末"募资续刻"过石经，此事在晚明一部重要笔记《万历野获编》中也有记载，卷二四"房山县石经"条载：

> 大房山，在京师房山县境内，俗名小西天是也。隋大业间，僧静琬募金钱，凿石为板，刻藏经传后。至唐贞观，仅完《大涅槃》一部，其后法嗣继其功，直至完颜时始成。贮洞者七，穴者二，封以石门，镇以浮屠。我太祖命僧道衍往视，衍即少师姚广孝也，留咏而归，历代扃闭如故。去年，浙僧名自南者，忽来谋于余，欲发其藏，简其未刻者，绪成全藏。予急止之曰："不可。方今梵夹书册盛行天下，何藉此久闭之石？静琬当时虑末法象教毁坏，故闭此为迷津宝筏。今辇下凋弊，不似往年，宫掖贵貂，亦未闻有大檀施，若一启则不可复钥，必至散轶而后已。"自南唯唯，亦未以为然。余再三力阻之，不知能从与否。①

据沈德符记，"浙僧名自南"曾欲开石室，校对经典。据福征所记，自南募资时间在万历四十六年戊午（1618）。考沈德符生于万历元年（1573），四十六年方中举；之前已住京为国子监生，②而福征与之同年应举。则沈德符所记遇到自南和尚时间，似乎与福征同时。福征自述曾"力襄其事"，而沈德符则劝阻自南私开经室，免其成为一如后世敦煌王圆箓式之悲剧人物。谭、沈二人皆嘉禾名士而护持佛法，沈氏用心尤谨慎可嘉。

---

① 《万历野获编》卷二四，第610页。
② 李文衡《清代禁书版本丛谈〈万历野获编〉专稿》所引未刊沈德符行状，见《四川图书馆学报》1990年第4期。

第五节　结语：从"龙子"到"舍利"的努力

　　紫柏在万历二十年的举止与表达，无论表现形式如何，其实都与其内心刊刻《嘉兴藏》的理想分不开；从点拨去职的老友，到保佑刻经的潭柘"龙子"、进献礼佛精进的"拜砖"、石经山现佛舍利，及恢复刻经前辈静琬塔院种种经历，据上文所论，则无不指向自己《嘉兴藏》刊刻事业以及五台山刻经场。尽管我们并没有十足证据来坐实，那时的紫柏需要内宫的某种支持——其实有记载显示，慈圣皇太后一开始曾有兴趣支持刻经运动，而被紫柏婉拒，① 但紫柏发起这场浩大的民间刻经运动本身，存在接纳上层的要求，这从万历二十年上半年间的交游举动，便可轻易得知。

　　然而，紫柏认可需要接纳内宫上层的刻藏想法，与其弟子密藏道开在刊刻早期的设想是有一些出入的，从前论道开反复安排径山作为备选刻经场即可推知。而正因为对上层的依赖，导致上层的哪怕很小变动，都会引起藏经刊刻事业的不小震荡。比如陆光祖的去官、内宫间不易探知的摩擦、"国本争"之类，都会轻易消弭紫柏之前所作的所有努力。最终五台山经场不存的结果，便确证了此说。目前通过传世文献的梳理与研究，仍不能确知万历二十年后《嘉兴藏》五台山经场不存、总裁密藏大师隐去的真正原因，但是，根据上文考察的紫柏半年余的努力，可以看出早期《嘉兴藏》刊刻，一定存在高僧与内宫上层互为试探争取的尝试。

　　潭柘寺送还"龙子"、进献拜砖，到石经山发现"舍利"、恢复琬公塔院，圣物与先贤似乎并没有如想象中那样，保佑紫柏的藏经事业顺利进行，甚至最终大弟子道开禅师隐去，刻经场失控，成为其终生的遗憾。这一切，与主事者本人太过依赖转轮王、大护法的弘法措施，有着直接的联系。可以看出，晚明时期佛教复兴的背后，隐藏着浓重的政治影响，因而本节力图透过紫柏、憨山文字中的隐喻修辞，探寻晚明佛教进程中被隐去的进程与现场。

---

① 于元凯《密藏禅师遗稿序》："万历丙戌，师弟同入京师，慈圣皇太后知有刻藏之举，欲发帑金命刻。尊者谓，宜令率土沾恩，师愿以一身任事。"（道开：《密藏开禅师遗稿》卷上，《嘉兴藏》第23册，第2页上）

下 编

多元信仰与晚明时代

本书下编,将讨论晚明佛教周边的信仰方式对知识精英文化圈的影响。

若全面考察晚明佛教信仰群体中的奉佛居士,他们所面对的世界及其自身精神世界远非一元的佛教信仰存在,而是受到当时丰富的思想精神世界的感染,并在具体的信仰生活中,呈现出不同的方式与体验。而士大夫源自世俗、教外的认识与好尚,反过来会左右佛教史的叙述,僧俗这种出于多元观念与认识的互动,在晚明最重要的成果就是共同对"四高僧"历史的建构。

同时,以往关注这一领域的讨论多集中于晚明"三教合一"的话题,从高僧、居士注疏儒道经典,注重儒家祭祀仪式等等方面,考察晚明信仰群体曾经共享过这一时期的宗教复兴运动的成果。① 但是,除了既往的儒释道汇通交融层面外,晚明信仰圈还在许多方面展示出他的包容与多元的一面。比如前论崇祯朝上层信仰危机及紫柏大师癸卯僧案中,已谈及万历朝时初入华夏的天主教耶稣会传教士,对本土信仰的挑战与补益。学界也对自利玛窦与雪浪洪恩、云栖袾宏辈开始的佛耶之争,做出过深入的研究,本编亦不作赘述。② 本编将深入讨论士大夫世俗生活中本土宗教对佛教信仰的影响,文学艺术与佛教的关系,以及被学界忽略已久的明代藏传佛教对汉地产生的影响与本土化的吸收,希望能从不同角度展示晚明时代信仰生活的多元性。

---

① 晚明三教合一话题研究成果亦汗牛充栋,不能一一回顾,印象中代表性的作品有陈永革《晚明佛教思想研究》(宗教文化出版社,2007年)、张雪松《被发明的传统——晚明佛教宗派的复兴与佛教谱学的成立》(《哲学门》2012年第2期)、李天纲《三教通体:士大夫的宗教态度》(《学术月刊》2015年第5期)。
② 其中最为代表性的是李天纲《中国礼仪之争:历史·文献和意义》(上海古籍出版社,1998年)。法国梅谦立、比利时钟鸣旦、意大利梅欧金等学者也有专书及文献整理可供参考。

第一章 "四高僧"与佛教史建构：
从"晚明四高僧"叙述展开

"晚明四高僧"的定式，是学界讨论晚明佛教乃至整个明清佛教史时绕不开的话题。很长一段时间里，"四高僧"——紫柏真可、憨山德清、云栖袾宏、蕅益智旭的生平行谊，就基本代表了晚明佛教史叙述的主体；也正因为此，明清佛教的研究与叙述长期徘徊在一个相对内向封闭的循环——走不走得出来，不仅要仰仗新材料的发现，还需要研究者重新审视此一佛教史叙述本身的合理性。

在对明清佛教开展广泛讨论后的今天，我们发现所谓"四高僧"的定式，其实是经过了刻意的取舍和塑造，而这种类似的高僧群建构，早在晚明时代，就已经由以江南士大夫为主的知识团体主导了。而且，明代人构建的高僧群像，并没有被后来的清人完全继承，后来的建构者在其中加入了不少对前代的想象与当代的关怀，最终才形成了今天的"四高僧"定式。这种定式本身并未经过特别权威的诠释，却成功地统摄了包括叙述者到研究者在内，看待晚明以来佛教史的角度，所以才有了前述"四高僧"约等于晚明佛教的现象。如同梳理"四高僧"形成、揭示晚明佛教史多元内在的思路，本书最终的想法，就是想在文献以及研究方式上，提出全新的晚明佛教历史与文化的叙事。一些学界既有的观念并不能完全代表历史本身，甚至，越为人熟知的观念，越存在其片面性与局限性，这是古代文史研究中常常会遇到的问题，而在今天的宗教史领域尤为显著。本章想通过具体考证的方法，而不是宏观的叙述，展示笔者对晚明佛教史研究的基本视角。

佛教于汉代传入中国伊始，即于华夏大地翕然成风，对不同地域、阶层皆有影响。对中外高僧生平传记的创作，也在差不多同时开始；中古魏晋南北朝时期，本土已经诞生了《高僧传》《比丘尼传》《法显传》等重要僧传。汉文书写的僧传必然同时受到中外双重影响。中古僧传的研究者通过研究僧传这一文体样式的渊源，而将六朝僧传与同时的道教传记、士大夫传记加以比较，发现六朝僧传虽然是佛教徒对僧尼的记录，但在体制上主要继承了我国传统的儒家史传,以"征实"为主要考量,距离佛传、菩萨传较远,而更近史传。六朝僧传的这一类似儒家的性格,与佛教在中国的传播和发展息息相关。① 僧人传记体现强烈的"非释家"因素,这是本土僧传文本与叙事特色中值得关注的一环。承接中古时代的明清近世,佛教发展经历过低谷也曾迎来复兴。与高僧懿行和檀越护法的行动同时出现的,还有属于僧俗精英个人与群体的传记文本。这些以僧传、塔铭为代表的佛教书写,开始构筑起明清佛教史叙述最重要的脉络,并在不到百年时间,建构出了"晚明佛教复兴"与"晚明四高僧"等特色鲜明的明清佛教史叙述;尤其关于"晚明四高僧"叙事的演变与强化,对后世影响最为显著。

所谓的"晚明四高僧",也被称作"四大师",之前或冠以"明末",叫法不一,但皆指的是明末清初四位佛法精深的高僧大德,他们依照年齿分别是:云栖袾宏、紫柏真可、憨山德清、蕅益智旭。将这四位当时的高僧并列建构为明清之际最重要的高僧群体,是十六、十七世纪佛教史叙述中极其权威的定义;甚至在当今关于晚明佛教史的书写中,亦仅举"四高僧"事迹来代表整个明清之际佛教史内容。② 今天看来,晚明佛教史的史料与视野远远超过"四高僧"所涉范围,但"四高僧"的概念依然不失为近世佛教史建构中的一大典范。同时,"四高僧"僧传的建构,不仅有基于晚明高僧在教义与弘法成就的考量,而且与高僧本人的气质品类、文学审美及其与士大夫的互动,息息相关。今天为人熟知的"四高僧",虽绝对是一时应许之人,但他们被选出来的历程与标准,却有各自不同的路径与因缘。

第一节　由一生二:高僧到高僧群体

"晚明四高僧"的建构,是由个人一次性完成的,还是经过一定基础或累代加工的,这关系到讨论"四高僧"概念形成史的合理性是否存在。晚明时期塑造僧人群体的叙述,并不在少数,真正将后世知名的"四高僧"中的两位以上人选并称,在万历年间就已经出现了。成书于明季的著名笔记《万历野获编》及其作者沈德符,因其关注当代掌故,而为治晚明学者所推崇。于明代宗教史学者来说,《万历野获编》"释道"条目下诸段,价值尤其不小。其

---

① 可参陈特:《试说六朝僧传的性格——渊源、体式与位置》,复旦大学 2018 年博士后出站报告(未刊稿)。
② 如郭朋《明清佛教》(福建人民出版社,1982 年)、任宜敏《中国佛教史(明代)》(人民出版社,2009 年)中,多有以"四高僧"取代晚明佛教整体的趋势。

中所载,皆为明代佛教重要的当代实录。书中就提供了"高僧群"叙事第一手的材料。《万历野获编·禅林诸名宿》载:

> 竺乾一时尊夙,尽在东南,最著则为莲池、达观"两大宗主"。然二老行径迥异:莲专以西方直指,化诱后学;达则聪明超悟,欲以机锋言下醒人。莲枯守三条,橡下跬步不出;达则折芦飞锡,所在皈依。二老各立教门,虽不相下,亦不相笑。其后达老示寂狱中,莲抚膺悼叹,亦微咎其昧于明哲,如白香山诗云"当君白首同归日,是我青山独往时",寓意甚远,非幸灾也。大抵莲老一派,主于静默,惟修净土者遵之。而达老直捷痛快,佻达少年,骤闻无不心折。其时雪浪洪恩,本讲经法司,而风流文藻,辨博自喜,有支郎蓄马剪雀之风,则莲老颇不谓然。盖近日丛林议论,崇尚宗门,主于单刀入阵,寸铁杀人,而鄙禅修为龌龊。如雪浪辈不禅不宗,又欲兼有禅宗之美矣。憨山归自粤中,声誉转盛,来游吴越,一时俊少,以得奉盘匜、涤溲器为幸,而大家妻女檀施,悲泣求片语拔度而不得,盖雪、憨所至皆然。雪先下世,憨则至今神旺如盛年,乃謦欬间,多趋缙绅谈时局,以是信向者愈繁。又作达老塔铭,语含讥讽,识者遂微有后言。至如近日宗门诸名下,争以坛坫自高,相驳相嘲,以至相妒相詈。真一解不如一解矣。①

据沈德符行文来推测,这条材料应该写于憨山德清尚在世且已自广州赦免回到江南的时间之中。前引憨山德清于万历四十四年(1616)自湖南归江南,再至径山礼老友紫柏真可塔,并作塔铭;终化于天启二年冬(1623年初)。则沈德符此条,当写作于万历年末前后(1616—1623)。此说应该也是最早将后世熟知的"四高僧"中人并列而论的记载;其中沈氏诸多人物品评,多为晚明早期僧俗精英的共识,而尚未混入太多后人的建构与讳笔。

在众多高僧大德之中,于万历末年威望最高的就是沈氏所述的"两大宗主":云栖袾宏与紫柏真可。云栖袾宏为四高僧中年岁最长者,但他中岁出家,法腊反而最短。沈德符对云栖大师的记载非常准确,云栖确实"枯守三条""主于静默",除了早年略有参访北方,之后活动基本局限于杭州净慈寺与云栖寺。而另一位"宗主"紫柏真可,则与云栖行事截然相反。紫柏不仅在传法性格上更倾向单提直指,一生行踪也飘忽不定,所谓"折芦飞锡,所在皈依",这一切同样为他赢得极高的声誉;尤其晚明宫廷大檀越慈圣皇太后,

---

① 《万历野获编》卷二七,第693—694页。

便对其礼遇有加。前论紫柏最终瘐死京师锦衣卫,也与其行事高蹈,游走权贵分不开。前文引沈德符所说紫柏陨后,云栖"拊膺悼叹,亦微咎其昧于明哲",为其感到惋惜。当时士人在紫柏身后的评价,应该与之相差无几。

同时,参与建构这对"两大宗主"的,还有出自佛门内部的声音。从岭南结束流放、回到江南的憨山德清,在重游杭州一带时,一上径山凭吊老友紫柏,再赴云栖凭吊莲池,并为两位先行法友各作长篇塔铭传世,收入氏著《憨山老人梦游集》卷二七塔铭前两篇。憨山还在自撰年谱万历四十四、四十五年中,着重提出这段经历。注释年谱的憨山弟子福征,亦于注文中多有发挥:

> 征于憨祖东游侍间,所见手著出世大文字,无如云栖莲池、径山达观两塔铭。当世庙神庙间,海内得三大祖师。憨祖于莲师因缘浅,于达师因缘深。半作达师塔铭,实半作己躬塔铭。所关宫闱建储同,声气犯忌同,宗教通会同,孔孟统一同,憨祖一东游,了结彼此三大公案。在径山则示参禅切要,在云栖则示念佛切要。集两师之大成,揭三教于终古,法法圆满,未有盛于东游荼毗达师、凭吊莲师之日者也。①

福征记载中,多有过誉乃师的嫌疑,但他指出的憨山对紫柏、云栖塔铭的空前重视,是完全正确的。正因为万历末年憨山两篇重要的高僧塔铭出世,紫柏与云栖二高僧并列的形象,在僧俗中间得到确立,两位高僧成为总结万历朝佛教的重要典型。至于福征所说神宗朝有"三大祖师"实为后世追溯,并非实情。憨山作二大师塔铭及其自身高僧地位的变化,详下节所论。相似的还有《万历野获编》中另一条"二大教主":

> 温陵李卓吾,聪明盖代,议论间有过奇,然快谈雄辨,益人意智不少。秣陵焦弱侯、泌水刘晋川,皆推尊为圣人。流寓麻城,与余友邱长儒,一见莫逆,因共彼中士女谈道,刻有《观音问》等书,忌者遂以帏箔疑之。然此老狷性如铁,不足污也。独与黄陂耿楚侗定向深仇,至詈为奸逆,则似稍过。壬寅,曾抵郊外极乐寺,寻通州马诚所经纶侍御,留寓于家。忽蜚语传京师,云卓吾著书,丑诋四明相公。四明恨甚,踪迹无所得。礼垣都谏张诚宇明远,遂特疏劾之。逮下法司,亦未必欲遽置之死。李愤极自裁,马悔恨,亦病卒。次年癸卯,妖书事起,连及郭江夏,并郭所厚者数君。御史康骧汉丕扬,因劾达观师,捕下狱。有一蠢郎,曹姓者,笞之三十,师不胜恚,发病殁。师已倦游,无意再游辇下。有高

---

① 《憨山大师年谱疏注》卷下"三十一年癸卯"条注,《大藏经补编》第14册,第535—536页。

足名流,方起废惰之行,师遂欲大兴其教。慈圣太后素所钦重,亦有意令来,创一大寺处之,不意伏机一发,祸不旋踵。两年间,丧二导师,宗风顿坠,可为怪叹。虽俱出四明相公力,然通人开士,只宜匿迹川岩,了彻性命;京都名利之场,岂隐流所可托足耶?郭泰、申屠蟠所以不可及也。①

紫柏真可之外,另一位"教主"李贽(1527—1602),也是晚明思想界与信仰界的重要人物。《万历野获编》"二大教主"条,为研究万历三十年、三十一年两次大案的重要材料,可证明前文所论此二位晚明思想界的"异端"人士双双殒命诏狱与时任内阁首辅宁波人沈一贯有密切关系。李贽曾出家为僧,学问出入阳明后学,与当日流行的狂禅之风殊途同归。李贽所著《观音问》一书,书名与佛教关系即一目了然。则这里沈德符所述"二大教主"的设定,不仅突出万历年间僧案频繁、弘法代价巨大,无形中也呼应了之前"两大宗主"的书写,以显示晚明佛教界高僧群体已具有一定代表性。

值得注意的是,以沈德符为代表的居士士大夫,对紫柏与云栖并尊的态度,隐含着一层潜台词:二位高僧不仅需要声望相当,彼此间还需行事迥异,风格鲜明,这样的高僧群方足以代表当时佛门风气。从中我们可以发现,高僧群的促成与书写的初期,与其自身法系、学说乃至是高僧懿行的关系都不甚大,那些都是之所以入列高僧的"充分"而非"必要"条件。比如沈德符就承认:云栖、紫柏这对大"宗主",佛学取向完全不同,一主净土,一主顿悟。而使得相似度有限的高僧之间真正产生某种联系的关键,其实与高僧结纳士大夫的弘法路径,与其弘法行为在世俗间产生多大的效果有直接关系。李贽、紫柏瘐死诏狱,对世俗产生的影响无疑是巨大的;即便是紫柏个人日常弘法中"折芦飞锡,所在皈依",对居士士大夫也充满了吸引力。甚至,云栖大师"枯守三条"的弘法方式,实际上也颇受士大夫欢迎。万历间,云栖住持杭州西湖畔的净慈寺,士大夫登门求法者络绎不绝,其中最著名的就是沈德符的弟翁冯梦祯;冯氏《快雪堂日记》中,便记载了不少本地居士圈与云栖大师互动的经历。所以,出于士大夫自身的认知与兴趣,早期建构高僧群体的叙述时,非常看重僧人在世俗中的声誉与因缘,所以在士大夫沈德符眼里,"行径迥异"的二高僧成了宗主,同殒诏狱的"二导师"成了教主。

由此可以看到,在知识精英笔下诞生的高僧群体叙述,从形成伊始,就尝试用一种佛教以外的世俗视角,评判当时的高僧与佛教圈。高僧及高僧群体在这套叙述体系中,成为类似"他者"的存在,即便对"他者"高僧充满

---

① 《万历野获编》卷二七,第691页。

足够的敬意,作为叙述者的士大夫似乎还是更关心其接近世俗生活的一面,而非宗教性、超越性的一面。比如叙述者会有意无意设置对高僧群体的预设或想象,沈德符在李贽、紫柏身后评论道:"通人开士,只宜匿迹川岩,了彻性命;京都名利之场,岂隐流所可托足耶?"显然是对二位游走京师的教主导师存有微词。士大夫辈更容易接受慧远时代建立起来的"三十年不出虎溪"的出世想象,然游走驻锡京师之僧众岂止千百。此为弘法之"方便法门",并非"匿迹川岩"所能为,正是以紫柏为代表的晚明高僧的突出表现。如此评论无疑是叙述者如沈德符的局限。

晚明群体的诞生,会带来更多的建构的维度;高僧群体的出现不仅表示着佛教在"时间"上的复兴,同时也有"空间"上的成果。比如沈德符在论证"两大宗主"时便认为,晚明时江南佛教已经冠绝全国,"一时尊夙,尽在东南";稍后出现的"四高僧"定论也佐证了这一说法,四人籍贯皆出自江南诸府,确实无一北方籍贯。但这依然不尽合乎史实,而是另一次建构的胜利。历代东南居士士大夫,对佛教史叙述的积极参与,形成了强大的文本"话语权"。这种权力或力量会迅速形成优势,进而产生共识或者"事实"①——尽管从史实上来看,这一切未必如是。今日的明清佛教研究指出,晚明时期京师、五台山佛教与高僧,应有其重要的位置。但是,自沈德符开始,多方面累计这种话语权的趋势,在江南逐步加强,最集中的体现,应该就是几代僧俗对"四高僧"叙述建构的贡献。

值得注意的是,在沈德符构建两人高僧团体的时候,会添加僧团从属人物,配合高僧出现的;这些人或为附庸,或为反例,成为高僧群体叙述中,作为陪衬的对象。当然,那些成为衬托的出家人,不少也是当日第一流的人物,比如为了证明紫柏真可行事高调,而提出的雪浪洪恩,较紫柏有过之而无不及,显然在肯定雪浪的修为与个性。但是还有一位高僧就没这么走运,在沈德符笔下成为陪衬其他高僧的背影,他就是日后得到禅林盛誉的憨山德清。

在万历末年江南居士文化圈中,憨山的名声远没有后来明清之际来得高;甚至早年的他还有些尴尬,为了烘托紫柏、云栖高僧形象,憨山往往不得不成为反面的例子。《万历野获编》"禅林诸名宿"条下又载:

> 憨师每至佛寺,登大雄殿说法,及受诸供养礼拜,俱南面正坐,寺僧以大被遮蔽三世尊像设,一如地方官长,游宴庵观之体。余窃疑之,如

---

① 可参吴疆:《"文字理念"的勃兴与"文字社群"的形成:对于17世纪禅宗兴衰的一种解释》,收入吴疆、王启元主编:《佛法与方法:明清佛教及周边》,复旦大学出版社,2021年。

来为空门导师，犹之儒教中孔孟，我圣门之徒，大儒授经，必无踞大成殿，背孔子四配、自升高座之理。亦曾托友微规之，度未必首肯也。近见二三讲师，亦效其体，以自尊大，真可谓无忌惮矣。又曾见憨老投刺，署名奇大，埒阁部大老，人尤骇之。①

此前还有"憨山之谴"条记憨山"乙未之狱"故实，皆语带讥讽。憨山说法时，每次都在寺院大雄宝殿中遮蔽释迦牟尼三身像，唯我独尊，惹得沈德符对其颇为不满，指出憨山这些举动有如儒生讲学"背孔子四配"而自升高座，简直是大逆不道之举。同时，憨山给人寄信投刺的署名也不小，有如阁部大员的口气。沈德符作为晚辈，似乎还曾托人"微规"憨山，不过那应该石沉大海了。甚至，憨山乖张的风格，还被"二三讲师"所模仿。不仅如此，沈德符在全书"僧道"篇的许多场合，都提到了对憨山德清早年弘法行径的戏谑与轻视，并认为憨山虽与紫柏真可行事相近，但境界远逊，如"憨山之谴"中所说，"紫柏名振东南，缙绅趋之如鹜，憨自度不能胜"。② 如此则憨山断不能如紫柏那样，进入高僧之列。

第二节　憨山的"升格"

尽管憨山德清在早期的僧史叙述中，并不为嘉禾籍士大夫如沈德符辈所重，但这种情况并没有持续多久，便得到了改观，使其甚至最终在明清易代之时，成为晚明高僧群体中最有代表性的一位。

憨山德清于万历末年，自岭南赦免东游回故里，引起士大夫极大的关注。有一位居士界的前辈虞淳熙，为其所著《东游集》作序云：

> 憨师一息而遍游华藏，言满不可说不可说之土，其和雅微妙，西方怀其好音矣，何问东也。璧公、梁生集《东游》四卷，所谓广长舌，覆东方世界者乎？师之东吊紫柏于双径，吊莲池于云栖，比于四恩，有美报焉。两铭揭日月而中天，其绪亦掩苍龙七宿，东人士以拟随笔茹退，则肉眼皮相之妄名紫柏猛士，莲池慈姥，憨山大侠耳。③

憨山此次东来有两个举动使得居士辈对之刮目相看，其一是上径山凭吊老友紫柏，另一次是去云栖凭吊莲池；这对"两大宗主"都在憨山之前圆

---

① 《万历野获编》卷二七，第694页。
② 《万历野获编》卷二七，第692页。
③ 《憨山大师年谱疏注》卷下，《大藏经补编》第14册，第615—616页。

寂,憨山为二位法友撰写了长篇塔铭。虞淳熙因此种种举动,对当日的憨山赞许有加,并欣然为憨山所著《东游集》作序。在序中,他将憨山列于"两大宗主"之后,但明显有后来居上的意思。观虞氏序文,其对紫柏、云栖的评价,继承沈德符"动静有别"的描述——紫柏为"猛士",莲池为"慈姥",而说道憨山之成就,竟大有综合二人有之势,成为一位"大侠"。这可能是江南精英士大夫对憨山第一次最高级的评价,以虞氏在东南居士圈的威望,这样的评价无疑为憨山入列三高僧之位铺平了道路。

到了另一位憨山的私淑弟子、明季江南文宗钱谦益的笔下,憨山的形象开始彻底蜕变。前文曾说钱谦益自诩"海印弟子"——憨山的私淑弟子,曾在憨山东游江南的万历四十四年(1616),于家乡常熟礼拜过晚年的憨山。所以,钱宗伯的名字也有幸出现在憨山自定年谱之中;那次会面的座上宾里,还有日后著名的三峰派高僧汉月法藏等常熟僧俗精英。在憨山于庐山入灭之后,钱谦益写过多篇长文组诗,记叙乃师生平贡献,并有意无意暗示自己所得憨山"海印"真传,而能接续业师法统。所以,明季之时声名已隆的憨山德清,最终被自己的文宗弟子钱谦益,抬进与紫柏、云栖同跻的三高僧之列,而组成了全新的"三大和尚"。钱谦益有《寿闻谷禅师七十序》一文载:

> 自万历间,紫柏老人以弘法罹难,而云栖、雪浪、憨山三大和尚,各树法幢,方内学者,参访扣击,各有依归。如龙之宗有鳞,而凤之集有翼也。及三老相继迁化,而魔民外道,相挻而起。宗不成宗,教不成教,律不成律。①

闻谷广印(1566—1636)为紫柏大师晚年弟子,长期驻锡余杭径山,与江南缁素关系密切。闻谷禅师七十岁寿辰在崇祯八年(1635),钱谦益所作寿序当在其生日之前;次年的十二月十七日,闻谷禅师就坐化了。在这篇寿序中,钱谦益将闻谷业师、坐化锦衣卫的紫柏大师单列,而将云栖、雪浪与憨山并称"三大和尚",且这三位大师"各树法幢",弘法方式与宗派,各成体系。天启年间最后一位"大和尚"憨山德清圆寂之后,"魔民外道,相挻而起",宗风由之不振,愈发显得之前三、四位高僧的重要。由此,憨山德清开始成为与紫柏、云栖等辈高僧同等重要的佛门代表人物。对憨山相似的叙述还在不少地方重复过,比如闻谷广印入灭后立塔,钱谦益所作《闻谷禅师塔铭》亦载:

---

① 《牧斋初学集》,第1043页。

第一章 "四高僧"与佛教史建构：从"晚明四高僧"叙述展开 ·219·

> 呜呼！万历中，方内有三大和尚，紫柏可公、云栖宏公、憨山清公，各树法幢，为人天眼目。三公入灭，魔外横行，喝棒错互。①

虽然提到"三大和尚"句式没有改变，但时隔不到两年，钱谦益悄悄地把"三大和尚"的名单换成了由之前的"两大宗主"加上自己的老师憨山德清的组合，而评价的方式与之前寿序相似：晚明在失去这三位大和尚后，佛法宗风开始隳堕，妖魔外道开始横行。

钱谦益另有一篇《天台山天封寺修造募缘疏》亦有相似叙述：

> 万历年中，诸方有三大和尚，各树法幢，紫柏以宗，云栖以律，憨山以教。三家门庭稍别，而指归未尝不一。②

天台山天封寺于万历末遭遇火灾，其后多年方得重建，此文写作时间距上引寿序与塔铭不远。文中依然沿用"三大和尚，各树法幢"之语，这次还为三位大师每人添加了一门专长：紫柏以宗，云栖以律，憨山以教。紫柏擅长禅宗，云栖擅长戒律，而憨山则偏重华严、天台之类的教法。尽管看来言之凿凿，但这里钱谦益似乎又犯了自己常有的想当然的毛病。虽然这里对三大师特长的区分未必不存在，如云栖重戒律一定也是远近闻名的，但这句为了配合文学修辞而总结的大师们的"三家门庭"，显然并非僧史的原貌。紫柏大师在被后辈视为禅僧的同时，其对华严、唯识诸学在晚明的研究与传播，都有开创性的贡献。云栖最著名的就是他在净土宗经典阐释方面的成就与禅净结合尝试的实践。憨山德清佛学学术博采众长又自成体系，完全不拘于教法本身。如此看来，钱谦益此处虽为美誉大师，似乎却又有失实之嫌。不过，经过钱谦益几次习惯性的三高僧并提，万历间"三大和尚"的概念开始流行。

在明清易代之际，钱谦益编纂了一部本朝诗文总集《列朝诗集》，在其闰集中收入僧道妇女著作。其中闰集卷三涉及晚明高僧时，目录列："高僧四人。异人三人。金陵法侣二人。名僧三十七人。"其中的"高僧四人"，依次是"憨山大师清公""紫柏大师可公""莲池律师宏公""雪浪法师恩公"，列四人小传及诗选（传文、诗从略）。③

在人选与顺序上，清初时，万历朝诸位高僧座次，已经有了全新的位置。其中前三位分别是十余年前钱谦益自己认定的"三大和尚"，加上自己的方外诗友、憨山在报恩寺时的同学雪浪洪恩。这其中，憨山德清已然跃居首

---

① 《牧斋初学集》，第 1567 页。
② 《牧斋初学集》，第 1724 页。
③ 钱谦益：《列朝诗集小传》，第 698 页。

位,超越当年沈德符笔下的"两大宗主";且牧斋为四人所作小传,独憨山之笔最为详细,选诗更是超越另三人总和。再从称谓上来看,憨山、紫柏并称"大师",而莲池仅称"律师",雪浪为"讲师",也算间接认可憨山、紫柏二大师性相二宗并举的地位。这一点云栖已显不足;雪浪为晚明唯识学高僧,身为讲僧倒是实至名归。

这其中,晚明著名讲僧雪浪洪恩,虽然在沈德符、钱谦益的笔下反复出现,却未能最终位列民国时期定型的四高僧之中。沈德符在《万历野获编》中两处提到雪浪生平,一条则是前引"禅林诸名宿"中憨山、雪浪比较;另一次是"雪浪被逐"条,记其行事高蹈,为时任南国子祭酒的郭正域所逐。其中,沈德符曾记录自己感觉雪浪大师身边士女仙衣成群,遂询问弟翁冯梦祯其中缘由:

> 予曾疑之,以问冯开之祭酒:"比邱举动如此,果于禅律有碍否?"冯笑曰:"正如吾辈蓄十数婢妾,他日何害生西方、登正觉耶?"其爱护之如此。①

雪浪高蹈无避讳的举动,惹得后辈亦有所质疑,然冯梦祯却对其维护有加,可见雪浪绝非败坏禅风之徒。尤其雪浪高足三代,名僧辈出,且扎根东南,弟子中有一雨通润、巢松慧浸,法孙则有汰如明和、苍雪读彻,皆为一代相宗大德。前引钱谦益不仅曾将其列入"三大和尚"与"高僧四人"之中,雪浪法师及其多位弟子法孙塔铭,也皆出自钱牧斋之手。同时,《列朝诗集》编纂的精神,为牧斋以诗存史之举,而晚明时代僧诗之居于憨山、紫柏之上而至为卓越者,即为雪浪洪恩。云栖大师所作旧诗则稍逊同侪,从闰集中仅选其一首即能见之。所以牧斋时代之高僧四人,有其形成之初偏重文学的理路,四人中保留沈德符所提"两大宗主"紫柏、云栖,于前冠以牧斋的私淑老师憨山德清,并辅以同样盛名的憨山同学雪浪洪恩。牧斋这一排列其实最合于佛教史叙述,其最重要的合理性在于,四位高僧同属于一时代,年龄相仿,年辈亦相同,而互相之间皆有直接的交往;若算上士大夫的交游网络,如冯梦祯、虞淳熙、王肯堂乃至宫中的慈圣皇太后,都与这组"四高僧"有过相当的互动与过从。这组被后人忽略的"四高僧"人选,反而最合乎晚明佛教史面貌。

晚明高僧群体数字,在清初也已经由"二"增至"四",并稳定在这个数字,没有再增加过。这一组高僧群的定式,也影响到相关领域的"英雄座

---

① 《万历野获编》卷二七,第693页。

次"。比如清初最著名的遗民画僧——弘仁（江韬）、髡残（刘介丘）、八大山人（朱耷）、石涛（朱若极），也被当时人称为"四高僧"。其背后，与已有的法界"四高僧"，有相当大的联系。

第三节　蕅益大师出现

但事实上，最终定型的"明末四高僧"里并没有那位说法与作诗俱佳的雪浪洪恩，而加入了一位时代远在"三大和尚"之后的高僧蕅益智旭。

蕅益智旭（1599—1655）出生于万历晚期。他出生的四年后（1603），"三大和尚"中的紫柏真可，即坐化于锦衣卫；智旭落发后一年，三高僧中最后一位憨山德清也圆寂于庐山（1623）。智旭本欲皈依憨山大师，最终入雪岭禅师门下，成为憨山的再传弟子。所以，无论从年龄还是辈分上看，智旭比之前的"三大和尚"都差了不止一辈人。

据今日文献，清乾隆朝大居士彭际清，可能是第一位将蕅益大师与万历三大师并列而成"四高僧"的。氏著《一行居集》有《四大师传》，传文按顺序为"莲池大师""紫柏大师""憨山大师"及"蕅益大师"，前三大师传皆依从明人所撰塔铭传记。蕅益智旭生平，则有其自述、弟子补充的自传存世，钱谦益曾跋智旭自传。

彭际清、彭希涑叔侄先后撰有智旭传记，皆从其自传增删而来。彭际清在《四大师传》末云：

> 知归子曰：予之究心佛乘也，自紫柏老人集始，其后读云栖书，遂倾心净土，读憨山、蕅益书，而西归之愿益坚。甚哉！四大师之善牖我也。不然，予之束于名教也久矣，其遂能决町畦，而穷域外之观乎？既读其著书，爰论次其行事，为之传，俾后来者知所则效焉。①

从彭自述来看，他所列前辈高僧，依据的是自己学佛体验与路径而来。云栖大师在这份名单中能列首位，是因为彭氏读了云栖之书后便"倾心净土"，憨山、智旭并列于后，则是因为读罢让自己"西归之愿益坚"，也就是自己西方净土信仰更为坚定。换言之，彭际清所设"四大师"的初衷，与其个人及时代中的净土思想勃兴，有相当大的关系。晚明时代看重的禅、教之宗，尤其华严、唯识诸学，在此时已不甚为人所重。可参彭居士《四大师传》中智

---

① 彭际清：《一行居集》，弘化社编，第210页。

旭传载：

> 蕅益大师名智旭，俗姓钟，名际明，又名声，苏州吴县人……师律解虽精，然每自谓躬行多玷，不敢为人作范，乃于安居日然身香十炷，设阄佛前，问堪作和尚否，乃至当退居菩萨沙弥、优婆塞否，得菩萨沙弥阄，遂终身不为人授戒……生平著撰，合四十余种，其大者有《首楞严玄义》《法华文句会义》《楞伽议疏》《唯识心要》，而《弥陀要解》提持净土，尤以简切胜。时诸方禅者，多目净土为权教。①

传记甚长，但彭氏下笔多落于智旭在戒律与净土诸学上的成就，指出智旭在净土学说上的特点是"以简切胜"，而当时佛学之风也多是"目净土为权教"，推崇净土一宗。蕅益智旭确实是古典时代传统汉传佛教中最后一位大师级人物，他在净土及天台乃至唯识学等领域，确实做到了对前代三大师的总结与超越，并成功顺应清中叶开始汉传佛教迁延发展的趋势，将净土与天台教学术发展到极致，最终得到僧俗精英界的推崇。由此可见，一时代之习佛风气与居士学者的学术旨趣，最终影响到"四高僧"中最晚一位的排定。

彭际清时代的佛教史观念，也深刻影响了之后的居士与学问僧。晚清近代的佛教改革先行者，在追溯胜朝的高僧懿行时，第一次沿用了彭居士的"四高僧"概念，并使后人彻底忘记了钱谦益时代"万历四高僧"的人选。清末民初时期的高僧太虚大师，在其《中国佛学》中，除了将莲池、紫柏、憨山与智旭并称"明末四大师"外，还着重提到智旭"理解闳深，学问丰富，行愿专在念佛往生"的特点。② 同时代印光大师，也推崇智旭与"四大师"。③ 在太虚心中，智旭不仅是四大师之一，还是一位总结晚明佛教复兴的关键人物。太虚曾点评晚明以来古德，最钦慕的即是蕅益智旭：

> 然晚明之世，儒者讲学大盛，佛教亦并时兴起，教有雪浪、交光、云栖、幽溪、明昱诸师，禅有紫柏、憨山、博山、永觉、三峰诸师，复有周海门、袁中郎、曾凤仪、钱牧斋诸居士，皆宗说两通，道观双流，各就所得著

---

① 彭际清：《一行居集》，第 206 页。
② 太虚：《中国佛学》第四章第三节"台教之净"，《太虚佛学》，浙江古籍出版社，2012 年。
③ 印光大师《佛法是救世之光》中提到："明末清初，佛教史上有名的四大师，即紫柏、莲池、憨山、蕅益。蕅益大师是一位大通家，禅、律、天台、净土，无一不弘扬。"另外，印光总结晚明佛教变迁时所说："明季垂中，诸宗悉衰。万历以来，勃然蔚兴。贤首则莲池、雪浪，大振圆宗。天台则幽溪、蕅益，力宏观道。禅宗幻有下有四人，而天童、盘山，法遍天下。洞下则寿昌、博山，代有高人。律宗则慧云中心，实为优波。见月继踵，原是迦叶。而妙峰、紫柏、莲池、憨山、蕅益，尤为出类拔萃，末法所不多见，虽不及唐宋盛时，亦可谓佛日重辉矣。"[《与佛学报馆书》（节录），《印光法师文钞》（上），宗教文化出版社，2000 年，第 17 页]

书立说,法运之盛,唐以来未有也。逮灵峰蕅益师,尤在后起,所托既高,契悟深远,生平勤于著作,其说深入浅出,明白精审,凡一百余种,灿然成一家言;禅、教、律、净、密,无不赅括,教义宜可复唐代之盛矣。①

蕅益智旭虽然后起,但其"所托既高"而不负众望,著作百种囊括佛门百家,终成一家之言。民国学界考察明清以来学术,尤其是佛学的研究,也延续这条路径,讨论起明末"四大师"的学术史意义。比如梁启超在《中国近三百年学术史》用"反动与先驱"来概括晚明的学术特点,认为,"到晚明忽然出了三位大师",改变了明代佛教禅宗一支独大的场面——这三位是熟知的"四高僧"去掉紫柏真可。梁任公的判断当然值得商榷,比如他说上述三人的别集《云栖法汇》《梦游集》和《灵峰宗论》里随处可见反禅宗的言论,而他们提倡的是净土宗,是清代最重要的佛教宗派,一直到清末杨仁山都是推崇净土宗。② 如此解释明季高僧,自然只是梁启超的一家之言,但任公已经观察到清代学术史中佛教的影响因素,而其中的代表人物,正是晚明四高僧群体;尽管他也并没有数全四人,那位被漏掉的紫柏大师可能与禅宗稍亲近而被放弃。

近代以来的学者与学问僧们虽然并未直接参与"四大师"观念的建构,但客观上加强了清中叶彭际清塑造的以蕅益智旭为终结的"四大师"概念,使得其在近代佛教知识界彻底定型;"四大师"为什么为此四大师的讨论,基本偃旗息鼓,即便其中有显而易见的不合理之处。

第四节 余论:智旭入列"四大师"的佛教史意义

但是智旭大师最终入列明末四高僧,依然有其重要的佛教史与学术史意义。从万历末年沈德符开始提出"两大宗主"观念,到清初钱谦益增补为"四大高僧"的过程中,可以看出晚明高僧群体塑造的一个显著的趋势:沈德符尊奉紫柏与云栖,是举出一对弘法方式不同的当代高僧形象,其用意在佛教教法本身,而其中的紫柏大师热衷游走宫门,跻身政治生活,则并非沈氏所称誉。但之后以钱谦益为代表的士大夫,加入憨山德清而为"三大和尚",再加雪浪洪恩为殿军时,大有突出高僧群体世俗成就的意味。憨山德

---

① 太虚:《震旦佛教衰落之原因论》,《太虚大师全书》第31卷,宗教文化出版社、全国图书馆文献缩微复制中心,2005年,第39页。
② 梁启超:《中国近三百年学术史》,中国书店,1985年,第10页。

清经历"乙未之狱",贬谪岭南十余年,其背后的原因已详前章所论,明末士大夫博雅如钱牧斋者当了然于胸。而雪浪洪恩行事虽未涉高层,晚年也陷入与地方官员的抵牾,更兼雪浪行事高蹈,远非山中清修形象。钱谦益增补而成的"四大高僧",有明显改换沈德符"两大宗主"的初衷,而特意突出世俗生活,尤其是政治生活在高僧懿行中的地位。尽管牧斋所增二高僧也有显著的佛学成就——尤其二位高僧对晚明时期复兴的唯识之学,都有相当大的贡献,这是符合晚明至清初佛学学术理路的。

但是到了彭际清的时代,他钦慕智旭最显著的方面,变成了其在净土宗方面的成就,并能帮助自己增益"西归之愿",同时另外三大师似乎也被模糊成精修净土的高僧。这种佛学观念,即便经历后代太虚、印光等高僧解说,似乎也没有转变,定型后的"四高僧"似乎被约等于智旭的风格与气质。

然而,智旭本人的成就,及其在佛教史中的地位,其实远远超过彭际清对其的撷取;太虚在这一点上的认识完全正确,前引《震旦佛教衰落之原因论》中提到智旭"生平勤于著作……凡一百余种,灿然成一家言;禅、教、律、净、密,无不赅括",即是对其佛学造诣最精简的概括。直到台湾圣严法师,取智旭的禅净与唯识作品,以启明末清初佛教修行与学术特点之研究,而成《明末中国佛教之研究》,终于突出智旭佛学的圆融完备,同时佛教史中的智旭更多的是扮演一个古典时代的总结者的身份出现。① 在被总结的那个时代里,不仅有紫柏、憨山等牧斋所举四高僧,还有交光、幽溪、明昱乃至周汝登、钱谦益一辈的居士士大夫。智旭身后的很长一段时间里,不仅鲜有明末清初教界龙象辈出的盛况,而且古典时代也拉下了帷幕,近代佛教的开始,为以智旭为代表的"四高僧"传统画上了句号。

不过智旭的意义,不止在于他是古典明清佛教的终结者与集大成者。如果将视野放到整个十七、十八世纪的东亚世界,我们可以看到一个更为流行的智旭文本世界,存在于中国以外的地方:日本。台大简凯廷教授的研究告诉学界,蕅益智旭的著作在日本江户时期的影响,远胜有清一代,这几乎是学界从未关注过的"四高僧"传统的视角。智旭作品在日本有多达34种刻本,至少103种注释本,远胜大部分中国古代僧人著作在日本的流通。如果说对"四高僧"的关注与讨论,到了清代开始衰落的话,那日本江户时期研读智旭的热潮,显然接续了晚明佛教复兴的正果,并完全进入到佛教文本

---

① 《圣严研究》第十四辑(台湾法鼓文化,2021年)有多篇文章论及圣严法师的蕅益智旭研究价值,如徐圣心《蕅益智旭〈楞严经文句〉论彻底显性》、简凯廷《〈教观纲宗〉在江户略论:从圣严法师〈天台心钥——教观纲宗贯注〉提示的线索谈起》等。

内部的对文本、学说的注疏与传播之中。

甚至,远在日本的"智旭"并没有远离我们太久。徐徐拉开的近代佛教序幕中,从日本回流的中土高僧著述,成为近代佛教复兴的重要源泉。其中,杨仁山居士与南条文雄的贡献世所共知。杨仁山开办金陵刻经处,从日本购回和刻本,重修大法。智旭的著作作为明清高僧的代表,刻经处所选《灵峰宗论》的底本,便是近代回流的和刻本。中国与东亚佛教史中的智旭,对其形象与文本文献的考察,似乎远没有得到应有的重视;而作为"四高僧"中的一员,他的存在无疑使这个高僧群体与整个明清佛教史都增添了更多可探讨的空间与想象的可能。这恐怕是下一步明清佛教研究者的又一个重要话题。①

---

① 蕅益智旭在日本及其对东亚佛教史的影响,亲承简凯廷兄面授要领,并参大作《蕅益智旭在江户》(未刊,收入《佛光大学第二届近世东亚佛教的文献和研究会议论文集》)。

第二章 士大夫信仰中的宗教与国家

第一节 冯梦祯及其"外道"生活

晚明著名的佛教大护法冯梦祯,及其在佛教复兴运动中扮演的角色,前文多处论及,如在恢复寺院、沟通僧俗及落实刻经场地等多重重要因缘之中,冯祭酒都展示出他护持佛法的决心与智慧。如果仅有这一部分佛教史叙述的材料,后人研究冯祭酒时,肯定会把他定位成一位纯粹而完美的佛教居士。不过事实上,冯梦祯的信仰生活却丰富得多。今天的我们能够明了这些,得益于他保留了一部皇皇六十四卷的别集《快雪堂集》以及其中更为重要的《快雪堂日记》,才让五百年后的研究者看到一个去概念化、脸谱化的活生生的士大夫形象,而丰富的经历之中我们不仅看到他作为佛教护法的一面,还有本土信仰实践者的内容。

冯梦祯是万历五年进士科考的会元,廷试后落到了二甲,中式后的第九年再遭贬谪家居,时年四十岁。这之前他在官场最大的作为,只不过是在张居正"夺情"案中,声援过被罢免的清流同僚而已。六年后才重新被启用的他,最终做到了南京国子监祭酒。在自己五十一岁生日前夕,他又遭到弹劾罢免,自此回归故里。从万历十四年罢官以后,冯梦祯开始了自己十八年的日记生涯。他将平日所会之友、所赋诗文、山川水道、三教九流以及自己经历或错过的政治生活,悉数记载在内。尽管日记在最终付梓前,略有损失与裁剪,但是保留下来的十数卷《快雪堂日记》的内容已经足够丰富。[1]《快雪堂集》有冯之弟子黄汝亨、朱之蕃于万历四十四年所刻的版本,许多图书馆古籍部都有收藏,《四库全书存目丛书》影印。另有存世清抄本《快雪堂日

---

[1] 冯梦祯日记收入氏著《快雪堂集》中卷四七至六二,别集另有卷二七《天目游记》与卷二八中《乙巳十月出行记》,因体例与日记相仿,亦可视为日记的补充,前文亦已论及。其研究可以参魏红艳:《论晚明名士冯梦祯快雪堂日记的价值》,《浙江学刊》2014年第5期。

记》一种,仅存五卷,不及原日记一半,收藏于国图,《历代日记丛钞》丛书曾影印。不过这个抄本可能就是从刻本过录的,证据就是万历二十三年三月初十,冯梦祯在径山上听说憨山德清"乙未之狱"时记道:

> 闻严旨逮治僧德清者,即"憨山"也。盖以道宫久毁,因盖佛屋,遂至此,可叹。①

这里,刻本与抄本皆作"憨山"。前编已详论那起因改道宫作佛屋的僧案,显然就是高僧憨山德清(1546—1623)于青岛崂山所遭遇到的。"憨"误作"憨"发生的频率,应该不会太高,则二本之间的关联可以推知。

冯梦祯一生最高官阶,不过从四品的南国子祭酒,所历又无太多抱负与坎坷,但凭借记录了近二十载的日记,他依然可以得到当今明代研究者的广泛关注。学界已有的黄卓越、丁小明等学者的单篇论文及胡玺、魏红艳等的专题硕博士论文,从许多方面讨论了此种晚明日记所蕴含的内容与价值,让读者体会到了这位晚明士大夫多彩丰富的一面。《快雪堂日记》甚至还成为明清江南气候史研究者关注的对象。冯太史原本每天顺手记录下的阴晴雨雪,数百年后被视为气象史重要的数据,倒是颇有些出人意料。证明自己身后的墓志铭被人写错,算是冯梦祯这部日记的另一意外收获。冯梦祯身后的墓志铭,是由晚辈文坛领袖钱谦益(1582—1664)撰写的。牧斋在《南京国子监祭酒冯公墓志铭》中说,冯梦祯"卒于万历乙巳(三十三年,1605)十月廿二日,享年五十有八"。② 正是由于牧斋的影响力,此说几成为定谳。冯氏的日记的确只到1605年农历六月,但同属日记文体的《乙巳十月出行记》,一直记录到当年十月、十一月的行程。所以不仅乙巳年十月廿二日冯梦祯依然在世,我们还能准确地了解他那几日的行程:因为幼子新娶,儿媳一月后需归宁,冯氏本人又有多场外地的丧礼要出席,当年的十月,他坐着船沿运河一路北上,吴兴、苏州、无锡诸郡都有停靠。就在十月廿二日当天,冯梦祯一行夜泊浒墅关。是夜,招待他们的钞关负责人叫刘戡之。此君家世颇可以一提,他是前南工部尚书刘一儒的长子;还有个更显赫的身份:前相张居正的女婿。这位低调的名宦之后,给冯祭酒留下极好的印象,因而约定返程继续相聚。所以钱谦益的墓志铭显然是错了。冯氏的研究者们尝试给出过一些解释,也从冯氏老友丁元荐的文章中找到他的离世日期可能是腊月廿三日。无论如何,根据传世日记所载,纠正关于自己离世日期的通行说法,无疑是值得日记主人庆幸的地方。

---

① 《快雪堂日记校注》,第141页。
② 钱谦益:《南京国子监祭酒冯公墓志铭》,《牧斋初学集》,第1302页。

作为一位文人士大夫、后来的国子监祭酒，公共领域里的冯梦祯，一直是以学者与官员的身份示人。尽管存世日记中成功避开了晚明政坛历次激烈的党派争斗，比如万历十五年的京察（他的日记写作始于二月京察后的四月），二十一年的京察（是年日记始于四月），二十六年"忧危竑议"（片言提及同僚被贬），三十一年"续忧危竑议"（次年初冯梦祯因得知自己崇奉的紫柏大和尚瘐死锦衣卫，才在日记里留了一笔），但他确实也曾以祭酒的身份结纳士子，整理典籍，刊刻旧史，就连不为后世所熟悉的"时文"教学，也被研究者拈出。到了私人领域之中，冯梦祯则能集各种有趣身份于一身，比如戏曲评论家、书画收藏家。这其中最重要的无疑是传统宗教的大护法，除了前论的斋僧礼佛、兴复寺观、刊刻大藏外，冯梦祯向道士们请教长生、房中术的经历，也忠实地保存在日记中。前编中提及紫柏大师坐化锦衣卫引起的法难造成京师短暂的信仰真空，让初来的天主教教团找到了机会。就在李贽、紫柏二大教主相继殒命的时候，以利玛窦为代表的天主教传教士，开始频繁接触京中朝野士大夫，乃至禁宫之内的皇帝本人，且给对方留下非常不错的印象。这以后的数十年间，天主教势力携其带来的科学、技术、思想、信仰，逐渐成为大明朝野不可或缺的一股力量——不过那是快雪堂主人冯梦祯所没有机会看到的。逝世于十七世纪初叶的冯祭酒，只看到了这一幕文化交流大变革来临的最前夜，并在那时遇到了一群尚嫌懵懂的时代人物。

比如在《快雪堂日记》里出现的利玛窦，已经是游走京师权贵圈的红人了。冯氏在听京师南来的掌故时，得知有"厉马豆"传教士在传播福音，表示那不过是"小乘外道"，可惜士大夫中都有上当的人。参万历壬寅年五月初四条：

> 金卓然自燕归……为谈京邸晤厉马豆，学问梗概，自是小乘外道，惜士大夫多有中之者。①

此为冯氏日记中仅有的对利玛窦之记载，言语之间颇为不屑。"小乘外道"之论，有其狭隘之处。而次年，冯梦祯遇到了老友瞿汝稷的弟弟瞿汝夔，同时也是利玛窦中国弟子；尽管据说这对瞿氏兄弟俩关系势同水火，不过冯梦祯似乎挺愿意敷衍一下这位与自己一样爱好风水学的人物。② 风水阴阳宅也是瞿、冯探讨的话题，如癸卯八月初十条：

---

① 《快雪堂日记校注》，第 267 页。
② 比如癸卯"六月二十"条："瞿太素书，知其寓有异人，饭后谒之，出门而顾公子至。所谓异人，北人，不肯道姓名、年齿，无所不知，尤长于玄，其返客可克期取效，吴伯霖、陈仲淳俱与之善。"（《快雪堂日记校注》，第 299 页）

款瞿太素、高静斋,同看阳宅,玄空装卦诀,略露端倪,余尽洞然。①

早在万历癸卯(1603)之前,瞿汝夔便已与利玛窦在肇庆有过接触,但冯记载当日所谈,不过风水堪舆及异术,不知是瞿之回避,还是冯之不屑。利玛窦言瞿氏好炼丹,恐非误记。② 利玛窦说他炼丹挥霍家产,鉴于太素最后被逐出瞿家,这种可能也是存在的。然时在杭州的瞿太素,绝非一普通神仙道士,恐有借神仙之术,于东南传西教的目的亦未可知,惜文献所限,俟将来补正。冯公日记中对利、瞿的描写与评价,依然可以看作冯梦祯对初来天主教团体的反应。

不过,有时候没有反应不代表不曾出现过。日记万历十八年三月三十记有:

> 杨仲坚来,饷父诗集,求序。③

这位二十出头的年轻人"杨仲坚",还是杭州文化圈一位默默无闻的年轻后辈,日记里的"仲坚",仅有几次陪着冯老游湖赏花的记录;甚至,他父亲杨兆坊的诗集,似乎也没得到冯祭酒的赐序。但这位年轻人在年过半百后,领洗名弥格尔(Michael),使得整个文化史都记住了这位天主教奉教柱石的名字,他就是杨廷筠。④

数年后的万历二十三年三月三十五那天,冯梦祯去乌程马要这个地方吊丧,丧主是前辈沈节甫的父亲与夫人。在见过了沈家诸子后,冯氏还去附近的慈恩教寺转了一圈。这天日记里出现的邻家小孩,日后却有着非凡的仕途——这两位丧母的小孩,兄弟二人同一年中举,弟弟还中了解元。中式后二人相继都做了部院尚书,哥哥还入了内阁。哥哥的名字叫沈潅,弟弟叫沈演。时年不到五十的冯梦祯,当然不会预见其中一位乌程沈氏后生沈潅,将在二十多年后为入华的天主教团体带去第一次大教案。在华天主教士被遣散,教堂被拆毁,教会活动一度陷入低潮,杨廷筠等奉教士大夫的不少努力,就此付诸东流。因缘若此,莫能名其妙。晚明天主教入华的历史进程,使古老的大明帝国顺利跟上了世界历史近代化的步伐,不过近世中国跟进的步子,确实走得有些踉跄。作为亲眼见证世界化大幕拉开的冯梦祯,在他

---

① 《快雪堂日记校注》,第302页。又如九月初三条:"待瞿、高二兄于孤山。既至,遂同入北山,视飞来一脉,正中两水,夹出龙穴,真正大物也。"(《快雪堂日记校注》,第303页)
② 《利玛窦中国札记》"瞿太素"条,中华书局,2010年,第245页。可参果行:《瞿汝夔行实发微》,《齐鲁学刊》1994年第1期。
③ 《快雪堂日记校注》,第99页。
④ 杨廷筠研究,可参许苏民:《论晚明基督教哲学家杨廷筠》,《中国文化》2012年第2期。

频繁的游宴诗酒、婚丧嫁娶的日日所录之中，竟也留下些许未来中西交流的蛛丝马迹，证明新旧、中西之间，冥冥之中确拥有普遍联系的可能与方式。这或许是这本近世文人日记对今天的读者而言最奇妙的地方。

如此，我们便可以从这本日记中轻易看出晚明时期信仰之庞杂丰富，一人于释道间可兼而采之，绝非存一排他之选择；士大夫于不同信仰之态度，亦不过内外表里之别。对冯梦祯而言，公共领域之中，其为南京国子监祭酒，讲授经史之学；而奔走开雕方册大藏经，是以护法大檀越的身份示人。此儒释两家体验，可视作冯氏安身立命之体。而具体修行、祈神、养生之时，冯梦祯又会明确求诸民间以道教为主的信仰形式，内外丹道、奇门异术之法，无所不及。观晚明之三教发展，儒学以陆王盛行一时，朱学渐落下风；汉传禅净佛教亦有所复兴，华严、唯识成为僧俗所重之学。然研究者不太关注之道教，于明代亦为振兴之时，所谓晚明之三教合一，其实为三家具旗鼓相当之势。陈寅恪先生就说过，道教"思想上尤易融贯吸收"，遂能变而常新。① 张广保教授指出，明代道教，已由教相转向内学，而历来因被忽视而造成的所谓的"衰落"，仅限于道教的"形迹"，即它的教相；作为整个道教根基的"道"则变得更为完善。② 至于道教神仙内丹之学，已深深扎根于民间，而成为民间宗教社会生活最主要的部分。生活在晚明东南之冯梦祯亦不能不受之影响，其对神仙轶闻及内外丹法是颇有兴趣的。

冯梦祯曾有一封信给自己的同科万国钦，信中记载：

> 前晤杨复所（起元——引者注，下同），渠云："了生死，不过如文文山（天祥）、于肃愍（谦）辈已耳。"吾谓，此舍生取义，取舍若在，便是生死。杨亦肯之。此段事，如饥食渴饮，日用不知；遂为凡民知之，便是圣贤境界。此"知"字，又非"见闻觉知"之"知"。孟子拈出"孩提不虑而知，为良知"，而阳明先生亦以"致良知"开示学者，俱属旁敲，非是正令。一个"知"字，千圣相传，不二法门，明眼人当下便能契入，又不得走维摩默然旧路。足下政眼，乞细阅《六祖坛经》，反复玩味，自当有得。但如橄榄入口，正酸涩时，勿得吐却，亦勿得作不酸涩想。③

---

① 陈寅恪《冯友兰〈中国哲学史〉下册审查报告》："六朝以后之道教，包罗至广，演变至繁。不以儒教之偏重政治社会制度，故思想上尤易融贯吸收。凡新儒家之学说，似无不有道教或与道教有关之佛教为之先导……其真能于思想上自成系统，有所创获者，必须一方面吸收输入外来之学说，一方面不忘本来民族之地位。此二种相反而适相成之态度，乃道教之真精神，新儒家之旧途径，而二千年吾民族与他民族思想接触史之所诏示者也。"亦可适用于明代道教。参陈寅恪：《金明馆丛稿二编》，第284—285页。
② 张广保：《明清内丹思潮与陈撄宁学派的仙学》，《宗教学研究》1997年第4期。
③ 《快雪堂集》卷三八《尺牍·答万和甫》，第541页。

冯氏在"知"字上做足文章,指王阳明及《四书》文字之不足,其实还是沿着当时流行的王学"良知"的途径。陆王之学近禅,冯氏用近禅之儒学解佛,倒是可以看出冯氏对释迦之学理性思维的态度;与其儒学知识的训练颇有相似之处。不独佛教义学解说,冯氏作为当日护法檀越中最卓越者,紫柏视之为"海内金汤",①当是没有异议的。然冯梦祯究竟为科举所取之士,对理学内圣外王之道,虽不至于很有兴趣,仍当了然于胸;其所通之理学,究竟是朱是王,虽未见有明显分野,然钱谦益为冯梦祯所作墓志铭时,却硬要给他加个王学后进的帽子:

> 公庶常假归,师事盱江罗近溪,讲性命之学。居丧蔬素,专精竺坟,参求生死大事。②

其中所云"庶常假归",为钱谦益记载模糊之处。冯梦祯师事罗汝芳,其自述中从未提及。牧斋这条想当然的记载,可能就是万历五年冯梦祯大比京师时,赴京城外广慧寺听罗汝芳讲学事。③ 钱谦益将听一次讲座混淆成拜师,似乎是想为冯梦祯增加理学的背景;但据袁中道的话,罗汝芳那时在广慧寺的讲学,是与僧人谈禅,④也不是在讲他"孔门求仁""赤子之心"的那些学问。冯氏于儒学,则未必有其门户之见,且其一生中大部分时间,皆以儒者士大夫示人,似无出格举动,这与他那位同科挚友屠隆的高蹈性格相异。冯梦祯五十二岁时记屠隆云:

> (屠)长卿名为入道,不如荤,顾特恋诸娈童,所挈群奴有陆瑶、汤科五六辈,而陆瑶特嬖,侍身畔不少离,时时耳畔私语,手过酒肴食之,自言"一夕可度十男女",其可笑如此。⑤

屠隆年长冯五岁,冯梦祯对屠长卿中年时的这类举动,不过取笑而已,倒看出他绝非迂叟;⑥有时甚至连自己的私生活也会忠实地写到日记里,比如五十三岁时有一天:

---

① 《紫柏尊者别集》卷三所收尺牍《与冯开之》,文中有"盖先生担子渐重,海内金汤寥寥"语(《卍新续藏》第73册,第418页中)。
② 《牧斋初学集》,第1300页。
③ 罗当日为云南地方官员代表捧贺入京,为万历帝祝寿,恰逢会试之年各地生员云集京师,应邀在京城外广慧寺讲学,引得张居正也遣子往听,罗汝芳赠之《太上感应篇》。据说此事惹怒张居正,对其大为不满,唆使言官弹劾近溪,此后家居。参吴震:《罗汝芳评传》,南京大学出版社,2005年,第138页。
④ 吴震:《罗汝芳评传》,第130页。
⑤ 《快雪堂日记校注》,第212页。
⑥ 沈德符《万历野获编》卷二五"昙花记"条载,冯梦祯以屠隆剧中主角为其妻宋夫人,所作《昙花记》为其忏悔早年放浪行迹者(第645页)。可见冯梦祯其实是深许屠隆为人的。

早,新姬至卧前恶语相加,怒而殴之。余最善藏,而暴发如此,亦以"女子小人难养",不能戒坚冰于履霜耳。①

这里冯梦祯终为自己"殴妾"的行为找了条《论语》的依据,同时还不忘标榜自己"最善藏",却有些腐儒气。那年冬天,冯梦祯记道:

久别家室,与吴姬甚昵,觅慧剑不得,奈何?②

朱维铮先生曾调侃清初理学家李塨,为了实践老师颜元做人必须表里如一、"不欺暗室"的教导,在自己的日记中忠实地写下"昨夜与老妻敦伦一次"。③ 冯梦祯的"不觅慧剑",与之相去也不远了。这种单纯的"表里如一"且并不闪光的记载,倒可以见得他道学气重的味道,绝非屠隆那种洒脱之士。

第二节 神异与应验

儒士之外,冯梦祯还以另一重身份活跃于东南,即作为民间鬼神宗教实践者与信仰者,参与到当时的民间信仰生活中。江南地区历来有尚鬼神、好淫祠的传统,正史、方志之外,小说笔记之中便比比皆是。在这种习俗之下,与左道灵异甚相契合的道教也拥有了绝佳的土壤。④ 冯梦祯热衷于记载所谓的"应验"之说,更是以正统士大夫的关注,助长了道教灵异在当时流传的真实性,从中可以看出构成明代知识分子理性道德精神之外的人生观。兹列举几种冯氏所见所闻之道教神异表现,可以推知当时民间信仰生态的原貌。

一、长生

人生七十古来稀,逾百岁则为异相,近代虚云自诩高寿两周甲子,即被世人目为得道高僧。晚明时,四十一岁的冯梦祯也听说过一条类似长生传闻:

翁(吴小泉)道说生平多遇异人。知内外丹者林端,号虚泉,四川浮

---

① 《快雪堂日记校注》,第240—241页。
② 《快雪堂日记校注》,第259页。
③ 朱维铮:《匪夷所思》"李塨"条,《走出中世纪(增订本)》,第53页。
④ 如姜良存《三言二拍宗教叙事的文化阐释》(《厦门教育学院学报》2009年第2期)中"江南信鬼神的文化传统"节中即有所涉及。

丘人。其师**万祖，名安国，宋时人，盖化形而降箕者**。林今为蜀府纪善，与小泉公别廿八年矣。万尝语小泉公："汝欲问此事，三十年后林生当向汝说。"又王艮山，京师遵化人，游于陆锦衣之门，与小泉公善，尝同榻，其身矮小，常坐不卧，处床弦，绰有余地。小泉公欲归，王因留之，不可，问曰："何时返？"曰："当在三月。"王曰："如此，吾不得相见矣，何无缘耶！"至二月，锦衣为荐闻世庙，明日将见上，遂易新衣，端坐而化。其日，锦衣使者**一见之居庸，一见之承天府**，俱托致声锦衣。王真身今尚在京师陆氏庄居，庄居后归朱氏，龛入邻寺。又张世杰，真定人，项下生瘿，甚大压胸，遇一人授以彼家术，瘿渐消；又授以**外丹**。小泉公因买**朱砂遇之**，张问之，吴姓，大喜曰："吾得异术，师教遇'口'姓人当同事，今其时矣。"遂从小泉公归而试之，俱有验。张面黑，每坐久则红，饮食至多，或不食。小泉公尝见其所授之师，行如飞，急行不能及。①

日记所载可谓光怪陆离，除了医术（消瘿）及丹法之外，就有道教中最吸引人的长生不死之术。冯氏提到的"降箕化形"的"万安国"竟为宋时人，还与小泉先生有过交流，则"万祖"起码也得有二百余岁；"王艮山"则坐化后仍屡屡现身，也是长生之表现。冯梦祯对此种道教长生传说，都是持肯定态度。鉴于冯氏自己就热衷内外丹之术（下文亦会涉及），亦有长生的追求，则此处认可这种形式的应验，也是可以理解的。其中提到的"王艮山"，与下论冯氏之师聂道士相类似，皆不肯赴世宗之召作国家宫观道士，虽未必为实情，但可视作道士互相标榜的资本。王道士坐化后又现身承天府，也有可论。承天府即湖北安陆，乃嘉靖皇帝为藩王时所在。世宗升安陆州置承天府，也是出于表彰龙兴之地的考虑。这位"神仙"现身承天府，与佞道的世宗呼应，也为传说增加了一分可信度。至于那位"项下生瘿"而被治愈的张某人，身手已显得不算灵异。

二、预言

能预言福祸，尤其是应验在名人的身上，同样是神异传说的主题。冯梦祯四十九岁时，就听一位道士说过自己相人知祸的掌故：

> 迎姚相士号少泉至。其人相刘石囿为狼形，不宜入城，入城当有初云，急宜避去。非久，石囿构祸，自此有名。②

---

① 《快雪堂日记校注》，第31—32页。
② 《快雪堂日记校注》，第165页。

"刘石圃"为嗣诚意伯刘世延,诚意伯刘伯温之后,《明史》附"刘基传"下。这位诚意伯行事颇为乖张,多有争议,更兼其子孙荩臣、孔昭,皆不近清流。比如南明时嗣诚意伯刘孔昭附庸马阮,后人撰述便对诚意伯一脉多有指摘。① 刘世延于嘉、万年间不止一次"构祸",嘉靖四十五年四月时就丢过爵位,②万历九年十月又被削籍。③ 神宗三十三年因欲勤王被逮,而瘐死南刑部狱中,理由是"妄言星变",倒可见得刘诚意深染道教中的星象之学。

冯梦祯日记载刘石圃事在万历二十四年丙申(1596)。刘世延构祸具体情形不可知,估计是神宗九年时那次"诋皇祖"被削籍。日记中,相士所说的刘世延"狼形""不宜入城",确有不可思议者,冯氏即颇认可这位姚少泉之说。查冯梦祯与此诚意伯刘世延似有交往,《快雪堂集》卷三三有信《与刘诚意》一通,即为此人,信中之语颇可玩味:

> 君侯种青门下之瓜可尔?何乃复捍世网?凛秋戒寒,勉旃,眠食自爱。④

此信写作时间当在万历六年冯梦祯被贬之后,⑤引文中"青门种瓜"为劝世延隐居不出,"勉旃"为劝勉之辞。冯以时事"凛秋戒寒"奉劝刘诚意莫与世违,好自为之,不过显然刘世延完全没有听从。

当然,纵观这位刘诚意的秉性"素逞狂悖",或早已为世人熟知。姚相士所说其将有祸事,非必有未卜先知的本领,仅依此致推论也不是不可能;更何况刘世延本人就好神仙之术,也怨不得道人相士喜欢以之为话题。刘诚意好道,可参万历末李邦华弹劾刘世延子、嗣诚意伯荩臣时,论及世延下狱事:

> 万历三十三年,世延忽称星变,招兵集饷,遣牌赴阙,图谋不执。为世延运筹决策,以妄希张良、李靖之成功者,刘世学也。及被南京御史萧如松、朱吾弼、孙居相、李云鹄等交章论劾,奉旨下法司,严拿监鞫,世

---

① 诚意伯出于浙江青田,《青田县志》倒是维护刘氏勋旧的,传文谓之"有骨鲠风""著有劳绩"(《(光绪)青田县志》卷一〇,清光绪六年修民国二十四年重印本),而郑明选、王樵等清流,则直斥其"素逞狂悖"(如王樵:《勘覆诚意伯刘世延事情疏》,见《方麓集》卷一,文渊阁四库全书本)。
② 谈迁《国榷》卷六四:"南京掌右军都督府事诚意伯刘世延,自陈引疾疏涉怨讪,闲住。"(张宗祥校点,中华书局,1988年,第4026页)
③ 前揭《国榷》卷七一:"辛亥,诚意伯刘世延削籍。初南京兵科给事中□□劾其玩法及诋皇祖明旨。事下法司,论死。上念其祖佐命功,废为编氓,许子世袭。"(第4297页)
④ 《快雪堂集》卷三三,第474页。
⑤ 因《快雪堂集》书信编纂并无特别体例,但时有相近时间排列不远的现象,同卷中有过通州潞河南下事,遂系于此。

延遂死狱中,廷讯未竟。世学因而漏网,自揣其生平播虐闾里,不敢复归青田,乃侨寓常州,假托天文禅教,惑视荧听,久见破绽,潜逃都下。①

以星象变换蛊惑人心以求造反者,于中古晋唐时颇为常见。刘世延之参军刘世学,似为诚意伯族人,意欲效法古人作乱。参军假托之"天文禅教",恐为当日所流行之占星巫术,则刘世延于南京图谋不轨,亦为深谙此道者。综合冯梦祯所记相士有观刘世延之传闻,勋旧诚意伯亦曾浸染晚明道家神仙星象之习。

三、显灵

如果说刘诚意之类的传闻仅为掌故、"所传闻事"的话,冯梦祯记载的杭州妖祟显灵之事,则与其生活多有相关了。冯氏还将妖祟与国事蹉跎相联系,流露一丝国民之忧,可见《快雪堂集》卷四三《与许敬庵先生》一通载:

> 当今国是混淆,贤奸杂进,主上深居。强倭未驯服,天变人妖之奏,日月相嗣。近日杭民传有妖祟,起自富阳,以七夕前入城,男女中之者,如巨石压身,昏迷历辰不醒,现畜现人,种类非一。民间以金鼓逐之,欢呼彻旦,此岂佳兆?恐一丘一壑未得安枕。②

城中闹鬼之传闻,于旧日民间颇为习见,不必细究。冯氏视此事并非寻常作祟事,而是由于国家不兴,"一丘一壑未得安枕"所致,大有物不平则鸣之意;信后亦述及自己迁谪事,则信中此"妖祟"显现,亦恐有冯氏心中之"祟"在内。

不过要论显灵事迹,冯梦祯记亲近之人所言神怪之说,则更以之为然,如五十二岁时记老友陈泰来早逝后显灵事:

> 心吾年伯出迎,语次示伯符年兄仙迹:初,壬午岁,伯符为国子博士时,梦**八星堕地**,化为七丈夫,问其一星何不化,曰:"子是已。**子前身为蓝采和,壬年来相迎耳。**"壬辰冬,伯符被谪归,又梦**天乐来相迎**,明年物故。先四十余日,见星殒于当湖之西南,疑谁当应之。先一日,又有堕火覆屋之详。后岁余,有鄞人**以乩请八仙**者,年伯招之家,是日中秋,默祷云云。**蓝仙果后至**,诸仙各赋《中秋月》诗,蓝仙赋诗六章,颇有家人父子情语,惜别珍重。如此才华,故宜从仙趣中来。③

---

① 李邦华:《李忠肃先生集》卷一《西台疏草》,清乾隆七年徐大坤刻本。
② 《快雪堂集》卷四三,第615页。
③ 《快雪堂日记校注》,第212—213页。

陈泰来字伯符,平湖人,冯梦祯同科进士。其生平据《本朝分省人物考》"陈泰来"条载:

> (陈)上书数千言,反复责以优容,政府不怿,转国博。五年不调,且疑为言官党,置不辩,遂引疾归。诗酒自娱,足不及公府。……过家逾年,疾作遂卒。卒时口喃喃忧国事,绝不及私人,咸惜之。①

陈泰来性格亦有放浪无拘之处,自不擅官场。冯梦祯记陈泰来梦境,前身为蓝采和,殁后扶乩现行,这与明代许多转世之说相似,冯梦祯深以为是。晚明小说中盛行化身转世事迹,如"李谪仙"故事(《警世通言·李谪仙醉草吓蛮书》最后仙童云"上帝奉迎星主还位"的桥段),或直如吴越王托生宋高宗(《西湖二集·吴越王再世索江山》),则当日"三言""西湖"之类小说所演星官下凡转世之说,未必如今日所认为的仅为一文学修辞,而是确有其信仰基础。

当日江南地区恐深染此习,就连冯梦祯殁后,也有一段显灵的记载。冯梦祯婿兄沈德符于《万历野获编》"太山主者"载,冯氏殁后为泰山之主,主管阴司:

> (费尧年)一旦病殁入冥。至泰岱谒主者,入门庑即褫衣冠,跪伏庭下,仰窥殿上,有王者南面,侍卫甚严。座后列姬侍以千计,貌似故祭酒冯开之,然不敢旁问。忽被呼,引见上阶,果冯也,云:"别久甚念,君虽已合来此,然此事我为政,尚能为君宽数年,亦故人情谊当尔。"②

费尧年(1537—1607)字熙之,铅山清湖人,嘉靖四十一年进士,曾官至南太卜寺卿,为官颇有清望。冯梦祯作为阴司长官,判人生死,居然也为老友网开一面,颇有《西游》里阎王加太宗阳寿,或《红楼》中都判放秦钟见宝玉一面的意思。费尧年果然当即苏醒,并对老友感戴不已。沈德符将冯年伯能有此灵异,归结为其究心内典、"以莲邦自许"的缘故。其中除了佛家地狱果报的元素外,道家身后显灵的痕迹也很重。

四、佑护

为祈福而礼拜诸神,若再与疾病联系起来,便会很容易衍生巫医之术。道教神祇的应验效果,会因病患家人的参与,而被进一步渲染,成为民间祛病的常客。冯梦祯五十三岁时曾记其孙因患痘症而迎送神灵之景,可见当

---

① 过庭训:《本朝分省人物考》卷四五,明天启刻本。
② 《万历野获编》卷二八,第721页。

日巫医结合之状况:

> 奎孙忽病惊惛,妇女忧惶,夜祈神佑,巫歌聒耳。①

年底"奎孙"冯文昌终于痊愈,冯家又要忙着酬神谢医了:

> 喜奎孙出痘将愈。今日为十二朝,酬神谢医,设席作戏。②

出痘于明清之际为小儿一桩大事,冯梦祯视之甚重。"医赛神"恐为当日主医药之神祇;冯氏嫌聒噪的"巫歌",是为了与神祇相配合。出痘时需迎神,痊愈后亦需演戏酬神,亦为其中旧俗。更有趣者,为小儿祈求保佑时,冯家不仅求诸道家神仙,更惊动过"西番法王"。

奎孙染痘那年的春天,冯梦祯便记载他礼遇番僧的经过,可见晚明地方信仰精神,从来是实用为主:

> 迎准提大士供新池斋,移梵僧客处。梵僧年长者始四十余,梵学精博,书梵咒为小儿护身甚验。③

此位出现于杭州之西番僧,为冯梦祯禅僧道友所推荐。世人以法王密咒之护身效果胜于汉家僧道,乃今日中国信仰界常有之偏见,不意万历朝早已存之。查西番藏僧于元明之际影响中原,虽经过嘉靖朝沙汰之厄,丝毫没有动摇其根基,京师、五台山等地仍颇有规模。行脚东南之番僧记载,有崇祯时丽江土司木增所遣高僧法润,其东来刊刻《华严忏仪》,毛晋述之"状貌缀饰,迥别吴装,目睹而异焉",④万历时情况与三十余年后相当。早些年,冯梦祯就见过能通"梵书"的僧人。⑤ 五十三岁那年的正月,冯梦祯见到了真正的番僧:

> (冯)出所藏梵书《宝王论》,渠(梵僧)读之如流水,云唐言《金世明经》,阿弥陀所说,译之有三部,《法华》部帙。⑥

---

① 《快雪堂日记校注》,第 246 页。冯氏长房长孙抽搐,夜中祈神,冯氏以为为吵,颇有调侃之意。而庚子年底十二月十四条:"奎孙出痘,迎医赛神,惶惶竟日。"(《快雪堂日记校注》,第 260 页)
② 《快雪堂日记校注》,第 260 页。
③ 《快雪堂日记校注》,第 235 页。
④ 毛晋:《送法润禅师载华严海印仪还南诏诗序》,收入《野外诗》,民国五年常熟丁氏刻虞山丛刻本。
⑤ 《快雪堂日记校注》乙未二月十四:"曹林禅人自吴中见访,偕信庵关主,通梵书,余出皮经贝叶相示。"(第 136—137 页)曹林禅人为紫柏后辈,与冯氏交好;"信庵关主"即便未必为梵僧,但其能通梵藏经典,定受业于中原梵僧。
⑥ 《快雪堂日记校注》,第 234 页。

冯氏所藏"梵书"与梵僧所谓之"金世明经",遍查典籍不存。似当为"金光明经",管·法成由唐时义净所译《金光明最胜王经》转译成藏文者。①晚明佛教中兴之时,实有借重梵藏西域诸文字本及宋元古本佛教经典,重构僧俗佛教知识体系者此虽非本节重点,但能见冯梦祯于显密之教皆有关心。冯氏所见番僧做佛事演法情景为:

> 画准提大士、文殊大士成,梵僧加持,治斋事。请佛,佛降,三人持盘,盘转动如扶乩之状,直入郁金堂而止。②

此种如"扶乩"之盘,究竟为何种法器,殊难揣度。准提、文殊,皆为密教所尊之大菩萨;冯氏亦载其施番僧阿弥陀与救度佛母像事。③ 番僧密教仪式之神圣性,于明代时已胜汉地僧伽,冯梦祯遂于此落笔甚多。

又,杭州自有番僧所重之宗教场所,为儒生知识分子所忽视。几天后,冯梦祯陪番僧来到灵隐:

> 送梵僧二归徐庵,先于飞来峰指示诸梵相尊像,僧所尊者,为救度佛母,此中具二十一尊,首微邪。震旦惟飞来有此相,杨琏真遗迹也。胜仰松同新住持具饭,相邀于方丈。饭毕,拜徐庵梵僧:一禅教,一大宝法王。教禅教者,通习教典,根器明利。即前放施食者。④

杨琏,即杨琏真珈,吐蕃高僧八思巴帝师的弟子。史载其善盗墓,曾发南宋诸帝后陵寝,截理宗颅骨为饮器。"二十一尊救度佛母",即为藏传佛教中救世女神"圣救度佛母",共二十一尊,传说是灵感观世音菩萨的化身。研究者指出,冯氏日记含糊,飞来峰度母像今日犹存灵隐,并非二十一尊,而是仅一尊"如来顶髻母",为"二十一尊救度佛母"之一罢了。⑤ 此为杨琏真珈所塑之元代遗迹,中原唯杭州存之。

"大宝法王",本始于永乐帝仿效元世祖封八思巴之例,封噶玛噶举派黑帽系五世活佛得银协巴为"如来大宝法王",此号遂为噶玛噶举派黑帽系历

---

① 管·法成译经事,参王尧:《藏族翻译家管·法成对民族文化的交流》,收入《王尧藏学文集》卷五,中国藏学出版社,2012年,第8页。
② 《快雪堂日记校注》,第238页。
③ 《快雪堂集》卷二九有《西僧元怛咤释携峟檀佛像三躯归国为之赞》即述此时,并参日记"六月二十九"条:"内人舍雕刻《阿弥陀佛像》一躯,西僧欲归本国者,余又雕刻《救度佛母像》一躯,俱以是日开光明、装灵圣。"(《快雪堂日记校注》,第243页)
④ 《快雪堂日记校注》,第235页。
⑤ 洪惠镇:《杭州飞来峰"梵式"造像初探》,《文物》1986年第1期;洪惠镇:《杭州飞来峰杨琏真伽龛及其他》,《文物》1989年第2期。

辈转世活佛所承袭,终明之世,均自称大宝法王。① 但冯梦祯所遇,非明政府所认可之大法王,至多是位噶玛派活佛助手,抑或为一普通游方僧罢了。多年后,其中一位番僧又碰巧被沈德符遇到,留下一条有趣的记载:

> 余往年庚子(1600),在武林应试。时正秋七月,遇一西僧于冯开之年伯家。其人约年四十,日夜趺坐不卧,食能斗许,亦可不食,连旬不饥,便液亦较常人仅十之一,每十日去若羊矢者三五而已。能持彼国经咒,以炭炽铁釜洞赤,擎掌上,拈指其中,取百沸汤沃人肌肤如冷雪。亦能以咒禁疟痢等疾。盖其地去中国数万里,涂中奇鬼毒蛇怪兽相挠,非藉咒力禁持,必不能达。此特小技耳。别后十许年,予在都下游西山宏化寺,遇西僧数辈,持螺唱梵,胡拜于佛前。内有一人屡睨予,良久曰:"公得非沈姓乎?"余怪,问之,则庚子武陵所遇也,面目尽改,全非殊域气貌,且为华言,不为梵语。余询其行业精进何如,则大悲哭曰:"自别公入京,已茹荤酒,出入声利场中,即经咒已无寸验,何论白业。"又问其溲寝如旧否,则云:"日苦大小便频数,夜卧齁声达旦,留尘世亦不久矣。"相与歔欷,各叹老大无成,侵寻鬼录,洒泣而散。此后不复再见。②

沈德符《野获编》在此条中揶揄之西僧,正是冯梦祯所礼之法王一行。但以他对明代番、汉二教典章规制的稔熟,却只字不提"西僧"活佛身份,恐怕真的是冯祭酒老来不查,为二游方番僧所诳。然沈德符与冯梦祯共同所记二僧曾经之异术,如不食不饥、"咒禁疟痢"等,则为普通民间视角所重,而尊之若神者。

第三节 内外丹道

内、外丹之学,作为道教修炼中最重要的理论与实践,为信仰者推崇备至。明代内外丹学,承蒙元全真道复兴以来之传统,已有全盛之势,天文奇遁、内外丹诸秘书,广为流传,成为晚明士大夫阶层之公共知识;冯梦祯与其身边东南知识精英,也都曾预其流。比如晚明道教实践者们,热衷于解读与整理前人内外丹学文献,冯梦祯便记载了四十二岁时与道友虞淳熙的经验交流,甚为详细:

---

① 可参陈庆英:《论明朝对藏传佛教的管理》,《中国藏学》2000 年第 3 期。
② 《万历野获编》卷二七"西僧",第 694 页。

(虞)长孺论议,颇不服达观师,且不服觉范《法华论》。长孺新注《阴符》,云其感颇异。径山得木叶,背面俱书《离》卦,先得梦云,孟冬凄凄日,天降赤芒书,遂发意著述。又云删张紫阳《玉清金笥》,实录人所增益者。许以二书见示。①

虞淳熙字长孺,浙江钱塘人,曾任礼部员外郎。前文已屡及其于佛教之见解,为晚明居士辈中之极精诣者,平生最服膺云栖袾宏,并对憨山亦有好感。然此处需解释冯梦祯所谓虞氏不服紫柏之事。惠洪觉范文字禅之学,于晚明重新被发掘,其首功与推崇者即为紫柏。对此台湾廖肇亨氏已有研究,所论的是。② 觉范之学高下,非本章主旨,然虞长孺所不喜者,则与此不无关系。于佛教居士之外,虞淳熙新注《阴符经》,则为其道教生活之好尚。虞氏名下有《黄帝阴符经演》一卷见诸《千顷堂书目》。③ 其注《阴符》,据冯梦祯言来自梦中启示,及径山木叶之"离卦"之象,显然是受到道教义理、天人感应之说的影响。传世《阴符经》仅数百字,在流传过程中曾长期被视为用兵、治国之书;但中古时期道教复兴后,《阴符经》作为内丹学重要的理论典籍之一,重新受到极大关注,仅《千顷堂书目》所列明代注释者就有十数种之多,有名者如李先芳、张位、焦竑及雪浪洪恩弟子石头如愚和尚等,都曾对《阴符经》做过注解流传。观张位、焦竑辈,皆为朝中重要的奉佛士大夫,如愚和尚更是僧人身份,则释氏禅悦,毫不妨碍对道家丹学的研究。

冯氏还提到虞淳熙整理"张紫阳"著作事。北宋道士张伯端(约983—1082)号紫阳,被视为道教南宗紫阳派的鼻祖,"南五祖"之一;《玉清金笥青华秘文金宝内炼丹诀》为其代表作《悟真篇》之外篇,乃晚年内丹学思想转变之作。因由弟子所辑,遂存真伪之说,④虞淳熙显然也有相似观点。张伯端《悟真篇》所论,以《阴符经》《道德经》为两大理论依据,近乎禅道双融之道;⑤书中以九十九首诗词形式演绎其内丹学理论,《玉清金笥》则为解释那些丹诗的作品。张伯端《悟真篇》与其释道双参的思想,对明代道教修行影响甚大,尤其对后世道人对《阴符》《道德》两经的看重,是有其指导意义的。冯梦祯晚年游齐云山,遇到当日一高道即有相似之学:

---

① 《快雪堂日记校注》,第86页。
② 参见廖肇亨:《明末清初禅林论诗》,收入《中边·诗禅·梦戏:明末清初佛教文化论述的呈现与开展》,台湾允晨文化出版社,2008年。
③ 收入《合刻周秦经书十种》《合诸名家批点诸子全书》等书,然未得经眼,附记于此。
④ 章伟文:《张伯端内丹学思想探微》,《中国哲学史》2009年第1期。
⑤ 见前揭章伟文:《张伯端内丹学思想探微》;另参侯庆双:《张伯端内丹思想研究》,云南师范大学2009年硕士论文,第13—14页。

方外申君无来谒,即(潘)景升所云"申师父",能通《阴符》《道德》者……申君所居曰"翠微天"。宫外寻支径而上,数十武得其处。①

冯梦祯齐云山游之记载尚有多条,能见其与道士交游之亲密;其中这位"申师父",便是"通《阴符》《道德》者"。则张伯端与《悟真篇》所提出的修持学理,为晚明内丹学者普遍接受,而不独虞淳熙能遵循紫阳真人之法。

冯梦祯本人对内外丹学也极有兴趣,还曾拜师习丹。冯氏师事高僧紫柏真可,为人熟知;其曾与屠隆同奉通玄观道士聂道亨为师,则不太为人所知。四十岁时,冯梦祯与屠隆小住吴山通玄观一月,②礼通玄观中聂道亨为师,多讨论内丹养生之法:

　　赴通玄道士约,陪聂先生、屠长卿。遇公亮,云间彭、郁二君,受聂先生一气丹。③

"一气丹"之名,似接近某种内丹之法。到了第二天:

　　移榻通玄观,请聂先生、长卿、彭、郁二兄受《太乙炼形诀》。④

"太乙炼形诀"似为内丹口诀之类,则此位聂神仙当为一内丹高道。聂道亨事迹,见于当日多位文人笔下,或与其从当日名士游有关。如奉佛士大夫欧大任为聂氏所作《清江聂氏族谱序》中说:

　　聂氏诸孙,道亨端洁好修。起家儒士,待次公车,比将得官,竟不愿仕,惟以养生家言,游公卿间,多所引重,而与余游,盖已十年。⑤

欧氏所说的"竟不愿仕",可参屠隆七古《广轮篇赠聂道亨先生》中:

　　聂先生,真异人,世庙曾为侍从臣。昨日拜官紫微省,明朝无挪同灰尘。⑥

参二人所记,这位道人本为儒生,又为嘉靖皇帝道官,后以"养生家言"游走公卿。其中尤以屠隆与之亲近,长卿作《灌木园记》中载:

　　今方内言修真者百千,独吾师聂道亨先生,七龄访道,家散万金,以凤植灵根,得遇圣师,传玉液、金液大道。今齿不卑矣,而玄发丹容,望

---

① 《快雪堂日记校注》,第327页。
② 杭州城之吴山上广有道观,冯梦祯曾为吴山紫阳庵作过记。见清人修《紫阳庵集》,收入《藏外道书》第20册。
③ 《快雪堂日记校注》,第17页。
④ 《快雪堂日记校注》,第18页。
⑤ 欧大任:《欧虞部集十五种·文集》卷七,清刻本。
⑥ 屠隆:《栖真馆集》卷二《七言古诗》,明万历十八年刻本。

而知其为天际真人。岁丁亥(1587)九月,与隆遇于海上,一见握手挈为同调,某亦北面委心焉。遂相与疏奏上清,歃血立誓,授以道诀,兼惠服食大药。某受而行之,立竿见影,万劫至幸矣。师世庙时为秘书,即弃官学道。①

屠隆颇以结识此高道为荣,友朋间如陆光祖、田艺蘅等多有传颂,②冯梦祯便是长卿所发展之信众。这位聂神仙最擅长的,便是屠隆提到的"玉液、金液"之道及"道诀"等内丹之法,兼以"大药"之类的外丹法,冯梦祯当亦颇许之。除聂道士周边师友外,冯氏友朋中亲身实践丹药者,也大有人在:

> 胡顺所先生颇欲以玄门秘诀相授,当约日,斋而请。云得奉化之仇村水中矿石及山中煤,可死汞,亦一奇也。③

四十一岁的冯梦祯,对胡氏欲传"玄门秘诀"就颇为倾心。今疑此诀当为某种内丹口诀。至于所言浙东有矿可以"死汞",当为某种外丹之法,以炼丹药为主。冯氏对炼外丹的关注不止这些,同年初冬又有位道友前来:

> (严)以训通晓方术,近传《服食大丹诀》于王野极先生。④

这位严以训似乎也是位传道的高人,所传"服食大丹诀",依名称似为外丹之法。一年后,更有一位慕名而来的道人:

> 王初阳以屠长卿书来。王,余姚人,新建之族,自言深于玄学,知奇才,以三方及红铅二颗见惠。⑤

"王初阳",其名号一望即知为道人。"新建之族"则更为可论,新建伯王阳明本身即笃志二氏,关于他前世为高僧的传说世所共知。窃以为,此种高僧转世传说的形成,与神仙之道亦密不可分。可知王守仁对此种信仰颇为许可,其族人发扬此道也甚为合理。不过笔者总觉得王氏为天下大姓,此位"王余姚"未必真为新建伯族人,只不过借此一说抬高身价罢了。道人自称"深于玄学",还送了丹方及红铅丸;冯以此为屠隆所介绍,亦未起疑。其

---

① 屠隆:《栖真馆集》卷二〇《记》,明万历十八年刻本。
② 参见屠隆《栖真馆集》卷一四《与陆司寇》:"秋九月中,尝抵武林遇证道至人,与开之同北面师之,受金丹玉液大道。"屠隆《栖真馆集》卷一四《与田子艺》:"去年与方外道士栖迟通玄观一月,开之无一日不追随。"引自胡玺《冯梦祯研究》(浙江大学2011年硕士学位论文)附冯梦祯年谱。
③ 《快雪堂日记校注》,第41页。
④ 《快雪堂日记校注》,第56页。
⑤ 《快雪堂日记校注》,第83页。

于内外丹法的兴趣,及与道门人物交往,有出于养生之考虑,自不必赘言:

> 方士郑老同饭,客去,复为余细谈养生之事,授余《三一经》。①

郑方士与当时已经四十八岁的冯梦祯,"细谈"养生后赠了一本"三一经"。但据经名可知,当日细谈结果当不止这些信息。《三一经》为假托张天师所传《黄书》中的一部,全名《赤界三一经》,内容却是讲房中术的。② 则冯梦祯所关注的,就未必是简单的养生之谈了。

道家内外丹法,虽于宗教义理多有根据,若形而下到养生层面,总不免遇到荒谬之伪科学瓶颈,如服食丹药而丧命,国史中上自帝王达官,下至平民,已屡见不鲜。其能有如此影响,皆因迷信丹药有养生、益寿之功效。其实不独丹药铅丸,各种挂有养生之名者,多经不起推敲。冯梦祯老来就记载过一条让人啼笑皆非的"养生之谈":

> 施翁自兰溪来。翁为陆敬承(可教)妾父,传余六月六日浇头一法,**乃陶真人传严介翁阁老**者。法用新汲井水,正午时对太阳,以水浇头,一岁一碗,先浇一碗觉寒沁头面,四五碗便觉清爽,去头目诸疾,至老目明耳聪。陈阶所亦用之,真奇方也。③

到了六月初六那天,冯梦祯真的去试验了:

> 日中用水浇头,一岁一碗,乃北京施老所传,去头风、耳目诸疾。④

六月初六正对太阳,以水浇头,一岁一碗,虽为可笑,但尽窥当日养生法之全豹。传授者为冯梦祯老友的丈人,为证明此法奏效,竟把凉水浇头的方法上溯到"三公道士"陶仲文身上,而严嵩亦为之亲验。以今日眼光观之,冯氏竟能亲试其法,实在不敢恭维。一望而知,此行为皆因道教养生而来。当日民间于道教精神所求甚多,虽时有荒诞不经之举,但就连士大夫亦不能免。

第四节 小结:并存的信仰轨迹

明代信仰生活中的道教与民间宗教的影响,远非许多研究者所说的陷

---

① 《快雪堂日记校注》,第135页。
② 《黄书》研究可参王卡:《〈黄书〉考源》,《世界宗教研究》1997年第2期。
③ 《快雪堂日记校注》,第239页。
④ 《快雪堂日记校注》,第241页。

入某种沉默与停滞之中,①而是呈现一种前所未有之活跃状态。因国家祭祀活动需要,道教得到明政府制度上的保证,得以在明朝长足发展,从宫廷禁苑渗透到下层民间之中。② 其中士大夫对道教内外丹学,及其周边各种神异、占卜、养生之术的好尚,也是源自这股道教兴盛风潮。生活于此种时代之士大夫,不能不为此满目鬼神、丹药文化所熏,其个人宗教观亦必受之影响。研治士大夫之个人宗教观,为研究界近日涌现的新视角,如关注冒辟疆的宗教生活时,便有其区别于遗民、诗人身份的生活方式。③ 陈寅恪先生论钱谦益为亡儿寿耇作墓志铭时,将亡儿生前之语,作为崇祯改元的征兆,而"不免迷信之诮";又并举牧斋所作石刻楞严、关帝灵感之类的文字,指出"是时江南士大夫名流迷信之风气",可以凭借"钱氏一家见神见鬼之空气,亦可推见也",④亦可视之为江南文人之通识。

观晚明士大夫中,最为著名之本土信仰群体,为文坛领袖王世贞,及其周围文人集团一同信仰昙阳子女仙事。王弇州周围之奉道成员,多为晚明文学界思想界卓越的人物,除去王世贞及其姻亲老友王锡爵族中亲属人外,东南名士如沈懋学、屠隆、管志道、瞿汝稷,包括本章的主人公冯梦祯,皆为此一松散道教团体的成员。⑤ 则晚明士大夫于道教信仰与学说,自有其兴趣与支持;而冯梦祯自述中对道教情有独钟,亦并非特立之行。

晚明士大夫身处三教并西方宗教之冲击,其个人思想学说兴趣往往复杂多元;然民间所存之道教影响,对当日东南士大夫仍有很大的吸引力,除去其内丹之学术发展外,植根于民间之神异、养生诸说,皆为士大夫所看重。清末经学大儒俞樾,尚且多次表达过对天师降魔能力的钦佩,⑥三百年前冯梦祯辈,当有更多神仙信仰体验;然因道教民间化信仰之中,多有荒诞不经之说,亦不为正统士大夫文集所重视,遂为人淹没不彰也久,使得此种最为兴盛之民间宗教信仰,反于五百年后难窥其全豹。幸赖冯氏《快雪堂集》及其日记所载,方能探知当日实录,还原当日道教内学外法之一隅,亦可推见

---

① 如任继愈与卿希泰先生所主编的两部《中国道教史》中所论,引自张广保:《明代的国家宫观与国家祭典》,《全真道研究》第二辑。
② 前引张广保《明代的国家宫观与国家祭典》一文。
③ 李孝悌:《儒生冒襄的宗教生活》,收入《恋恋红尘:中国的城市、欲望和生活》,上海人民出版社,2007年。文承林君秋云提示,谨致谢忱。
④ 参陈寅恪:《柳如是别传》,第565页。
⑤ 昙阳子崇拜与王世贞文人集团关系的研究,可参王岗《明代江南士绅精英与茅山全真道的兴起》(《全真道研究》第二辑)一文。
⑥ 俞樾言天师断案事,参高万桑:《清代江南地区的城隍庙、张天师及道教官僚体系》,曹新宇、古胜红译,《清史研究》2010年第1期。

冯梦祯本人生活中,儒释道三家通融兼采之貌。

同时,学界也一直尝试定义明清以来儒释道及民间宗教样貌下的信仰形态,尤其在其信仰方式、内容层面而非学理的层面;是否还存在某一种单一的民间"佛教"、民间"道教"的教派,民间的神职人员(巫师神婆)诵经作法宣卷的时候,是否刻意区分自己或佛或道的身份,还是刻意在混淆这之间的不同,都成为学术界讨论民间、地方宗教信仰话题时绕不开的内容。李天纲教授在《金泽:江南民间祭祀探源》一书中对江南包括地方佛教样式在内的民间宗教的来源和去向的解释,则可以作为本编多元信仰话题讨论的引导。以江南为代表的明清地方信仰的源泉来自"周孔之教"时代以来的儒教祭祀,各种后代被引入的信仰方式都在此基础上从形式上进行某种融合与改变,包括冯梦祯、钱谦益所经历的明清以来基层"三教合一"信仰生活,都被儒教祭祀的方式所汇通与统摄。这都是在"教"的层面、信仰的层面,学术研讨层面如佛教唯识学、道教内外丹甚至儒家三礼等话题,并不在此"民间"信仰生活之列。

第三章　边疆与江南：《华严忏仪》的刊刻因缘

前章已论及明季苏州高僧苍雪读彻，为当日重要的华严宗、唯识学的高僧，生平交游广泛，名重东南。其交游之中，带有强烈的清流倾向，为受万历间党争影响颇深者。同时，其交往宾朋之中，仍不乏法界胜流；禅林法友如密云、木陈之外，还有一位天末滇南的佛教护法，则不仅为苍雪友朋中之罕例，亦为晚明佛教交流上别样光彩的一笔。其人即为丽江土司木增，以与苍雪同为滇南之籍，又为藏传佛教护法的身份与之有交，二人除了诗文唱和往还，还由一重佛经刊刻的因缘相交，虽然远隔万里而终得玉成。其事据《贤首宗乘·苍雪读彻传》载云：

> 华严大经，常虑无修无修证大忏，师疏钞于华山，时有滇南僧普润，来自沐（似当作"木"；作"沐"则为黔国公家人）府，赍唐朝一行禅师所造《华严忏法》四十卷，送师校梓流通。①

丽江木府托苍雪刊刻《华严忏法》本事，当为近世汉、藏传佛教交流之典范，近日才得到学界重视；②其中涉及晚明丛林僧俗间多重因缘，本章将论其东西经本传播过程，并揭示江南佛教圈与大旅行家徐霞客间的关系。

第一节　木增家族之见于汉、藏文献

明代丽江土知府第十九代土司木增（1587—1646），字长卿，号华岳，又

---

① 廖肇亨主编，简凯廷点校：《明清华严传承史料两种：〈贤首宗乘〉与〈贤首传灯录〉》，"中研院"文哲所，2017年，第250页。
② 沈卫荣教授曾在第三届世界华严学大会（2017）"一字而多途：国际华严学最前沿"上宣读《一行慧觉〈华严经忏〉中的密教成分：来源与诠释》一文，是目前对《华严忏仪》宗教学方面讨论最重要的研究。

字生白,纳西族本名为阿宅阿寺,系第十八代丽江土司木青(阿胜阿宅)的独生子。① 万历二十六年(1598)木青猝死,木增袭位,时年仅十一岁;②二十多年后的天启四年(1624),木增卸任土司知府,交由其子木懿袭任。早在明中叶,木氏贵族们已颇熏习中原文化,木增的祖父木公(1494—1553),就曾以作诗闻名。

图8:美国国会图书馆藏民国二十年临摹本
《木氏宦谱·木氏宗谱》中木增像③

木增生平的汉文传记资料,除官修《明史》、云南诸方志等记载外,另有私修如《木氏宦谱》《滇南诗略》及冯时可《木氏六公传》、钱谦益《列朝诗

---

① 木青本事,见钱谦益《列朝诗集·丙集第十五》"木青"条。
② 见《木氏宦谱》(甲、乙),《中国少数民族社会历史调查资料丛刊》修订编辑委员会编:《纳西族社会历史调查一》,民族出版社,2009年,第89、101页。
③ 图像来自"书格"数字古籍图书馆:https://www.shuge.org/ebook/mu-shi-huan-pu/。

集》中所作小传等文献可辑。其中官修史传记载木增事迹，多辗转钞缀而成，可参万斯同《明史》卷四一一《土司传》（张廷玉《明史》卷三一四《列传第二百二》略同）载：

> 丽江土官木得，在元为宣抚副使，洪武初入贡，寻功授世土知府，凡征调征讨皆在行间。得死，子初袭。从征思任有功，后以居西陲能捍吐蕃，每有征调，但输军馕免。其沿八世至木增。值北胜构乱，以兵擒首逆进秩，已。九边军兴，助金二万，已。又以殿工取一万褒之。乃复条陈十事，下部议，可进三品秩，寻请老。子懿袭。万历中，有兄弟三人，长名木公，次名木么，三名木厶。长即土知府也。三人皆好礼有名。①

官修汉文史书记木增事，即是此平"北胜构乱"及"助饷"诸条（参见谷应泰《明史纪事本末》卷六五、《四库全书总目》卷一三二《子部四十二》，并参私修庄廷鑨《明史钞略·显皇帝纪四》，内容皆大同小异）；更有欲论天末木氏文学交游并家族之信仰、发愿刻经诸端，则需参其他文献。

木增同时人钱谦益（1582—1664）于《列朝诗集》中列"丽江木知府"条，载木公祖孙三人本事云：

> 木公，字公恕，世居"筰国"，称"摩些"诏。元有麦宗，生七岁，不学而识文字，旁通吐蕃、白蛮诸家之书。其后麦得颍川侯下云南，遣使间道归附，上嘉之，赐姓木，世授丽江府知府。七传生公恕，英毅有干局，绥辑诸夷，以忠顺自励。世庙亲洒宸翰，有辑宁边境之褒。性好读书赋诗，于玉龙山南十里，为园田五亩。枕经籍书，哦松咏月，中土贤士大夫无以过也。尝以诗求正于永昌张司徒及其子愈光，又因愈光以质于杨用修。用修在滇，独愈光能与相应和，公恕希风附响，自比于长卿之盛览，斯可谓豪杰之士也。用修录其诗一百十有四首，名曰《雪山诗选》，叙而传之。公恕五世孙增，字生白，以忠顺世其家，既传位于其子，章疏屡上，不忘敌忾。先帝命加右参政衔致仕。博学通禅理，多所撰著。《雪山》之诗，得传中土，增之力也。国家泰阶隆平，声教四讫，嘉、万之间，酉阳、水西诸夷首，靡不户诵诗书，人怀铅椠，而丽江实为之前茅。今录其诗，登而进之，不使与蒙诏齿，俾后世知有明之盛，非汉代白狼槃木之可比也。②

---

① 万斯同：《明史》，上海古籍出版社，2008 年，第 535 页。另前揭《木氏宦谱》谓木增有四子，纳西族名分别为"春、先、宝、仁"，当为准确。
② 钱谦益：《列朝诗集小传》，第 356 页。

据钱牧斋小传可知，木氏祖上于明初便为丽江土司，世袭至今。其氏族时称"摩些"诏，世居"筰国"。"摩些"应该就是纳西族的祖先部落，自唐代起生活在今天滇藏川交界处；"诏"出自"六诏"，"六诏"是唐朝初期洱海地区出现的六个较大邦国，其中摩些人建立的是"越析诏"，位置在今大理宾川境内。"六诏"中最著名的"蒙舍诏"最终统一了六部，因其最初位于其他五诏南部，所以有个更著名的名字"南诏"。牧斋书"摩些"所居"筰国"，当作"筜"，位于纳西人聚集的"姜地"之地，系藏语对"丽江坝子"的专称。① 木氏祖先"麦宗"发迹于元，后"颍川侯"傅友德平定云南，麦氏趁机归附，不仅被赐姓"木"，且世授丽江府知府，当起了丽江的土司。据说木氏祖上有好文知礼之德，连传说都极力表现其文化上的优越性；牧斋以麦宗"生七岁，不学而识文字"，而且竟然能旁通吐蕃、白蛮文字著述，真可谓天末"诗礼簪缨"之家了。

直到木公时代的十六世纪初，木氏家族已凭借其浓重的汉文化修养闻名于世，并为汉文化精英所接受，比如云南本地张志淳、张含父子（永昌司徒张含及其子愈光），以及谪居云南的大文豪杨慎（字用修，1488—1559），便是其座上宾。杨慎曾为木公编选别集《雪山诗选》并"叙而传之"，木氏风雅渐离边地，被中原所接受。到了木增继位的晚明时代，其文化水平更高过乃祖；钱谦益便提到木公雪山诗得传中土，是出于木增之力。而丽江治下平民不仅"户诵诗书，人怀铅椠"，其汉化程度为西南少数民族之首，可以看出木氏文化政策的成功。木增尚著有别集《山中逸趣》（不分卷）藏于云南博物馆，今未得见。②

丽江木氏受到汉族文化浸染之同时，亦虔诚信仰佛教。时任云南布政司右参议的松江华亭人冯时可，曾写过《明丽江知府木氏六公传》，虽未得见，然曾示之高僧憨山德清。憨山看后极力称颂木增奉佛之举，曾作《丽江木六公奉佛记》云：

> 予将逸老南岳，适隐衡之灵湖。冯元成先生量移守湖南，过访永州，谈及往游滇南诸胜事，出《武陵稿》。予读《六公传》，乃知金马碧鸡之西，有异人木六公焉。公守丽江，奄有疆土，六传而至公，称"六公"云。其先在国初，以忠顺发家，武功最著。至雪山公，遂以文名，雅歌声诗，翩翩有凌云气，杨用修太史大为称赏。相传至玉龙松鹤，辞翰逸格，

---

① 参杨福泉：《论唐代吐蕃与么些的关系》，《西藏大学学报（汉文版）》1999年第1期。
② 据崔建英辑，贾卫民、李晓亚整理：《明别集版本志》，中华书局，2005年，第476页。另据《（雍正）云南通志》卷二一之一载："增又好读书……与杨慎、张含唱和甚多"云云，依《列朝诗集》传知其显然误"木公"为"木增"。木公"雪山诗"有杨、张二公序。二公卒于嘉靖末，增则于万历年间始生。征引地方文献时至脱误，附注于此。

而莲社清修，发轫觉路，至六公则迥超前哲，特出风尘之表矣。公天性澹薄，于世味一无所嗜好，忠孝慈爱，唯以济人利物为怀。归心三宝，刻意禅那，爱接方外法侣，相与礼通精修，颓然如粪扫头陀，尤广檀度，是皆富贵之所难能。而公特为家常行履，岂非多生久植善根，乘悲愿力，而影响摄化应现者乎？予初入空门，不知佛法之广大，将谓单栖吊影于穷山绝壑，草衣木食，守枯禅而为上乘。及亲大教日深，读杂华、观普贤妙行，无一类而不现身，无一事而非佛事。以不舍一众生，乃见佛慈之广大；不弃一尘一毛，方识法界之甚深。由是凡对宰官，相与语者，不更穷玄体妙，唯以了悟自心，广行万行，即世谛语言，资生业等，皆顺正法。所谓实际理地，不受一尘；今事门头，不舍一法。若夫浮慕虚尚，高谈脱屣，而胶固贪痴，绸缪世态者，与夫身居世网，志出尘埃，冥心绝域，若莲出淤泥，皭然而不滓者，安可同条而共蒂耶？是知佛性虽一，而习染厚薄，有迷悟之不同。故论种子，从贪瞋而发者资贪瞋，从般若而发者资般若；般若深则贪瞋薄，般若现则贪瞋消。如神奇化臭腐，臭腐化神奇，体一而用异，圣凡由是而分焉。了心广大，则形骸不能拘；观法界空，则万有不能碍。所以达人无累于情者，以其智胜而习薄也。故古之悟心之士，揽长河为酥酪，变大地作黄金，岂有他术哉？唯得自心之妙，满法界之量，心外无法故也。公刻《华严大疏》于鸡足，其有得于此，惟是道路间关，无大手宗匠，开公顶门眼，故公志慕方外，欲事远游，参访知识，以世法缠牵而不可得，愚意则不然。即公能静坐观心，六根消复，则虚空殒亡；洞观法界，则山河不隔。将视华藏于毫端，摄净土于尘芥，不动步而游履十方，不起坐而承事诸佛，此自性天然，本元具足，曾不假于外也。且公有土者也，以山川之广，人民之众，即推其佛心而教化之，语曰：一家仁，一国兴仁。公以精诚格物，以佛事化民，使家喻而户晓，人各知有佛，心各知有慈，不令而民从，不威而民服，熙熙皞皞，含哺鼓腹，穷荒边徼，洋洋佛国之风。公如坐莲花，而端居极乐，即太古之治，在掌股间，又何劳跋涉山川，视浮光泡影，而为究竟佛事者乎？予因先生而知公居遐陬八难之地，定为悲愿之应身。第恨老矣，不能持一钵以南询，望毗耶之室，如眉睫间。愿与公结异世缘，当龙华三会中，予定知公为释迦末法中之宰官佛子也，公其无意乎？①

冯时可所作《武陵稿》似仅藏台北故宫，待日后查阅。憨山文中谓木增"归心三宝，刻意禅那，爱接方外法侣，相与礼诵精修"之语，可见奉佛之心。木

---

① 《憨山老人梦游集》卷二四，《卍新续藏》第73册，第637页上一下。

增还曾在鸡足山刊刻《华严大疏》，即《大方广佛华严经疏》，唐代清凉澄观大师所撰。憨山认为木增所居之丽江"道路间关"，没有大师点化，而木增本人也"以世法缠牵"，苦于不能远游问道，但若能"静坐观心"，同样也可以做到"洞观法界"，"山河不隔"。言下之意，木增似曾通过冯时可，希望结纳憨山德清。憨山圆寂于明天启三年，则作此文时木增还未弃土司位，《华严忏仪》刊刻事宜也没有提上日程，则这段憨山与木增的往还仅可看成木增汉地佛缘的先声。

不过，身在西陲边疆的丽江木氏更多亲近的是藏传佛教，木氏家族多代领袖与藏传佛教多位教派领袖保持密切的关系。至少在元末明初时，丽江木氏土司便与藏传佛教噶玛噶举派上层建立了深厚的法缘，噶玛派下分黑帽、红帽，两支皆与木氏友善。① 整个木氏家族在信仰上一直是噶玛噶举派的信徒、支持者及重要施主，木增本人即为一位虔诚的噶玛派信徒，他的藏文名为"噶玛·米庞才旺·索南饶登"（Karma·Mipham tshe dbang·bsodnams rab brtan），意有不败、寿权与福德胜坚之意。② 木增曾亲自于丽江家中接待流落至此的噶玛黑帽系第十世噶玛巴秋英多杰（藏文：chos dbyings rdo rje，1604—1674），另一位红帽系六世确吉旺秋（Chos kyi dbang phyug，1584—1629）也是木增的座上宾，并帮助木氏刊刻了著名的丽江版藏文大藏经甘珠尔。明中叶木氏家族与藏传佛教格鲁派的关系也不错；木公时代的木土司与势力刚刚南下的格鲁派三世达赖索南加措（bsod nams rgya mtsho，1543—1588）也有过互动，双方一同在理塘建理塘寺，不过后来因为蒙古军事力量介入西南而中断。③

现可查木增奉佛善举甚多，颇受当时西南姜（即纳西族）人、藏人景仰。木增曾广修寺院，雕塑佛像，如丽江芝山福国寺、鸡足山悉檀寺等。④ 其最

---

① 王尧：《藏文大藏经 丽江—里塘版甘珠尔经述略》，《中央民族大学学报（哲学社会科学版）》1986年第3期。据李安宅先生研究，噶举派，即白教，分向巴噶举派和达伯噶举派，噶玛派是达伯噶举派下四派之一（李安宅：《藏族宗教史之实地研究》，上海人民出版社，2005年，第83页）。噶玛噶举派的第八世噶玛巴弥觉多吉（藏文：mi bskyod rdo rje，1507—1554）曾应木公父子之请，于嘉靖初年驻跸丽江。
② 木增藏文转写释义得自福建师大陆辰叶博士之力，谨致谢忱。木增藏文名讨论，可参前揭王尧《藏文大藏经 丽江—里塘版甘珠尔经述略》、杨嘉泉《明代的治藏政策对纳西族和藏族上层之间关系的影响》（《云南社会科学》2004年第1期）。
③ 冯智：《理塘寺早期政教史初探》，《西藏大学学报（汉文版）》2005年第1期。文中红帽系与黑帽系，最迟与木氏结缘，都在十五世纪中叶之前。
④ 高奣映《鸡足山志》卷五"建置"下"悉檀寺"条云："万历丁巳，丽江府土知府加布政司参政延僧释禅建。同时悉檀寺世受木氏家族关注，屡加修缮。"（云南人民出版社，第231页）参陈垣先生《明季滇黔佛教考》卷二"鸡山八刹"下"悉檀寺"条（河北教育出版社，2000年，第304页）。另，鸡足山上别有一家寺院的藏经阁亦出于木增建造。按《鸡足山志》同卷"华严寺"下条言："（华严寺）乙卯（1615年）年灾……丽江土知府木增建藏经阁。"

为藏传佛教界推崇者，便是发起刻印了一部藏文大藏经甘珠尔，即"丽江—理塘"版大藏经甘珠尔，于天启三年（1623）刻毕。然而，天启四年，时年三十七岁、正值壮岁的木增，却悄然引退，传位于其子木懿（阿诗阿春），自己在玉龙山南侧的芝山上修建了别墅"解脱林"（即福国寺），过上了隐居的生活。

第二节 《华严忏仪》东来与徐霞客

丽江版甘珠尔刻毕后，木增随即隐居芝山"解脱林"，似乎不问世事；不过据《木氏宦谱》"知府阿寺阿春"条的记载，似乎没那么简单：

> 天启四年，父静摄芝山，公（木懿）于是年保勘承袭，每鸡鸣必先栉沐，侍门问安，次请裁决几务，然后退食，见诸行事。①

这段时期，木增其实有如退居幕后的"太上皇"，并未实际解除大权。明朝中央也不停地为其加官进爵，比如崇祯十二年"加封父木增转四川左布政司职衔"，十三年八月"蒙钦升四川布政司左布政"等。② 此时，木增的交游往似乎仅限于身在滇中的人物，如十世噶玛巴秋英多杰、担当和尚（当时尚未出家）等人。不过在归隐十六年后的崇祯十三年（1640），木增与身在东南的苍雪和尚及吴郡文人结缘，因缘便是刊刻一部久佚的佛经——《华严忏仪》。

《华严忏仪》全称《大方广佛华严经海印道场十重行愿常遍礼忏仪》，汲古阁刻出后收入晚明所刊方册大藏经《嘉兴藏》续藏，亦收日本《卍新纂续藏经》第74册（No.1470）。③ 因《嘉兴藏》经场后期管理的特殊情况，全藏并未全面严格地由主办之余杭径山化城寺总持刊刻工作，而是凡愿意用同一版式刊刻经藏的，则可由出资者在各处自行刻制，再收入全藏。如此刻制的《嘉兴藏》本经典，学术界称之为"外版书"，《华严忏仪》即是此例，④经版最终也归《嘉兴藏》发起地嘉兴楞严寺收藏。⑤《华严忏仪》经首，有钱谦益、毛

---
① 《木氏宦谱》，《纳西族社会历史调查一》，第244页。
② 俱见《木氏宦谱》。另见《纳西族史料编年》，《纳西族社会历史调查一》，第244页。
③ 《华严忏仪》，收于故宫藏《嘉兴藏》第226—228函；并见新文丰版第15册。
④ 参蓝吉富：《〈嘉兴藏〉研究》，收入《中国佛教泛论》。
⑤ 《华严忏仪》卷末载："钦褒忠义忠荩四川左布政云南丽阳佛弟子木增，同丽江府知府授参政男木懿、应袭孙木晴，暨诸子孙太学生木乔、木参，生员木宿、木樑、木樘、木梽、木极、悟乐等，各捐净捧，延僧命役，敬奉《大方广佛华严经三昧忏仪》一部共四十二卷六十一册，直达南直隶苏州府常熟县隐湖南村笃素居士毛凤苞汲古阁中，鸠良工雕造。起于崇祯庚辰孟夏，终于辛巳莫春，凡一载功成。今置此版于浙江嘉兴府楞严寺藏经阁，祈流通诸四众，历劫熏修。"（《卍新续藏》第74册，第360页中）

晋序。据钱序中所载，《华严忏仪》经本于叶榆崇圣寺中被发现，木增刊刻此经而"表章忏法，实维其时。时节因缘，如宝罗网，交光摄入"，①俨然复兴教乘的大护法。《忏仪》每卷卷首皆署："唐兰山云岩慈恩寺护法国师一行沙门慧觉依经录；宋苍山载光寺沙门普瑞补注；明钦褒忠义忠荩四川布政佛弟子木增订正；鸡山寂光寺沙门读彻参阅；天台习教观沙门正止治定。"

据今人研究，卷首"唐兰山云岩慈恩寺护法国师一行"，非钱谦益序中所谓唐代天文学家、佛学家一行禅师，而是西夏入元的一行慧觉法师。② 补注此忏的宋普瑞法师，据《新续高僧传》《华严佛祖传》《滇释记》等材料记载，大约为段氏大理国而入元时僧，精通华严之学。参阅者苍雪读彻法师，于校刻《忏仪》时已为苏州华山高僧，然其依然署名初时披剃之寂光寺，可见苍雪与鸡足之缘匪浅。③ 最后那位"治定"的"天台习教观沙门正止"身份不详。

钱谦益所撰《华严忏法》序中曾委婉地质疑过一行撰此忏仪的真实性，陈垣先生以之为是；④然今知钱氏之非，一行慧觉法师又为西夏末期精华严之师，则此经真伪又另当别论。崔红芬《僧人"慧觉"考略》文中论及，慧觉辑录的《华严忏仪》虽未收录在元代编订的佛经目录中，但它在元代已被刊印，散施于西夏故地等处流行，多种传本与其题记大同而小异；而河西地区有着良好的《华严经》翻译和传承基础。很多华严经典，尤其早期翻译过来的华严经典大都是由河西僧人在河西地区完成的。河西地区信仰华严的传统一直持续到夏元时期，陈寅恪《西夏文佛母大孔雀明王经夏梵藏汉合璧校释序》中推论："明神宗之世，西夏文字书籍，其遗存于西北者，当不甚少，或尚有能通解其文字之人欤？"⑤则明代时西夏相关佛教文本似乎还有一定程

---

① 《牧斋初学集》，第865页。
② 白滨《元代西夏一行慧觉法师辑汉文〈华严忏仪〉补释》(《西夏学》2006年第10期)、史金波《西夏文〈金光明最胜王经〉序跋考》(《世界宗教研究》1983年第3期)及崔红芬《僧人"慧觉"考略——兼谈西夏的华严信仰》(《世界宗教研究》2010年第4期)；另，高山杉《〈慧灯记〉所提〈心经〉西夏蒙古翻本》亦关注到，"《华严忏仪》也保留了一些夏末元初密教的材料。比如民国时中央刻经院铅印单行的《华严忏仪》卷卅九《不报四恩忏悔品》，就引用过《金刚尖本续》《威德王本续》和《密集本续》。这些书在汉文大藏经里是找不到的，因为它们既不是唐宋的译经，也不是辽金的译经，而是在西夏由印度和西藏的僧侣主持翻译的"，可为一深入研究之门。参《东方早报·上海书评》2011年11月20日。
③ 按陈乃乾《苍雪赵读彻大师行年考略》"万历二十六年戊戌(1598)"条下引《滇释记》《贤首宗乘》云："师至鸡足山寂光寺依水月，并住寺八年。"(1940年铅印本《南来堂集》卷首，《新编中国名人年谱集成》第五辑，台湾商务印书馆，1978年，第5页；另《北京图书馆藏珍本年谱丛刊》亦影印)。
④ 陈垣先生《明季滇黔佛教考》言木增事，直言牧斋已辩其非。参前揭《明季滇黔佛教考》，第341页。
⑤ 陈寅恪：《金明馆丛稿二编》，第225—226页。

度的流通，那译自西夏时期佛教经典的文本，更有其传播的合理性了。①

这部失传甚久的西夏时期佛经从木增所在的天末西南来到江南刊刻，有段独特的因缘。就在崇祯年间，一位来自江南常州府治下江阴县的游历家，正好走入了木增的世界。崇祯十二年己卯（1639）农历正月，徐霞客通过松江著名居士陈继儒和西南名僧担当和尚（当时尚未出家，俗名唐泰字大来）的引荐，远涉丽江，初次面谒木增，遂一见如故；是年二月，木增便请徐氏为滇中佛教名山鸡足山修志。二人仅相与一年，至庚辰年正月（1640），徐霞客因病足不良于行，木增遂具备粮资，派人抬轿护送霞客回乡，途中历 156 天，到江苏江阴县马湾徐家故里，已是当年五月余。② 笔者深疑木增此次派人护送，兼有送《华严忏仪》赴刻之愿。先依徐宏祖归程，考其与《华严忏仪》抵达东南之时。

据《苍雪年谱》崇祯庚辰年（1640）载：

> 春，汰如讲《华严疏钞》第一会于华山；集有解制同作诗《高松讲大钞于华山感群鹤绕空飞鸣欲下一时播闻诗以纪之》诗云云。汰如卒，年五十三。含光嗣主华山。集有《闻汰公讣音一夜成四诗哭之》诗、《腊月初四日送汰公入龛》诗。③（并可参《贤首宗乘》"汰如""苍雪"传）

崇祯十三年春，高僧汰如明河，于苏州城西的华山开讲《华严疏钞》第一会，法会盛况空前，声动东南。明河字汰如，号高松，为苍雪同学兼挚友。二人曾同参雪浪洪恩于望亭，又同依一雨通润于铁山。一雨圆寂后，汰如入住华山。依苍雪年谱及其《南来堂集》载诗推测，汰如法师当圆寂于当年秋冬之际。④ 是春为汰如第一次也是唯一一次讲《华严疏钞》，第二期开始，便由老友苍雪大师代为荷担。

崇祯十三年《华严疏钞》第一会的听众中，不仅有汲古阁主人、常熟居士毛晋，还有一位远道而来的贵客，他就是依木增旨意自滇南而来的法润法师；徐霞客去年初游鸡足山，法师便是接待他的悉檀寺诸长老之一。⑤ 法润

---

① 沈卫荣教授曾论《华严忏仪》所载仪轨，与新见《大乘要道密集》所载藏传佛教密教仪轨相合，虽非关本节主旨，但确与木增亲近藏传佛教高僧的经历有关，遂附注于此。
② 见李近春《徐霞客和木增友好交往述论》（《云南社会科学》1994 年第 4 期）引《徐霞客墓志铭》（陈函辉）及《徐霞客传》（钱谦益），参《重编徐霞客年谱》（《徐霞客游记·附录》，吕锡生点校，广陵书社，2009 年，第 53 页）。
③ 《苍雪年谱》，《南来堂集》，第 8 页。
④ 《贤首宗乘》"汰如传"未详月份，按苍雪集中有《庚辰冬腊月初四日送汰兄入龛八首》，依次推算。见 1940 年铅印本《南来堂集》，似当殒于下半年。
⑤ 《徐霞客游记》清嘉庆十三年叶廷甲增校本第十册下"悉檀寺"条载："万历间古德本无建，护法檀越丽府生白木公，后嗣法润、弘辨（一作'辩'）、安仁、体极、住静、白云。"按，法润与木增当殊为亲密。

此次东来，是受木增的嘱托，送《华严忏仪》付刻。毛晋有《送法润禅师载华严海印仪还南诏》诗序云：

> 崇祯十三年四月八日，余因汰如明公讲《华严》，解制入华山，苍雪彻公偕坐莲花洞，俯瞰法侣，瓢笠蝉联，如云出山。独有一僧，缘绀泉鸟道而上，前舁经一簏，状貌缀饰，迥别吴装，目睹而异焉。弹指间直至座下，擎一锦函，长跪而请曰："弟子从云南悉檀寺而来，奉木生白大士命也。木大士位居方伯，从鸡足山叶榆崇圣寺觅得《大方广佛华严经忏法》四十二晌。相传一行依经录者，兵燹之余，普瑞藏诸寺中。自唐迄今，未入大藏，故特发愿刊布，敬授把事，度岭涉江，就正法眼。"言毕，随出兼金异香为供，作礼而退。苍公合掌向余曰："异哉！子向藏中峰禅师《华严》宋本，模勒即成；昨又镌《贤首本传》。汰兄方讲《清凉大钞》第一会，适有《三昧海印仪》，不远万里而至，真杂华一会，光召影响也。寿梓以传，非子而谁！"余遂欣然鸠工庀材，经始乃事。越岁辛巳，木公再持一介，遥寄尺书，赠以琥珀、熏陆诸异品，谆切郑重，云山万里，如接几席。迨工人告成，又逢如来胁生之诞，何时分之适符，不可思议耶！一时远近缁素，诧为奇特，闻风随喜者，陆不停轮，水不辍桴。至法润师南旋之日，烧香献花者棋布于隐湖之干，或绘无声，或歌有韵。余亦沾一味之泽，聊赓五际之言。庶几他日溯岷源、登雪山，访白水道人，与法润长老共披十万之正文，不为生客矣。①

毛晋等东南僧俗与法润法师相见于汰如《华严疏钞》会上，时间为崇祯十三年浴佛日。而次年佛经刊刻完毕的日子，也在浴佛日这天，参毛晋在《华严经海印道场忏仪叙》末署刊刻完毕的时间为"崇祯十有四年岁在辛巳孟夏浴佛日"，中间正好经历一载时间。农历四月初八为民间浴佛日，相传摩耶夫人梦一尊神如其右肋而孕，于四月初八生下了佛祖释迦牟尼，即毛晋文中"如来胁生之诞"。初现佛经与工程完毕都是四月初八那天，难怪毛晋言之不可思议了。②

---

① 毛晋：《野外诗》，民国五年常熟丁氏刻虞山丛刻本。
② 刊刻时间，另可参《华严忏仪》卷首《华严海印道场忏仪题辞》（残）："暨乎我明，滇中丽江生白木大士，辄遇于叶榆之崇圣寺，机因迹显，道赖人弘，真法界之玄镜重辉，高山之慧日再朗也。忽于庚辰之端月，星使轺车，怀金万里，爰来虞山，问询汲古主人，因命较阅，绣刻流通。一大因缘，不可思议。愚也方且毫然而视，聪然而听，矍矍然互为短长，而与之更始，遂授之梓人，以告成焉。"（《华严忏法》叙、题记，许明主编：《中国佛教经论序跋记集》，上海辞书出版社，2002年，第1934—1937页）及《忏仪》正文卷一及卷末说明："（《忏仪》）直达南直隶苏州府常熟县隐湖南村笃素居士毛凤苞汲古阁中，良公雕造。起于崇祯庚辰孟夏，终于辛巳暮春，凡一载功成。今置此版浙江嘉兴府楞严寺藏经阁，祈流通诸四众，历劫熏修，见闻此法，永持不舍。"参《大方广佛华严经海印道场十重行愿常遍礼忏仪》卷一及卷四二；另参郑伟章《毛晋代丽江木增刻书述略》引续藏忏仪正文。

苍雪《南来堂集》中有诗亦记载此事,诗名颇长,断句于下:

> 辛巳春,华山讲期中,滇南丽江木太守生白公遣使,以唐一行禅师所集《华严忏法》,见委校雠,刻行江南。识者咸谓,于两年间,初得《教义章》,再得《贤首传》,三得《华严忏》,次第出世,得非吾贤首宗之几断而复续,晦而复显之明验欤?恭赋一诗纪之。

据前引毛晋诗序文字,可知苍雪此诗开头纪年属记误,当作"庚辰",辛巳(1641)春时版刻已毕,陈乃乾所编《苍雪年谱》亦引苍雪诗题而误,此诗当系于崇祯十三年庚辰。诗序及《华严忏仪》经文所署忏仪作者"唐一行禅师",也应为"夏一行法师"。苍雪诗序另言"初得《教义章》,再得《贤首传》","教义章""贤首传"两事,分别为汰如、道开师徒于崇祯十一年校刻《华严教义章》,及苏州昭庆寺所出贤首祖师像,加上《华严忏仪》东来,为当日东南华严宗中兴的标志。①

从苍雪诗题中"见委校雠"语可以推测,木增送经东来的联系人,应该就是他本人;并可参苍雪《南来堂集·附遗文》中《寄徒三和书》所载:

> 闻汝野师翁近习静鸡山,亦是名山之宝。汝当时时就教,执侍巾瓶,胜见吾也。法润师来吴,奉木檀越命,以《华严忏法》相委,多恐为谋不终。安仁、弘辩师及诸山耆德见时,一一皆为申念……崇祯辛巳五月初十。

此信所记日期为崇祯十四年(1641),信中的"野师翁",即野愚广慧,初与苍雪同参释水月于鸡足山,陈垣先生《明季滇黔佛教考》卷二"鸡山大静室野愚"条载其事迹。② 苍雪此信中与"三和"聊到木增施刻《华严忏仪》事,"多恐为谋不终",苍雪当即为木增最终托付刻经之人。其中原因,首先苍雪就是云南籍,与丽江木增之间较东南士大夫有天然的亲近感;其次苍雪出家于鸡足山,木增很可能通过鸡足山僧众如信中"安仁、弘辩师及诸山耆德"等,与苍雪取得关系,而西游至丽江的徐霞客也可能传递了更多关于苍雪在东南禅林的讯息。

苍雪此信落款"崇祯辛巳五月初十",及毛晋《送法润禅师藏华严海印仪还南诏》诗中谓"长江五月衲衣寒,料峭秋风歇马鞍"句,可以推知辛巳五

---

① 《教义章》可参《苍雪年谱》"崇祯十一年戊寅"条下"汰如、道开校刻《华严教义章》"之属。吕澂先生有遗著《〈华严教义章〉略解》为张春波所整理。"贤首传",毛晋诗序中作"贤首本传",遍查毛晋刻书,似未见有相关书目,此处似当解为"贤首像"。可参《贤首宗乘·苍雪传》所载,前引《贤首宗乘》,第250页。

② 《明季滇黔佛教考》,第296页。

月间,为护送经书的法润法师回滇时日。法润法师此来江南,应该有位悉檀寺来的同行僧人,就是苍雪、徐霞客共同提到过的弘辨,他另一个名或号应该是"道源"。我们知道至少是道源法师,应该去了趟普陀山参访,并为自己驻锡的悉檀寺请回了整套《嘉兴藏》。①

而大旅行家徐霞客自丽江回归故里的时间,与《忏仪》东来也高度吻合。查徐霞客之东还,其具体日期已不可考,传世《徐霞客日记》庚辰年无记载,今只能据陈函辉作墓志铭、钱谦益所作传记来推测。按丁文江《明徐霞客先生弘祖年谱》崇祯十三年庚辰下云:

> 先生是年之踪迹,无游可考。陈函辉《徐霞客墓志铭》曰:"病足不良于行,留修鸡足山志,三月而志成。丽木守为饬舆从送归。转侧笋舆百五十日,至楚江困甚。黄冈侯大令为具舟揖,六日而达京口,遂得生还。是庚辰夏间事也。"钱牧斋传云:"足不良行,修鸡足山志,三月而毕。丽江木太守,待糇粮具笋舆以归。"又云:"西游归,以庚辰六月。"按修志事在去年,则正月至六月,先生当在途中。②

丁氏之推测,即后人所依"一百五十六日"之行,皆本于陈函辉之墓志铭。依丁氏"正月至六月,先生当在途中"语,徐霞客东归之始为正月,与法润法师出发时间大致相同。而二人出发之地,可能也为同一地。丁氏年谱"崇祯十二年己卯"载:"九月十五以后无日记。按先生奉丽江木公命,修鸡山志。故是年当在鸡山。"而徐氏所住寺院很可能即木增捐建的悉檀寺,按《徐霞客日记》曾记载崇祯十二年秋徐霞客曾有一仆出逃,时间为是年八月初十,徐霞客本人即在悉檀,似未见离开。③ 法润法师即是悉檀寺当家和尚之一,亦当不会久离本寺。

如此则可以推知,徐霞客与《华严忏仪》的东来,时、地、人密切相关。二者皆奉木增之命,于自庚辰正月,同自鸡足山悉檀寺出发;丽江木增使人东来,路途千里,且危险重重,不太可能在短短一个正月之内,两次安排同一方向的不同行程。两重因缘,同时同地,因一人之力而起,当合为一大缘起。如此解释似乎更合理。况且,法润与霞客也久相识,一路同行,于情于理皆通。区别只是,一支队伍行三月余即至,另一支则走了半年,至于途中细节

---

① 《鸡足山志》"悉檀寺"条载,崇祯十一年辛巳,"僧道源朝普陀,又请嘉兴府全藏归奉大殿"(第231页)。"道源"当为弘辨法师,可参道坚《云南鸡足山古代佛寺藏书考略》(载《"中国鸡足山佛教论坛"论文集》,2003年4月)文中所考。
② 丁文江:《明徐霞客先生弘祖年谱》,《北京图书馆藏珍本年谱丛刊》影印1933年上海商务印书馆排印本。
③ 详《徐霞客游记》崇祯十二年己卯八月下。

由此推断,《华严忏仪》经本得以东来,并校刻流通,与西行至丽江的徐霞客有相当大的关系,至少徐氏的归来,促成了经本的东传。崇祯十二年时的木增,通过陈继儒、担当和尚等东南媒介,认识了西游至滇的徐霞客,并慕其人品学问,结为好友,委其撰修《鸡足山志》。毛晋虽与徐霞客似未见订交,然徐与钱谦益相识已久,①钱、毛在师友间;徐为江阴人,去虞山、姑苏未远。木增或由此间接听说毛晋汲古阁刻书之盛,其刻《华严忏仪》之念或即起于此时。木增待徐霞客病剧,欲归故里时,复尽宾主友朋之谊,遣使送行,兼为刻经之事,一举两得。徐霞客不仅为一旅行大家,其游历丽江之成果,则超出其自然、人文地理的贡献,而成为打通汉藏区域文化圈的开拓者,使东南文化圈与木氏的纳西、藏文化圈于晚明时互动成功,别开生面。但其晚年返回故里归程甚长,记载凋零;今传《华严忏仪》东来文献,片言不及徐霞客事,历三百余年,颇有"埋没英雄芳草地"②之嫌。

第三节　苍雪参与忏仪因缘

憨山德清依冯时可《六公传》作木增《礼佛记》时,《华严忏仪》尚不为汉地所知,然木氏热衷于刻经之举,已为众人传诵。憨山谓其:

> 古之悟心之士,揽长河为酥酪,变大地作黄金,岂有他术哉?唯得自心之妙,满法界之量,心外无法故也。公刻《华严大疏》于鸡足,其有得于此,惟是道路间关,无大手宗匠,开公顶门眼,故公志慕方外,欲事远游,参访知识,以世法缠牵而不可得,愚意则不然……③

木增似早已留心华严宗的经典,不独藏文密教经典。晚明为华严宗中兴的年代,华严修行者借助唯识之学充实自身理论,产生了雪浪、一雨等并参华严、唯识的高僧。自雪浪起,华严宗僧众便于东南广交教内外诸友,④传至苍雪,亦不逊乃祖。而苏州中峰华严讲期与西南来客结缘,便有苍雪之力;据前引毛晋《送法润禅师载华严海印仪还南诏》诗小引载苍雪与毛子晋

---

① 见钱谦益《徐霞客传》:"过余山中,剧谈四游四极,九州九府,经纬分合,历历如指掌。"观其语气,当为旧相识。见《牧斋初学集》卷七一,第1594页。
② 陈寅恪先生《柳如是别传》缘起引钱谦益《秋夕燕誉堂话旧事有感》。
③ 《憨山老人梦游集》卷二四,《卍新续藏》第73册,第637页中。
④ 廖肇亨《雪浪洪恩初探》引吉川幸次郎语,谓钱谦益交往僧众,以雪浪法嗣最多。见廖肇亨:《中边·诗禅·梦戏》,第203页。

对话,若明白苍雪或已事先明了经书东来事,则可知其将镌刻之任委之毛晋,非苍雪一时兴起,而是其深思之后的决定。

前引苍雪诗《辛巳春华山讲期中滇南丽江木太守生白公遣使以唐一行禅师所集华严忏法见委校雠刻行江南识者咸谓于两年间初得教义章再得贤首传三得华严忏次第出世得非吾贤首宗之几断而复续晦而复显之明验欤恭赋一诗纪之》一诗,为苍雪《南来堂集》中明确提及此事者,全诗曰:

> 峰高难度雁飞回,江急晴空响若雷。
> 负杙传身逾岭后,举烟招伴过桥来。
> 六朝遗稿人何在,万里缄书手自开。
> 行李瘴岚封湿尽,翻经台作晒经台。

此诗首联当化用杜甫《登高》语,直言滇南天末之地,形势险恶。颔联"负杙传身、举烟招伴",则用中古西域"波罗颇蜜多罗"法师典故,事见慧赜《般若灯论释序》:

> 中天竺国三藏法师波罗颇蜜多罗,唐言明友,学兼半满、博综群诠,丧我怡神,搜玄养性,游方在念、利物为怀,故能附杙传身、举烟召伴,冒冰霜而越葱岭,犯风热而渡沙河。时积五年、涂经四万,以大唐贞观元年岁次娵訾十一月二十日,顶戴梵文至止京辇。①

此"附杙传身、举烟召伴"的中天竺波罗颇蜜多罗,历尽艰险,越过帕米尔高原将梵本经书带到长安,与木增遣人送《华严忏仪》东来相当。颈联中"六朝"当非"六朝金粉"之南朝,应是唐、南诏、大理、宋、元迄明六朝,言经历六朝而人方知此经存在。"万里缄书"当为苍雪收信得知滇南木氏所来赴刻经卷事。全诗尾联则用小说家调侃口吻。翻经台为刘宋时名流谢灵运慕慧远大师,于寺中筑台翻《涅槃经》。② 另苍雪同时人周永年所编《吴都法乘》载苏州也有处"翻经台":

> 生公池之东南,有翻经台,相传为晋梵僧于此重译《法华经》者。唐王建诗云(诗略)。③

苍雪此处似有指本埠掌故者。"晒经台"则为《西游记》中典故;按《西游记》第九十九回《九九数完魔刬尽 三三行满道归根》:

---

① 波罗颇蜜多罗译:《般若灯论释》卷一,《大正藏》第30册,第51页上。
② 可参宋志磐《佛祖统纪》卷二六、宋陈舜俞《庐山记》卷一。
③ 周永年:《吴都法乘》卷一〇,《大藏经补编》第34册,第335页。

少顷，太阳高照，却移经于高崖上，开包晒晾。至今彼处晒经之石尚存……自此清平归正觉，从今安泰到仙乡。晒经石上留踪迹，千古无魔到此方。他四众检看经本，一一晒晾……①

此处言法润所携经卷一路东来多有艰辛，翻经台、晒经台抑或喻毛晋之汲古阁，将刻经以传世；而其笔端诙谐，并用释氏志书及通俗小说中唐三藏之典，显苍雪作诗之趣。苍雪诗集中尚有《送番（梵）僧》②一首：

> 本师偏袒翠袈裟，航海而来小释迦。
> 附栰登峰经火焰，举烟招伴渡流沙。
> 书传印土全同（思）梵，语学中洲半带华。
> 番汉僧中年八十，山形谁复辨楞伽。

按此诗颔联用典全同上首，遂录于此。番僧身份与法润法师一行的身份倒是相合。《南来堂集》补遗卷三上"七律"中还有一首《送僧还鸡足》诗云：

> 滇南古路路千盘，有客长歌行路难。
> 筇杖半挑云里去，远山一点雪中寒。
> 瘴烟黑处深需避，烽火红时仔细看。
> 三月还家春色老，杜鹃啼杀杏花残。③

此诗列于《高松河兄与余矢愿互为宾主，共转〈大经疏钞〉。公始于华山首唱一期。解制同作，戏和"久知月夜踏花影"》诗之次，即前论法润到来之时、汰如法师所倡之法会，此诗亦当在其后不久。诗中举"春色老""杏花残"等残春之景，时在春末无疑，即崇祯十三年庚辰或十四年辛巳春末。若作于十三年，则此诗中还鸡足之番僧或为法润法师，护送经卷抵达苏州后随即返回；若在十四年，则或加上弘辨法师。或有可能即为十四年返回时，因诗中所寄多位法师，遂在诗名中不加体现。因材料不足，附论于此。

另，《徐霞客游记·滇游日记十三》"九月初九"下云：

> 野和为克新之徒，尚居寂光，以其徒知空居此。年少而文，为诗虽未工，而志甚切，以其师叔见晓（即苍雪）寄诗相示，并己稿请正，且具餐

---

① 吴承恩：《西游记》，作家出版社，2018 年，第 1098—1099 页。
② 前揭《南来堂集》卷三上王培孙先生校注本，（ ）中为云南丛书本之异文。
③ 按王培孙辑《南来堂集》补遗，很可能如同正编一样按创作编年顺序排列。上引《辛巳春》之诗，即列于《闻汰公讣音一夜成四诗哭之》之下。编者以汰如圆寂于庚辰，遂列于之前。后更有辛巳年作《赠王烟客五袠》，可资证明。

焉。(小字注:见晓名读彻,一号苍雪,去山二十年,在余乡中峰,为文湛持[即文震孟]所推许,诗翰俱清雅。)问克新向所居精舍寺院异名,意为清心修行之所,尚在西一里,而克新亦在寂光。乃不西,复从瀑布上,东盘望台之南。①

徐霞客于己卯年九月时,见苍雪予野和之诗,亦是一旁证,疑此时苍雪正为《华严忏法》东来之由而寄诗问询。然徐氏当日所见此"见晓寄诗",若尚存《南来堂集》中,则为苍雪集中哪一首,颇有可论。首先似乎不应当是上引《送番僧》或《送僧还鸡足》中的一首,除非二诗确作于刻经之前,否则在创作时间上不甚相符合,如此则苍雪集中另一首寄赠西南大德之作,更有可能是此时野和所见;亦唯此人,始可帮助沟通滇南与吴中,木增与苍雪之因缘际会。此人即前述之担当和尚,国变前夕落发为僧,俗名唐泰字大来。按苍雪集中《王公子升如自滇至吴,得唐大来书问》:

> 秣陵廿载得亲朋,浪子何当远念兴。
> 数字随风传万里,两心相见只孤灯。
> 寒鸡宿野啼霜草,奔马荒田嗅冻冰。
> 回首惊魂知未定,艰危吾亦过来曾。

王升如亦滇人而游于东南。② 苍雪此诗列于"卷三今体"下,之前有《过访钱虞山北归》,后有《喜子羽冒雨入山,次早即同出山作》。钱谦益于崇祯十一年戊寅(1638)五月二十四日出狱,归南在是年十月之后,苍雪过访又在次年己卯(1639)春。③ 黄翼圣字子羽,有《寇警杂言并序》④言:"兹岁孟夏,怀绥新都",末署"时崇祯庚辰",当为 1640 年,则此《王公子升如自滇至吴,得唐大来书问》一题,当作于己卯或庚辰初。据"秣陵廿载"意,当如前引徐霞客日记小注"去山二十年",或可作怀二十年之挚友担当。然实际二人订交至多为十四年,据方树梅《担当年谱》,天启五年(1625)下有:"师荐入京,应礼部试",⑤后又南下,拜致仕的董其昌为师。苍雪与之相识最早于此年间,次年苍雪即有《送唐大来明经应试诗》。观首联中,秣陵乃南京古称,

---

① 徐弘祖:《徐霞客游记》,上海古籍出版社,2016 年,第 1115 页。
② 参见明刘城:《峄桐文集》卷三《王升如时文序》,清光绪十九年养云山庄刻本;担当《㑺园集》卷五有《索居滇末欲与王升如广其声调感赋》诗,《担当诗文全集》,第 91 页。
③ 《南来堂集》中《过访钱虞山北归》与《游琴川瞿氏园》(《云南丛书》本作"瑟月",不知何故。"琴川"为常熟别称,当为正解)两诗相连,皆记过访钱瞿狱解事。《游琴川瞿氏园》中有"麦陇乍翻三月浪",则为春日景致。
④ 黄翼圣:《黄摄六诗选》。黄翼圣殒后钱谦益选取其遗作刊刻。
⑤ 见方树梅:《担当年谱》,收入《担当诗文全集·附录》。

"浪子"之谓,或指其皆西南人士,远离故土。颔联谓二人通信频繁,"数字传万里"可见二人关系之笃。颈联尾联言滇吴之间路途遥远艰辛,唯不知为何有此感慨。按方氏《担当年谱》唐大来已于崇祯四年(1631)归滇地,此《自滇至吴得唐大来书问》诗最早也在己卯年(1639),担当已家居八年,诗中所谓"寒鸡""奔马""艰危"似非泛泛之语。兹大胆猜测此诗所谓"回首惊魂知未定"者,乃指西去之徐霞客。查《担当年谱》(并参《徐霞客日记》)"崇祯十一年戊寅"下:

> 戊寅八月,徐霞客由黔入滇……至安江村,入晋宁北门访师……俾知霞客与师之关系,非泛泛然所可比。

及"崇祯十二年己卯"条下:

> 师侨寓省寓。徐霞客由鸡足赴丽江,谒木知府增……师为木增手订《山中逸趣》,霞客至丽江,访木增,得见为序之。

徐霞客于戊寅年至晋宁访唐泰,一见如故。唐、徐二人或曾聊起这位吴中滇僧,唐泰具以告知苍雪,苍雪遂作此语,方可解释。

今观徐霞客西游滇黔,结缘苍雪、担当等释教中人,继以面见木增、校刻《华严忏仪》,法缘之妙,不可思议。而缘起之人徐霞客最终未能亲睹经册付梓,诚为可惜!刻忏仪事后,毛晋与木增亦建立起友谊:前引毛晋小序便载木增来信,并带来些"琥珀、熏陆诸异品";毛晋落魄时木增亦尝伸手援助。前人已有论,不再赘述。① 今所论木增与苍雪之间交游际会,及《华严忏仪》所历本事之文化意义,远高于忏仪本身的宗教意义,值得标出。

第四节　结语:"汉藏佛教"的成立

今日学界"汉藏佛教"的研究题设始自沈卫荣教授,对于《华严忏仪》文本的研究也以沈教授最为深入。从刊刻经历到文本本身多角度研究《华严忏仪》的尝试,无疑是明代区间内"汉藏佛教"交流圆融的最佳案例之一,这也是曾经的明代佛教研究所忽视的话题,而学界历来割裂明代汉传、藏传佛教的讨论无疑也阻碍了许多明代佛教讨论的继续深入。今日唯有将"汉藏佛教"共同作为十四至十七世纪中国佛教的主体加以讨论,才能彻底激活近世佛教研究的活力,使得更多的研究者进入这一领域,挖掘明清佛教文化、

---

① 张耀宗:《明代出版家毛晋与云南丽江木增的交往》,《江苏图书馆学报》1999年第1期。

政教关系、经典义理等话题中的价值。

具体到本节中木增、苍雪与《华严忏仪》之间的因缘，汉传华严高僧苍雪大师，以一西南僧人而活跃于东南，木增则以藏传佛教檀越的身份，刊刻汉文经典以流布，但此忏仪所造，又依据西夏时所译藏文仪轨，为汉地所未见。此中交融与互通错综复杂，只有通过"汉藏佛教"的视野与相应的研究成果，才能彰显其中价值。而就今日明清佛教研究如"晚明佛教复兴"等话题，本身就有藏传佛教缺位之嫌，不仅文中华严宗苍雪大师与藏传佛教略有往来，明季钱谦益、赵宦光等居士士大夫的信仰生活中也有藏传佛教的影响在其中。因本章所论《忏仪》涉及此话题，遂识于此。

第四章　近世佛教源流中的汉藏佛教

本书虽聚焦万历朝之后近百年左右的汉地佛教史，但这段时期同时也属于整个近世佛教的脉络之中。整个近世佛教传统中不仅有元、明、清三朝的汉传佛教，近世佛教传统中的印藏佛教，对中原产生过的影响同样需要得到关注。如果从常见佛教史视角做一次转移，把整个近世诸朝上层佛教信仰作为视角主体，那我们会观察到自蒙元开始一直到清末民国近八百年间，皇权上层对藏传佛教的礼遇和信仰，才是这一时期佛教信仰的主流，而汉传佛教的话语权，只在几次个别的复兴运动中才有所体现。诚然，中国境内的满、蒙、藏乃至是印度文化圈的佛教文化与传统，无论在语言文字还是信仰习俗方面，都与汉地存在极大的区别；对近世佛教源流的讨论，在宏观的视野下可以被视为汉地与蒙藏等边疆跨文化的佛教史研究，① 也只有对边疆"周围"的佛教传统有所了解，才能更好地理解汉地佛教及所谓佛教复兴，进而更为全面地了解近世中国的政治、信仰等各方面的表现与得失。

近世佛教源流中的晚明佛教，无疑同样受到许多"周围"佛教宗派的影响，其中藏传佛教对晚明时代的影响，是显而易见的。但不论是明清时的记载还是今天学界的研究，都对藏传佛教影响晚明中原文化的关注不够多，这其中当然有许多学术观察之外的因素。在本章之中，谨举传世文献，尤其是家喻户晓的小说文献作为例证，考证晚明佛教史中藏传佛教所扮演的角色及其现实的地位，以强调跨文化视角的讨论，对晚明佛教史研究的重要性与必要性。

第一节　近世佛教的源与流

汉传、藏传佛教之于明清近世以来传播与影响，是与整段王朝史研究密

---

① 之前学界非常流行的"从周边看中国"，是通过同为汉文文献的日、韩、越南文献中的记载，来考察中国在近世东亚的影响，这里的"周边"虽然已经跨国，却不能算严格意义上的跨文化。

不可分的,这其中就包括了对中原与边疆的综合研究。比如就藏传佛教而言,明清时的藏教诸派与内地的往还,比之中古时期著名的中西宗教交流,如玄奘、义净等的西行功业,有过之而无不及;但体现在学术界的实际成果,却颇逊于中古史研究的繁荣程度。而且,明代佛教史研究,自有其别于中古佛教的研究意义。即便是在当今中国,国家与地方的汉藏诸宗佛教宗师、护法关系等话题,仍为一被大众所关注的重要议题。考察与研究今天宗教信仰与边疆问题的,就离不开对近世历史上中原王朝的民族宗教政策的研究。"近世时代"的八百余年之中,①享国二百七十六年的大明王朝,作为其中唯一的汉族建立的统一王朝,其对番教边疆"多封众建""以教固政"的做法,除了其本身效用与教训外,对今天仍有可资借鉴之处。

  同时,因为明清以降各部文献存世较多,学术界凭借正史及释道类各部传世文本,对明代(1368—1644)佛教与政教关系的研究涉及面已非常广,有些话题如君主佞佛、高僧行年著述等,也有过深入的探讨。合理地梳理明代佛教史,厘清近三百年佛教团体的生存状态,对理解近世的宗教史、佛学史及国史,都会有不小的帮助。时到如今,关于明代佛教全史乃至整段近世佛教传统,学界仍未能有一个明确的说法;对传世释家类经典的解读与评价,亦未能尽如人意。尤其是遇到僧人著述与正史记载及田野调查相违背时,或遇到传世汉文文献被过度解读,而以藏文为主的少数民族文献解读不够的时候,则建构的当日佛教史叙述,就会渐渐偏离史实。正因为如此,许多基本的研究材料及佛教史观仍有进一步探讨的空间,这也给了后进学人如我辈者,进一步努力的空间。观今日的佛教史研究界,对明代近三百年之佛教活动中,番、汉两种佛教宗派共同作用于国家政治生活,鲜有宏观系统的研究。探讨明代佛教这一话题,即便是仅仅回答以下两个问题:君主更为亲近汉传佛教还是藏传佛教,或两大宗派在明帝国时代的生存状况究竟如何,其学术价值不言而喻外,本身也是非常有意思的。且借此研究,即可贯通长期存在于晚近佛教研究领域之间的若干壁垒,其中最主要的两大研究领域包括:(一)研究元明清佛教制度及高僧行年、义理研究的近世佛教史(汉传)研究;(二)关注西夏蒙藏民族宗教史地研究,如蒙元史、西藏史、藏传佛教史,而不是单一考证正经与野史的可信度,或异域文献的解读这么简单。

  众所周知,佛教作为近世东方最受崇奉的信仰方式,在大明曾以汉藏两

---

① "近世"概念,是沿用学界对古代史区间的分化,一般来说,两宋之前是中古时代的结束,两宋以后是近世时代,并一直延续到鸦片战争前后。详见下论引内藤湖南之说。

种宗派的形式，影响着这个帝国的信仰生活。所以，不可以简单地将百余年无汉传高僧出世等同于佛法"衰落"；也不能将帝王亲近西番法王，单纯地看作"多封众建，因俗以治"的功利思维，或崇尚"淫戏"的歪曲。唯有兼采明代汉、番佛教这两大研究领域，才能全面关照近世佛教的生存原貌，改变元明以来文人对佛教尤其是番教的一味诋毁抹杀，也可以避免早期佛教史写作中，对番、汉佛教影响估计的偏颇。本章即欲在此种宏观研究中的作一点试探，并就习见之材料，设一假说，以求教通人君子。

从政教关系的角度看，文献中记载的明代藏传佛教，无论对宫廷上层的吸引力，还是实际在国家与地方的影响力，都要略胜汉传佛教一筹。尤其是在明朝前期，这种风气极为典型；可以说，元明之际的中原，弥漫着藏传佛教的信仰传统而长久不散。即便万历朝以后，汉传佛教迎来了百余年的复兴，其实也不过是与藏传佛教分庭抗礼。而到了明清易代的甲申、乙酉年后，入继大统的满清政权，则是另一个皈依了藏传佛教的军事共同体。清朝初年的北方藏传佛教，很快恢复到了明嘉靖朝以前具有压倒性优势的局面。欲讨论明清番教的优势地位这一点，除了枯燥的信众、寺院及教团规模的数据外，本章希望从直观的佛教制度来源、明代君主对高僧的礼遇及诸高僧的作为，来体现藏传佛教之所以在当日得到长足发展的缘由。

首先，需要讨论明代佛教制度的形成与它的参照体系。明代佛教制度的内容，具体包括僧人管理机构、僧录司的职能与僧官的选拔、度牒制度以及僧学制度。其中僧官品级与体系，可见于《明史·职官志》"僧录司"条，已被研究者引用多次，兹不赘述。朱元璋草创大明诸制，虽宣布废除帝师制度，而使用分封国师并加赏封号；但实际仍阴袭元制，即借鉴宣政院模式，在南京天界寺设置"善世院"，选拔高僧担任善世禅师。伴随明初大案产生的僧难中，善世禅师季潭宗泐等汉僧下狱，不久朱元璋便撤去"善世院"，将管理僧道的机构改设为礼部管理下的僧录司，僧司最高的善世品秩降为六品，这是治明史者熟知的。①

当然，《明史·职官志》中涉及的僧官条目，其实不够全面，未可视作定谳。彼仅言北京僧司，未谈南僧司，而且二司所在的驻地，亦闭口不谈，未免有些不妥。据《大明会典》及文人别集中的记载，南京的僧录司在永乐北迁后一直保留，地点甚可能沿袭洪武、建文及永乐初僧录司的位置——南京天

---

① 关于明代僧官研究最全面的要数马晓菲《论文明代僧官制度研究》（山东大学 2014 年博士学位论文），但研究还有待继续的深入。另可参张治东：《明代藏区僧官制度探究》，《西藏民族学院学报（哲学社会科学版）》2011 年第 1 期。

界寺。而北僧录司先后设在大兴隆寺与大隆善护国寺,都是明初西番大法王的驻地,非汉传寺院。地方上,北方僧纲司中最著名的如五台山僧纲,即设在重要的藏传宝刹五台山大显通寺。这一制度本身就有强烈的藏教背景。综合这些信息,对明代僧录制度就已经可以看出一定的倾向性了。

大明刚建国时所设立之"善世院",模拟自蒙元僧人管理机构"宣政院",为世所习知。除了掌管全国佛教事务外,当年的"宣政院"还兼管藏族地区军政事务。其自为一独立的任官系统,不受文官系统辖制,并长期由藏族宗教领袖担任。同时,蒙元政权本身又皈依了藏传佛教,这使得"宣政院"的掌控力,在佛教界内尤其藏传佛教诸派享有绝对权威。明初"善世院"时代,已不复宣政院时那般权势,但以番、汉高僧掌管天下释教的局面还在。朱元璋在建国仅十余年便撤去"善世院",看似欲革除蒙元帝师当国的影响,而将辖内僧人管理,纳入行政管理体系之下,但有一点被忽略了:当日西番诸卫尚未完全内附。此招其实为日后管理埋下了差别化的隐患。当然,撤"善世院"而改"僧录司",其对汉僧管理算得上立竿见影,却无法完全实现其管理藏传佛教的初衷,这在明代佛教史尤其是前期尤为明显。汉僧因撤院建司,而摄于礼部,发展势必受掣肘。而明初一系列大案频繁涉及高僧,加上严厉而不甚合理的制度,如禁绝僧俗间讲学,僧学仅学习钦定"三经"教义,及区分汉僧"禅教讲"之别等等,将明初颇为活跃的汉传佛教之风迅速浇灭,并导致高僧凋零,以及汉僧僧团不可避免的衰落。①

反观藏僧,虽然元明变革时,汉地所存番僧已经不多,留在北京的高僧仅有蒙古和林国师(其实当为回鹘人②)等个别南下新廷,而远在乌斯藏的高僧犹未来到中土。所以新创僧录司及地方纲司制度的朱元璋,显然未做好管理未来百余年源源不断东来的僧众的准备。这使得日后明廷遇到安抚边疆、兼顾宗教的时候,僧司乃至礼部本身都根本无法有效应对。永乐朝时想出的一套管理藏传教团的办法,被证明是最好的权宜之法:那就是在广大边疆地域设立番僧僧纲司,管理广大番教信众,③而对于德高望重的教派领袖,还要册封其为大法王及各大宗教头衔。这套"分封"措施的执行,未必

---

① 对明代汉传佛教衰落原因的探讨,研究界已广有所及,可参陈玉女《明代的佛教与社会》、何孝荣《明朝佛教史论稿》(宗教文化出版社,2016 年)。
② 可参杨福学等译介:《敦煌出土察合台汗国蒙古文令旨》,收入《中国边疆民族研究》2011 年第 1 期。
③ 明代番僧僧纲司制度,除前引张治东文外,可参白文固《明清的番僧僧纲司述略》(《中国藏学》1992 年第 1 期)一文。

不经过政府,①但显然是有些游离于原有部院宗教事务体系的。英宗朝以后,番教各宗派僧团的"大法王""大国师"们进京的规模日益壮大,原有两京僧录司、纲司制度在管理上的先天缺陷已暴露无遗。汉地藏传佛教僧众人数失去控制,甚至到了需要控制边境僧人入境等其他行政措施来帮忙才行;中原番教影响日益壮大,已成事实。相比而言,一直深受僧司限制的汉僧团,无论作为还是影响,都相形见绌了许多。

此时,经历"后弘期"发展三百余年的藏传佛教,已经进入僧团组织、宣教义理都高度成熟发达的时代。诸大派如萨迦派、噶玛派等高僧辈出,并积极用世。经历西夏、蒙元诸政权百余年的青睐,藏传佛教已被证明是一股充满智慧与慈悲的僧团力量,而认可其作为国家信仰的地位。继承蒙元中原统治权的明初高层,不可能不感受到这种信仰与信众团体的力量。所以,由于现实信仰需求、宽松的边疆与民族政策等因素,促成藏传佛教在明朝前期的又一次发展。据沈德符《万历野获编》卷二七《释道》"释教盛衰"条载:

> 我太祖崇奉释教,观宋文宪《蒋山佛会记》以及诸跋,可谓至隆极重。至永乐,而帝师哈立麻,西天佛子之号而极矣,历朝因之不替。惟成化间宠方士李孜省、邓常恩等,颇于灵济、显灵诸宫加奖饰。又妖僧继晓用事,而佛教亦盛,所加帝师名号,与永乐年等。其尊道教亦名耳。武宗极喜佛教,自列西番僧呗唱无异,至托名大庆法王,铸印赐诰命。②

这段"释教盛衰"的历史为治宗教史时经常引用,其实包含几段不同的管理时期,则未有研究者指明。观沈氏一开始所引宋濂记明初佛教盛况,乃是洪武朝短暂的"善世院"时代。《蒋山佛会记》里记载的佛教盛况,是明初番、汉佛教众高僧一同见证的,汉僧宗泐、楚石之外,番僧则有具生吉祥、智光师徒,以及故元的和林国师,都是其中翘楚,所以"至隆极重"也是必然。但随着永乐朝一代高僧、僧录司左善世道衍和尚之后,汉僧规模与素质不可避免地开始下降。当然,此际给研究者一个假象,佛法开始衰落;这也可以从道衍和尚自己的话中得到旁证。据道衍和尚永乐十一年春在《径山南石和尚语录序》里说道:

> 诸大老道重天下,四方龙象奔走,云臻而雾集,不异宏智(正觉)、妙喜(大慧)、真歇(寂庵)行道于宋绍兴间也。余私喜之曰:像季之世,何

---

① 如明英宗正统初年,明朝中央进曾确定僧官的等级,我们熟悉的"法王""西天佛子""大国师"等等级,是礼部拟定而非直接的内宫敕封。可证明朝对藏传高僧礼遇,并非出于帝王一时的信仰喜好,而有其政府管理的流程在。
② 《万历野获编》卷二七,第679页。

幸得见佛日之朗耀,法雨之广泽如此耶? 不数十年,诸大老相继入灭,禅林中寥寥然,一无所闻。①

道衍回顾的是明初南京佛教界,汉高僧尚有规模,大有两宋禅宗繁荣盛况。但这代高僧入灭后,此前的盛况便烟消云散。那时僧录司制度已实行数十年,人才培养的弊端开始显露。实际上,从实录、起居注等文献中检索出的明代僧录司善世、觉义禅师,在永乐时掌僧录司之道衍后,就再无高僧可言。这其中,时常还有因倒卖度牒或私进秘法的僧官问世。即便晚明佛教复兴,僧录司左右善世等僧官也并非一流高僧。可见明代采取僧录司管理后汉僧僧团的尴尬的境遇。

无论如何,明代佛教作为一个整体,仍可视为长期处于昌盛的时代。洪武、永乐之后的仁、宣、英、代、宪、孝、武等大明诸帝,于番僧大德的礼敬几乎一直没减退过,这一热潮直到嘉靖藩王入继奉道,势头才有所减弱。仅仅半个世纪不到,不但京畿迎来了晚明佛教复兴,当日藏传佛教影响力最大的宗派之一格鲁派的领袖索南嘉措(1543—1588)更是来到青海,归化了当日漠北最大的蒙古贵族俺答汗。俺答汗赠给索南嘉措"圣识一切瓦齐尔达喇达赖喇嘛"的尊号,时在万历五年(1577),蒙古族自蒙元帝国北狩后重新皈依藏传佛教。东北的满清也很快随之皈依了格鲁派。藏传佛教又一次盘桓在大明周边,准备再一次入主中原。

第二节　明代以降的汉藏佛教

如果将明代佛教作为一个整体,佛教在上层长期得到重视是普遍现象,这种重视由番、汉两种佛教宗派组成。细分地看,则番教长期得到明帝王更多的尊崇,也是藏传佛教在近世元明清时代发展兴盛的一个表征。自永乐帝始,西番的大法王受到推崇;嗣后仁、宣诸朝,则可从前引沈德符所说的"西天佛子之号而极"而视之为佛法昌明的圣世。汉传佛教兴盛除了明初十数年外,就要等到万历朝"九莲菩萨"的因缘了。

从洪武、永乐时阴袭蒙元而礼敬法王,到晚明汉传佛教高僧出世,无不体现出佛教势力参与近世帝国政治生活的重要性。作为受到明朝礼遇的番、汉高僧,不少曾亲身投入到国家政治活动当中,这与大明一些帝王的政教诉求息息相关;一旦佛教高僧展示出非凡的法力与卓越的政治素养,那他

---

① 宗谧等编:《南石文琇禅师语录》卷首,《卍新续藏》第71册,第701页中。

便会为相应的僧团带来好运。融入政治生活的番、汉佛教,二者并非完全对立,而因时代需要互有交融。晚明佛教中兴,也有汉僧取法番教尊立政教偶像的做法并取得了相应的政治效果。早在明初时"善世院"并重番、汉高僧,汉则慧昙、宗泐,番则"和林国师"、具生吉祥,还处在平衡状态。自永乐起,僧录司尚有道衍大师,但自成祖所封番僧诸大派"八大教王"起,则显示官方对番教的隆遇。① 这种在制度上的番僧逐渐压倒汉僧,前文略及;然其效用上,则更体现出藏传佛教的优势所在。比如,在藏传佛教中曾长期强化君佛、政教的理论,这对明代前期君主的世俗政策,都产生过不小的影响。番僧习惯尊称藏地政教领袖为观音,而尊中原统治的君主为"文殊",这到清初变得尤为明显,清太宗、高宗就是著名的"文殊"皇帝。但此种传统,元、明以来一直存在。明朝君主因之对五台山产生礼遇,以之向蒙藏之地宣誓其为中原之主的神圣性与合法性。著名的《萨迦班智达致蕃人书》里,落款时就说"祈愿吉祥利乐!向上师及怙主文殊菩萨顶礼!",②尊称那位已经占有中原大部的蒙古领袖忽必烈为"文殊菩萨",为重要一例。而大明的成祖,也与近世诸多名君一样,分享过"文殊菩萨"的封号,藏文文献《贤者喜宴》曾记载:

  尤其大明成祖皇帝是文殊菩萨之化身;皇后是度母之化身,施以妙善之业。③

  此时大明之奉佛君主,在藏传佛教被化之民心中,即是当日之佛王。此种世俗君主等同于菩萨的做法,在拥有藏传佛教传统的近世元明清诸朝中都有出现,为佛教世界普遍使用"文殊菩萨"来诠释王权这一潮流中的一环。这种政教传统也与中古史中用"转轮王"与"七宝"意象来解释王权,有异曲同工之妙。④ 由此,作为世传文殊道场之五台山,也成为近世君主与佛教信徒所必须礼敬有加的场所。实际上,作为番、汉佛教界共同的"神圣空间",明代汉藏二传的高僧皆以此地为弘法结缘之圣地。五台山所涵的宗教神圣性与政治合法性,及其得到番、汉佛教共同崇拜的动机,此前几乎被学术界忽略,是值得继续讨论的大问题。

---

① "八大教王"研究,见日本佐藤长《明代西藏八大教王考(上、中、下)》[邓锐龄译,收入《邓锐龄藏族史论文译文集》(上),中国藏学出版社,2004年]一文。
② 王尧:《〈萨迦班智达致蕃人书〉译注》,《藏传佛教丛谈》,中国藏学出版社,2011年,第64页。
③ 巴卧·祖拉陈瓦:《〈贤者喜宴——噶玛噶仓〉译注(六)》,周润年、张屹译,《西藏民族学院学报(哲学社会科学版)》2012年第1期。
④ "转轮王"信仰与佛教王权观研究,可参孙英刚:《武则天的七宝——佛教转轮王的图像、符号及其政治意涵》,《世界宗教研究》2015年第2期。

近世的藏传佛教在宗教仪轨与神圣性上，确实有超过同期汉传佛教及其他汉地宗教之作为。明帝王多次举行国家祭典与法会，番僧都是其中重要的参与者。朱元璋在即位后的数年间，多次在南京蒋山（今紫金山）兴办无遮大会，其中印度高僧具生吉祥就曾因之名噪一时。至永乐五年（1407）时，邀国师大宝法王哈立麻（噶玛巴得银协巴），于灵谷寺为永乐及皇后做了红观世音、金刚橛等一系列灌顶法事，南京空中现塔影、佛寺等盛况空前，被后人称为"南京奇迹"，①堪称明代中原最重要的藏教法会之代表。

又有可注意者，为同在永乐五年，徐皇后过世及成祖自造伪经事件。成祖为徐皇后所造之《大明仁孝皇后梦感佛说第一希有大功德经》，因序跋中出现大量暗示永乐朝得之佛王菩萨的意志，掩饰其靖难夺权的本意，而被研究者视为具有强烈政治意义的伪经。观经文正文之后，附有大量不见于汉教经典的咒文。考虑到造伪经是年春天，前述之大宝法王进南京，并引起轰动，此年冬日前（"伪经"跋文"有永乐五年十一月初六日孝子皇太子高炽泣血顿首谨书"语，可证徐皇后殁于当年）所造之宫廷伪经，亦甚可能是蹈袭当时习见之某种印藏经典。② 政治色彩甚重之宗教伪经，或有借重番教经咒之嫌疑，此亦可间接推测藏传佛教于当日的影响。同时，番教仪轨与经典在宫廷的传播与发展，有明一代也是一个不可忽略的时期。研究者指出，明代翻译的藏传密教文献，数量上超过了元朝，这说明藏传佛教于汉地的传播并没有因为朝代的更替而中断。曾深得蒙古皇帝青睐的萨思迦派喇嘛，于明代依然十分活跃，比如受永乐礼遇的"大乘法王"；而其所传"道果法"在明代传播之广，竟然也远甚于前朝。同时，由印度、西番僧及其汉人弟子在京畿组成的所谓"西域僧团"，曾经是明代非常有影响力的僧伽组织，对藏传佛教于汉地的传播起了非常重要的作用。沈卫荣教授指出《大乘要道密集》中收入的一位译者"莎南屹啰"，可能就是明代前期至正统朝的一位重要密教高僧，英宗朝仍有强大的京中番僧的僧团组织存在，③体现明朝宫廷对藏传秘法的兴趣与研习是一直存在的。

正因为其中多位君主于番僧礼遇有加，而汉族知识分子对藏传佛教认识有限，不可避免地会产生许多偏见。比如，大明有几位在国史中因"淫邪"

---

① 大宝法王觐见成祖事件，可参房建昌：《西藏如来大宝法王考》，《中央民族学院学报》1991年第5期；巴卧·祖拉陈瓦：《〈贤者喜宴——噶玛噶仓〉译注（六）》，周润年、张屹译，《西藏民族学院学报（哲学社会科学版）》2012年第1期。

② 可参郝黎：《大明仁孝皇后梦感佛说第一希有大功德经》，《中国文物报》2006年5月17日。

③ 沈卫荣、安海燕：《明代汉译藏传密教文献和西域僧团——兼谈汉藏佛教史研究的语文学方法》，《清华大学学报（哲学社会科学版）》2011年第2期。

之罪而被诋毁得非常严重的佞佛君王,需要如今的研究作出澄清,并还原其在佛教史上的地位。藏传佛教特有之秘密法与中原本土文化差别非常大,且汉藏语言间天然的隔阂,使得中土知识精英对藏地仪轨经典近乎一无所知。如藏传佛教中某些"双修"的元素,被保守的汉族知识精英斥之为"惟淫戏是乐",这种观点至今犹存。沈卫荣教授曾考证被《元史》等官修史书定为"淫戏"的"演揲儿"法等宗教仪轨,其实是藏传佛教中重要的修行方法,并在元明宫廷广为流传。这种藏教修行的方式,被夸张成淫秽的记载,被证明是汉儒们的"意淫"。

　　本节主旨并非关注近世帝王宫廷的私生活;但可以肯定一点,藏传佛教是当日宫廷重要的信仰生活,佛教信仰本身与"淫戏"几乎是无关的。在此种前提得到认可后,再重检许多明清时人的记载就会发现不少问题,其中被人误解最大的,就是明武宗正德皇帝。清人所编之淫邪小说《武宗秘史》一书,实际代表的就是对藏传佛教完全无知的说书人的态度。而明武宗的宗教政策,及其实际对国家造成的影响,现在国内学界研究阙如;若能从明武宗效法成祖宠幸番僧而力拓边事重视其作为,或能证明武宗并非一无是处之君主。而明宪宗时向皇帝进献"秘密法"的"妖僧"继晓,亦甚可能是位谙熟番教系统的僧人,其罪状与实际的状况,也未必如《明史》记载之不堪;"妖僧"继晓之败,可能出于政治斗争的失势。而之前如明英宗景泰时期的度牒泛滥与番僧大德的关系,也值得重新研究。就连为人熟知的万历初佛教复兴,其实也借助了不少番教的影响,但在晚明汉僧话语权的掌控下,许多史实被长期淹没。慈圣皇太后宠幸汉僧,其中最重要的举动便是神宗九年延僧于五台山办无遮大会求储。而无遮大会实际的僧侣领袖为山西籍高僧妙峰福登;经过笔者实地田野考察及与所存文献比对发现,妙峰甚可能为番教系统或极其谙熟番教教理传统之高僧(妙峰圆寂后得"真正佛子"的封号,《补续高僧传》作"真来佛子",这一封号实际出自明代宫廷对番僧的加封)。此种番、汉交融的现场,在后期汉传佛教复兴后多有湮没,亟待新的研究作出合理解释。

　　作为国家代表出使西域、西洋诸国的使团中也频繁出现僧侣的身影。其中最主要的出使方向,都在西域和西番,藏传高僧与居士(如汉人而番僧之智光大师或藏族居士、内官侯显辈)则具有其得天独厚的优势。出使远行,除会迎请高僧、带回异域真经外,甚至还有法物如佛牙等。明太祖时三次派遣汉僧出使西域,至少有一位高僧(慧昙)圆寂异乡。成祖时郑和船队曾为释迦牟尼佛牙事,于斯里兰卡与当地人发生冲突,并擒获当地土酋。事存藏文及斯里兰卡文献之中,为人熟知。这些都是明代僧众于政治生活中颇有代表性的表现,借此可以看出,明代时藏僧的确有其显著的作为。

还原元明以来汉藏两大佛教宗派在明代帝国中的真实影响与发展,修正以往佛教史中相对保守、不够全面的明代佛教形态布局,可以尽量避免原有研究中出现过的一些问题,如当时佛教宗派中的主流反被佛教史叙述边缘化,某个帝王的佛教政策与喜好被标签化等等。这样,才能更好地还原佛教在整个时代的影响与流变,钩沉明代君王与僧侣的政治合作与影响,借之突出帝王、僧众、士大夫三分影响的格局。而其中最重要的,是政治空间中的佛教教化功能与神圣性,对明代番、汉佛教秩序的建构所起到的作用,因为久为研究界忽略,也是亟需研究界作出解释的。

厘清明代以来"汉藏"佛教的关系之后,接下来把视角转到时间与空间上的近世佛教史之上。近世(Modern),在刚刚创立这个概念的二十世纪初,指的是"近代"。内藤湖南创立的京都学派提出的"唐宋变革论",并将中国封建社会划分为三个阶段:古代——中世——近世。古代是原始社会—东汉时期;中古是秦汉—五代十国时期;近世就是宋以后,即宋元明清。内藤湖南认为,"唐代是中世的结束,宋代则是近世的开始",即唐宋之间的变革是中世向近世的转变。① 围绕唐宋变革论的讨论,一直贯穿于二十世纪的唐宋史研究,有力地推动了唐宋史研究的开展。当然,当时所谓古代、中世与近世的概念,都是以同欧洲历史发展的各个阶段进行比较为前提而产生的。不过这个"近世"的开端,却碰巧与佛教史的近世概念恰好吻合。

由唐入宋的汉传禅教,又经过百余年中国化,已经成为一个具有汉地特色的信仰形态。其中无论是惠洪觉范的石门文字禅,还是大慧宗杲中兴的临济禅,都有把佛教变成类似精英理性的哲学体验的趋势,适合融入知识阶层,但不易与政权本身结为一体。这使得汉传佛教里的开拓者,在近世伊始,就开始主动走向一个狭小的格局。且两宋时君主武功孱弱,中国本不尽为赵宋所有,汉传诸宗实际在包括辽金西夏在内的、广袤的华夏大地上的影响力开始下降,已远逊于隋唐时代。

此时汉传佛教的衰落,却正好对上藏传佛教复苏的起点,此消彼长,二者在中原信仰中的地位开始互易。相当于唐中后期,吐蕃末代赞普朗达玛在位期间,对佛教采取禁绝措施,史称"朗达玛灭法",②藏地自文成公主传

---

① 内藤湖南此说,据李庆《关于内藤湖南的"唐宋变革论"》(《学术月刊》2006年第10期)研究,最早应出现于刘俊文主编、黄约瑟译的《日本学者研究中国史论著选译》第一卷"通论"的《概括的唐宋时代观》一文。

② 参陆军:《918年抑或978年——〈青史〉所载藏传佛教后弘期起始年考》,《西藏民族学院学报(哲学社会科学版)》2010年第3期;成映珠:《浅谈朗达玛灭佛的背景》,《宗教学研究》2006年第4期。

入汉传佛教后兴盛的"前弘期"结束。在数十年后,藏地贵族重新开始兴佛活动,许多教派陆续形成,比如宁玛派、噶当派、萨迦派、噶举派、希解派、觉宇派、觉囊派以及日后影响最大的格鲁派,藏传佛教对中原开始倒灌。大约公元 1000 年前后,西藏开始了佛法的"后弘期"的鼎盛时代,影响一直延续至今。

西藏"后弘期"佛法复兴的一个表征,就是著名的阿底峡大师(982—1054)应古格王国国王意希沃之邀,于 1042 年来到西藏西部阿里地区扎达县境内的古格传教。他到卫藏后,广收门徒,讲经传法,致力于调整显密修习次第和显密两宗的关系。复兴的藏传佛教除了得到西藏本地政权的皈依,也深深地影响了一个早已从青藏高原迁徙而去的民族的政权,那就是西夏。忽必烈灭南宋前的九年(1270),萨迦法王八思巴·罗卓坚赞,被元朝忽必烈尊为"帝师",统辖西藏政教事务。八思巴在元朝的支持下,统一全藏,结束了长期分裂的局面;①这是"后弘期"时的藏传佛教第一次真正意义上进入中原统一王朝的政权体系。此后经历蒙元诸帝,藏教都是最高统治者与贵族最信奉的宗教形式。甚至最后被俘的宋少帝赵㬎,也被送去吐蕃学习教理,最后赐死在河西。学界基本上认同,"后弘期"藏传佛教中最具代表性的成分,就是密教传统。随着印度佛教在十三世纪的消亡,佛教中的密教传统,特别是无上瑜伽部的传统在印度已经失落,而它却在西藏得到完整的保存和全面的发展,成为藏传佛教的主流和标志。② 其实,这些印度密教几乎在前后同时传入西藏与宋朝。宋代著名译师天息灾、施护、法护等人分别翻译了《最上根本大乐金刚不空三昧大教王经》等多部重要密宗续典,但都因为翻译质量欠佳,涉及实修的内容又常遭删减,故碍难为佛教修行者理解。③ 刘震、范慕尤等学者对之做过详细的梵汉对勘研究。比如,范慕尤教授在对《无二平等经》梵文写本的对勘与研究中就发现,宋人凡是涉及双修、明妃的地方,全部遭到胡乱敷衍,毫无密教原状。无论出于什么目的,这无疑都会阻碍密教在汉族地区的传播。④

西夏王国(1038—1227)就曾是早期历史上少有的几个以佛教为国教的著名佛国之一。西藏史家习惯于将西夏的历史紧随印度、吐蕃之后,与香跋

---

① 邓锐龄:《元代中央与吐蕃的关系》,《邓锐龄藏族史论文译文集》(上),第 12 页。
② 沈卫荣:《汉藏佛学比较研究刍议》,《历史研究》2009 年第 1 期。
③ 见前引沈卫荣《汉藏佛学比较研究刍议》一文。
④ 刘震:《〈赞法界颂〉源流考》,《世界宗教研究》2014 年第 1 期;范慕尤:《重估施护译经的价值与意义》,《中山大学学报(社会科学版)》2010 年第 4 期。

剌、于阗、蒙古等佛教国家的历史一起写进世界佛教史中。① 西夏开始就有国师的称号,只是为人熟知的西夏国师,多被历史否定。比如蒙古灭西夏时,所杀的那位西夏最后的国师;《黑鞑事略》引王楫语云:"西夏国俗,自其主以下,皆敬国师。凡有女子,必先以荐国师,而后敢适人。成吉思汗灭其国,先裔国师。"②就算之后的蒙古番教,给人的印象同样不好,为人所知者唯有臭名昭著的"秘密大喜乐法"和莫测高深的摩诃葛剌崇拜,遂使藏传佛教被妖魔化为播弄鬼神的方伎和专事"房中术"的妖术。此外,现有有关元朝佛教史的著作中,不但基本上没有提到元朝宫廷之外蒙古游牧民的佛教信仰,而且普遍认为随着元朝的灭亡,藏传佛教于蒙古人中间的流传亦就停止。前论直到十六世纪中期,在蒙古王子俺答汗和第三世达赖喇嘛索南迦措的共同努力下,藏传佛教才重新于蒙古人中间广泛传播开来,并最终取代蒙古传统的萨满信仰而成为蒙古人中间占主导地位的宗教信仰。③ 沈卫荣教授曾认为,十一——十四世纪从高昌回鹘到西夏和蒙古时代的佛教历史一脉相承,在高昌回鹘、西夏和蒙古的宗教信仰中均占主导地位的既不是汉传佛教,也不是印度佛教,而是藏传密教。中国人民大学索罗宁教授提出过反例,证明起码西夏时期的佛教中,汉传佛教未必没有影响,但也不能推翻藏传佛教在西夏上层占有绝对地位的结论。自西夏以降,下迄满清前期诸帝,对藏传佛教中包括格鲁派在内的多种宗派,都礼敬有加,此为世所共知。大元大清之间的大明一朝两百七十余年,帝国高层的信仰,是本章最欲探究的话题。细究明代诸位君主对宗教信仰的态度,可以大致看出,即便是汉族建立的政权及其宫廷,也长期被兴盛的藏传佛教风气所浸染,只是汉族史家在记录与描述上,刻意地淡化或者回避这个倾向。同时汉地的佛教则长期潜行,虽不至于寂灭,但是在规模与影响上则远逊西番之教。所从,我们可以大胆推测,从成吉思汗礼敬藏地高僧萨迦班智达开始(约十二世纪末)算起,一直到清朝君主最后一次朝拜五台山(清仁宗嘉庆十六年,1811)这六百余年间,入主中原的中央王朝上层的信仰主体,都是后弘期改革以来的藏传佛教。汉传佛教在这六百年甚至更长的时间,都难以在政治上有所作为,这与盛唐武周时代的状况大相径庭。

近世佛教传统的终结,大约在十九世纪晚期,这与东西方全面进入现

---

① 沈卫荣:《重构十一至十四世纪的西域佛教史》,《历史研究》2006年第5期。
② 彭大雅撰,徐霆疏证:《黑鞑事略》,收入胡思敬编:《问影楼舆地丛书》,光绪三十四年新昌胡氏京师排印本。
③ 前引《重构十一至十四世纪的西域佛教史》,以及沈卫荣:《神通、妖术和贼凭:论元代文人笔下的番僧形象》,《汉学研究》(台北)2003年第2期,第219—247页。

代化社会有密切的联系,而充满中世纪宗教仪轨与鬼神体验的藏传佛教,因西藏贵族各种内讧而颇有衰落;时代的变革与自我的混乱,使得曾经颇受礼遇的藏教,在晚清失去了皇家与政府的支持,逐渐游离出主流政治舞台。清仁宗最后一次礼敬五台山后,清朝君主再也没有去过代表文殊菩萨道场的佛教圣山。连续多代达赖与班禅的转世,在未成年时就遭到西藏实权贵族谋害,不仅加重了藏传佛教策源地的不稳定,也慢慢消磨了藏传佛教在整个近世时代的辉煌,而十三世达赖土登嘉措(1876—1933)受侵略者蛊惑与牵制,而终与清政府对抗,更是加剧了整个藏传佛教界在政坛的没落。

近世佛教传统的终结,正好接上近代的佛学复兴的脚步,杨仁山、欧阳竟无及日本学者僧南条文雄等,依托流散日本的唐代佛教唯识经典,重兴汉传佛教中的唯识之学。当时的汉族精英所复兴的佛教,看似无关上述近世佛教的传统,但包括章嘉呼图克图、九世班禅额尔德尼、诺那呼图克图及喜饶嘉措等在内的藏传高僧,仍然在国民政府的佛教复兴计划中占有非常重要的地位,筹建汉藏教理院等机构的太虚和尚,在国民政府面前则相形见绌了许多。①

纵观整个漫长的近世佛教传统,有一百余年时间,汉传佛教可以与兴盛的藏传佛教力量相媲美,那就是晚明佛教复兴时期。那次复兴借助了政治改易与汉文化自我意识苏醒等诸多的机缘,在漫长的藏传佛教潮流中,展示出汉传佛教在禅净圆融与僧俗互动方面与生俱来的优势。但这股汉传佛教复兴之势,最终也随着明清易代后蒙古格鲁派章嘉活佛世系崛起而逐渐消解。对此话题的讨论颇多,但仍有许多未发之覆。

补充一点,近世时代尽管汉传佛教在政治与宗教话语权中不怎么占优势,但它的出家人数与信众的范围,仍然非常广大。明清两代有发布度牒与僧人管理的档案文献,可资查询。比如终明一代出家人数字,番、汉两宗都一直在稳步增长,即便明世宗不喜佛教,明思宗曾经爱好天主教,都很少实际减少出家人的规模。不过,数字上的稳定,既不代表汉传佛教的兴盛,也不能证明它十分的没落。我们讨论的藏传佛教的兴盛,与相对的汉传佛教的衰微,是集中在两大宗派参与近世的贵族精英与皇家禁宫的精神生活,以及国家政治生活层面。汉传诸宗中难觅中古时天台智者大师或玄奘、义净

---

① 近人对太虚研究,龚隽、赖岳山《重估太虚法师(引论)——以"中国第二历史档案馆"所藏民国教育部档案为中心》(中山大学人文学院佛学研究中心主办:《汉语佛学评论》第四辑,上海古籍出版社,2014年)一文提供了新视角,结论亦颇值得关注。

之类的高僧,而藏教从萨迦班智达、八思巴起,直至大明时具生吉祥、智光师徒,大宝、大乘、大慈法王,格鲁派三、四、五世达赖喇嘛,对元明清宫廷与政治,都产生过极其深远的影响。在这点上,汉传佛教在近世数百年间,实在乏善可陈。

第三节　小说中的佛教史

　　前论中编"'取经'故事及其明代书写"一节中已梳理"取经"故事在紫柏散文中的演变与再创造;然而明代文学文本中取经故事最直接的体现,无疑是著名的长篇小说《西游记》。同时明代现实的宗教生活中,也有着人数众多、影响深远的"取经"行动。明初多位高僧西行乌斯藏与印度,而印度、乌斯藏等地前来中土的密教高僧,同样地络绎不绝。文学想象与现实宗教交流中的"取经"意象,有一个相似的背景:都是凸显了藏传佛教的色彩。这与元明以来藏传佛教风靡中原,受到中原统治者尊崇有很大的关系,也与近世时代的中国佛教信仰中藏传佛教一直占有很大的比重是分不开的。虚构之小说中或有真史料存在,这是显而易见的常识;但如何清晰地将真史料从小说家言里剥离出来,那就是另一回事了。在笔记小说之中,钩沉一时之政治史、经济史,已颇为不易;而检索其中宗教史的真材料,或许会更为困难。陈寅恪先生曾于《梁译大乘起信论伪智恺序中之真史料》一文,举智恺序中南北朝并立时,交错互异的君主年号及州郡名称运用准确得当,证明此序必出自当日亲身经历者之手,而伪序之中必有真实史料存在。《大乘起信论》之智恺伪序虽为释家著述,但因其出于伪作,陈先生之研究实际上可以看作从虚构文字中求真史料的经典研究范式。

　　前人利用小说文献研究宗教时,亦多有精彩论断。比如前引沈卫荣教授所指出的,元末明初小说《庚申外史》中所载、《元史》因袭的"秘密大喜乐禅定"诸条所指,实际上是密教的大手印修法的一种,而与禅宗始祖菩提达摩于《二入四行论》中所说的"理入"之理如出一辙,并非被歪曲的丑诋元代宫廷的"淫戏"。王尧先生在《〈金瓶梅〉与明代藏传佛教》一文中,据小说《金瓶梅》里出现的喇嘛法事与藏传寺院的描述,还原明代藏传佛教在社会上的影响,并指出小说发生地,并不是文本中的清河县,而是当日番僧云集的京师。邓锐龄先生《中国古典小说中所见藏事的痕迹》一文中指出,明清小说如《西湖二集》《儒林外史》《儿女英雄传》中,存在不少藏传佛教在中原的传播的记载。① 从这些大家们的研究成果中可以清晰地看出，笔记小说之中的宗教史料非常丰富，也大有研究的空间。笔者亦不揣谫陋，以明代著名的《西游记》中之宗教史材料为引子，以窥明代宗教地理源流与影响。

一、《西游记》"取经"地理

本书中编论"取经"意象演变已经甚详，元明以来文学中的"取经"意象，体现在明代定型的《西游记》小说对唐代以来玄奘西行故事的改编之上。而现实这一维度中，"取经"意象则表示明代上层的高僧代表政权出使西藏及南亚；广义地看，也包括印度、西藏的高僧将西番秘法带入中原，结纳君主，并传经授徒。这两个似乎并不相关的维度，最后却统一到取经地的来源之上：明代文学中对"取经"意象的再创造，与现实中"取经"的目的地，都指向了当时的藏传佛教。这并非是"取经"意象在演变过程中的巧合，而是与明代佛教格局及近世佛教源流甚有关系。

前论陈寅恪、那体慧、梅维恒、徐文堪等多位名家的研究我们已熟知，"西游"故事演变的来源就是玄奘西行取回真经的真实历史；而早期西游故事的核心，是玄奘在路遇坎坷时得到高人（菩萨）传授的真经。所以徐文堪先生据各家对这篇敦煌卷子的研究得出结论，S.2464 号卷子实际上就是一部最微型的《西游记》小说；而小说故事的核心，就是此唐僧经高人传授《心经》的本事。② 而历代的演变中不仅为这一核心母题添加新的情节，也在围绕这则母题本身，做出符合讲述时代的修改意见。本节将重点关注其中的空间因素：对核心故事发生地的改写，成为取经故事演变中值得关注的地方。陈寅恪先生最早关注到，伦敦博物馆藏敦煌本唐梵翻对字音《心经》（即"敦煌 S.2464 号卷子"）应该就是沿袭《大慈恩寺三藏法师传》的记载，即玄奘得一病僧传授《心经》，并于莫贺延碛中灵验的故事。此为治中外史地交通者所熟悉，兹不避烦，略引于下。《大慈恩寺三藏法师传》记载：

> 从此已去，即莫贺延碛，长八百余里，古曰沙河，上无飞鸟，下无走兽，复无水草。是时顾影唯一，心但念观音菩萨及《般若心经》。初，法师在蜀，见一病人，身疮臭秽，衣服破污，愍将向寺施与衣服饮食之直。

---

① 沈卫荣：《历史中的小说和小说中的历史——说宗教和文学两种不同语境中的"秘密大喜乐禅定"》，《中华文史论丛》2013 年第 1 期；王尧：《〈金瓶梅〉与明代藏传佛教》，《王尧藏学文集》卷五；邓锐龄：《中国古典小说中所见藏事的痕迹》，《西藏民族学院学报（哲学社会科学版）》2010 年第 5 期。相似的研究还有尹航：《从〈续金瓶梅〉看藏传佛教在内地的民间传播》，《民族史研究》2011 年第 1 期。

② 徐文堪：《〈心经〉与〈西游记〉》，《东方早报·上海书评》2011 年 10 月 16 日。

病者惭愧,乃授法师此《经》,因常诵习。至沙河间,逢诸恶鬼,奇状异类,绕人前后,虽念观音不得全去。①

就是这则故事,到了敦煌卷子《心经》序里,变成了一个体制完备、情节婉转的故事。② 可注意一点,最开始的"授经"与灵验的地点,在"莫贺延碛",大约在今天玉门关附近的沙漠之中。③ 敦煌卷子《心经》序里虽然授经被放在了"益州",但灵验还是在流沙之中。到了后来稍晚的李冗,所作《独异志》中的地点就换了:

> (玄奘)唐武德初,往西域取经。行至罽宾国,道险,虎豹不可过。奘不知为计,乃锁房门而坐。至夕开门,见一老僧,头面疮痍,身体脓血。床上独坐,莫知来由。奘乃礼拜勤求,僧口授《多心经》一卷,令奘诵之,遂得山川平易,道路开辟,虎豹藏形,魔鬼潜迹。遂至佛国,取经六百余部而归。其《多心经》至今诵之。④

《独异志》里的"授经"故事在叙事方式上,不仅继承了"末路授经"的基本脉络,还将取经故事朝纯小说传奇的方向发展。李冗的故事里,不仅把"授经"安排在室内进行,还把地点从玉门关及流沙之中,挪到了遥远的"罽宾国",也就是今天的克什米尔附近。

宋元间出现的《大唐三藏取经诗话》将玄奘取经的故事进一步文学演义化。后世熟知的小说人物如唐三藏、孙悟空、沙僧等主人公,王母娘娘瑶池蟠桃大会,以及女儿国等脍炙人口的情节,都已在"取经诗话"里出现了。不过值得注意的是,"取经诗话"里得授《多心经》的情节,则变成玄奘由印度回程,经过十个月,到达盘律国地名香林市,由一神僧传授,玄奘与其伴侣回到长安后又将此经面呈大唐皇帝。从中可以看出《心经》的地位变得更加重要,甚至可以说,《取经诗话》所讲的,就是玄奘前往印度寻求《心经》并将之献给皇帝,从而使佛法得以在大唐兴盛的故事。这基本就是后世《西游记》的定型。⑤ 程毅中研究唐代取经地理时,考证慧立等著《三藏法师传》里那位传授唐僧《心经》之人,可能与《太平广记》收唐人张读《宣室志》里的杨史

---

① 慧立、彦悰:《大慈恩寺三藏法师传》,孙毓棠、谢方点校,中华书局,2000 年,第 16 页。
② 见《唐梵翻对字音般若波罗蜜多心经·序》,《大正藏》第 8 册,第 851 页上。
③ 参见李正宇:《"莫贺延碛道"考》,《敦煌研究》2010 年第 2 期。
④ 《太平广记》卷九二,中华书局,1961 年,第 606 页。此处相关材料,为治中古中西交流史者常用,可参程毅中:《〈心经〉与"心猿"》,《文学遗产》2004 年第 1 期;吴福秀、王齐洲:《〈西游记〉乌巢禅师探秘》,《明清小说研究》2012 年第 1 期;王齐洲:《〈西游记〉与〈心经〉》,《学术月刊》2001 年第 8 期。
⑤ 前引徐文堪:《〈心经〉与〈西游记〉》。

故事中传授《金刚经》的胡僧相似,实际可能是"猢狲"的谐音,暗指孙悟空,或为一说。① 不过纵观《独异志》里的罽宾与《三藏法师传》里的莫贺延碛,同在丝绸之路沿线,的确是西域胡僧出没的地区,这与中古记载唐僧行迹一致。到了宋代流传的《大唐三藏取经诗话》里,《心经》成为回程至"盘律国"所得,尚无法确定是否仍在丝绸古道附近——但到了明代那部著名的长篇小说《西游记》里,已经可以清楚地看出,授经地点发生了显著的变化。

近世的大元、大明帝国时代,历史上玄奘西行的丝绸之路,已因政治、宗教地缘及气候等多重因素而逐渐淹没。从陆路往来东西的高僧多已不再走此路,转而由南面青海入乌斯藏,再由后藏出尼泊尔抵达西天。元明时代的小说家们,竟然也非常配合地取另一条通路而代之。取经故事中核心的"末路授经"桥段,发生了地理上的变化。从此,故事里那位唐宋的"胡僧",恐怕就成为明代的"番僧"了。

明代的说书人、小说家们对域外大概已经有些陌生,《西游记》小说中编外国名时,不得不杜撰些"乌鸡国""宝象国"来敷衍,今日多不能考其详,或径为臆造亦未可知。但《西游记》有两处地理描写,却把握得非常准确。其一,是前期出现的地理坐标,记录颇为准确,可作实录。其二,便是"末路授经"故事的演绎,体现出作者对乌斯藏的关照。此二点,绝胜同时代俗文学作者,请试详论之。

小说前期写道,唐僧西出长安,只身来到西北,被老虎精三怪劫持,太白金星化成老叟搭救唐僧。小说第十三回《陷虎穴金星解厄 双叉岭伯钦留僧》里唐僧说:

> 贫僧鸡鸣时出河州卫界,不料起得早了,冒霜拨露,忽失落此地。②

河州卫为明代卫所,隶临洮府治,为长安西行必经之路。出了此卫之后不久,唐僧就来到两界山附近,遇到老虎攻击,幸得猎户刘伯钦相救,并至刘家为伯钦父亲超度。伯钦对唐僧感激不尽,一直把唐僧送至两界山,方才分手。这座"两界山"下,正压着小说主角孙悟空。这座小说中如来所化的大山,并非向壁虚造,而是能于史籍中找到出处的。小说中这么介绍这座山:

> (刘)伯钦道:"长老不知,此山唤做**两界山**。东半边属我大唐所管,西半边乃是**鞑靼**的地界。那厢狼虎不伏我降,我却也不能过界,你自去罢。"③

---

① 前引程毅中:《〈心经〉与"心猿"》。
② 《西游记》,第137页。
③ 《西游记》,第143页。

及第十四回《心猿归正　六贼无踪》唐僧听到被压的猴子叫师父时：

> 太保道："这山旧名五行山，因我大唐王征西定国，改名**两界山**。先年间曾闻得老人家说：'王莽篡汉之时，天降此山，下压着一个神猴，不怕寒暑，不吃饮食，自有土神监押，教他饥餐铁丸，渴饮铜汁。自昔到今，冻饿不死。'这叫必定是他。"①

文中之"鞑靼"，自非李唐所有；而唐代"征西定国"的疆域，也远不止此。此处"鞑靼"，正是明朝北方大患蒙古部族（不过有趣的是严格意义上的"鞑靼"位于东部，为北元遗部，真正在西部的是曾经俘虏明英宗的"瓦剌"）。则小说中两国交界，并非是指唐代之玉门关、阳关之地，而是明代陕西行都司下辖嘉峪关，明廷屡次与蒙古对峙的前线就在此处。这一说法，下文可以参证。第十五回载：

> 老者道："敝处乃**西番哈咇国界**。这庙后有一庄人家，共发虔心，立此庙宇。"②

此回即唐僧师徒至观音院丢失袈裟。第十六回《观音院僧谋宝贝　黑风山怪窃袈裟》：

> 三藏道："出长安边界，有五千余里。过两界山，收了一众小徒，一路来行过**西番哈咇国**，经两个月，又有五六千里，才到了贵处。"③

今按，"哈咇国"大略即当日哈密诸卫，其距唐僧收孙悟空之嘉峪关附近"两界山"，约一千公里。而长安与嘉峪关的路程，亦为千余公里。尽管小说"五千余里"数值略有出入，但嘉峪关正好在两处的中点，则《西游记》此处自长安至哈密的描写，或出于精通史地者；小说行文至此，其西游的路线与历史上玄奘西游是相对吻合的。

但是，自观音度化黑风怪后，紧接着唐僧收猪八戒为徒、遇乌巢禅师，则一行人路线突然发生了改变。小说第十八回载：

> 行者笑道："师父不知。若是问了别人没趣，须是问他，才有买卖。"那人被行者扯住不过，只得说出道："此处乃**乌斯藏国界之地**，唤做高老庄。"④

---

① 《西游记》，第144页。
② 《西游记》，第166页。
③ 《西游记》，第171页。
④ 《西游记》，第197页。

明代人提到"乌斯藏",显然指的是明初所设的乌斯藏都司,其地大略在如今除昌都外西藏大部。《西游记》高老庄收徒情节,为国人所熟知;然作者将此一情节,放在与历史上唐僧无关的乌斯藏界,当别有用意。可参下一回:

> 三众进西路途,有个月平稳。行过了**乌斯藏界**,猛抬头见一座高山。三藏停鞭勒马道:"悟空、悟能,前面山高,须索仔细,仔细。"八戒道:"没事,这山唤做浮屠山,山中有一个乌巢禅师,在此修行。老猪也曾会他。"三藏道:"他有些甚么勾当?"八戒道:"他倒也有些道行。他曾劝我跟他修行,我不曾去罢了。"师徒们说着话,不多时到了山上。①

此"乌斯藏"界,非为突出八戒而设,而是希望以八戒引出乌巢禅师这根小说的主线。乌巢禅师的来龙去脉,小说似未明确交代;其授唐僧《心经》事可参同回之后:

> 禅师道:"路途虽远,终须有到之日,却只是魔瘴难消。我有《多心经》一卷,凡五十四句,共计二百七十字。若遇魔瘴之处,但念此经,自无伤害。"②

"授经"情节本为唐代西游故事的中心,到了明代《西游记》的浮屠山传授《心经》桥段,仍是整部小说中一个重要的关节;之后的情节里还多处提到乌巢大师所授《心经》的效用。③ 这位传授《心经》的乌巢禅师,正是作为整部《西游》的"文眼",出现在乌斯藏地界边。

通常虚构的小说中常有一种场景:对话双方出于杜撰而不合"古典",但内容却能透露作者时代的"今典";钱锺书先生将这种情况比作西方俗语

---

① 《西游记》,第212页。
② 《西游记》,第213页。
③ 可参前揭徐文堪《〈心经〉与〈西游记〉》一文中所引梅维恒、余国藩诸先生论点。如《西游记》八十五回三藏与悟空的一段对话。
> 行者笑道:"你把乌巢禅师的《多心经》早已忘了。"三藏道:"我记得。"行者道:"你虽记得,还有四句颂子,你却忘了哩!"三藏道:"那四句?"行者道:"佛在灵山莫远求,灵山只在汝心头。人人有个灵山塔,好向灵山塔下修。"三藏道:"徒弟,我岂不知?若依此四句,千经万典,也只是修心。"行者道:"不消说了。心净孤明独照,心存万境皆清。差错些儿成懒惰,千年万载不成功。但要一片志诚,雷音只在眼下。"

余国藩先生认为:在《西游记》全书中,三藏师徒往西天取经的旅程就是修心的过程。这是小说的重要主题之一。在中国思想史上,新儒学的思想家从朱熹到王阳明,从邵雍到罗钦顺、高攀龙,以及焦竑等,都曾大力倡导修心。佛教的禅宗也勤力强调一个"心"字。新儒家与禅宗主张的修心之道,都可以在《西游记》中发现。民间传统或《西游记》前本以至百回本中的唐三藏,都受《心经》的教诲,说明西行求法如果要想诸事顺遂,成就果业,仍然必须随时仰仗"心"之济助。

"imaginary conversations",相应地译作"设论之体"。因为是出于想象,所以会出现很多"时代错乱"(anachronism)。比如元明小说戏曲里,会让蔡邕的时代就有了石崇、唐明皇;宋时潘金莲会说出明代的"南京沈万三,北京枯树湾"句。这种"时代错乱",为小说家一贯的错误,或者说是手段,因为有时这些讹误也可能是有意而为之的。①《西游记》此处的地理"错乱",暗示了明代中西宗教交流的路径,已与历史上玄奘本事有所变化。② 虽然《西游记》出现的这一"错乱"(anachronism),究竟出于作者有意还是无意,不好定论,却忠实地反映出一种明代独有的认识,是值得特地标出的。

《西游记》作者能道出确切的州卫与相距里程,看出小说作者中确有精通西北史地者;但紧接着却又硬将毫不相干的哈密卫与乌斯藏卫二处放到同一条西行的路上,当然不是简单的一时疏忽,而是体现了明代人对乌斯藏特殊的认识。明朝时人对去乌斯藏沿路的了解程度,的确难比西出哈密、吐鲁番诸卫,但地缘上的陌生,却掩盖不了文化上的熟悉:元明两朝士子都深知,乌斯藏就是域外一个重要的佛国。乌巢禅师乌斯藏界授《心经》的情节,实际上提示,这部明代"取经"小说,于当时佛教中心——西藏及藏传佛教,多有采撷。

《西游记》作者还在小说中不少地方流露出藏传佛教与西藏的元素,这点已经有不少研究。李小龙《〈西游记〉里小妖的奇异命名》一文指出,唐僧取经故事与乌斯藏发生关系,大概在元杂剧时候就有了,这与蒙元尊崇藏传佛教是吻合的。同时《西游记》小说里那个"祭赛国"的位置,与乌斯藏也颇有渊源,而祭赛国金光寺塔顶的"奔波尔灞""灞波尔奔"两个小妖,名字就是来自藏文的"猴"和"吐蕃人"的音译。③ 还有如孙悟空、沙僧形象可能出自西藏僧侣说,莫高、榆林窟西夏壁画与西游取经故事的渊源,孙悟空的"出定身法"素材出自藏密,小说里出现的"褡裢"指的是藏文里马背上驮东西的袋子等等,都可证明小说《西游记》中丰富的西藏元素。④ 这些细节的研究都可以看出,《西游记》小说中西藏元素之丰富,而小说定稿作者中必有深

---

① 钱锺书:《管锥编》,中华书局,1979 年,第 1298、1299—1302 页。
② 作为明代文学史最重要小说之一的《西游记》,其与域外关系的话题,已有丰硕的研究成果。除了故事本身取材于大唐玄奘和尚游学印度本事之外,其中如孙悟空的形象事迹,可能也出自印度的文学与传说。参见陈寅恪:《西游记玄奘弟子故事之演变》,收入《金明馆丛稿二编》;季羡林:《〈西游记〉里面的印度成分》,收入《季羡林全集》第 17 卷,外语教学与研究出版社,2010 年。
③ 李小龙:《〈西游记〉里小妖的奇异命名》,《文汇报·文汇学人》2014 年 11 月 28 日。文中提到此一"乌斯藏授经"情节为作者刻意阑入,是有可能的。
④ 王晓云教授曾回顾《西游记》研究与西藏文化的关系。参见王晓云:《西藏文化与〈西游记〉关系纵深研究预测》,《贵州文史丛刊》2014 年第 2 期。

谙西藏文化之人。

回到乌巢禅师于浮屠山授唐僧《心经》事。这则代表原本《西游记》核心母题的情节，尽管在后世百回本里重要性有所下降，但仍不失为小说传授佛经"母题"的一种延续。作者刻意违背原来精确的西北史地描述，转而因袭元杂剧以来将"授经"情节放在乌斯藏的传统，而与实际取经路线毫不相干，透露出元明佛教中心产生的变化：已从西域大漠，移到了雪域高原，或多或少还伴随着元明信仰中尊崇藏传佛教的潜意识。

在明代人心中，印度天竺是否依旧为佛教圣地，已难可考；①但乌斯藏所出各大法王、教王，无疑代表当时佛教一大高峰，已是明朝人所司空见惯了的。乌巢禅师不在茫茫大漠险途，而居于此处以待唐僧师徒，深合当时佛教地理格局。明时汉地入乌斯藏，当经西宁入朵甘都司西南而行，与西北而入嘉峪关、哈密卫者绝无关涉；而中古时之天山南北路上的佛教往来，已被亦力把里等蒙古后裔的政权隔断。《西游记》作者虽能准确道出西安途径嘉峪关到哈密卫的位置，但不顾之后的地理路线，于唐僧收伏悟空至观音殿遇黑风怪后，强行加入最核心的传授《心经》情节，并将其设在乌斯藏界，取代人们熟知的丝绸之路，未必是出于疏忽，而是受到明代取道西藏而入印度的影响。

二、明代"取经"事迹

除了《西游记》外，明代文学中还有不少与佛教相关的小说话本，继承和演变了历史上的"取经"故事，而将佛教中菩萨授以佛经、保佑当时人渡过难关或治愈病痛的桥段，由唐玄奘一人，敷衍到了更多人身上。其中有一则演变故事，就是来源于明代现实中的取经事迹，收入《西湖二集》"寿禅师两生符夙愿"篇中。

晚明周楫所编《西湖二集》的特色，是因果报应色彩极重。标题中的"寿禅师"，是唐末五代时高僧永明延寿大师（904—975），后被追奉为净土宗六祖、法眼宗三祖，是中古重要的高僧。到了小说里，永明延寿于明代投胎金华浦江宋家，转世而为宋濂，颇有佛缘；其游西湖净慈寺时，见延寿禅师之像，顿忆前生。时主持杭州径山的宗泐和尚偶遇宋濂，二人一见倾心。经过宋濂推荐，宗泐被洪武帝召入都。宗泐在天界寺中注经，被称为"泐秀才"，而宋濂深谙佛法，则被称为"宋和尚"。洪武帝曾命宗泐蓄发还俗，宗

---

① 《西游记》此后又述唐僧师徒于天竺周围遇到诸郡县，如悟空求雨之天竺外郡凤仙郡、降服黄狮精之天竺国下郡玉华县、降犀牛精之天竺国东界金平府旻天县、寇员外所住之铜台府地灵县，"怡宗皇帝"的大天竺国，依其名称，完全不似天竺地方，而全是按照中国郡县制所编名目，于印度本身毫不干涉，遂不置论。

泐再三拒绝,遂成为其远赴西域取经的借口,"奉着圣天子旨意,大胆放心而去,一心只是持着佛母准提之咒,靠着龙天福庇,绝无退悔之心"。这当然是小说家言,或是讳言本朝掌故的结果。小说提到宗泐西行时载:

> 话说宗泐来到塞外,一望都是高山峻岭,黄茅白草,终日与豺狼共处,夜夜与妖鬼同眠,好生辛苦。每到危险之时,持着咒语真言,便绝处逢生,死中复活,蛇虎避迹,鬼怪潜形。忽然遇着一个老和尚,白发盈头,牵着一匹黑犬。宗泐上前打个问讯,问他西域取经之路。老和尚摆着头道:"随你走到头白,也还不能够走得到哩。"宗泐道:"弟子奉着当今皇帝圣旨,要往西域取经,万望老师父指教。"老和尚道:"休得自苦,枉自劳心。随你怎么样,莫能得到西域。快可转身,俺有一部《文殊经》,并一封书献与皇帝。"宗泐受了,稽首顶礼,早不见了这个老和尚。抬起头来,见老和尚变成文殊菩萨,黑犬变成青狮,五色祥光围绕,直上西方而去。真持咒之力也。有诗为证:
> 宗泐西方去取经,持咒虔诚现佛灵。
> 妙义无边能广大,劝人作急念醒醒。
> 宗泐大惊,倒地作礼,遂转身而回。渐渐到于南京,进见洪武爷,备述缘故,献上经书。①

小说行文至此,可以明显看出蹈袭"取经"故事的痕迹。那位在佛教交流史中得到大力表彰的宗泐和尚,在求法西行时,也"遇到"流沙困苦与菩萨的搭救。不同的是,宗泐求法的结局,被轻描淡写地处理成知难而退,未到西天而返,实在有违宗泐高僧懿行。

历史上的季潭宗泐(1318—1391),是元末明初的一位临济宗名僧,明初曾先后住持杭州中天竺寺、径山寺与南京天界寺等,官至僧录司右善世,为当时的佛教领袖,对明代佛教乃至政治、社会、文学等都有不小的影响。宗泐出行西域,时年已六十一岁,归来时已六十四五岁。并且研究者已经考证出,历史上宗泐取经,是到过印度周边的。② 但在包括《西湖二集》作者在内的许多当时人,未必相信这一点。其中一个很大的原因,是因为宗泐西行前的两位西行取经的先驱者,僧人释克新与释慧昙,皆未能荣归大明。克新西

---

① 周清原:《西湖二集》,第139页。邓锐龄《中国古典小说中所见藏事的痕迹》中曾提到此篇。
② 邓锐龄《明朝初年出使西域僧人宗泐事迹补考》[收入《邓锐龄藏族史论文译文集》(上)]一文引钱谦益《列朝诗集》选宗泐诗《宜八里国王遣使至馆所慰问》,"宜八里"即今日尼泊尔。

行后杳无音讯,而慧昙则客死南亚,西天佛国的神秘感与危险性,多少会因之前二人的遭遇而增加。

尽管路途漫长凶险,但明代西行"取经"及西方而来交流的番、汉高僧,其规模与成就之大,丝毫不逊于中古时代。尤其在大明初年的洪武、永乐朝时,番、汉诸多高僧,频繁往来乌斯藏与南北两京。其中,明太祖命僧侣"求取真经"的举措,也包含谪戍方外的打算,比如那位六十一岁被迫西行的宗泐。① 邓锐龄先生注意到,明朝初年派去西域的汉僧使团的为首者,都有相似的资历。洪武三年(1370)奉使西天的克新,同年稍后派去西域、病故于省合剌(今斯里兰卡)的慧昙、洪武十一年派去天竺的宗泐,此三人都是大龙翔寺开山住持大䜣的弟子。大䜣极受元文宗的宠信,元文宗即位后的1330年,大䜣同昙芳并携慧昙等北上到大都觐见文宗,与西藏萨迦派在大都的僧人发生联系。② 成祖时的汉籍番僧大国师智光,为明初道行最为精微卓越的高僧之一,他也曾三次出使西域,到过尼泊尔与印度,深得番教中人礼遇。③ 明初二祖决定出使西天的人选,有出于对西番宗教熟悉程度来考虑的。同时,明初高僧西行求法,不仅暗含稳定边疆政治的意图,同时更有其宗教的意义;当时来往高僧传入的藏传佛教经典与仪轨,在中原得到了长足发展,拥有上至君主贵族下至平民百姓的众多信徒。

中原高僧远赴西域之外,明初的印度西藏大德,也频频东来传教。元明时代,无论东来之印度抑或西藏密教,于中土看来皆经过乌斯藏,遂被混同视为"番教";不过仔细探究,还是容易区别的。明代时从印度东来的高僧,数目并不多,明太祖时受邀驻锡南京蒋山的具生吉祥,即为明代早期最重要的印度来华高僧;④洪武朝时,具生吉祥与西藏高僧、故元和林国师一起被封为善世禅师。前论著名的汉人智光大师,就是其最卓越的弟子。同时,智光弟子间,亦多有印度高僧,直至英宗朝仍有余响。此时京中出现一庞大的

---

① 研究者推测大概是有人诬宗泐卖度牒得钞,其罪当死,而明太祖、胡惟庸等免其罪,命往西域取经,可能也是希望他像前任慧昙一样命丧于彼。邓锐龄《明朝初年出使西域僧人宗泐事迹补考》、何孝荣《元末明初名僧宗泐事迹考》(《江西社会科学》2012年第12期)两文有详尽叙述。
② 邓锐龄:《明朝初年出使西域僧人宗泐事迹补考》;何孝荣:《元末明初名僧宗泐事迹考》。
③ 智光大师(1349—1435),明代重要的汉人印密大师。由于智光奔走弘法,才真正把印度密教推广到中国。智光大师生平研究,可参邓锐龄:《明西天佛子大国师智光事迹考》,《中国藏学》1994年第3期。
④ 撒哈咱失里,为大师名音译,意译为"具生吉祥",为中印度迦维罗卫国人,出于刹帝利阶层。于元至正间抵达中国,受元顺帝礼遇。明朝建立后出游五台山,受太祖诏而事明。何孝荣《撒哈咱失里与元明时期印度密教的传播》(收入《元代北京佛教研究》,金城出版社,2013年)考证其生平及传法事迹甚详。

西域僧团，即便到了晚明还有影响。①《帝京景物略》里有一条，万历四年时有西竺南印土僧左吉古鲁，来到北京，经过阜成门外二里沟，"见一松盘覆，趺坐其下，默持陀罗尼咒"，②后得到内宫支持，而建此双林寺。

小说中流露的京师西域僧团的痕迹，可以更生动地还原当时的信仰风气。王尧先生曾考证《金瓶梅》里，有不少反映明代藏传佛教仪轨的社会史料。③ 有一条王尧先生没提到，有个极重要的寺院——城南"永福寺"，小说中三位女性主人公"金、瓶、梅"，及月娘、孝哥、陈敬济等的归宿，皆与此寺有大关系。永福寺与西门庆一家最重要的一次交集，就是这寺里来的一位印度高僧，西门庆为之布施了五百两银子。小说载：

> 不想有个道长老，原是西印度国出身。因慕中国清华，打从流沙河、星宿海，走了八九个年头，才到中华区处。迤逦来到山东，就卓锡在这个破寺里。面壁九年，不言不语。④

小说里的这位印度高僧，倒是持戒森严，不像同时代文学作品中被诋毁的番僧淫亵的形象，可见民间对西天来僧的认可，在晚明还是存在的。

当然，明代西来高僧们最集中的地方，便是西藏，包括当日朵甘及乌斯藏都司所辖的前后藏地区。比如，大略与智光大师同时代的西番"大宝""大乘""大慈"三大法王，便在永乐朝相继进京；大慈法王更是受到成祖与宣宗、英宗三代君主极高的礼遇。上述三位，加上同时代另有来自西番的五位大教王，在明代佛教史上统称为"八大教王"。八大教王世系，即代表噶玛噶举派的大宝法王，萨迦派的大乘法王，格鲁派的大慈法王，帕木竹巴的阐化王，阐教王必力工瓦，来自灵藏的赞善王，来自青海德格附近的护教王，加上来自"思达藏"的辅教王。前三大法王王号由师徒传授或转世相继承，加上当日西藏势力最盛的帕木竹巴，这四个教王系统对中原产生过很大的影响；后四大王或在西藏虽也有相应的封地，为一方政教首领，但对中原影响有限。⑤ 这八大

---

① 可参杜常顺：《明代"西天僧"考略》，《世界宗教研究》2006年第1期；沈卫荣、安海燕：《明代汉译藏传密教文献和西域僧团——兼谈汉藏佛教史研究的语文学方法》，《清华大学学报（哲学社会科学版）》2011年第2期。
② 刘侗、于奕正：《帝京景物略》卷五，第205页。
③ 王尧：《〈金瓶梅〉与明代藏传佛教》，《王尧藏学文集》卷五。
④ 《张竹坡批评金瓶梅》，齐鲁书社，1991年，第835页。
⑤ 八大教王研究，可参佐藤长：《明代西藏八大教王考（上、中、下）》，邓锐龄译，收入《邓锐龄藏族史论文译文集》（上）。单独某位大教王研究中比较著名的，可参沈卫荣：《元明两代朵甘思灵藏王族历史考证》，收入《西藏历史和佛教的语文学研究》，上海古籍出版社，2010年；陈楠：《大慈法王与明朝廷封授关系研究》，《中国藏学》2003年第1期；陈楠：《明代大慈法王释迦也失在北京活动考述》，《中央民族大学学报》2004年第4期。

教王中的同法系后辈,也多与中央政府有过交往,比如《明史》里提到的明武宗欲极力迎取入京的弥觉多吉,就是大宝法王哈立麻的五代转世。① 嘉靖、隆庆年间归化了蒙古俺答的三世达赖喇嘛索南嘉措,在隆庆、万历初,也与明廷有过不少联系。这位索南嘉措与大慈法王,也同为格鲁派高僧。② 三大法王系统中的萨迦派看似来中原的高僧不多,但留下的文献的重要性,却胜过噶玛噶举与格鲁两派。如今研究认为,《大乘要道密集》里署名"莎南屹啰(bSodnamsgrags)"所译的多部萨迦派道果法经典,便是出于明代,可见萨迦派与其道果法,在明代前期的流传程度丝毫不逊于前朝;而藏传佛教在汉地传播的历史,从西夏经蒙元直至明朝,有明显的连续性。③ 明代皇家上层与藏传佛教之间的交往于制度上得到某种保证,在上一节中有所涉及。纵观明朝诸帝之中,除了藩王入继的世宗早期曾明确奉道驱佛,及时代太短、记载阙如的光宗、熹宗朝,剩余十四位君主中,即便诛继晓之孝宗,以及曾经于宫中撤佛像的崇祯帝,都对藏传佛教及番僧保有相当的尊敬。逾二百余年间,藏传佛教得到了官方很大程度的默许与支持。而相对的汉传佛教,则除了明初诸西行高僧与姚少师道衍,以及晚明清初汉传佛教不足百年的复兴,在大明朝几乎乏善可陈,尤其在仁宣朝至万历朝初这段大明鼎盛稳定的时代内,汉传佛教界如钱谦益所言,"二百年来,传灯寂蔑",④几无可书。这期间,明帝国的佛教信仰中,藏传高僧带来的西藏密教扮演了更重要的角色;即便到了晚明汉传佛教复兴以后,藏传佛教在上层与民间的影响,依然未见减弱。

甚至放眼整个近世时代,自十三世纪蒙元统一全国,直至满清政权在十九世纪的衰弱,这五百余年间整个中原汉地的佛教信仰当中,藏传佛教在绝大多数时期,都在国家信仰中占有极大的优势;而汉传佛教只是在几个短暂的时间点,有过些许的复兴。这种复兴大多数时候都是伴随一时的政治、经济的改变与需要;这与成为潮流的藏传佛教相比,的确弱势许多。明朝作为近世时代一个重要的承前启后的朝代,自然免不了或被动结纳、或主动遵循这一巨大的信仰惯性。这也成为多数大明君主之所以礼敬番僧、尊崇藏教的最为合理的解释,而不应一概被贴上帝王荒淫腐化的标签。

---

① 明武宗派太监刘允迎弥觉多吉事,可参才让:《明武宗信奉藏传佛教史实考述》,《西藏研究》2007年第2期;何孝荣:《论明武宗崇奉藏传佛教》,《世界宗教研究》2010年第2期。
② 三世达赖喇嘛索南嘉措与蒙古及隆庆、万历朝交往的研究,可参才让扎西:《三世达赖和蒙古与明王朝的关系》,中央民族大学2005年硕士学位论文;落桑东知:《三世达赖喇嘛索南嘉措东向传播格鲁派历史研究》,中央民族大学2012年硕士学位论文。
③ 莎南屹啰学脉、本事考订,可参沈卫荣、安海燕:《明代汉译藏传密教文献和西域僧团——兼谈汉藏佛教史研究的语文学方法》,《清华大学学报(哲学社会科学版)》2011年第2期。
④ 《紫柏尊者别集序》,《牧斋有学集》卷二一,第874页。

了解明代现实中"取经"的历史与明代佛教交流史后，我们再来看《西游记》中那个"末路授经"故事的设置，大概就能体会小说作者潜意识中所蕴含的这个宗教地理的信息。作为信仰西来的一种本能，中原人对佛教信仰的印象，首先便是来自域外的神明。这种外来信仰崇拜，在中古时代、近世以前，是落在玄奘西行的那条丝绸之路的；经过时间的推移与南亚宗教的变迁，曾经位于印度的佛教中心，在近世时代逐渐移到了我国西藏境内，那西游取经中重要的"末路授经"故事，也被元明以来的小说家，有意无意地挪到了近世知识体系下佛教信仰的中心附近，这也促成了《西游记》中乌巢禅师在乌斯藏界传授《心经》的情节。文学与现实中的"取经"，实际上表达出了同一个佛教源流的信号。

三、附论："鱼"隐语与观音形象

前论包括《西游记》在内的明代小说中，都有非常明显的汉藏佛教交融的记载，以此证明明代世俗生活中也已一定程度接受藏地佛教信仰的知识乃至修习方法。同时，汉地知识分子中的保守派对藏传佛教中的一些法门与传统，曾抱有相当程度的否定态度，前文频繁引用沈卫荣教授的观点：尤其在一些世俗民间作品中，塑造"淫僧"形象质疑藏传佛教中包括双修在内的许多独特的内容。本段旨在考查《西游记》一则桥段中所处理的"信"与"性"关系的话题，以此证明传世小说的写作者在不经意间透露出谙熟藏传佛教传统的知识范畴。

中国传统文化中存在以"鱼"作隐语的应用。上古时代鱼普遍地作为"生殖器"及"性"的代名词，来到晚明时代，这一隐喻的使用也稀松平常，在小说《西游记》中曾有典型的表现。而小说中观音与"鱼"的一段过往，看得出观音形象在《西游记》小说中也受到不同程度的调侃与改造，这也可以视作晚明文人对经典偶像的一种叛逆。

"隐"有藏的意思，隐语就是把原来明白的东西说得不明白。比如"鱼"一字，本来就是中国古代语言中一个常用的隐语，常能代替"情侣""配偶"之意，渐渐也有"性"的意思在里面，"鱼水之欢"便是一例。细究"鱼"隐语的来历，可以上溯到远古生殖崇拜中的鱼崇拜，表现为对鱼的形态与繁殖力的联想。北大已故赵国华先生指出，从上古起我国先民就以鱼象征女性，象征配偶或情侣；[①]同时提到李泽厚先生则追溯到仰韶彩陶中所见的鱼纹与

[①] 赵国华：《生殖崇拜文化论》，中国社会科学出版社，1990年，第167页。文中亦引闻一多先生的名文《说鱼》的观点，参闻一多：《神话与诗》，上海人民出版社，2006年，第69页。

含鱼人面,可能是对氏族子孙"瓜瓞绵绵"的期望,由此进一步推论鱼有象征女性生殖器的含义。① 这种隐语曾经在某个时期为人们所熟悉,因为时代的变迁,或被人遗忘疏忽;但在许多俗文学作品、小说话本中,还是能看到它们保留下来的遗迹。

产生于明代中叶的长篇小说《西游记》,不可否认是调侃儒、释、道思想的集大成者,小说不仅指明挖苦那些圣人君上,在很多地方也喜用隐晦的手法,以达到讥讽调笑于无形的效果,手段之高,文字难尽其妙。只是此种带有生殖隐喻的描写,有时潜藏至深,今日的语言习惯与晚明时已大相径庭,所以读者极易忽略;而若厘清"鱼"隐语的具体指代,对理解小说细节或有帮助。《西游记》作为神话传说元素极丰富的题材,其中表现生殖崇拜的例子已经不少,比如有巨石蹦出石猴的"石生人"的生殖母题,有饮西梁女国子母河而身孕的"水感生"的生殖母题,种类繁多,可作《西游》作者深谙此道之旁证。作者运用"鱼"隐语处虽不多,但为显著之例。查《西游记》最显著的"鱼"隐语,出在第七十二回《盘丝洞七情迷本　濯垢泉八戒忘形》之中,小说中写道:

> 八戒忍不住笑道:"女菩萨,在这里洗澡哩,也携带我和尚洗洗,何如?"那怪见了作怒道:"你这和尚十分无礼!我们是在家的女流,你是个出家的男子。古书云:'七年男女不同席。'你好和我们同塘洗澡?"八戒道:"天气炎热,没奈何,将就容我洗洗儿罢,那里调甚么书担儿,同席不同席!"呆子不容说,丢了钉钯,脱了皂锦直裰,扑的跳下水去。那怪心中烦恼,一齐上前要打。不知八戒水势极熟,到水里摇身一变,变做一个鲇鱼精。那怪就都摸鱼,赶上拿他不住:东边摸,忽的又渍了西去;西边摸,忽的又渍了东去;滑扢虀的,只在那腿裆里乱钻。原来那水有挽胸之深,水上盘了一会,又盘在水底,都盘倒了,喘嘘嘘的精神倦怠。八戒却才跳将上来,现了本相,穿了直裰,执着钉钯,喝道:"我是那个?你把我当鲇鱼精哩!"那怪见了,心惊胆战,对八戒道:"你先来是个和尚,到水里变作鲇鱼,及拿你不住,却又这般打扮。你端的是从何到此?是必留名。"②

猪八戒变作鲇鱼欲与诸女妖同浴,不仅深合小说中八戒一贯好色的性格,亦与其所变化的内在含义符合。下一回中也有相似的叙述,按第七十三回《情因旧恨生灾毒　心主遭魔幸破光》中蜘蛛精等对蜈蚣怪说的:

---

① 赵国华:《生殖崇拜文化论》,第168页。
② 《西游记》,第812页。

被那个长嘴大耳朵的和尚把我们拦在濯垢泉里,先抢了衣服,后弄本事,强要同我等洗浴,也止他不住。他就跳下水变做一个鲇鱼,在我们腿裆里钻来钻去,欲行奸骗之事,果有十分惫懒!他又跳出水去现了本相。见我们不肯相从,他就使一柄九齿钉钯,要伤我们性命。若不是我们有些见识,几乎遭他毒手。①

此地猪八戒变化而成的鲇鱼,绝不可只当寻常闲笔看待。妖精向蜈蚣怪所道"欲行奸骗之事,果有十分惫懒",初读似难圆其说:字里行间未曾有行事的描写;而之前在水中遭袭后众妖"喘嘘嘘的精神倦怠",仿佛又透露了什么。按此处八戒所化之鲇,需看作男根之隐语解。如此则这两段描述当解为八戒略施的变化,实已奸淫在泉中沐浴的蜘蛛女妖。

据闻一多先生1935年考证高唐神女来由时,曾提到早期人们曾用"鱼"比作所思念的异性,其中有情欲的暗示;②十年后,闻先生更是撰文《说鱼》专门讨论这个古代生殖崇拜的问题。③他不仅强调了鱼曾被作为"匹偶"或"情侣"的隐语,而且"打渔""钓鱼""烹鱼""吃鱼"及"吃鱼的鸟兽"等涉及鱼的意象,都可能是合欢、求偶的意思。赵国华先生进一步找到鱼纹图案象征女阴,其源头可能就是半坡先民的生殖崇拜观念。④既然鱼能够成为男女情侣的隐喻,也有过女阴的隐喻,自然很容易让我们想到:或许它也会作为男根的某种隐喻而存在。闻一多先生曾提到,"野蛮民族往往以鱼为性的象征……亚洲西部尤多崇拜鱼神之俗,谓鱼与神之生殖功能有密切关系";又引Robert Briffault的研究提到,"至今闪族人还以鱼为男性器官的象征",⑤但没有找到汉族文献中的遗存。此处的猪八戒变化为鲇喻为男根,可作闻先生"说鱼"的一个注脚,起码晚明时鲇鱼有隐喻男根之表现;如此一来,小说中"喘嘘嘘的精神倦怠"等语确非闲笔。

当然,《西游记》中描写所及的鱼类,大多为水族中虾兵蟹将鲅大尉、鳝力士等"鱼脑";可视作"鱼"隐语的,除八戒所化之鲇外,另有位通天河里的灵感大王,读者需注意。这条金鱼精算小说中一位不小的妖怪了,作者在其身上颇花了一些心思。他本是观音莲花池里养大的金鱼,"每日浮头听经,修成手段",便下界为妖了;小说中用了三回文字单独叙述与灵感大王的比斗,最后还劳动菩萨出手才得以平息,足见其分量不轻。笔者疑心这妖怪也

---

① 《西游记》,第818页。
② 闻一多:《神话与诗》,第72页。
③ 闻一多:《神话与诗》,第114页。
④ 赵国华:《生殖崇拜文化论》,第169页。
⑤ 闻一多:《神话与诗》,第115页。

有鱼隐喻的影子在作祟,同八戒所化的鲇鱼一样有隐含之意;然隐笔至深,除知《西游》作者深谙"鱼"隐语与生殖崇拜的关系外,尚需得从其妖怪名号,及观音菩萨不寻常的表现入手,推测此地机关,请试论之。

　　首先,给妖怪起的名字本身就有蹊跷。在明清诗文小说中,观音菩萨常有灵感观世音的叫法,①金鱼"灵感"之名显然出于其主人。但如同小说作者安排观音院中的和尚们做贼一样,②此处的"灵感"之鱼的所作所为,于这位大菩萨似全无裨益,只会让菩萨担待了恶名。查印度原来的观音大士的名字,找不到确切"灵感"的对应意思,③所以这中印合璧的名字里头,可能混有佛法以外的名堂。明末清初一位批点《西游记》的文人陈士斌在四十七回后批道:"说出'灵感大王','灵'为生育之灵,'感'为云雨之感……(大王)恣情纵欲,还能折丧真元。"④明确点出,"灵感"除了俗语中灵验之意外,尚有生殖与性之解释。从全书的批点来看,陈氏是位讲"性命"之学的理学家,喜欢发微言求大义;而训"灵感"为"性"与"生育",则不像他的自由发挥的"大义",或乃确有所本而未知。因依其训"灵"为生育之灵,不知所据,今按《说文》段注引《曾子》语,谓"阴之精气曰灵",⑤陈氏所训距之亦不远;不过"感"字是可以坐实的。上古的文献中常见的,禹、契、后稷等伟人的诞生,被称作"感生",依此处"'感'为云雨之感"的说法,便可归结作生殖生育的崇拜而论;同时代的《醒世恒言》里也有相近的用法,如该书卷二五《独孤生归途闹梦》中,独孤遐叔所思:"难道托梦的只会行云行雨,再没有别些灵感?"而其妻白娟娟语:"吾想神女曾能通梦楚王,况我同是女流,岂不托我一梦?伏乞大赐灵感,显示前期。"⑥神女历来是明指两性之事的,那"灵感"似乎也难逃同类表达的干系。如果推测不误的话,迟至明清之际,"灵感"一词有性隐喻的意思应该还不是很冷僻的用法。创作这位"灵感大王"的名字,已融入了不少生殖崇拜与隐语的意味,应该是可以成立的。

　　说罢妖怪"灵感"名号的用意,观音在这段情节中的举动也有不少嫌疑。历来唐僧有难,天界佛界的显要出手相助是《西游记》中再平常不过的情节;不过奇怪的是,在收服这鱼精的时候,作者存心将情节处理得若隐若现,欲

---

① 小说里的全称是"南海普陀落伽山大慈大悲救苦救难灵感观世音菩萨",见第六回《观音赴会问原因　小圣施威降大圣》。
② 见第十六回《观音院僧谋宝贝　黑风山怪窃袈裟》。
③ 中文佛典中观音的译名有好几种,竺法护译为"光世音",鸠摩罗什的旧译为"观世音",玄奘的新译为"观自在"。
④ 陈士斌评:《西游真诠》,上海古籍出版社,1991年,第580页。
⑤ 段玉裁:《说文解字注》,"灵"字下,上海古籍出版社,1981年,第19页下。
⑥ 冯梦龙:《醒世恒言》,陕西人民出版社,1985年,第527页。

盖弥彰，留出无限遐想的余地。按第四十九回《三藏有灾沉水宅　观音救难现鱼篮》孙悟空请观音段有云：

众神道："菩萨今早出洞，不许人随，自入竹林里观玩。知大圣今日必来，分付我等在此候接大圣，不可就见。请在翠岩前聊坐片时，待菩萨出来，自有道理。"……行者久等不见，心焦道："列位与我传报传报，但迟了恐伤吾师之命。"诸天道："不敢报。菩萨分付，只等他自出来哩。"行者性急，那里等得，急纵身往里便走。噫！这个美猴王，性急能鹊薄。诸天留不住，要往里边蹳。拽步入深林，睁眼偷觑着。远观救苦尊，盘坐衬残箬。懒散怕梳妆，容颜多绰约。散挽一窝丝，未曾戴璎络。不挂素蓝袍，贴身小袄缚。漫腰束锦裙，赤了一双脚。披肩绣带无，精光两臂膊。玉手执钢刀，正把竹皮削。行者见了，忍不住厉声高叫道："菩萨，弟子孙悟空志心朝礼。"菩萨教："外面候候。"行者叩头道："菩萨，我师父有难，特来拜问通天河妖怪根源。"菩萨道："你且出去，待我出来。"行者不敢强，只得走出竹林，对众诸天道："菩萨今日又重置家事哩。怎么不坐莲台，不妆饰，不喜欢，在林里削篾做甚？"诸天道："我等却不知。今早出洞，未曾妆束就入林中去了。又教我等在此接候大圣，必然为大圣有事。"行者没奈何，只得等候。不多时，只见菩萨手提一个紫竹篮儿出林，道："悟空，我与你救唐僧去来。"行者慌忙跪下道："弟子不敢催促，且请菩萨着衣登座。"菩萨道："不消着衣，就此去也。"那菩萨撇下诸天，纵祥云腾空而去。孙大圣只得相随。顷刻间，到了通天河界。八戒与沙僧看见道："师兄性急，不知在南海怎么乱嚷乱叫，把一个未梳妆的菩萨逼将来也。"①

此时悟空来请菩萨相救，诸天言菩萨久在竹林，不便相扰。悟空急煞，遂硬闯而入，见观音着装甚简，并制竹篮，须臾而出与其共同降妖。往常孙悟空搬来的各路菩萨、神仙救兵，连同观音本人，个个来得煞是及时，毫不拖沓；而上引故事节奏不同全书其他章节设置，而明显有反差。似更有可注意者：一、孙悟空在翠岩前等待甚久，自言观音在内逗留之时长；二、当日入竹林里观玩时，不许人随，言观音独自一人，行事甚秘；第三点犹费解，孙悟空硬闯入后"睁眼偷觑"观音，装束单薄，几近轻薄。观世音菩萨在印度佛教经典中是男性，但自入东土迄明清之时，国人已只知其为女性了，不知其西天真身，此《西游记》中的观音便是个妙龄女性。"懒散怕梳妆"下六

---

① 《西游记》，第562—563页。

十余字,描写近乎"二拍""金瓶"中常见的浮浪女性描写,连八戒也说"把一个未梳妆的菩萨逼将来也"。小说中观音现身的装束一向端庄,自不待言;此段的衣着描写是一大疑问。联系之前的推论——《西游记》中出现过的鱼喻男根与"灵感大王"这一名号隐含生殖与性的意义,及上引小说情节诡异的设置,则能很容易让人对观音这一系列举动理解为有淫邪浪荡的暗示。观音独自一人、久驻竹林及撞见时衣衫不整;收服鱼精又言"我今早扶栏看花,却不见这厮出拜",若"鱼"之出拜将为何,观者不难联想。至于作者是否真有安排如巫山云雨、张生游仙之类的意图,证据虽非确凿,也算嫌疑不少。

其实在明清小说里,形容女孩漂亮经常会有"好似南海观音""袅袅婷婷似观音""生个女儿似观音"等说法,大约世俗中观音菩萨在当时就是美女的标准。而前文据《西游记》中存在鱼隐语及观音收服金鱼精时的反常表现,推测出小说中美貌的观音形象,还有被刻意添加上性隐语调侃的成分,与世俗欣赏观音外表的倾向旨趣相近。此一推测虽有悖佛家对偶像的一般认识,但仍有其合理性。除却小说一贯戏谑神鬼的笔调外,观音形象本身就包含有不少性隐喻成分,于晚明时代之典籍亦不独见。兹略论一二,以证晚明观音大士所具有的特殊一面。

明清之际的《西湖二集》,是部极重因果报应观念的小说集,作者的佛教观比起《西游记》来要虔诚保守很多。集中记载的两个有关观音现身的故事,据台湾学者研究,与观音形象中"性"的成分有关,不妨引于此。① 其一《西湖二集》卷一四《邢君瑞五载幽期》开篇记载一位年轻美貌的女子扬言,若有人能于一晚背出《法华经·普门品》,她便委身相嫁;第二天有二十多人通过。女子便要求再去背《金刚经》,又有十多人通过。她再要他们在三日内熟记《法华经》,这次只有马郎通过考试,准备将这女子娶进门。可在婚礼前女子突然去世,尸体很快腐坏,被人立即下葬。几天后,一位身着紫袍的老和尚来到此地,要求马郎带他去看这坟墓。当和尚打开坟墓,尸体的血肉早已朽烂,只剩一身骨头戴着一条金链子,就像舍利子。和尚告诉围观群众这是圣人显灵的征兆,他来此是要解救他们脱离罪业果报。和尚用水将骨

---

① 于君方:《从观音的女性形象略论佛教对礼教及情欲的看法》,熊秉真、吕妙芬主编:《礼教与情欲:前近代中国文化中的后/现代性》,"中研院"近代史研究所出版,1999年,第306页。作者所引故事传说出自清顺康后所编《观世音经咒持验记》及《观音慈林集》,皆晚于明启祯间已编成之《西湖二集》(《西湖二集》编者周清原年代可参陆勇强:《此"周清原"非彼"周清原"——〈西湖二集〉作者问题考辨》,《明清小说研究》2012年第1期),笔者谨据《西湖二集》相关篇幅作为论据。

头洗净后系在杖上腾空而去。之后许多居民改信佛教。① 此故事即为后世著名的"鱼篮观音"本事,亦称"马郎妇观音"。这一桥段起码可以上溯至宋濂的《鱼篮观音像赞序》。② 观这则"鱼篮观音"故事,内容虽为劝人诵经,然其中以观音作为婚配的条件,已有观音形象女性化、性隐喻化的痕迹。

另一则故事收在同书卷二〇《巧妓佐夫成名》,小说回前诗有"谪降神仙并古佛,就中人品不同伦"句,在解释"古佛"典故时作者说:

> 那"古佛"是唐朝庆历年间延州一个女妓,专与无赖贫穷之人交合,不接钱钞,如此几年而死。后来一个西域僧绕墓礼拜。众人都笑道:"这是淫娼,怎生礼拜?"西域僧道:"此是舍身菩萨化身,因见贫穷无赖之人无力娶妻、无钱得嫖,所以化身为娼,以济贫人之欲。"说罢,掘出骨头来看,果是一具黄金锁子骨,节节勾连。众人大惊,遂建塔设斋,极其弘丽。③

此故事亦有所出,研究者指出化自唐代李复言《续玄怪录》中的"延州妇人"一条,《太平广记》中存其全文。④ 同为化身化为黄金锁子骨,这里的主角也当与观音有关。这两则观音本事于明清信徒所辑诸感应故事集里皆有收录,因为"鱼篮观音"与"马郎妇观音"皆在观音三十三种典型化身之中。三十三种化身还有一身为"蛤蜊观音",洪迈《夷坚志》载此观音现身事。⑤ 兹不论此"蛤蜊"身观音本事演变,但看一"蛤蜊"之形,即有典型生殖崇拜的意味。⑥ 于君方解释这两则"锁骨观音"事时提到,"说明了同一个主题——性,不论是直接有性关系还是开始答应而后又拒绝,都可以成为有利的工具,成就精神上的更高境界"。⑦ 菩萨以"性"作为度化布道的手段,本非危言耸听,有辱佛门的大胆举动,比如密宗中之"欢喜佛"之两性双修便为显著一例。此种修持方法晚明时颇流行于宫廷,明武宗蓄番僧即为此。则

---

① 参周清原:《西湖二集》,第 230 页。这则故事开头引寿涯禅师咏观音鱼篮诗,点明故事主角是观音。前揭于君方指出传说最初并未指为观音化身,亦无鱼篮;但于氏所引《持验记》皆同,见前揭于君方:《从观音的女性形象略论佛教对礼教及情欲的看法》。
② 李鹏飞《〈西湖二集〉的素材来源丛考》(《中国典籍与文化》2011 年第 2 期)一文引胡士莹《话本小说概论》,窃以为此说当不止存在于明代,当有更古之说。
③ 周清原:《西湖二集》,第 328 页。
④ 李鹏飞:《〈西湖二集〉的素材来源丛考》,《中国典籍与文化》2011 年第 2 期。
⑤ 转引自于君方:《观音——菩萨中国化的演变》,台湾法鼓文化,2009 年,第 214 页。
⑥ 赵国华文中还强调河蚌类水产象征女阴,《水浒传》里王婆说潘金莲"他家卖蒸河漏子",河漏子即河蚌(第二十三回《王婆贪贿说风情 郓哥不忿闹茶肆》),则"蛤蜊观音"脱胎于某种女阴崇拜亦颇有可能。而孟彦弘则认为此说解释过度,"河漏子"似为平常解释,遂附置于此(孟彦弘:《再谈〈水浒传〉中王婆与西门庆的对话》,《文史知识》2013 年第 12 期)。
⑦ 见前揭《礼教与情欲:前近代中国文化中的后/现代性》,第 307 页。

观音被刻意阑入性隐喻的桥段加以调侃,于当日宗教风气未必格格不入,而多有暗合之处。

作为浸染世俗佛教理想的《西湖二集》,尚且承认观音在民间的确有性暗示,那嬉笑怒骂如《西游记》者,自然也不会放弃利用这种性隐喻与幻想,来演绎其中的人物了。有趣的是《西湖二集》卷一四开头,谆谆劝导读者不要轻信《西游记》对鱼篮观音的创作:"看官,你道鱼篮观音菩萨是怎生一个出处?莫要把《西游记》上之事当作真话。那《西游记》上一片都是寓言,切莫认真。"①似乎也暗示《西游》里的那位观音形象是"认真"不得的。《西游记》小说的素材是由长期流传于民间的话本、传说编辑而成的,晚明的俗文学的审美旨趣会影响到小说定稿者,在观音救苦救难形象之外,又暗含风流之态的描写,绝对是小说成书者精心创作而成。《红楼梦》第七回题为"送宫花贾琏戏熙凤",周瑞家的"进入凤姐院中"下一百六十余字,平稳如常;但脂砚斋批点还是透露,那是隐写凤姐房事,并说那写法是"柳藏鹦鹉语方知"。② 此处"未梳妆的菩萨"所用之笔,已显露出微意,似亦可看作《西游记》中的"柳藏鹦鹉"之意。而其中以"性"称"信"为出自汉地本身还是取材于藏传,则当俟博雅者。

第四节 结语:又一位"不在场的在场者"

"不在场的在场者"一语,出自葛兆光教授《文化间的比赛:朝鲜赴日通信使文献的意义》一文,表达的是在政治、文化和历史上,中国之于日本、朝鲜和越南等东亚国家,就是一个巨大的背景,深深地嵌在东亚诸国的政治、文化和历史之中。无论是政治较量中的"名分"与"礼仪",还是文化比赛中的"衣冠""礼俗"和"诗文",东亚那个时代比赛的双方虽然是朝鲜和日本,但"裁判"却始终仿佛来自争论之外的中国。③ 诚然,在文化输出方面,中国的确曾经作为评判东亚各国名分礼仪的"不在场的在场者"而存在;但是我们似乎忽视了元明以来,影响汉地宗教信仰至深的那位不在场的"裁判"了:藏传佛教与其高僧。

自从唐宋变革之后,中古时兴盛中土的佛教文化开始分化。尤其藏文

---

① 周清原:《西湖二集》,第193页。
② 曹雪芹:《脂砚斋甲戌抄阅重评石头记》,沈阳出版社,2005年,第202页。
③ 葛兆光:《文化间的比赛:朝鲜赴日通信使文献的意义》,《中华文史论丛》2014年第2期。

化地区迎来佛教"后弘期"时代,从中古佛教演变而来的以禅净二门为主的汉传佛教,就不再是中原信仰的单一选择。两宋时代中国版图的很大一部分,长期由相继强盛的北方少数民族政权如辽、西夏、金、蒙古统治,这些游牧民族后裔的统治者,从这时开始亲近来自西藏的藏传佛教;两宋以来汉地的佛教,从地缘上,已经开始失去如中古时代的统治地位。直到蒙元统一中国,大力礼敬番僧番教,中原王朝的高层的信仰开始倒向藏传佛教,这时期,代表信仰最上层建筑的大元帝师们,无疑可以算作构成佛教信仰的"在场者"。但经历夷夏之痛的汉族知识分子,在将民族主义的不满洒向少数民族统治者的同时,也意欲将他们尊崇的宗教打入深渊。但不曾想到"驱逐胡虏,恢复中华"的大明统治者,却因袭前朝旧俗崇奉番教,甚至更有变本加厉之势。这或许是明朝儒生们所不愿意承认而又必须面对的现实,所以明朝的藏传佛教并非真的"不在场",而是在知识分子眼里视而不见,显得"不在场"罢了。

回到"取经"意象的演变中来看。本来,玄奘大师于流沙中诵《心经》以渡难关的故事,经后世历代小说家敷衍加工,成为唐僧取经故事的主体。但因为文学演变的关系,这个授《心经》的桥段的地点,随社会时代的变化,也产生了位移,这背后体现了现实中从中古到近世佛教地理的改换。明代定稿的《西游记》小说里,唐僧得授《心经》的地方,变成了乌斯藏地界附近的浮屠山,小说的这种设置,显然是受到明代藏传佛教的影响。不仅《西游记》一书中透露了不少藏传佛教及其文化的痕迹,明代许多流行的小说之中,都出现过相似的印记。明代世俗生活之中的藏传佛教影子,远比正统儒生的记载来得真实与丰富。从明代笔记小说文献的记载,加上已有蒙藏语文文献的研究成果,我们可以推测,元明以来藏传佛教在政权上层长期占有信仰的优势地位。

如今的明代佛教专题研究,虽不算学界最兴盛的领域,却也成果众多。新论固然不少,但论述框架似乎还在旧年的窠臼中徘徊。比如把藏传佛教放在以汉传佛教为主流的佛教史叙述之外讨论,忽略其本身的主导性;或是明朝君主对藏传佛教的礼敬,纯粹出于边疆政治的考虑,而置藏传佛教信仰风靡中原的事实于不顾:这些结论都有其不当之处。近世明清佛教研究若要有新的改观,需将番、汉两种近世最重要佛教宗派,放在整个近世佛教史视野下讨论,研究二者作用于国家政治及世俗生活产生的效果与影响,并借此贯通长期存在于几个晚近佛教史研究领域之间的壁垒:其一,近世佛教史(汉传)研究,对象包括元明清佛教制度,及研究汉传高僧如晚明"四高僧"之行年、义理等等;以及其二,关注西夏、蒙、藏、满族等民族宗教史地研究,如西藏史、蒙藏佛教史、满清佛教史。这样,近世佛教史的研究才会有新的境界。

历史上的番、汉两种佛教体制,不仅绝非势不两立的两大宗派,在近世佛学演变的过程中,两种教法时有通融互渗——"不在场者",其实一直就在现场。笔者疑心晚明佛教复兴及晚清佛教的复兴之中,汉僧中对佛教义学之唯识、因明诸学重要性的认识,可能就与藏传佛教修行传统有密切关系,兹非本章所能涵盖。然有一点,若欲对番、汉两教外在交融与内在理路的互相影响做出客观的研究分析,则唯有将此二宗派视作近世佛教中同等重要的两个对象,兼采这两大研究领域的研究,方能有所建树,并且能尽可能全面地关照近世佛教的生存发展原貌,起码可以改变元明以来儒生对藏传佛教的一味诋毁抹杀。

附录：晚明唯识学复兴的历史与价值
——书《近世东亚〈观所缘缘论〉珍稀注释选辑》后

晚明佛教及其复兴的讨论，是近世佛教史研究中绕不开的话题。十六世纪中叶，中国佛教发展迎来一次久违的复兴，高僧大德与檀越护法在此时频繁出现，成为后人重点关注的对象。其中关于"晚明四高僧"这一僧史的建构最为突出，也最为成功，后世影响亦为重大；后世学者对晚明佛教复兴的叙述，很大程度上是依托了历史上的四高僧及其成就影响，逐渐展开的。所谓的晚明"四高僧"世所共知，指的是明末清初四位佛法精深的高僧大德；他们依照年齿分别是云栖袾宏、紫柏真可、憨山德清与蕅益智旭。在晚近一段很长的时间里，关于晚明佛教的佛教史书写，都只有"四高僧"的笔墨，附加一些居士的存在。今天看来未必是历史真实的原貌，但以"四高僧"叙述约等于晚明佛教史的看法，仍有其意义；"四高僧"虽为一时应许之人，但除此之外的晚明佛教，仍有许多留待考察的人物、著作、学说，并蕴含着更为全面的佛教复兴的讨论维度。

比如，围绕晚明佛教究竟"复兴"与否的话题，就有过不小的讨论。若仅凭"四高僧"，尤其是"万历三高僧"的政治生活与交游活动，便完全可以看出当时佛教社会生活中，波诡云谲、丰富多彩的一面。然而，佛学研究界对四高僧著述中关于佛法诸宗、性相诸学的内容进行研究后发现，十六世纪之后的晚明高僧在佛学义理上普遍没有超越前代成就，甚至梳理整个明清佛学界，都存在这一致命问题，很久以来都困扰着明清佛教研究者，难以评价此一时期佛教复兴的价值——既然义理成就略显平庸，仅存频繁的社会政治活动，那么复兴之谈似乎确实略显空疏——但这显然也不是历史的事实。十六世纪开始的晚明清初高僧与居士士大夫，曾经在一些领域做出相当精深的研究，对近世佛学产生过不小的贡献。尽管这次成就对本国后世学人影响有限，但在近世东亚范围内，依然产生了相当程度的反响。之后的近代佛教复兴，尤其佛教学术的振兴，与这段晚明佛学界的努力，亦曾拥有一脉相承的理路——那段晚明佛学复兴的主角，就是唯识学。

唯识学是大乘佛学三大体系之一，是继大乘中观学之后印度佛学的主流与核心。唐代玄奘大师创立慈恩宗，弟子基法师将其发扬光大，但之后却迅速在中国销声匿迹，宋元明初汉传佛教之中，鲜有唯识相关知识的流传。更不幸的是，基法师所疏的唯识经典如《成唯识论述记》等文本，也在宋元时代不得流传中土，直到近代才由杨文会居士，自日本传回和刻本。同时，十一世纪初西藏及藏传佛教迎来后弘期，印度唯识学传入西藏后成为藏传佛教知识体系中重要的组成部分，随着元明时期中原帝国对藏传佛教的偏好，部分藏文唯识学相关作品可能曾零星进入中原。

不易想到的是，晚明佛教复兴中的佛学成就，最为突出的偏偏就是唯识及相关的因明、华严等相宗诸学，在此一时间得到重拾与发展；这些在之前以"四高僧"叙述为主的晚明佛教史中，已有过一定程度的展现，比如紫柏、憨山对唯识作品的注释，其弟子如冯梦祯、虞淳熙对唯识学的研学兴趣，尤其紫柏俗家弟子金坛王肯堂，是晚明唯识学研究界较早的参与者。① 但整体而言，毫无疑问，晚明唯识学的话题曾经只是"四高僧"从属的关注对象。一个典型的例子是，雪浪洪恩一直以憨山大报恩寺僧学同学的身份，以及擅长作诗的特点为人熟知；但其晚明唯识学高僧领袖的地位，到近年才得到认同。待到圣严法师《明末佛教研究》（台湾东初出版社，1987年）出版后，学界开始注意到，晚明唯识学经典注疏数量颇为可观，且传世文本也不在少数。这为从文本角度研究晚明唯识学问题提供了基础。但是零星分散的晚明唯识学著述文本，的确不足以论证唯识学之于佛教复兴的关系，尤其《嘉兴藏》及续藏中收入的有限的晚明唯识著作，依然无法全面展示一时代之佛教学说的进步，甚至，仅仅凭借通行的雪浪洪恩《相宗八要》及蕅益智旭《相宗八要直解》等相对入门的书籍，判断晚明唯识学境界不及唐代先贤，尤其对照近代自日本取回基法师唯识、因明诸书而得出晚明唯识学人远在下风之论，时常发生。最近，经多位明清佛教学者的研究助力，关于晚明唯识学的文本和人物，今日所能得见的早已非同旧观；甚至，通过阅读梳理其中脉络，学界已经开始讨论近世佛教复兴的内核与之后的流变，及其与近代佛教传承的关系。这其中，一本新近出版的关于明清人唯识学著述的研究作品，堪为唯识学之于晚明佛教复兴研究的典范。

一、《观所缘缘论》的文本

《观所缘缘论》是一部印度唯识学论著，陈那所造，唐玄奘有译本，入藏

---

① 倪梁康：《王肯堂及其〈八识规矩集解〉》，《中山大学学报（社会科学版）》2015年第2期。

流传。对此书注释于唐代递有出现，有护法造、义净译《观所缘论释》一卷，藏文有调伏天之《观所缘论注释》；到了晚明清初，则有高原明昱的《观所缘缘论会释》一卷、蕅益智旭《观所缘缘论直解》一卷入续藏流传；近代又有吕澂、印沧所编《观所缘释论会译》。这些都是通行所见的版本。就晚明唯识学潮流而言，当时对《观所缘缘论》的讨论及作品，其实并不止续藏经中提及的明昱与智旭这两种，但由于传世文本长期散落各种公私藏家之手，且晚明佛教关注度有限，致使此时作品得不到阐扬。不过今天的学者通过系统的文献学及学术史的梳理，使我们得以完整看到存世的晚明时期《观所缘缘论》注释流传的全貌与价值，乃至其传入日本后的反响与回应。这对推进晚明唯识学乃至明清东亚佛教史研究，都有极其重要的帮助。

新近出版林镇国、简凯廷共同编著《近世东亚〈观所缘缘论〉珍稀注释选辑》（台湾佛光文化，2018 年）一书，便是整理明清近世中国及日本所传《观所缘缘论》注本的最新成果。书中新搜罗七人七种近世时期《观所缘缘论》的注本，时间跨度自十六世纪至十九世纪。七种中的前三种，出自晚明时期江南高僧之手，后四种则出自江户时期的日本高僧笔下。三位本土相宗高僧，都是晚明佛教复兴时重要高僧门下高足。

这其中，晚明最早的《观所缘缘论》注疏本，来自当日唯识学大师雪浪洪恩的弟子明宗广询（1557—1613）的《观所缘缘论释义》。广询大师生平材料不多，除提要中所及黄汝亨为之作塔铭及主法武林显教寺之外，我们还知道他曾随老师雪浪大师长期弘法杭州，并多次出现在黄汝亨的老师冯梦祯的日记、尺牍之中。据考察，广询对唯识学《观所缘缘论》的研究，应该启自乃师雪浪，因为另有一部明代人所作论释也是出自他们师门，即其师弟一雨通润（1565—1624）所作《观所缘缘论释发硎》。一雨长期说法苏州，声望极高，钱谦益称其"经传雪浪，论续慈恩"，在晚明唯识学传播中处于核心的地位。另一位作者为紫柏真可弟子、晚明高僧幻居真界，著有《观所缘缘论集解》。幻居生平材料甚少，仅知其于万历年间活动；作为紫柏大师的高足，幻居除了研究相宗义学之外，另有一个重要任务，就是在刊刻方册大藏经时期，设法建立余杭径山的刻经场，因此幻居与冯梦祯亦相识，于其日记中亦出现多次。

这三位晚明高僧的《观所缘缘论》注疏今日不易得见，长期不为人所知，近日方由选辑作者从中日公私藏书中发掘出世。其中广询《观所缘缘论释义》大陆不藏，今见藏于日本叡山文库的江户抄本，佛乘院寄藏书，为海内孤本。幻居《观所缘缘论集解》有藏于苏州大学图书馆一种，与氏著《物不迁论辩解》合订；另有江户翻刻本藏于名古屋大学图书馆与龙谷大学图书馆。

一雨所著《观所缘缘论释发硎》，仅见湖南图书馆藏本。访书之难，由此可知。晚明唯识学著述在国内流传有限，确实是个特殊的问题。文本的传播固然能佐证学说思想的流行，但文本的"不传播"或者稀见，却不能轻易推知相关知识的不受关注。今天看似凋零稀见的晚明唯识学作品面貌，只是之后的清中叶两百年学术不彰、思想贫乏的后果。

相比而言，在明清之际东传日本的中土唯识学作品，在一衣带水的日本却引起了广泛而持久的讨论，并因之产生了多种回应明清同侪的诸多作品。甚至，因为日本曾经长期流传着自唐基法师以来的唯识学疏论文本，使得江户日本学僧无论在视野还是见解上，在明清高僧面前都颇显得自信。本选辑所选日本江户时期《观所缘缘论》注疏作品有：基辨和尚所著《观所缘缘论释》、快道著《观所缘缘论义疏》、荣天著《观所缘缘论讲草》、宝云著《观所缘缘论略释》；这四位日本僧人，最早的基辨（1718—1791）生活年代已经比蕅益智旭晚了一个世纪，最末一位宝云和尚（1791—1847）的生平年代，已经入近代阶段，距离我们熟知的南条文雄帮助杨文会自日本带回中土失传经典，尤其是唐代基法师《成唯识论》疏记作品的时间，已非常接近；彼时也已是我们常说的"近代佛教复兴"的上限。从文献流传的角度来看，接续明清唯识学复兴，并刺激近代中国佛教发展的媒介及重要组成部分，正是本土佛教史研究中被忽视的日本江户佛教。

二、文献的研究与价值

本选辑前有两位作者——台湾政治大学林镇国教授与台湾大学助理教授简凯廷博士（时为台湾佛光大学博士后）——所撰导论，详细介绍了陈那生平、《观所缘缘论》要旨、中日《观所缘缘论》传统注疏版本等诸多内容。书后则收有二位作者各自研究论文一篇，林镇国教授的文章题为《论证与释义：江户时期基辨与快道〈观所缘缘论〉注疏的研究》，简凯廷博士文章题为《晚明唯识学作品在江户时代的流传与接受初探》。这两篇雄文，可谓近年整个近世学界对晚明唯识学研究最重要的论文，确将此一时期的佛教研究带到了一个全新的层面。先略述凯廷兄对江户时期所传明清唯识学的考察。

作为一位明清佛教研究的青年后进，凯廷兄用了本领域最不常使用的文献学研究方法，将晚明时期于公私书目著录出现过的唯识学作品，一一罗列成表，再将江户时期传入及翻刻的唯识学作品以同样方式整理，并尽可能访求今天存世的文本；包括《观所缘缘论》在内的多种孤本得以重见天日，使得研究者与读者对晚明至江户时期的唯识学作品有个整体的观感。这其中有多位名僧的唯识学著作得以发现,无疑丰富了晚明佛教研究的维度。晚明唯识作为当时的公共知识之一,放入到整个佛教史乃至思想史之中讨论是非常必要的,而中日间唯识学文本与思想的交流无疑最有价值。

而林镇国老师的长文《论证与释义》,则着重在义理层面,讨论接续智旭之后的江户唯识学界,对于以《观所缘缘论》注疏为代表的明清僧人研究所表现出来的兴趣与质疑,尤其围绕基辨和快道这两位十八世纪的日本僧人,具体如何回应明末注疏,研讨晚明唯识观点,这一风气又如何在日本被推向高潮等一系列话题,做出了相应的考察。同时林老师指出,江户时期的佛教已萌发某种学术批判的风气。尽管日本佛教史家末木文美士等人在持江户佛教堕落论的同时,也不得不承认江户佛教具有近代的批判性格,林老师就其中宗教学问的角度,也肯定了江户时期的基辨等人对于佛教学术性的批判,是有其近代意义的贡献的。林老师指出:这里的"批判"不仅指表现在知识性议论上多基于理性论证而已,更是指表现在超越信仰或宗派意识和实证方法的践行。从历史发展来看,十八世纪江户佛教的批判实证学风可以说是为明治时期接纳欧洲佛教历史文献史学铺路,成为日本现代佛教研究得以发展的本地土壤。此论殊为精彩。而将陈那六世纪所造《观所缘缘论》放诸学术史之林,它的价值应该从"印度实在论和反实在论的长期争论来看",而经过玄奘、基法师师徒的译介,为汉语佛学哲学界带来了全新的视角与文本,而明末江南江北僧众再度重视这部小论,影响波及江户日本,以致近代东亚佛教的勃兴。就在江户僧人讨论相关唯识知识的同时,此时西方有笛卡尔、康德、黑格尔等的讨论,实在论和唯心论相对而论的学术潮流成为欧洲近代的主轴;这种现象同时发生在当时的东亚,值得继续思考佛教史佛教文本的考察在哲学史与思想史领域所具有的价值。

林、简二位学者对明清佛教的研究,某种程度上可以代表台湾学界近世思想、佛教研究的最新成果;明清佛教中相宗义学的研究,也已从文本文献到学术史等诸多层面得到充分的研究。事实上台湾这种注重明清研究的学风传统悠久,尤其二十世纪末陈玉女、廖肇亨诸先生负笈东瀛从学日本明清宗教史专家,为华语学界大开近世宗教研究之门。特别是廖肇亨教授亲炙荒木见悟先生之学,将明清思想研究结合文本、文献的考察,并在广泛收集各种稀见文本的基础上,讨论明清思想尤其是佛教发展的各种可能性。廖老师为明清佛教的研究开拓了诸多全新的方面,诸如晚明禅诗的探讨、僧传书写、高僧行谊交游的考察,以及近年廖老师与林镇国老师共同发起的晚明唯识学的讨论。而这些全新的话题的展开,是建立在这一辈学者注重文献学、穷尽材料的基础之上的。其中的文献学精神并不仅仅局限在传统目录学的范畴之内,而是早就把视野放诸整个东亚汉籍之上,用高度的学术敏感,带动东亚汉籍中与宗教相关的文献的发掘与整理,其中就有廖老师与凯廷依据中日所藏稀见文献,共同整理的明清相宗僧传稀见文献《明清华严传承史料两种:〈贤首宗乘〉与〈贤首传灯录〉》(台湾"中研院"中国文哲研究所出版),还原明清相宗的传承问题。而廖老师基于日本江户时代佛教文献所作的黄檗宗历史、文学的研究,也为明清近世东亚文化史思想史研究的推进树立了标杆;以前文所论,十七世纪之后的日本佛教继承了明清佛教的余绪,并继续开启近代中国佛教的复兴,如此,对江户日本佛教乃至文化史的考察,就不仅仅局限于外国史视角,也不完全如葛兆光教授"周边看中国"般的抽离,而是整个东亚视域中佛教文明的自我照见。而这段时期的佛教知识领域,最有代表性的知识体系,并贯穿近五百年的线索,无疑就是自十六世纪开始复兴的明清唯识学。

三、明清佛教研究新角度的探讨

曾经传统的明清佛教研究,讨论到佛教复兴的缘起与流变时,曾有过不少解释。如陈玉女教授《明代佛门内外僧俗交涉的场域》第一章绪论中讨论佛教复兴之前的明代佛教时,遍引前人研究成果,罗列了明代佛教衰落,尤其是学术衰落的原因。比如简易融合的世俗化佛教,认为知识方面完全不值得一谈(牧田谛亮);为了向庶民大众传法而不得不混合三教,而使佛教呈现更多的民间信仰色彩(牧田谛亮);儒家势力抬头,领导阶层对佛教教义的无知加深,明清时期的儒教主义政治驱使佛教落入愚民宗教,丧失社会教化的势力(冢本善隆);明太祖"三教论"治国理念,乃其深知宗教统治对掌控民心的重要性使然,而因帝权的严格禁锢,三教皆失再生之道(荒木见悟);等等,皆为极有功力、识见的研究。搜罗甚勤,惠及后学。同时陈氏本人也讨论了自明初起统治者实行三经讲习的利弊。三经即高僧宗泐、如玘奉旨所注之《心经》《金刚》《楞严》。因学问僧逐渐凋零,太祖时所定此僧伽教习之法,已不可避免地无法执行下去,禅林各种怀疑习文读经的思想开始泛滥;直至晚明,谋求改善丛林学佛之困境,又重新从古典经文如《华严经》事理无碍之华严思想出发,试图调和禅、教,在禅学、相宗义学之间认知佛法的共通媒介,并进一步在当日发挥此种周遍圆融之义学风气。而于佛教义理外部之致用思想的落实上,陈氏也关注到南北外来参究之风兴起,论法之讲坛兴盛,佛学讲习如同心学传播一般形成气候,僧俗间壁垒渐开等等外部因素的混同影响,使得晚明佛教能够重整旗鼓。所论中肯精严,材料之丰赡,亦令人叹为观止。

何孝荣教授则在《明代南京寺院研究》中指出,明代后期寺学制度的改革是晚明相宗义学重兴的关键。尽管明初扎实的儒释学问功底尚属常态,但经历百余年大明朝的统治,晚明出家人之僧学教育程度,亦难望前贤项背了。寺院教育也是要负一大责任的。又如何氏指出,寺院教育的腐败趋势,从宋元已经开始出现,明代中期以后更是到了不可收拾的地步,如嘉隆间大德笑岩德宝就鄙视寺教界陈陈相因的恶习,蕅益智旭直接骂道"法师是乌龟,善知识是忘八",万历南礼部侍郎、居士葛寅亮也斥寺教病入膏肓,这都是对僧风佛法有清醒认识者。也就是因此,为了挽救日益颓废的禅林现状,有识之士都主张改革寺院教育制度,提倡从记诵经典入手;比如南京寺院僧学中开展的教育制度改革,即是从明代后期开始,主要表现为两方面大举措,一为延请有真才实学的僧人到寺院讲学或住持,如何氏所引《南京僧录司左觉义兼大报恩寺住持高祖西林翁大和尚传》载:

> 先是,江南佛法未大行,翁(西林)虽居官秩,切以法门为忧,每见僧徒见轻于士林,叹曰:"为僧不学,故取辱名教,玷污法门耳。"初请先师云谷和尚,住三藏殿,教诸习禅者,于是始知有禅宗。数年先师去隐栖霞,适守愚师(无极)南来,五台陆公(陆光祖)为祠部主政,谓祖翁曰:"顷见高僧守愚法师,讲演甚明,当请至寺,教习僧徒。"翁即礼请先师,居三藏殿,设常住供赡,选僧数十众,日亲领往听讲。从此始知向佛法。①

西林永宁延请云谷法会、无极守愚到大报恩寺教习,及栖霞寺礼请素庵真节至本寺住持等例,皆为当时一代善知识而开讲名刹。另一举措为提倡僧人学子们读佛经原典,如憨山初入报恩寺习经,"先授《法华经》,四月成诵"。② 同时万历年间南京诸寺院经过清田定租,寺院经济收入有了保证后,寺院为教育制度改革而设立的寺学得到有力的保障,师资硬件为之改观,并大大强化了教学的制度性与连贯性,僧人的整体素质亦显著提高,从其中涌现的著名学生有憨山德清、雪浪洪恩等晚明佛教柱石。当时的南礼部侍郎葛寅亮遂为南都大刹的寺学制定了一整套制度,收在他所编写的《金陵梵刹志》卷五一《条约》中。葛氏对寺院教学的内容与效果,充满其个人的期望,对求学的僧人,"先之律,以严其戒;继之经论,以示其义。大都责以禅讲,而瑜珈无取也。尔时经声应壑,梵韵飘钟,济济簇簇,日无旷景。行之

---

① 《憨山老人梦游集》卷三〇,《卍新续藏》第 73 册,第 672 页中。
② 《憨山老人自序年谱实录上》,《憨山老人梦游集》卷五三,《卍新续藏》第 73 册,第 832 页上。

不辍,习与性成,十诵五戒,如王章国宪,枷械切身,而不敢犯"。① 显然,若通过这种寺学学习的僧人,佛学学养与认知体系会有本质的改变;当日所奠定的儒释二道之基础,使其日后具备与儒家士子进行文化交流之能力。由此辈僧众承担其晚明佛教中兴之大任,良有以也。

但是通过之前常见的明清佛教相关文献所得出来的教史结论,确实有不少漏洞,比如晚明佛教复兴之前的佛教社会状况、复兴的学术表现等等问题,都未有让人信服的解答,遑论复兴之后清代佛教及近代复兴之佛教与晚明时代的关系,及晚明唯识学及相宗义学来源种种问题,都需要更为开阔的研究视野与学科参与,才能得到理想的结果。通过对晚明僧人唯识学注疏作品及其在日本的流布、近代的返流,为东亚视野下的明清佛教研究,提供了全新的思路。日藏、韩藏及越藏汉籍中的文献信息,未来将成为明清佛教研究的重要素材,而东亚范围的佛教文化、文献、人物的交流,同样是这一研究领域的重要题材。关于东亚视野下的明清近世佛教话题,本文已着墨颇多,而因研究领域的拓展而带来的相应的思考,值得在此继续分享。

另一些话题,或许更为有趣。围绕唯识学在晚明佛教中扮演的地位及其传播的讨论,很容易就上溯到晚明时期雪浪洪恩等人唯识学的来源问题。整个汉传佛教史的叙述中,几乎可以明确一点,玄奘、基法师之后的唐代唯识高峰,并没有保持多久,最迟到元代时期,基法师的《成唯识论》注疏已经不传于中原,留给后辈佛教学者接近唐代唯识高峰的路径,仅有大藏经中零散的唯识译本;更少的唐人注疏细节,保留在诸如永明延寿的《宗镜录》等著作之中。林镇国对读今日通行的唐基法师疏本与《宗镜录》所抄录的偈文发现,二者有明显不同,而认为《宗镜录》等文献可能保留五代之前他种译本的可能。但笔者始终不清楚晚明时代唯识学复兴的真正源头。圣严法师在晚明唯识学传播的研究中考察出自鲁山普泰至雪浪洪恩的"前复兴"时期谱系,另据僧传文献《贤首宗乘》的记录,弘治年间鲁山普泰之前的华严学师承似乎也可追溯,但迟至十六世纪晚期才开始唯识学复兴,依然不像是自相宗义学兴盛、《相宗八要》之类书籍刊刻以及《宗镜录》的流行所直接导致的。这其中应该还有被我们所忽略的线索,其中重要的一脉,就是元明藏传佛教在因明唯识方面的成就,及其对汉文化区域造成的影响。这中间最直接的影响,来自廖肇亨教授对杭州贝琳仁潮教授士大夫梵文、著名居士赵蒁光习《悉檀字法》的考察,尽管记载有限,但依然为考察晚明佛教提供了选择。自

---

① 葛寅亮:《八大寺重设公塾碑记》,《金陵梵刹志》卷一六,《大藏经补编》第29册,第194—195页。

元明以来传播中原、京师乃至江南的藏传佛教文本及辅助读本(如赵茈光所读的《悉檀字法》),应该是本领域研究所需要关注的材料;同时直接或间接译自藏文的佛教文献,也需要给予足够的重视,如晚明汲古阁所刻入藏流传的《华严忏仪》,在唯识学僧众弘法及修习中,产生过一定影响,其本身可能也是西夏、元间藏传佛教密教修行的某种文本。当然,关于藏传佛教文本、历史及其在中原的影响的研究,对古典语言的运用成为研究者最大的障碍,这也需要更多跨学科的人才共同参与,近世佛教研究才能更为全面地展开。

参 考 文 献

一、古籍

1. 孙诒让.周礼正义[M].王文锦、陈玉霞点校.中华书局,1987.
2. 孙希旦.礼记集解[M].沈啸寰、王星贤点校.中华书局,1989.
3. 陈寿、裴松之.三国志[M].中华书局,2011.
4. 脱脱.宋史[M].中华书局,2011.
5. 万斯同.明史[M].上海古籍出版社,2008.
6. 张廷玉.明史[M].中华书局,2011.
7. 南炳文、吴彦玲.辑校万历起居注[M].天津古籍出版社,2010.
8. 胡广等.明太祖实录[M].台湾"中研院"历史语言研究所校勘本,1962.
9. 杨士奇等.明太宗实录[M].台湾"中研院"历史语言研究所校勘本,1962.
10. 费宏等.明武宗实录[M].台湾"中研院"历史语言研究所校勘本,1962.
11. 张居正等.明世宗实录[M].台湾"中研院"历史语言研究所校勘本,1962.
12. 张居正等.明穆宗实录[M].台湾"中研院"历史语言研究所校勘本,1962.
13. 叶向高等.明神宗实录[M].台湾"中研院"历史语言研究所校勘本,1962.
14. 叶向高等.明光宗实录[M].台湾"中研院"历史语言研究所校勘本,1962.
15. 温体仁等.明熹宗实录[M].台湾"中研院"历史语言研究所校勘本,1962.
16. 汪楫等.崇祯长编[M].台湾"中研院"历史语言研究所校勘本,1962.
17. 雷礼.皇明大政记[M]//续修四库全书·史部·杂史类(第428—431册).上海古籍出版社,2002.
18. 谈迁.国榷[M].张宗祥校点.中华书局,1958.
19. 谷应泰.明史纪事本末[M].中华书局,1977.
20. 焦竑.国朝献征录[M]//续修四库全书·史部·传记类(第525—531册).上海古籍出版社,2002.
21. 陈鼎.东林列传[M].《东林列传》整理委员会整理.广陵书社,2007.
22. 黄宗羲.明儒学案(修订本)[M].沈芝盈点校.中华书局,2008.

23. 钱谦益.列朝诗集小传[M].上海古籍出版社,2008.
24. 释德清.憨山老人年谱自叙实录[M].释福征注.民国释印光印本.
25. 李日华.味水轩日记校注[M].屠友祥校注.上海远东出版社,2011.
26. 冯梦祯.快雪堂日记校注[M].王启元校注.上海人民出版社,2019.
27. 刘若愚.酌中志[M].北京古籍出版社,1994.
28. 沈德符.万历野获编[M].中华书局,1959.
29. 张萱.西园闻见录[M].台湾明文书局,1991.
30. 毛奇龄.胜朝彤史拾遗记[M]//四库全书存目丛书·史部(第122册).齐鲁书社,1996.
31. 未署名.癸卯楚事妖书始末[M]//北京图书馆古籍珍本丛刊·史部·杂史类(第13册).书目文献出版社,1997.
32. 计六奇.明季北略[M].魏得良、任道斌点校.中华书局,1984.
33. 徐鼒.小腆纪传[M].台湾明文书局,1985.
34. 徐鼒.小腆纪年附考[M].王崇武点校.中华书局,1957.
35. 刘侗、于奕正.帝京景物略[M].北京古籍出版社,1980.
36. 王之正等.(乾隆)陆丰县志[M]//中国地方志集成·广东府县志辑(29).上海书店出版社,2003.
37. 程嗣功、王一化.(万历)应天府志[M]//四库全书存目丛书·史部(第202册).齐鲁书社,1997.
38. 刘于义、沈青崖.(雍正)陕西通志[M].清雍正十三年刻本.
39. 许瑶光.(光绪)嘉兴府志[M].上海书店出版社,1993.
40. 于琨.(康熙)常州府志[M].江苏古籍出版社,1998.
41. 汤日昭.(万历)温州府志[M]//四库全书存目丛书·史部(第210—211册).齐鲁书社,1996.
42. 赵定邦.(同治)长兴县志[M].上海书店出版社,1993.
43. 张郁文.木渎小志[M].民国十七年重印本.
44. 王昶.(嘉庆)直隶太仓州志[M]//续修四库全书·史部·地理类(第697册).上海古籍出版社,2002.
45. 华希闵.(乾隆)无锡县志[M].凤凰出版社,2011.
46. 高得贵.(乾隆)镇江府志[M].江苏古籍出版社,1998.
47. 金坛县地方志编纂委员会.金坛县志[M].江苏人民出版社,1993.
48. 阮元.两浙金石志[M].浙江古籍出版社,2012.
49. 延丰.重修两浙盐法志[M]//续修四库全书·史部·政书类(第840—841册).上海古籍出版社,2002.

50. 葛寅亮.金陵梵刹志[M]//南京稀见文献丛刊.南京出版社,2011.

51. 释大壑撰,刘士华、袁令兰标点,徐吉军审订.南屏净慈寺志[M]//杭州佛教文献丛刊·第一辑(第8册).杭州出版社,2006.

52. 沈鏰彪.续修云林寺志[M]//杭州佛教文献丛刊·第一辑(第5册).杭州出版社,2006.

53. 故宫博物院.(乾隆)焦山志(同治)焦山志 焦山续志[M]//故宫珍本丛刊(第247册).海南出版社,2001.

54. 刘铭芳.宝华山志[M]//中国佛寺志丛刊(第53、54册).广陵书社,2006.

55. 释镇澄.清凉山志(五台山志)[M].广陵书社,1998.

56. 马大相.灵岩志[M].山东友谊出版社,1994.

57. 神穆德、义庵.潭柘山岫云志[M]//中国佛寺志丛刊(第4册).广陵书社,2006.

58. 许止净.峨眉山志[M]//中国佛寺志丛刊(第117册).广陵书社,2006.

59. 刘继增.忍草庵志[M]//中国佛寺志丛刊(第47册).广陵书社,2006.

60. 朱元璋.御制大诰三编[M]//续修四库全书·史部·政书类(第862册).上海古籍出版社,2002.

61. 孙承泽.思陵典礼记[M]//沈云龙.明清史料汇编初集(第5册).台湾文海出版社,1967.

62. 四库全书研究所.钦定四库全书总目(整理本)[M].中华书局,1997.

63. 王夫之.读通鉴论[M].舒士彦点校.中华书局,1996.

64. 胡敬.胡氏书画考三种·南熏殿图像考[M]//续修四库全书·子部·艺术类(第1082册).上海古籍出版社,2002.

65. 董其昌.画禅室随笔校注[M].屠友祥校注.上海远东出版社,2011.

66. 顾炎武.菰中随笔 蒌庐札记[M].商务印书馆,1936.

67. 王士禛.池北偶谈[M].靳斯仁点校.中华书局,1997.

68. 李慈铭.越缦堂读书记[M].上海书店出版社,2000.

69. 吴承恩.西游记[M].作家出版社,2018.

70. 施耐庵.水浒传[M].人民文学出版社,1997.

71. 顾起元.客座赘语[M].南京出版社,2009.

72. 曹雪芹.脂砚斋重评石头记:庚辰本[M].人民文学出版社,2010.

73. 罗贯中、冯梦龙.平妖传[M].上海古籍出版社,1981.

74. 冯梦龙.三遂平妖传[M]//《古本小说集成》编委会.古本小说集成(第四辑).上海古籍出版社,2017.

75. 释僧祐.出三藏记集[M].苏晋仁、萧炼子点校.中华书局,1995.

76. 释慧皎.高僧传[M].汤用彤校注,汤一玄整理.中华书局,1992.

77.《中华大藏经》编辑局.中华大藏经(汉文部分)[M].中华书局,1984.

78. 竺法护译.维摩诘经[M]//乾隆大藏经(第33册).宗教文化出版社,2010.

79. 宋濂、袾宏、钱谦益.宋文宪公护法录[M]//嘉兴藏(第21册).台湾新文丰出版公司,1988.

80. 朱时恩.佛祖纲目[M]//卐新续藏(第146册).台湾新文丰出版公司,1975.

81. 蓝吉富.禅宗全书[M].北京图书馆出版社,2004.

82. 释宗本.归元直指集[M]//卍新续藏(第61册).台湾新文丰出版公司,1975.

83. 彭希涑.净土圣贤录[M].台湾新文丰出版公司,1991.

84. 彭绍升.居士传[M].江苏广陵古籍刻印社,1991.

85. 释明河.补续高僧传[M]//慧皎等.高僧传合集.上海古籍出版社,2011.

86. 郭庆藩.庄子集释[M].王孝鱼点校.中华书局,2012.

87. 俞宪.盛明百家诗[M]//四库全书存目丛书·集部(第304册).齐鲁书社,1997.

88. 钱谦益.列朝诗集[M].许逸民、林淑敏点校.中华书局,2007.

89. 黄宗羲.明文海[M].中华书局,1987.

90. 沈季友.檇李诗系[M]//景印文渊阁四库全书(第1475册).台湾商务印书馆,1986.

91. 屈原.屈原集校注[M].金开诚、董洪利、高路明校注.中华书局,1996.

92. 虞淳熙.虞德园先生集[M]//四库禁毁书丛刊·集部(第43册).北京出版社,1997.

93. 黄宗羲.黄宗羲全集[M].吴光主编.浙江古籍出版社,2012.

94. 法式善.存素堂文集[M]//清代诗文集汇编(第435册).上海古籍出版社,2010.

95. 厉鹗.樊榭山房集[M].董兆熊注,陈九思标校.上海古籍出版社,1992.

96. 赵翼.瓯北集[M].李学颖、曹光甫标点.上海古籍出版社,1997.

97. 顾炎武.亭林文集[M]//续修四库全书·集部·别集类(第1402册).上海古籍出版社,2002.

98. 高攀龙.高子遗书、高子遗书未刻稿[M].凤凰出版社,2011.

99. 陈懿典.陈学士先生初集[M]//四库禁毁书丛刊·集部(第78—79册).北京出版社,1997.

100. 于慎行.穀城山馆集[M].明万历刻本.
101. 程嘉燧.松园浪淘集[M]//续修四库全书·集部·别集类(第1385—1386册).上海古籍出版社,2002.
102. 钟惺.隐秀轩集[M].李先耕、崔重庆标校.上海古籍出版社,1992.
103. 李维桢.大泌山房集[M]//四库全书存目丛书·集部(第150—153册).齐鲁书社,1997.
104. 毛奇龄.西河集[M]//景印文渊阁四库全书(第1320—1321册).台湾商务印书馆,1986.
105. 王祖嫡.师竹堂集[M]//四库未收书辑刊·第伍辑(第23册).北京出版社,2000.
106. 张四维.条麓堂集[M]//续修四库全书·集部·别集类(第1351册).上海古籍出版社,2002.
107. 瞿景淳.瞿文懿公集[M]//四库全书存目丛书·集部(第109册).齐鲁书社,1997.
108. 焦竑.焦氏澹园集[M]//续修四库全书·集部·别集类(第1364册).上海古籍出版社,2002.
109. 汤显祖.汤显祖诗文集[M].徐朔方笺校.上海古籍出版社,1982.
110. 吴应箕.楼山堂集[M]//续修四库全书·集部·别集类(第1388—1389册).上海古籍出版社,2002.
111. 丁绍仪.听秋声馆词话[M]//续修四库全书·集部·词类(第1734册).上海古籍出版社,2002.
112. 顾景文.顾景行诗集[M]//四库未收书辑刊·第捌辑(第23册).北京出版社,2000.
113. 李觏.直讲李先生文集[M]//四部丛刊初编·集部.商务印书馆,1989.
114. 袁表、马荧.闽中十子诗[M]//景印文渊阁四库全书(第1372册).台湾商务印书馆,1986.
115. 黄任.秋江集[M]//清代诗文集汇编(第254册).上海古籍出版社,2010.
116. 萧士玮.春浮园文集[M]//四库禁毁书丛刊·集部(第108册).北京出版社,1997.
117. 屠隆.栖真馆集[M]//续修四库全书·集部·别集类(第1360册).上海古籍出版社,2002.
118. 陈瑚.确庵文集[M]//汲古阁丛书.全国图书馆文献缩微复制中心,2008.

119. 张居正.张太岳集[M].上海古籍出版社,1984.
120. 王元翰.王谏议全集[M]//四库未收书辑刊·第伍辑(第25册).北京出版社,2000.
121. 汪道昆.太函集[M].胡益民、余国庆点校.黄山书社,2004.
122. 钱谦益.牧斋初学集[M].钱曾笺注,钱仲联标校.上海古籍出版社,2009.
123. 钱谦益.牧斋有学集[M].钱曾笺注,钱仲联标校.上海古籍出版社,2009.
124. 钱谦益.牧斋杂著[M].钱曾笺注,钱仲联标校.上海古籍出版社,2009.
125. 吴伟业.吴梅村全集[M].李学颖集评标校.上海古籍出版社,1999.
126. 冯梦祯.快雪堂集[M]//四库全书存目丛书·集部(第164—165册).齐鲁书社,1997.
127. 释读彻、王培孙.苍雪大师南来堂诗集[M]//清代诗文集汇编(第5册).上海古籍出版社,2010.
128. 释道盛.天界觉浪盛禅师全录[M]//嘉兴藏(第34册).台湾新文丰出版公司,1988.
129. 释洪恩.雪浪集[M]//四库全书存目丛书·集部(第190册).齐鲁书社,1997.
130. 云栖袾宏.莲池大师全集[M].上海古籍出版社,2011.
131. 释宽悦.尧山藏草[M]//释明复.禅门逸书·初编(第7册).台湾明文书局,1981.
132. 释通润、释慧浸、释明河.华山三高僧诗[M].上海图书馆清抄本.
133. 释法杲.雪山草[M].明万历庚戌刻本.
134. 释如愚.止啼斋集[M]//四库全书存目丛书·集部(第191册).齐鲁书社,1997.
135. 释如愚.空华集[M]//四库全书存目丛书·集部(第191册).齐鲁书社,1997.
136. 释如愚.饮河集[M]//四库全书存目丛书·集部(第191册).齐鲁书社,1997.
137. 释如愚.石头庵集[M]//四库全书存目丛书·集部(第191册).齐鲁书社,1997.
138. 释慧秀.秀野轩集[M].明万历间书林庞云衢刻本.
139. 释道忞.布水台集[M]//四库未收书辑刊·第伍辑(第30册).北京出版社,2000.

140. 释石林.寄巢诗[M]//汲古阁丛书.全国图书馆文献缩微复制中心影印,2008.
141. 释通明.牧云和尚懒斋别集[M]//嘉兴藏(第31册).台湾新文丰出版公司,1988.
142. 胡应麟.诗薮[M].中华书局,1958.
143. 王夫之.姜斋诗话笺注[M].戴鸿森笺注.上海古籍出版社,2012.
144. 阮大铖.燕子笺[M].刘一禾注,张安全校.上海古籍出版社,1986.

二、专著

145. 杨启樵.明清皇室与方术[M].上海书店出版社,2004.
146. 陈玉女.明代佛门内外僧俗交涉的场域[M].台湾稻乡出版社,2010.
147. 周齐.明代佛教与政治文化[M].人民出版社,2005.
148. 王尧.西藏文史探微集[M].中国藏学出版社,2005.
149. 陈玉女.明代二十四衙门宦官与北京佛教[M].台湾如闻出版社,2001.
150. 江灿腾.晚明佛教丛林改革与佛学诤辩之研究——以憨山德清的改革生涯为中心[M].台湾新文丰出版公司,1990.
151. 黄仁宇.十六世纪明代中国之财政与税收[M].九州出版社,2007.
152. 范佳玲.明末曹洞殿军——永觉元贤禅师研究(上)[M].台湾花木兰出版社,2009.
153. 范佳玲.紫柏大师生平及其思想研究[M].台湾法鼓文化,2001.
154. 夏金华.中国佛教的制度与仪轨[M].上海社会科学院出版社,2010.
155. 何孝荣.明代南京寺院研究[M].中国社会科学出版社,2000.
156. 王尧.西藏文史考信集[M].中国藏学出版社,1994.
157. 唐大潮.明清之际道教"三教合一"思想论[M].宗教文化出版社,2000.
158. 吴震.明代知识界讲学活动系年:1522—1602[M].学林出版社,2003.
159. 夏清瑕.憨山大师佛学思想研究[M].学林出版社,2007.
160. 陈玉女.明代的佛教与社会[M].北京大学出版社,2011.
161. 何孝荣.明代北京佛教寺院修建研究[M].南开大学出版社,2007.
162. 蓝吉富.中国佛教泛论[M].台湾新文丰出版公司,1993.
163. 王天有.晚明东林党议[M].上海古籍出版社,1991.
164. 朱东润.张居正大传[M].百花文艺出版社,2000.
165. 杨联陞.国史探微[M].辽宁教育出版社,1998.
166. 梁家勉.徐光启年谱[M].上海古籍出版社,1981.
167. 梁家勉.增补徐光启年谱[M].李天纲增补.上海古籍出版社,2011.

168. 徐朔方.徐朔方集[M].浙江古籍出版社,1993.
169. 张正明等.明清山西碑刻资料选(第一辑)[M].山西人民出版社,2005.
170. 陈垣.陈垣全集[M].安徽大学出版社,2009.
171. 陈寅恪.陈寅恪集[M].生活·读书·新知三联书店,2011.
172. 陈寅恪.柳如是别传[M].生活·读书·新知三联书店,2011.
173. 陈寅恪.寒柳堂集[M].生活·读书·新知三联书店,2011.
174. 陈寅恪.金明馆丛稿二编[M].生活·读书·新知三联书店,2011.
175. 葛兆光.禅宗与中国文化[M].上海人民出版社,1986.
176. 廖肇亨.中边·诗禅·梦戏——明末清初佛教文化论述的呈现与开展[M].台湾允晨文化出版社,2008.
177. 葛兆光.想象异域:读李朝朝鲜汉文燕行文献札记[M].中华书局,2014.
178. 葛兆光等.殊方未远:古代中国的疆域、民族与认同[M].中华书局,2016.
179. 葛兆光.历史中国的内与外:有关"中国"与"周边"概念的再澄清[M].香港中文大学出版社,2017.
180. 李天纲.金泽:江南民间祭祀探源[M].生活·读书·新知三联书店,2017.
181. 王岗、李天纲.中国近世地方社会中的宗教与国家[M].复旦大学出版社,2014.
182. 沈卫荣.藏传佛教在西域和中原的传播:《大乘要道密集》研究初编[M].北京师范大学出版社,2017.
183. 沈卫荣、侯浩然.文本与历史:藏传佛教历史叙事的形成和汉藏佛学研究的建构[M].中国藏学出版社,2016.
184. 沈卫荣.想象西藏:跨文化视野中的和尚、活佛、喇嘛和密教[M].北京师范大学出版社,2015.
185. 沈卫荣.汉藏佛学研究:文本、人物、图像和历史[M].中国藏学出版社,2013.
186. 汲喆、田水晶、王启元.二十世纪中国佛教的两次复兴[M].复旦大学出版社,2016.
187. 释仁炟、李四龙.佛教与当代中国文化建设[M].复旦大学出版社,2017.
188. 学愚.汉传佛教义理研究[M].宗教文化出版社,2017.
189. 学愚.佛学思想与佛教文化研究[M].社会科学文献出版社,2017.
190. 学愚.汉传佛教文化研究[M].宗教文化出版社,2017.

191. 学愚.中国佛教的社会主义改造[M].香港中文大学出版社,2015.
192. 严北溟.儒道佛思想散论[M].王雷泉编.复旦大学出版社,2016.
193. 王雷泉、刘仲宇、葛壮.二十世纪中国社会科学·宗教学卷[M].上海人民出版社,2005.
194. 王雷泉.悲愤而后有学:欧阳渐文选[M].上海远东出版社,1996.
195. 圣凯.赵朴初卷[M].宗教文化出版社,2017.
196. 楼宇烈.宗教研究方法讲记[M].北京大学出版社,2013.
197. 杨曾文.佛教与中国历史文化[M].金城出版社,2013.
198. 杨曾文.中国佛教史论:杨曾文佛学文集[M].中国社会科学出版社,2002.
199. 洪修平.中国佛教与儒道思想[M].宗教文化出版社,2004.
200. 洪修平.中国禅学思想史纲[M].南京大学出版社,1994.
201. 杨维中.中国佛学[M].南京大学出版社,2009.
202. 赖永海.佛学与儒学(修订版)[M].中国人民大学出版社,2017.
203. 赖永海.中国佛教文化论[M].东方出版社,2014.
204. 圣凯.中国佛教信仰与生活史[M].江苏人民出版社,2016.
205. 圣凯.中国汉传佛教礼仪[M].宗教文化出版社,2001.
206. 圣凯.中国佛教忏法研究[M].宗教文化出版社,2004.
207. 霍姆斯·维慈.中国佛教的复兴[M].王雷泉、包胜勇、林倩等译.上海古籍出版社,2006.
208. 许理和.佛教征服中国:佛教在中国中古早期的传播与适应[M].李四龙、裴勇等译.江苏人民出版社,2017.
209. 陈金华.佛教与中外交流[M].中西书局,2016.
210. 田海.讲故事:中国历史上的巫术与替罪[M].赵凌云等译.中西书局,2017.
211. 沈丹森、孙英刚.中印关系研究的视野与前景[M].复旦大学出版社,2016.
212. 陈金华、孙英刚.神圣空间:中古宗教中的空间因素[M].复旦大学出版社,2014.
213. 孙英刚.神文时代:谶纬、术数与中古政治研究[M].上海古籍出版社,2015.
214. 牟复礼、崔瑞德.剑桥中国明代史[M].张书生等译.中国社会科学出版社,1992.
215. 李珺平.中国古代知识人思想个案剖判[M].中国社会出版社,2011.

216. 吕澂.历朝藏经略考[M].台湾大千出版社,2003.
217. 荒木见悟.明末清初的思想与佛教[M].廖肇亨译.上海古籍出版社,2010.
218. 李富华、何梅.汉文佛教大藏经研究[M].宗教文化出版社,2003.
219. 周叔迦.周叔迦佛学论著全集[M].中华书局,2006.
220. 郑涵.吕坤年谱[M].中州古籍出版社,1985.
221. 季羡林.季羡林集[M].中国社会科学出版社,2000.
222. 樊树志.张居正与万历皇帝[M].中华书局,2008.
223. 张慧剑.明清江苏文人年表[M].上海古籍出版社,1986.
224. 陈乃乾.明苍雪大师赵读彻行年考略[M].王培孙注.台湾商务印书馆,1978.
225. 南怀瑾.禅宗与道家[M].复旦大学出版社,2005.
226. 南怀瑾.圆觉经略说[M].复旦大学出版社,2005.
227. 任道斌.方以智年谱[M].安徽教育出版社,1983.
228. 方鸿寿.方以智年谱[M]//艺文志编委会.艺文志(第二辑).山西人民出版社,1983.
229. 柴德赓.史学丛考[M].中华书局,1982.
230. 余英时.方以智晚节考[M].生活·读书·新知三联书店,2012.
231. 张德信.明代职官年表[M].黄山书社,2009.
232. 慈怡等.佛光大辞典[M].北京图书馆出版社,2004.
233. 钱基博.明代文学[M].商务印书馆,1933.
234. 朱维铮、姜义华.章太炎选集(注释本)[M].上海人民出版社,1981.
235. 梁启超.清代学术概论[M].朱维铮校订.中华书局,2010.
236. 霍韬晦.绝对与圆融:佛教思想论集[M].台湾东大图书公司,1986.
237. 钱锺书.宋诗选注[M].生活·读书·新知三联书店,2007.
238. 钱锺书.七缀集[M].生活·读书·新知三联书店,2007.
239. 蒋孔阳.中国古代美学艺术论文集[M].上海古籍出版社,1981.
240. 释圣严.明末佛教研究[M].台湾东初出版社,1987.
241. 廖肇亨.忠义菩提:晚明清初空门遗民及其节义论述探析[M].台湾"中研院"中国文哲研究所,2013.
242. 廖肇亨.倒吹无孔笛:明清佛教文化研究论集[M].台湾法鼓文化,2018.
243. 董晓萍、吕敏.北京内城寺庙碑刻志[M].国家图书馆出版社,2011.
244. 吕敏(Marianne Bujard).北京内城寺庙碑刻志(第三卷)[M].国家图书

馆出版社,2013.

245. 吕敏(Marianne Bujard).北京内城寺庙碑刻志(第四卷)[M].国家图书馆出版社,2017.

246. 齐光.大清帝国时期蒙古的政治与社会：以阿拉善和硕特部研究为中心[M].复旦大学出版社,2013.

247. 齐光.16—18世纪喀尔喀蒙古政治社会体制研究[M].复旦大学出版社,2020.

248. 吴疆、王启元.佛法与方法：明清佛教及周边[M].复旦大学出版社,2021.

249. Yü Chün-fang, *The Renewal of Buddhism in China: Chu-hung and the Late Ming Synthesis*, New York: Columbia University Press, 1981.

250. Yü Chün-fang, *Kuan-yin: The Chinese Transformation of Avalokiteśvara*, New York: Columbia University Press, 2000.

251. Timothy Brook, *Praying for Power: Buddhism and the Formation of Gentry Society in Late-Ming China*, Harvard University Press, 1993.

252. Nicolas Standaert and Ad Dudink, *Forgive Us Our Sins: Confession in Late Ming and Early Qing China*, Routledge, 2006.

253. Nicolas Standaert, *An Illustrated Life of Christ Presented to the Chinese Emperor: the History of Jincheng shuxiang (1640)*, Routledge, 2007.

254. Jiang Wu, *Leaving for the Rising Sun: Chinese Zen Master Yinyuan and the Authenticity Crisis in Early Modern East Asia*, Oxford University Press, 2015.

255. Marcus Bingenheimer, *Island of Guanyin: Mount Putuo and its Gazetteers*, Oxford University Press, 2016.

256. Jennifer Eichman, *A Late Sixteenth-Century Chinese Buddhist Fellowship*, Leiden: Brill, 2016.

257. Rostislav Berezkin, *Many Faces of Mulian: The Precious Scrolls of Late Imperial China*, University of Washington Press, 2017.

三、单篇论文

258. 陈垣.佛教能传布中国的原因[M]//张曼涛.现代佛教学术丛刊·中国佛教通史论述.台湾大乘文化出版社,1978.

259. 陈豪楚.径山寺刻藏述[M]//张曼涛.现代佛教学术丛刊·大藏经研究汇编(下).台湾大乘文化出版社,1978.

260. 罗宗强.嘉靖末至万历前期文学思想的转变[A]//中国明代文学学会(筹)第八届年会暨2011年明代文学与文化国际学术研讨会论文集·诗文词文论卷(上)[C].

261. 李暄.手提无空锤,击破珊瑚网——禅学思维与袁宏道的诗学策略[A]//中国明代文学学会(筹)第八届年会暨2011年明代文学与文化国际学术研讨会论文集·诗文词文论卷(上)[C].

262. 梁绍杰.三则与晚明"国本之争"有关的传闻考辨[A]//第十一届明史国际学术讨论会论文集,2005(8).

263. 谭晓静.明代的妖书、妖言研究[D].江西师范大学硕士学位论文,2008.

264. 高峰.紫柏大师与万历社会研究[D].吉林大学博士学位论文,2006.

265. 聂福荣.万历朝慈圣李太后崇佛考论[D].吉林大学硕士学位论文,2007.

266. (长清)县志办公室.灵岩千佛殿、辟支塔、墓塔林简介[M]//政协长清县委员会文史资料征集研究委员会.长清文史资料(第2辑),1985.

267. 释圣严.明末的唯识学者及其思想[J].中华佛学学报,1987(1).

268. 黄夏年.浮山华严寺朗目本智禅师评传[J].江淮论坛,2008(2).

269. (美)于君方."伪经"与观音信仰[J].中华佛学学报,1995(8).

270. 周绍良.明万历年间为九莲菩萨编造的两部经[J].故宫博物院刊,1985(2).

271. 车锡伦.泰山"九莲菩萨"和"智上菩萨"考[J].岱宗学刊,1999(2).

272. 任晓兰.论明代的僧人群体及其法律规制[J].西南大学学报(社会科学版),2008(6).

273. 樊树志.妖书案[J].文史知识,2004(7).

274. 戴继诚.紫柏大师与王肯堂[J].禅,2007(2).

275. 蒋明宏.东林学风与明清苏南望族[J].西北师大学报(社会科学版),2006(1).

276. 田口宏二朗.畿辅矿税初探——帝室财政、户部财政、州县财政[J].中国社会经济史研究,2002(1).

277. 林枫.万历矿监税使原因再探[J].中国社会经济史研究,2002(1).

278. 周学军.东林党人的作为:政治与经济的背离[J].江汉论坛,1988(11).

279. 张和平.一条鞭法与晚明社会的奢靡之风——兼论中国传统社会的周期性危机[J].中国社会经济史研究,2004(3).

280. 何冠彪."得福不知今日想,神宗皇帝太平年"——明、清之际士人对万历朝的眷恋[J].九州学林,2005(3).

281. 戴继诚.紫柏大师简谱[J].法源,2008(26).
282. 李文衡.清代禁书版本丛谈《万历野获编》专稿[J].四川图书馆学报,1990(4).
283. 陈永福.从"癸巳大计"看明末东林党与内阁之对立[J].浙江大学学报(人文社会科学版),2010(6).
284. 何梅、魏文星.元代《普宁藏》雕印考[J].佛学研究,1999(00).
285. 陈力.苍雪诗论[J].云南民族学院学报,1987(4).
286. 吴欣.明清京杭运河区域仕宦宗族的社会变迁——以聊城"阁老傅、御史傅"为中心[J].东岳论丛,2009(5).
287. 黄世中.明季清初李商隐诗笺注知见录[J].唐代文学研究,1998(00).
288. 王树林.清初李商隐研究四题[J].中国典籍与文化,2004(3).
289. 毛文鳌.毛晋与僧侣之交游及刻经考[J].宗教学研究,2011(4).
290. 黄李初.明代出版家毛晋与云南丽江木增的交往[J].江苏图书馆学报,1999(1).
291. 李近春.徐霞客和木增友好交往述论[J].云南社会科学,1994(4).
292. 彭国翔.王畿与佛教[J].台大历史学报,2002(29).
293. 陈兵.中国佛教的圆融精神及其现代意义[J].中华文化论坛,2004(3).
294. 黄阳兴.图像、仪轨与文学——略论中唐密教艺术与韩愈的险怪诗风[J].文学遗产,2012(1).
295. 陈广宏.元明之际唐诗系谱建构的观念及背景[J].中华文史论丛,2010(4).
296. 谢明阳.明遗民觉浪道盛与方以智"怨"的诗学精神[J].东华人文学报,2001(3).
297. 王记录.《明儒学案》缘何不为李贽立学案?——兼谈黄宗羲的学术史观[J].河南师范大学学报(哲学社会科学版),2003(5).
298. 王寅.中英碰"瓷"——和大英博物馆、英国V&A博物馆馆长聊聊"瓷之韵"[N].南方周末,2012-07-19.

后　　记

  禁足两月,由春入夏,接到责编方老师复工的消息,才意识到这本小书可能真的马上要面世了,因匆匆挤出几笔,以缀其后。

  书名取"晚明佛教考",本想致敬陈垣先生的明清佛教史研究,可惜书中呈现远没有跟上自己的初心壮志,也大有未尽之意,不免心生过江憨度、有负如来之愧。晚明佛教之于政治、文学、地方的话题,是我十余年前来到复旦古籍所求学时便开始的题目。最初仅阅高僧语录、经论注疏等,了无心得,直博之后,一日忽自秀水冯梦祯及其《快雪堂日记》有所悟入,寻得"僧俗互动"的法门,才逐渐虚张声势,敷衍经年,因有是集。

  在此首先要感谢我的导师古籍所陈广宏教授十余年来的教导,并给小书郑重赐序。遥想跨专业从护理学院毕业投奔而来时,老师对我极尽包容鼓励,无论选课旁听到毕业论文选题;我也因此被允许选择了这么一个非常"不文学"的古代文学题目,还有幸成为陈老师第一个硕博连读的弟子。顺利毕业后,我来到复旦大学中华文明国际研究中心(ICSCC)从事博士后工作,流动站在哲学学院,度过丰富的两年时光。感谢中心与哲院领导同仁的关照,尤其致意博士后合作导师李天纲教授,李老师的支持与指导,让我开拓了宗教学及海外汉学研究的视野,还帮我打开了上海地方史研究的天窗("Loft Window")。这些年明清佛教研究路上,我还要感谢一位"私淑"老师——台湾"中研院"文哲所的廖肇亨教授对我的帮助。最早从陈老师处借得廖老师《中边·诗禅·梦戏》一书,接引我走上明清佛教研究之路;一直到我正式工作后,才在校园中得奉颜色,略有海印弟子初见憨山大师"胥江水落月斜时"的场景;后随廖老师问法于南港、佛光、西园、黄檗诸圣地,闻者皆得正念,受益匪浅。

  无疑,需要感谢的师友大德们还有很多;没有大家这么多年的襄理匡扶,不仅不会有这本小书的诞生,或许我也没有机会走上这条研究之路。

  前读冯梦祯集,见其自叹"某年余四十,齿发已衰,根器浅劣,障缘深厚",本以为得其自悔自省之旨。今迫至其年,方感其中苦味,冯祭酒终不得随大师了清凉之愿,当有身不由己、无能为力之处。而笔者虽经营日久,仍不免根器障缘,以致书中种种谬误,皆我之罪。笔者生平服膺修水陈公之学,尤以其晚年所著《柳如是别传》气格高古,因录陈公偈于此地,以代余志:

述事言情,悯生悲死;
繁琐冗长,见笑君子。

王启元
壬寅夏末,书于燕园理图石榴新果下

图书在版编目(CIP)数据

晚明佛教考：从僧俗互动的视野展开／王启元著
．—上海：上海古籍出版社，2022.1
ISBN 978-7-5732-0256-7

Ⅰ.①晚… Ⅱ.①王… Ⅲ.①佛教史－中国－晚明 Ⅳ.①B949.2

中国版本图书馆 CIP 数据核字(2022)第 093170 号

晚明佛教考——从僧俗互动的视野展开
王启元　著

上海古籍出版社出版发行

(上海市闵行区号景路 159 弄 1－5 号 A 座 5F　邮政编码 201101)

(1) 网址：www.guji.com.cn
(2) E-mail：guji1@guji.com.cn
(3) 易文网网址：www.ewen.co

商务印书馆上海印刷有限公司印刷

开本 700×1000　1/16　印张 21　插页 2　字数 366,000
2022 年 1 月第 1 版　2022 年 1 月第 1 次印刷
印数：1—1,300

ISBN 978-7-5732-0256-7
B·1254　定价：98.00 元

如有质量问题，请与承印公司联系